D0889109

Tantos mundiales, tantas historias

Tantos mundiales, tantas
historias
333052~~WITHDRAWN~~
2alks   10/06/15

Tantos mundiales, tantas historias

Alfredo Relaño

CÓRNER

© Alfredo Relaño, 2014

Primera edición: marzo de 2014

© de esta edición: Roca Editorial de Libros, S. L.
Av. Marquès de l'Argentera 17, pral.
08003 Barcelona
info@editorialcorner.com
www.editorialcorner.com

Impreso por LIBERDÚPLEX, s.l.u.
Crta. BV-2249, km 7,4, Pol. Ind. Torrentfondo
Sant Llorenç d'Hortons (Barcelona)

ISBN: 978-84-15242-66-6
Depósito legal: B. 1.809-2014
Código IBIC: WSJA; WSJA1

Todos los derechos reservados. Quedan rigurosamente prohibidas,
sin la autorización escrita de los titulares del copyright, bajo
las sanciones establecidas en las leyes, la reproducción total o parcial
de esta obra por cualquier medio o procedimiento, comprendidos
la reprografía y el tratamiento informático, y la distribución
de ejemplares de ella mediante alquiler o préstamos públicos.

Índice

URUGUAY 1930

Kilómetro cero

Jules Rimet, presidente de la FIFA, paseaba en una fecha imprecisa de 1925 por el Quai des Bergues en Ginebra cuando tuvo un encuentro providencial: de frente venía el diplomático uruguayo Enrique Buero. Rimet estaba dándole vueltas a la idea de crear una Copa del Mundo. Estaba harto del corsé olímpico. El COI se quedaba las taquillas y además se mostraba impertinente con el fútbol, que empezaba a profesionalizarse, cosa que a la organización olímpica le parecía intolerable.

Enrique Buero era una especie de embajador plenipotenciario de Uruguay en Europa, con residencia en Bruselas y Ginebra indistintamente. Había estado con su selección de fútbol en los Juegos Olímpicos de París, donde Uruguay había ganado, para sorpresa y emoción de todos. Aquel equipo extraño vestido de color celeste se había presentado como empeño personal de un gran tipo llamado Atilio Narancio, que hoy tiene un busto merecidísimo frente al Estadio Centenario, y al que apodaron «Padre de la Victoria». La aparición de Uruguay en los JJ.OO. de 1924, empeño personal de aquel hombre, pasó en principio inadvertida pero, cuando empezó a ganar, todo el mundo del fútbol quedó maravillado por la calidad de su juego.

Aquella sorprendente versión del fútbol que mostró en París, en 1924, la selección celeste que representaba a un país apenas conocido removió algo en el interior de un tipo llamado Jules Rimet. Llamado a hacer grandes cosas a favor del fútbol, ese abogado había nacido el 24 de octubre de 1873 en Theuley-les-Lavencourt, una pequeña ciudad del este de Francia. Su familia, de nivel medio, hizo grandes esfuerzos para que pudiera estudiar Derecho en París. Honrando el esfuerzo de sus padres, coronó los estudios y encontró trabajo, aún muy joven, en un bufete de París. Pero, al tiempo, le fascinó el fútbol, ese juego inventado por los ingleses y que ya a finales del siglo XIX había arraigado en Francia. En 1897 creó en París el Red Star, en el que él mismo jugó. En 1904 ya es presidente del club, en 1910 funda y preside la liga de clubes de Francia, en 1919 preside la Federación Francesa de Fútbol, y en 1921 llega a presidente de la FIFA. Rimet es un hombre inteligente, activo, políglota y entusiasta. Un agitador.

El fútbol había entrado en los JJ.OO. por primera vez en Londres, en 1908, a título de exhibición y con solo cinco participantes. Ganó el Reino Unido, claro, y eso que no podía disponer de sus profesionales, que entonces ya los había, solo allí. En Estocolmo, en 1912, hubo ocho participantes y volvió a ganar Inglaterra. Tras la Primera Guerra Mundial, que impidió los JJ.OO. de 1916, se reanudó la competición olímpica en 1920, en Amberes, donde en fútbol ganó Bélgica. España conquistó la plata, con el jovencísimo Zamora convertido de golpe en celebridad. En aquella ocasión participaron catorce equipos.

Pero el estirón vendría en 1924, en Francia. La participación subió a veintidós equipos; por primera vez jugaron algunos de fuera de Europa (Uruguay, Estados Unidos, Egipto y Turquía) y Uruguay demostró que el fútbol podía ser otra cosa. El Francia-Uruguay de cuartos de final, en Colombes, reunió a 45.000 personas, con una recaudación en taquilla de 30.000 francos, en tiempos en los que el litro de gasolina, artículo de gran lujo, costaba 1,55. Aquel *boom* de los uruguayos hizo pensar a Rimet y a muchos otros que el fútbol ya podría volar solo.

Así que cuando Jules Rimet y Enrique Buero se encontraron paseando, por donde el lago Leman se vacía en el Ródano, compartieron una misma inquietud. Y tras una serie de insinuaciones recíprocas, establecieron un acuerdo tácito: Jules Rimet intentaría que el mundo del fútbol se pusiera de acuerdo para organizar una Copa del Mundo propia, fuera del ámbito de los Juegos Olímpicos, y Enrique Buero metería los perros en danza en su país, para que este la acogiera y la financiara. Existía un horizonte concreto: 1930, año en el que Uruguay celebraría el centenario de su creación como estado independiente.

En los Juegos de 1928, en Ámsterdam, la convivencia entre el cada vez más profesionalizado fútbol y las aspiraciones de amateurismo del ideal olímpico estaban llamadas a chocar definitivamente. De hecho, el COI expulsaría al fútbol tras esos juegos. A los de 1932 ya no acudiría. Volvería en 1936, en Berlín, y ya bajo garantía de que todos fueran aficionados. Para entonces, ya se habían disputado dos mundiales...

Para felicidad de Rimet y de Buero, Uruguay volvió a ganar la competición de fútbol en los JJ.OO. de 1928. Eso facilitó a ambas partes la tarea de conseguir que el primer mundial se disputase en Uruguay.

El primer paso serio se dio en el congreso de la FIFA en Zúrich, el 9 de febrero de 1927, en el que se creó una comisión para estudiar el asunto. Ya en el congreso de Ámsterdam, en mayo de 1928, en plenos juegos, y entre el repudio generalizado al fútbol del resto de la familia olímpica, se emite un comunicado formal que empieza así: «El congreso decide organizar para 1930 una competición abierta a los equipos de todas las asociaciones afiliadas...». Enrique Buero, a propuesta de Rimet, es nombrado vicepresidente de la FIFA. En sucesivas reuniones, se establece la periodicidad cuatrienal, la creación de un objeto artístico como trofeo, se decide que el país organizador haga frente a todos los costes y que si de lo recaudado sobra dinero, el beneficio sería para los equipos participantes en proporción al número de partidos jugados.

Al fin, en el congreso de la FIFA de mayo de 1929, celebrado en Barcelona en coincidencia con la Exposición Universal, todo quedó listo. El escenario fue el salón del Consejo de Ciento. Entre los países que presentaban candidatura estaban España y Uruguay, además de Suecia, Holanda, Hungría e Italia. Antes de comenzar el debate, Suecia y Holanda anunciaron que se retiraban a favor de Italia, entonces aupada por la ola de entusiasmo y «grandes realizaciones» que había levantado Mussolini. El debate fue largo y duro. Rimet empujaba discretamente para Uruguay, pero Italia ofrecía magníficas condiciones, con estadios nuevos, la mano muy favorable de Mussolini y su localización, tan cerca de todos en la vieja Europa. España, por su parte, se había apuntado el éxito de la inauguración del gran Estadio de Montjuïc, con 60.000 espectadores. Los congresistas habían asistido al encuentro, al que también fueron los reyes. Fue todo un golpe de efecto.

Paradójicamente, fue el encendido discurso del delegado argentino (para que luego hablemos de rivalidades…), el doctor Adrián Béccar Varela, lo que inclinó la conciencia de todos. Uruguay había ganado las dos últimas ediciones del campeonato de fútbol de los JJ.OO., merecía ese reconocimiento. Además, empezar en América le daría a la Copa del Mundo un aire de universalidad provechoso. Pintó con buenos y justos colores la situación del fútbol y de las sociedades del Río de la Plata. Hungría e Italia retiraron sus candidaturas por este orden y finalmente el delegado español, Julián Olave, tomó la palabra para decir que España no se podía oponer a la candidatura de un país «con el que nos unen lazos afectivos». Se votó y salió Uruguay, que en su oferta incluía los pasajes a todos los europeos para su travesía del Atlántico en primera clase, el alojamiento y comida en Uruguay para todo el tiempo preciso y ocho días suplementarios, más una dieta de dos pesos diarios durante la travesía y cuatro durante la estancia en tierra.

Jules Rimet y Enrique Buero se estrecharon discretamente la mano. La complicidad que habían entablado desde aquel encuentro en Ginebra, cuatro años atrás, había dado su gran fruto. Habría Copa del Mundo, y la habría en Uruguay, donde era justo que empezara. Pero les iba a costar…

Europa ignoró a Uruguay

Uruguay, que como queda dicho antes veía en la Copa del Mundo una forma de celebrar su centenario como nación libre y de presentarse ante la comunidad internacional, hizo a los participantes europeos una oferta realmente generosa: el pasaje del barco en primera clase, para veinte miembros por delegación, y alojamiento y comida en Montevideo durante todos los días que durase el campeonato y ocho más; más dos pesos de dieta por persona durante la travesía y cuatro durante la estancia en tierra.

Una oferta generosa, sí, pero Europa no se vio tentada por ella. Rimet pasó las de Caín para conseguir la inscripción de cuatro federaciones europeas. Francia, Bélgica, Yugoslavia y Rumanía. Las demás pasaron. Así de simple.

El problema fue que, después del calentón emocional que había provocado con su discurso en Barcelona el delegado argentino, Adrián Béccar (que fallecería pocos días después de tifus, en la propia Ciudad Condal), todos empezaron a ver los inconvenientes. Demasiado lejos, una travesía larga en barco... La aviación comercial era entonces una quimera. Para situarnos: el vuelo de Lindbergh en su *Spirit of Saint Louis*, Nueva York-París, se había efectuado tres años antes, en 1926. Solo se podía ir a Uruguay en barco, y todavía resonaban los ecos del *Titanic*. Entonces solo viajaban en barco para grandes travesías masas desesperadas en busca de trabajo o comerciantes arriesgados.

Al fin y al cabo, visto desde la orgullosa Europa, ¿qué era entonces Uruguay, qué era entonces América? Un lugar peligroso y a medio civilizar, habitado por indios, aventureros, descendientes de esclavos y una clase criolla que a duras penas trataba de sostener allá los buenos hábitos europeos. Y eso de que fuera invierno en pleno verano... ¿Qué impacto produciría en los jugadores eso?

Además, se trataba de dos meses: quince días para la ida, un mes para el campeonato y quince días para la vuelta. ¿Quién disponía de dos meses? Eso obligaría a acabar los campeonatos nacionales antes. Buena parte de los jugadores seleccionables en Europa eran ya profesionales y sus clubes aprovechaban el final de los campeonatos para jugar amistosos, nacionales o internacionales, en los que ingresaban un buen dinero. Sin esos partidos, no podrían pagarles. ¿Nos va a compensar la Federación? ¿Nos va a compensar Uruguay? ¿Nos va a compensar Rimet? ¿No? Pues entonces no van. Esa era más o menos por toda Europa, la postura de los clubes con respecto a sus profesionales. Respecto a los «amateurs», que aún los había entre los jugadores de élite de la época, ellos dependían de un patrón en sus trabajos: ¿qué patrón iba a darle a un trabajador dos meses de permiso para una aventura así?

Y luego existía cierto temor, que se detecta en las informaciones de prensa, en los debates y en entrevistas de la época, a hacer el ridículo allí. La forma en que Uruguay y Argentina (finalista derrotada ante los uruguayos en Ámsterdam'28) se habían desenvuelto en suelo europeo hacía temible visitarles en su propio terreno.

Rimet se parte el alma para conseguir que Francia participe. Visita uno a uno a los seleccionables, porfía con sus clubes, se entrevista con sus patronos en el caso de los amateurs. Por puro amor propio consigue reunir finalmente una selección de dieciséis jugadores, que inscribe fuera de plazo, como ocurriría con las otras tres representantes europeas. Rumanía se inscribe porque el rey Carol se empeña personalmente y compensa económicamente a una petrolera inglesa en la que trabajan varios de los seleccionables. Bélgica y Yugoslavia pasaron dificultades parecidas. Rimet consigue liberar de sus clubes a tres yugoslavos, profesionales ya en Francia. Bélgica fue, pero dejando en casa a su mejor jugador, Raymond Braine que, siendo amateur, había puesto su apellido a un café, lo que se consideró un ingreso publicitario sancionable, a cuenta de su éxito deportivo. Estaba suspendido. Así eran los cosas entonces. Podías ser profesional o amateur, pero si eras lo segundo no te pasaban una. Sí acudió su hermano Pierre, al que no se relacionó con el café.

Así que, finalmente, acudieron Francia, Bélgica, Yugoslavia y Rumanía. Allí las esperarían, además de Uruguay, Argentina, Brasil, Estados Unidos, México, Chile, Paraguay, Bolivia y Perú. Nueve americanos. Nueve más cuatro, trece. Mal número. Pero resultó. Solo hubo tres árbitros europeos, dos belgas y uno francés. Los demás fueron sudamericanos.

El campeonato se jugó íntegramente en Montevideo, entre el 13 y el 30 de junio. Más corto de lo programado, ya que no se completaron los dieciséis participantes. De hecho, el cartel, que muestra a un portero estilizado parando un balón por la escuadra, muestra unas fechas inexactas, de 15 de julio a 15 de agosto, las fechas que estaban previstas. Se creó un grupo de cuatro y tres de tres, para jugar liguillas. Los cuatro ganadores pasarían a semifinales. Aunque la idea inicial era que se disputase íntegramente en el Estadio Centenario, el retraso en la finalización de este y el fuerte régimen de lluvias decidió a la organización utilizar otros dos: el Gran Parque Central, del Nacional, y el Estadio Pocitos, del Peñarol. Se jugaron en total dieciocho partidos, con una asistencia de 434.000 espectadores, una media de 24.134 por partido.

España dijo no y fue una pena

*E*spaña no fue. Lástima, porque por entonces tenía un equipo formidable. Aún estaban los Zamora y Samitier, aparecían Regueiro y Gorostiza, dos fenómenos, y todo el equipo era soberbio. Para hacernos una idea, en 1929 jugamos tres partidos: 5-0 a Portugal, 8-1 a Francia (los jugadores negociaron una prima extra por cada gol de ventaja y se cebaron) y un colosal 4-3 sobre los *pross* ingleses, la primera derrota de estos en el continente. Venían de una gira en la que habían goleado en Bélgica y en Francia. Aquel resultado fue un suceso internacional. Los héroes de ese día fueron: Zamora; Quesada, Quincoces; Prats, Marculeta, Peña; Lazcano, Goiburu, Gaspar Rubio, Padrón y Yurrita. Ese equipo formidable hubiera sido la base de nuestra selección en Montevideo. Y, ya en 1930, y poco antes del mundial, España ganó a Checoslovaquia por 1-0.

Pero pudieron los clubes. Aunque el tema se debatió mucho en asambleas y en la prensa, ganó el no. Lo mismo pasó en Italia. Aquellas dos ausencias sentaron terriblemente mal en Uruguay, por los lazos culturales e históricos entre los dos países, sobre todo con el nuestro. Zamora era entonces un mito. Su ausencia dejaba al mundial huérfano de uno de los grandes. Pero, en general, se sintió la amplia ausencia europea como un profundo desprecio por el Nuevo Mundo.

Eso sí, al menos España tuvo una cierta y discreta presencia, a través de tres personajes hoy ya olvidados: Pedro *Arico*

Suárez, canario de nacimiento, que nunca perdió la nacionalidad española, que jugaría la final con Argentina y que militaba en Boca Juniors; el andaluz Juan Luqué de Serrallonga, seleccionador de México en el certamen, y el tercero, Paco Bru, que había sido el primer seleccionador de España en los JJ.OO. de Amberes en 1920, estreno de nuestro equipo nacional, y que para entonces entrenaba a Perú.

En todo caso, Europa fue demasiado displicente con la convocatoria de Rimet. Y aquella herida no cicatrizó nunca. En realidad, la historia de la Copa del Mundo se aproxima a una especie de Guerra de los Cien Años entre Europa y América, una rivalidad ardua y fea, jalonada de episodios desagradables.

Los británicos comían entonces aparte

¿*E* Inglaterra? ¿Por qué no fueron los inventores a la primera copa? Inglaterra pasaba de todo, no estaba ni en la FIFA. En realidad, se creó en París. Inglaterra recibió comunicaciones para adherirse, pero no las atendió. Su fútbol estaba muy por delante y no se les había perdido nada en el Continente, ni en este asunto ni en ningún otro. Si sus marinos estaban extendiendo el fútbol a otros países, eso era cuestión de esos otros países. A ellos no les incumbía.

Sin embargo, egoístas al fin y al cabo, en 1906 decidieron participar, con el fin de que el fútbol entrara en los JJ.OO. de Londres, de 1908. Una maniobra interesada. Así que nos hicieron el honor de tenernos en cuenta, y los continentales correspondimos a tal honor dándoles la presidencia, en la persona de Daniel Woolfall. Luego, poco entusiasmados en su permanencia, se salieron en 1920, porque exigieron que se expulsara de la organización a los países del bando derrotado en la Primera Guerra Mundial, idea que no prosperó. Aún regresarían en 1924, pero volverían a salirse en 1926 porque no se aceptó su definición exacta de profesionalismo, que fue el gran debate de aquellos años. No regresarían definitivamente, para quedarse ya, hasta 1946, después de la Segunda Guerra Mundial.

Y lo que vale para Inglaterra vale para las otras tres federaciones británicas, Escocia, País de Gales e Irlanda del Norte, para entonces ya apartada de Irlanda. Tenían suficiente con su Campeonato Británico, que jugaban las cuatro selecciones anualmente desde 1884. Para ellos, esa era la única y real Copa del Mundo, por entonces. Duró, por cierto, hasta 1984. Cien años justos.

Aunque hay que admitir, sí, que en ese tiempo jugaban en otra liga. Si Uruguay iba a estrenar, para tan solemne ocasión, su Estadio Centenario con capacidad para cien mil espectadores (que finalmente se quedarían en 70.000 el día de la inauguración, por retraso en las obras), ellos ya habían construido su colosal Empire Stadium de Wembley, capaz para 125.000 espectadores, en 1923. Y la multitud que acudió desbordó la capacidad hasta tal punto que dos horas antes de empezar el partido no se veía un centímetro cuadrado del campo, ocupado todo por el público que no encontraba acomodo. La organización estaba desesperada, temiendo que llegara el Rey y no hubiera partido. Un heroico *bobby*, George Scorey, a bordo de su caballo blanco, consiguió poco a poco, abriendo pacientemente círculos desde el centro del campo hasta los límites del mismo, despejarlo. Y se pudo jugar, aunque en el descanso resultó imposible que los jugadores ganaran el vestuario, y tuvieron que esperar sobre el propio campo.

Eso da idea de la dimensión que tenía ya entonces el fútbol inglés, donde existían campeonato de Copa, de Liga y profesionalismo antes de que se empezara a jugar en serio en ninguna otra parte. Y aunque es cierto que perdieron con España 4-3 aquel ya lejano 15 de mayo de 1929, en el ya desaparecido Metropolitano, es igual de cierto que un año después se repusieron con un espectacular 7-1, encajado por el mismísimo Ricardo Zamora. Eso avaló sus explicaciones tras la derrota, que achacaron a descuido (lo tuvieron), calor (lo hacía), campo seco (se lo dejamos así) y a los consejos del inglés Míster Pentland, entonces entrenador del Athletic, a nuestros jugadores (los hubo). Pero fuera de la isla, cada vez que salían, perezosamente, a atender alguna invitación, goleaban.

En realidad, de la larga lista de ausencias europeas, que tanto dolió en Uruguay y en toda América, las de Inglaterra y restantes selecciones británicas eran las que menos podían sorprender. Ellos iban a su bola, jugaban en su mundo.

No comparecerían hasta 1950, y para entonces ya se jugaba al fútbol en muchas otras partes. De hecho, de tres partidos perderían dos (uno con nosotros, el otro con EE.UU.) y solo faltaban tres años para que Hungría les marcara un colosal 3-6 en Wembley.

Pero a la altura de 1930 los inventores no se rebajaban aún a mezclarse con el resto.

La copa viajó en el *Conte Verde*

*L*as cuatro selecciones europeas viajaron a Uruguay en barco. La aviación transcontinental era todavía cosa de heroicos pioneros. Los yugoslavos embarcaron el 19 de junio de 1930 en Marsella en un paquebote de nombre *Florida*. El resto de la expedición europea lo hizo en el *Conte Verde*, en una travesía que se haría célebre. Aquel buque, por cierto, tendría una vida muy aventurera.

El *Conte Verde* debía su nombre a Amadeo de Saboya, al que se conoció con este apodo. Había sido fletado en 1923 por la Lloyd Sabaudo en Génova, concebido para travesías transatlánticas con atenciones de lujo para los viajeros que se lo pudieran pagar. Tenía capacidad para 336 pasajeros en primera clase, rodeados de todo tipo de comodidades, 198 en segunda y 1.700 en tercera. Tenía 170 metros de largo, 22 de ancho y desplazaba 18.383 toneladas. Hizo la línea Génova-Nueva York y Génova-Buenos Aires, alternando con sus «pares» el *Conte Rosso* y el *Conte Biancamano*, fletados los tres a la vez. El *Conte Verde* fue siempre el medio escogido por Gardel para sus viajes de ida y vuelta a Europa.

Esta travesía le hizo más célebre todavía que Gardel. El 19 de junio partió de Génova, llevando ya a la selección rumana.

Hizo escala en Villefranche-sur-Mer, donde embarcó a la selección francesa y a Jules Rimet, a quien acompañaban su esposa y su hija. El 22 recogió en Barcelona a la expedición belga, que incluía al árbitro John Langenus, que tuvo el honor de arbitrar la primera final. El barco aún haría escalas en Lisboa, Madeira y Canarias antes de emprender la travesía transoceánica.

Con Rimet, a buen recaudo, viajaba una joya: la copa. Se trataba de una figura de treinta centímetros, incluida la peana de lapislázuli, que representaba una victoria alada sosteniendo una vasija sobre la cabeza, íntegramente de oro. Pesaba cuatro kilos, de los que 1,8 correspondían al oro macizo de la propia figura. Obra de Abel Lafleur, conocido escultor francés. Fue un hombre notable en su época, con exposiciones frecuentes en los principales salones de París, y laureado con la Legión de Honor.

El trofeo se otorgaría al ganador, pero se pondría en juego de nuevo en cada edición, hasta que alguien lo ganara por tercera vez. En 1970 se quedó en Brasil, gracias a sus tres victorias en el 58, el 62 y el 70, pero desgraciadamente no supo guardarla bien. En 1983 desapareció.

Se le dio el nombre de «Victoria». En 1946, pasó a llamarse, en honor a su *alma mater*, Copa Jules Rimet, y aún se la suele recordar así. Tuvo una vida accidentada. En la Segunda Guerra Mundial, Ottorino Barassi, vicepresidente de la FIFA y presidente de la Federación Italiana, la retiró del Banco de Roma, donde estaba depositada (Italia había ganado el último mundial antes de la guerra, el de 1938) y la escondió debajo de la cama, por miedo a que los nazis, tan inclinados a llevarse las obras de arte de todas partes, la robaran. Luego, en 1966, en vísperas del Mundial de Inglaterra, fue robada de un escaparate de Londres donde estaba expuesta, aunque apareció pocos días después, envuelta entre papeles, tras un revuelo tremendo. La encontró un perrillo, llamado *Pickles*, al que paseaba su amo, y que se convirtió de un día para otro en celebridad mundial.

Su primera aventura fue esta travesía, casi recién nacida, en el camarote de la familia Rimet. Para todos, en realidad, fue una gran aventura ese viaje: dos semanas de compañerismo y amistad. La celebérrima cantante Josephine Baker compartió la travesía con ellos. Muchos ejercicios físicos en la cubierta, para lo que se turnaban, y algunos también con balones en una sala cerrada que se habilitó al efecto. Existe una bonita foto de las tres delegaciones juntas (rumanos, franceses y belgas), en la cubierta del barco, con el capitán en el centro y, a su derecha, Jules Rimet, con boina. Pierre Billotey, enviado especial de *Le Journal*, transmitía en morse sus crónicas, que fueron seguidas con curiosidad en Francia y rebotadas a Bélgica y Rumanía. Los alardes gimnásticos del delantero francés Edmond Delfour asombraron a todos. El paso del Ecuador fue celebrado según la tradición marinera, con fiestas, novatadas inocentes, fogatas y baile de disfraces, del que resultó ganadora *madame* Rimet. ¿Habría peloteo? Por fin, después de once días de puro océano desde que se perdieron de vista las Canarias, el barco llegó a Río de Janeiro, donde en la escala muchos se sorprendieron al saber que el campo del Flamengo disponía ya de luz artificial, innovación que se desconocía en Europa. Los calores del día incitaban al fútbol nocturno. Para muchos, fue el primer contacto con Sudamérica y les pareció muy similar a la Europa que conocían. En Río subió Brasil al *Conte Verde*. Luego, tras otra escala en Santos, llegaron a Montevideo, el 5 de julio.

Allí fueron recibidos de forma entusiasta y con un tiempo agradable, como de primavera europea. El propio presidente Juan Campisteguy recibió a Jules Rimet y le invitó a un asado. Los expedicionarios descubrieron que, contra lo que habían temido, aquello no era un mundo de salvajes y aventureros, sino un lugar estupendo para jugar el primer mundial de fútbol. Uruguay, con 1.703.000 habitantes, 480.000 de los cuales vivían en Montevideo, era el país más pequeño de Sudamérica y se sentía feliz con el fútbol, que con los dos títulos olímpicos y la concesión de este primer mundial les había puesto en el mapamundi y les había permitido «ingresar en la Historia de dos patadas», como dijo alguien entonces. Aquel bonito viaje, que todos guardaron en su recuerdo, tuvo la mejor de las coronaciones cuando desembarcaron entre cuatro mil entusiastas dándoles la bienvenida.

En cuanto al *Conte Verde*, en 1932 fue destinado a una

nueva y más exótica ruta: Trieste-Suez-Bombay-Singapur-Hong Kong, recorrido en el que empleaba veinticuatro días. En septiembre de 1937, un tifón en Cape Collinson estuvo a punto de acabar con él; colisionó con otro barco, el *Asama Maru*, pero pudo ser reflotado al cabo de un mes y puesto en servicio de nuevo. De 1938 a 1940 se utilizó para evacuar a Singapur a judíos que huían de la represión nazi. Cuando Japón entró en guerra, hizo uso del barco y lo empleó para un intercambio de diplomáticos y de ciudadanos distinguidos con Estados Unidos. El punto de intercambio era Madagascar. A la caída de Mussolini, los marineros italianos que servían en el barco se amotinaron y lo hundieron en el puerto de Shangái, donde se encontraba en ese momento. Pero los japoneses consiguieron reflotarlo por segunda vez y les siguió dando servicio como transporte de tropas. Alcanzado por las bombas de un B-24 americano, fue reflotado de nuevo, rebautizado como *Kotobuki Maru* y reutilizado. Finalmente, el 25 de julio fue alcanzado de nuevo en un ataque de los B-24 sobre el puerto de Maizuru, en la prefectura de Kyoto. No volvió a navegar. En 1949 fue desmantelado para aprovechamiento de su chatarra.

Vivió veintiséis azarosos años, de los alegres veinte a la Segunda Guerra Mundial. En él navegaron artistas, millonarios, emprendedores, emigrantes, aventureros, judíos que huían de Hitler, diplomáticos, tropas destinadas a servir como carne de cañón…

Y también la Copa del Mundo, recién nacida. Aquella fue su primera y única travesía, rodeada de una feliz e ilusionada muchachada futbolera.

Laurent, del olvido a la gloria

$\mathcal{M}$ientras Europa dudaba si mandar o no a sus selecciones, Montevideo trabajaba a toda mecha en la construcción del Estadio Centenario, en una zona llamada Campo Chivero, para lo que en ocho meses hubo que remover 160.000 metros cúbicos de tierra, encofrar 14.000 de cemento armado, elevar la Torre de los Homenajes, de cien metros de altura, y levantar cuatro enormes tribunas, que se llamaron de Honor (hoy es América), Colombes, Ámsterdam y Olímpica. Se trabajó en tres turnos de ocho horas, sin festivos, con los medios de la época: pico, pala, carretilla y espuertas. Nada de grúas ni palas mecánicas.

Fue una proeza, pero faltó algo para la perfección. Estaba prevista la inauguración para el 18 de julio de 1930, pero un par de meses de fuertes lluvias retrasaron las obras. Así que el objetivo inicial de 100.000 tuvo que rebajarse a 70.000.

El partido inaugural no lo jugó Uruguay, fue el Francia-México, y no fue en el Centenario, aún sin rematar, sino en Parque Pocitos, el 13 de julio de 1930, fecha para la pequeña historia del fútbol. Ganó Francia, 4-1, y el primer gol lo marcó, en el 13', Lucien Laurent, que, nacido en 1907, jugó al fútbol hasta 1946. Fue una escapada del extremo Liberati por la derecha, un centro a la frontal del área y un remate de volea, perfecto, según cuentan las crónicas del día. Pero aquel gol quedó en principio en el olvido. Al fútbol no se le concedía entonces la tremenda importancia que se le concede hoy. De hecho, el periódico deportivo de Francia, *L'Auto*, antecedente de *L'Equipe*, no envió ningún redactor. Contó, como enviados especiales, con dos de los jugadores, Chantrel y Pinel, que tenían estudios universitarios.

Lucien Laurent, amateur todavía, regresó a Sochaux, a su trabajo en la Peugeot. Su pequeña hazaña quedó en el olvido, incluso entre sus compatriotas, hasta que en el año 1990 un grupo de periodistas italianos tuvo la feliz ocurrencia de desempolvar su gol e invitarle junto a otras estrellas a un acto previo al Mundial de 1990, que se celebraría en Roma. La presencia de aquel anciano de 83 años entre los Pelé, Beckenbauer, Bobby Charlton, Platini y demás llamó mucho la atención. Francia supo entonces que tenía un héroe al que había ignorado hasta entonces, y el buen y sencillo Lucien Laurent adquirió una popularidad súbita que a él le divirtió. Se supo entonces que seguía jugando al fútbol, con amigos. Mantenía una espléndida forma, y reportajes de sus partidillos ocuparon en aquellas fechas espacios de televisión de todo el mundo. Murió en 2005, con 97 años, en Besançon, a donde el fútbol le había llevado cuando ya se hizo profesional, después del regreso de la Copa del Mundo de 1930. Murió feliz, rodeado de respeto, cariño y admiración, tras una vida anónima y una ancianidad célebre.

En aquel mismo primer partido se produjo la primera lesión, la del portero francés, Alex Thépot, que salió en brazos de Étienne Mattler, un fornido defensa junto al que parecía un bebé. No había cambios, ni por lesión, y la portería la ocupó el medio Chantrel. Alguna vez se ha escrito que fue el propio Laurent el que ocupó la portería, pero no es así.

Laurent quedó como la cara bella de aquella selección francesa, que caería en segunda ronda ante Argentina. Pero en aquel equipo también militó un bellaco, el medio derecho, Alexandre Villaplane, que fue, vergüenza, el capitán del equipo. Nacido en Argelia en 1905, en el seno de la comunidad conocida como los *pieds-noir*, ya antes de la Copa del Mundo se había visto envuelto en un oscuro caso de venta de un partido. Aquello quedó probado y como además era un gran jugador, reputado por su buen juego de cabeza, el mejor de la época, decían, le llevaron al mundial. Y como capitán.

Tras retirarse del fútbol se echó definitivamente al monte. Llevó una vida de estafador, despilfarrando dinero en el juego, y visitó varias veces la cárcel. Con la ocupación alemana vio abierto el cielo, dedicándose a extorsionar a judíos para no delatarles, cosa que sí hacía tras haberles sacado el dinero. Entró al servicio de la Gestapo, como miembro de seguridad de la Francia de Vichy, y llegó a ser uno de los cinco jefes de la llamada «Brigada del Norte de África», cuya siniestra actividad fue célebre en su día.

En 1944 fue capturado por la Resistencia, juzgado y condenado a muerte por diez asesinatos probados. Le fusilaron el 26 de diciembre de 1944.

La final del Río de la Plata

*L*a primera final de una Copa del Mundo se va a jugar el día 30 julio de 1930 y las dos ciudades que ocupan las orillas opuestas del estuario del Río de la Plata, Buenos Aires y Montevideo, son dos hormigueros excitados. En Buenos Aires se fletan barcos y barcos, con capacidad para hasta 30.000 aficionados, aunque Uruguay ha avisado que solo proporcionará diez mil entradas. Muchos viajarán con la ilusión, vana, de poder ver el partido. También se fletan barcos desde Rosario, río Paraná arriba, y desde La Plata, en el final del estuario. En el embarque hay tensión: se anuncia que todos los argentinos van a ser registrados para que ninguno pase con un revólver. En el puerto de Buenos Aires, una enorme pancarta reza: ARGENTINA, SÍ; URUGUAY, NO. A un lado y otro se recuerdan los partidos entre ambos, las victorias, derrotas, proezas y agravios en choques previos. Para entonces ya hay un largo historial de partidos entre ellos, que incluyen la última final olímpica, la de 1928, que ganó Uruguay, previo desempate. Pero Argentina se había desquitado pronto, ganando un amistoso poco después, en el campo del Sportivo Barracas, en Buenos Aires. Aquel partido había tenido que aplazarse porque la multitud desbordó las gradas e invadió el campo. Se instalaron vallas (las primeras de la historia) para que no volviera a ocurrir. Cuando por fin se jugó, ganó Argentina 2-1 con un gol marcado directamente de córner por Cesáreo Onzari. Hacía muy poco que se había decidido que se convalidasen los goles cobrados directamente de córner y aquel fue el primer gol de importancia que se conseguía así. Los argentinos lo llamaron «gol olímpico», en rechifla por los dos títulos olímpicos de Uruguay. Y aún sigue llamándose así a los goles cobrados directamente de córner.

En todo caso, Uruguay se sentía superior, con sus títulos olímpicos, incontestables. Argentina presumía de haber ganado la Copa América del 29, en una final precisamente ante Uruguay. La rivalidad entre ambas selecciones estaba alimentada por el increíble número de 109 partidos disputados a esas alturas del siglo. Hacía tiempo que cada año se jugaban entre ambos las copas Lipton y De la Caridad, y además se concertaban frecuentes amistosos (que en su mayoría acababan a palos) y también existía la Copa América de selecciones desde 1916. Esos 109 partidos entre ambas selecciones llaman la atención si se comparan con los partidos que, por ejemplo, España, llevaba jugados a esas alturas con sus dos vecinos, Portugal y Francia: siete y cuatro respectivamente.

El belga John Langenus es designado árbitro para la final, en honor a la habilidad con que había sacado adelante el Argentina-Chile. Su Federación le regatea el permiso hasta el mismo mediodía del día del partido, porque tiene miedo a que su prestigio (y el del fútbol belga) pueda sufrir si la situación se le escapa de las manos. Y hay que decir que pensar eso era perfectamente razonable.

Para dar idea de la pasión que el choque despertó, vale decir que la víspera se jugó un partido entre periodistas de las dos naciones enfrentadas y asistieron veinte mil personas. Ganaron los uruguayos, 5-1 y eso se festejó largamente, como un gran augurio.

Mientras, el comité seleccionador argentino y varios periodistas se juntaron para discutir la alineación. O más concretamente, un punto espinoso: «Doble Ancho» Monti. Ese jugador había dado demasiada sensación de feroz, tenía la opinión pública en contra, y se temía que fuera expulsado por presión de la grada, que se esperaba muy hostil a él. Se manejó la idea de sustituirle por el santafecino Chividini, pero al final se decidió mantener a Monti. Más adelante se debatiría la alineación de Pancho Varallo, que tenía un pie lesionado y llevaba cuatro días sin entrenarse. Le hicieron una prueba consistente en chutar varias veces contra la pared, le preguntaron y él se animó. A la hora de la verdad, fue casi como jugar con uno menos. Alejandro Scopelli, que hubiera ocupado el puesto de no haber jugado Varallo, contó el hecho muchos años más tarde en su libro *Hola Míster* y creó una gran polémica.

Al fin llega el partido, con un prolegómeno de discusiones que martiriza a Langenus: cada delegación quiere imponer su balón. Hay pequeñas diferencias de bote y peso, pero de lo que se trata es de una guerra sicológica. Langenus llega a un compromiso salomónico: el primer tiempo con uno, el segundo con otro. Se sortea y toca empezar con el balón argentino.

Argentina juega su quinto partido, ya que le correspondió el grupo «largo». No ha repetido alineación y tampoco lo hará ahora. De hecho, el defensa Della Torre será el único que juegue los cinco partidos. Uruguay afronta su cuarto partido, y va a repetir la alineación de los dos últimos. Saltan a la cancha con sus colores: celeste Uruguay, con pantalón negro; a rayas azules y blancas Argentina, con pantalón azul.

Forman así:

Uruguay: Ballestrero; Nasazzi (capitán), Mascheroni; Andrade, Fernández, Gestido; Dorado, Scarone, Castro, Cea e Iriarte.

Argentina: Botasso; Della Torre, Paternóster; Juan Evaristo, Monti, Arico Suárez; Peucelle, Varallo, Stábile, Ferreira (capitán) y Mario Evaristo.

El campo está lleno, por supuesto, y eso que bastantes argentinos con entrada se han quedado fuera, porque un vapor, el *Duilio*, se extravió por la niebla. El partido se radia en ambos países. En Buenos Aires, una multitud lo sigue frente a la fachada del diario *La Crónica*, donde se han instalado altavoces.

Pablo Dorado adelanta a Uruguay en el 12', pero Argentina da la vuelta al marcador antes del descanso, con goles de Peucelle en el 20' y Stábile en el 38'. Este gol, cobrado por «El Filtrador», como le llamaban, al perseguir un pase de Monti por encima de la defensa, es rabiosamente protestado por los uruguayos, que piden *off-side*, pero Langenus se mantiene firme. En el descanso gana Argentina 1-2. El partido se ha ido endureciendo progresivamente, y eso que Monti, advertidísimo, no se sale del tiesto. Los uruguayos están enfurecidos en el vestuario cuando entra un alto enviado del Gobierno para decirles que estén tranquilos, que están cumplidos llegando a la final. Que si perdían, eso era deporte. Que estaba en juego la imagen de la Patria, que lo peor que podía pasar era dar lugar a un feo espectáculo, a una batalla campal. «Tranquilos, están cumplidos», insiste.

Cuando se cierra la puerta, el capitán Nasazzi echa por tierra el discurso del enviado: «¿Cumplidos? Cumplidos solo estamos si ganamos. ¿La patria? ¡La selección es la patria! ¡Vamos ahí fuera, metemos duro y nos llevamos la copa!».

Y así fue. La segunda mitad se jugó con el balón uruguayo y la Celeste salió fuerte, tan fuerte que Argentina se fue arrugando. A falta de Varallo, inútil, con Monti encogido, el equipo no se consolidó. En el 58' empata Cea, en el 68' Iriarte hace el 3-2, entre el delirio, y cuando Argentina, a favor de cierta prudencia de Uruguay, hace un último intento por llegar al empate (llega a haber un balón sacado de la raya por el ya veterano Andrade), «el Manco» Castro culmina en el 89' un contraataque con el 4-2.

Langenus pita el final: ¡Uruguay, campeona del mundo! ¡A los dos títulos olímpicos une esta primera Copa del Mundo! Todo el país está en éxtasis. Uruguay y el fútbol ya formarán para siempre un nudo indestructible.

Argentina se tiene que contentar con que Stábile salga máximo goleador. Stábile, que medía 1,68, corría los 100 metros en 11 segundos, le apodaron El Filtrador por su facilidad para llegar desde atrás. Luego, su apodo quedará casi como definición de un oficio en el ataque, el de llegar desde atrás, como hacía Kempes, por ejemplo. Gracias a sus ocho goles, Stábile se hizo rico. En octubre llegó a Europa, para jugar en el Genoa. Luego pasó al Nápoles y de ahí al Red Star de París, el equipo que había fundado Rimet. Jugó nueve años en Europa. Después tuvo una larga carrera como entrenador, que incluyó un periodo como seleccionador argentino.

El día 31 es declarado Fiesta Nacional por el gobierno de Juan Campisteguy. Ese mismo día, parten los europeos en el *Duilio* hacia Europa. Esta vez la copa no hace la travesía. La copa se queda en Uruguay, en depósito, hasta que tenga que ser puesta en juego pasados cuatro años. La entrega se ha hecho en la cena oficial del mismo día del partido, y será expuesta a la curiosidad pública en el Teatro Rex, donde, en cuanto está terminada, se estrena la película del mundial.

Rimet vuelve feliz a Europa. Después de tantos sufrimientos, ha nacido la Copa del Mundo. Ya nada podrá detenerla; solo sufrirá una interrupción, eso sí, larga por la Segunda Guerra Mundial, aquella catástrofe de la que no se salvó casi nada.

La siguiente cita era en Italia, la Italia de Mussolini.

ITALIA 1934

El primer mundial transmitido por radio

Y después de Uruguay, Italia. El Congreso de Estocolmo, de octubre de 1932, eligió el país de Mussolini para la segunda Copa del Mundo. España especuló con la idea de presentarse otra vez, pero no llegó a hacerlo. El país estaba entonces alborotadísimo, empezaba a cocerse una guerra civil. Había la disensión de los separatismos, había la disensión entre monárquicos y republicanos, había la disensión entre derecha e izquierda, había disensiones en los dos grandes espacios ideológicos, moderados y extremistas, a su vez. Sobrevolaban España los fantasmas del fascismo y del comunismo. Y todo eso en un tiempo en el que ya había repercutido de lleno, en España como en toda Europa, el *crack* del 29 en Wall Street.

Toda Europa estaba alborotada, en la práctica, a esas alturas. El año 1933 fue tremendo. En Francia, a consecuencia del caso Stavissky (un estafador con gran protección de la derecha económica, política y mediática), hubo dieciséis muertos en la Concordia y 770 heridos. En Viena, una insurrección de los socialdemócratas contra el gobierno pro nazi dejó trescientos muertos. En Alemania, Hitler ya cocía su jaula de grillos, persiguiendo a judíos y comunistas y hasta a sus antes colaboradores de las S.A., a los que exterminó en la «noche de los cuchillos largos». El rey Alejandro I de Yugoslavia fue asesinado en Marsella... Todo estaba patas arriba.

Menos en Italia, donde Mussolini gobernaba con mano de hierro un país que se le entregó, y jaleaba continuamente las «grandes realizaciones del régimen». Había estabilidad y todo el dinero que el Estado pudiera poner sobre la mesa a mayor gloria de su régimen fascista y de su conductor, «Il Duce». Así lo vieron los congresistas en ese XXI Congreso de la FIFA en Estocolmo. Las pretensiones expansionistas de Mussolini, su anuncio de reconstruir un gran imperio en el Mediterráneo (que daría lugar no mucho más tarde del mundial a la invasión de Abisinia), fueron dejadas de lado. Al fin y al cabo, pensaron, Italia podría contribuir a un buen mundial.

La preinscripción fue mucho mayor que en Uruguay, particularmente en Europa, por supuesto. Europa sí estaba dispuesta a jugar en su continente y se apuntaron veinticuatro. Como se había decidido que el mundial lo disputaran dieciséis, hubo que hacer grupos de clasificación, por zonas geográficas. Fue el primer mundial, pues, con fase de clasificación previa. Luego la habría siempre.

Europa se reservaba doce plazas de finalista, mientras que para América solo quedaban tres y una más para un grupo afroasiático, al que concurrieron Egipto, Turquía y Palestina. Pasó Egipto, primer africano en un mundial.

En América no gustó que Europa se reservara tantas plazas, claro. Y la inscripción fue pobre. Uruguay, ofendida por la falta de europeos en su mundial, y en especial por la de Italia, no quiso ni oír hablar del asunto. En otros países hubo los mismos problemas y discusiones de la vez anterior: el viaje, el tiempo, el clima, el dinero, las ganas… Al final, de Sudamérica se inscribieron Brasil, Perú, Argentina y Chile. Se les enfrentó así, de dos en dos, pero no llegó a jugarse ni un partido de clasificación. Perú renunció, así que Brasil se clasificó sin lucha. Argentina también renunció, y tras ella Chile, que se echó atrás. Luego, Argentina rectificó y acudió finalmente, aunque con un equipo «B». Por entonces Argentina vivía un cisma entre la Liga de Clubes (donde estaban los grandes, con sus profesionales) y la Asociación, que se quedó con el fútbol amateur y los clubes más modestos. Eso explica las dudas, las idas y venidas. Argentina fue con los jugadores de la Asociación y ninguno de la Liga. No fue ninguno de los mejores jugadores de Argentina, para entendernos.

Para los equipos de Centro y Norteamérica se ideó una combinación mixta y diabólica. Primero, hubo un triangular entre México, Haití y Cuba, que ganó México. Como ganador, solo había conseguido el derecho a disputar una única plaza con Estados Unidos. Para más remate, el partido entre ambas se concertó ya en suelo italiano, y tres días antes del comienzo del mundial. Así que viajaron las dos, jugaron en Roma, ganó Estados Unidos 4-2 (con cuatro goles de Donelli, oriundo de Italia) y México tuvo que regresar. América sufrió demasiados desdenes por parte de la Vieja Europa en esos años. Y más que sufriría. Por lo que se refiere al grupo Afro-asiático, Egipto dejó fuera, como estaba previsto, a Turquía y Palestina.

Así que, en definitiva, se clasificaron estos dieciséis: Suecia, España, Hungría, Austria, Checoslovaquia, Suiza, Rumanía, Holanda, Bélgica, Alemania, Francia, Italia, Brasil, Argentina, Estados Unidos y Egipto. Italia no tuvo el privilegio de estar clasificada de antemano como país organizador. Eso llegaría más tarde. Emparejada con Grecia, ganó el partido de ida por 4-0 y Grecia renunció al de vuelta.

Árbitros, todos europeos, salvo el egipcio Yusuf Mohamed, que actuó de linier, como el español Pedro Escartín, que se tuvo que limitar también a eso. Ningún americano. Y de los once europeos que se repartieron los dieciséis partidos, cuatro fueron italianos. Uno de ellos, Barlassina, arbitró tres partidos. Los otros países representados con el silbato fueron Suiza, Austria, Suecia, Alemania, Bélgica (con Langenus) y Suecia, cuyo representante, Eklind, pitó la final. El balón fue el mismo de Uruguay, con correas exteriores.

El campeonato sigue el sistema de eliminatorias: octavos, cuartos, semifinales y final. Prórroga para caso de empate, y si persiste este, partido de desempate. Comienza el 27 de mayo y termina el 10 de junio. Se juega en ocho ciudades: Roma, Milán, Turín, Nápoles, Génova, Florencia, Bolonia y Trieste. Se estrena la bandera de la FIFA, de color azul y letras amarillas, como la vemos ahora.

Será el primer mundial radiado. Italia, en un alarde, monta un dispositivo en los estadios para que puedan radiarse los partidos a todo el mundo. La RAI cobra 10.000 liras por la utilización del dispositivo. Doce países (renuncian Holanda, Bélgica, Austria y Egipto) pagan el servicio y transmiten sus partidos, así que puede decirse que este fue el primer mundial «tecnológico». La transmisión a Estados Unidos fue un alarde: línea telefónica hasta la costa, donde se transformaba el sonido para ser enviado por la tecnología TSF (telefonía sin hilo) a la costa americana, y allí de nuevo retraducida a sonido telefónico.

Se jugó con el mismo balón de Uruguay, de cuero marrón, con tiento. Aunque para entonces el Arsenal de Londres ya estaba jugando la WM (3-2-2-3), la mayor parte de los equipos jugaron todavía el «método», en 2-3-5 de Uruguay. Los carteles reflejaban la estética fascista. En uno de ellos, un jugador vestido de *azzurro* hacía el saludo romano.

Se disputaron treinta y siete partidos, con 395.000 espectadores, 23.235 por partido, media levemente inferior a la de Uruguay. Hubo setenta goles, un promedio de 4,12 por partido. El máximo goleador fue el checoslovaco Nejedly.

Lángara despanzurra a los portugueses

A este segundo mundial sí que fuimos. Y como hubo más inscritos que los dieciséis previstos para disputar la copa en Italia, hubo que reducir el número con eliminatorias previas, siguiendo criterios de proximidad geográfica. A nosotros, claro, nos tocó con Portugal.

Para entonces, el fenomenal prestigio que habíamos adquirido antes del Mundial de 1930 había empequeñecido algo. Para empezar, aquel 4-3 glorioso del día de San Isidro de 1929 ante Inglaterra quedaba lejos, aplastado por un 7-1 sufrido en Highbury a finales de 1931, cuando fuimos a conceder la revancha. Luego concertamos pocos partidos, y apenas ninguno con selecciones de verdadero nivel. Y los resultados no fueron para impresionar, así que acabó por caer José María Mateos, el seleccionador, importante personaje bilbaíno. Y eso que su último partido, el número dieciocho como seleccionador, fue un estrepitoso 13-0 sobre Bulgaria, con seis goles de Chacho, números ambos que aún hoy son récord en nuestro fútbol. Pero aquel ensañamiento con una selección menor hasta cayó mal.

Así que José María Mateos fue sustituido con vistas al mundial por Amadeo García Salazar, médico vitoriano, que tenía a su favor el haber hecho del Alavés uno de los grandes equipos de España. Nombró como entrenador a Ramón Encinas, exjugador frustrado por numerosas lesiones, y que había estudiado métodos de preparación en la mismísima Inglaterra. Se disputaron encuentros contra sendas selecciones de Cataluña y Castilla y finalmente el grupo quedó concentrado en El Escorial, solemnidad que entonces no era de uso común, ni mucho menos.

El 11 de marzo de 1934 jugó España en Madrid (en el viejo Chamartín, casi exactamente donde está el Bernabéu) su primer partido valedero para la Copa del Mundo. Llenazo (24.000 espectadores y recaudación récord, 150.000 pesetas) y el Presidente de la República, don Niceto Alcalá Zamora presidiendo el partido.

Jugaron: Zamora; Zabalo, Quincoces; Cilaurren, Marculeta, Fede; Vantolrá, Luis Regueiro, Lángara, Chacho y Gorostiza. Otros ocho jugadores habían estado en la concentración de El Escorial, lo que da idea de la importancia que se dio al partido. Fue una masacre: 9-0. En Portugal apenas había entonces campos de hierba, se jugaba en tierra, y los portugueses extrañaron el césped de Chamartín. Gol rápido de Chacho, en tres minutos, Lángara marcó cinco, Luis Regueiro dos y Vantolrá el otro. Y eso que, de forma irregular (el fútbol todavía permitía esas chapucillas), el árbitro permitió a Portugal hacer tres sustituciones sobre la marcha, entre otras la del portero Soares, que dejó su puesto a Amaro al cuarto de hora, cuando ya llevaba encajados tres goles.

El partido de vuelta fue una semana después, en el estadio Lumiar, de Lisboa. Hay que empatar al menos, porque por entonces no se tenían en cuenta las diferencias de goles, sino las victorias o los empates, así que de haber ganado Portugal hubiera sido necesario un tercer partido. España repite el once, salvo el interior izquierdo, donde Herrerita reemplaza a Chacho. Víctor Silva adelanta a Portugal en el 8', pero dos goles de Lángara (13' y 25') dan la vuelta al marcador. En el descanso, Portugal vuelve a cometer una irregularidad al cambiar al meta (Amador, el segundo de Madrid) por Dyson, el tercer portero que ponía en liza en la eliminatoria. El partido acabó 1-2. España estaba clasificada con dos victorias y un 11-1 total sobre los vecinos portugueses. Siete de esos goles los había marcado el formidable Lángara. El problema de Portugal, se ve, no era de porteros, sino de tener a ese delantero enfrente.

Lángara fue el goleador más grandioso de nuestra historia. Dejó diecisiete goles en doce partidos con la selección. Para nuestra desgracia, la Guerra Civil partió lo mejor de su carrera. Había nacido en 1912, así que cuando empezó esta tenía solo veinticuatro años. Ahí lo perdimos. Tomó parte en la célebre gira de la Selección de Euskadi y al término de la guerra jugó en el San Lorenzo de Almagro, donde hizo un debut sonadísimo, con cuatro goles. Aquel fue uno de los primeros partidos que vio Di Stéfano, de la mano de su padre. Luego jugó en México y solo en 1946, ya con 34, regresó a España, al Real Oviedo, el equipo en el que había triunfado, para jugar dos temporadas. Finalmente regresó a México, donde apuró su carrera de jugador. Más tarde fue entrenador en Chile, Argentina y el propio México. Regresó, ya mayor, para morir en 1992 en su País Vasco.

Triunfó en el Oviedo, pero había nacido en Pasajes de San Juan, junto a San Sebastián. Su primer equipo fue el Tolosa, y hasta allí fue a ficharle un enviado del Atlético, llamado Ángel Romo. La historia del Atlético hubiera podido ser otra de no haberse producido una fatal coincidencia. Ángel Romo tenía la orden tajante de fichar al delantero centro, costase lo que costase. Fue al partido del Tolosa y dio la casualidad de que ese día Lángara jugó de interior, y que de delantero centro lo hizo José María Arteche. Al enviado le pareció mejor el interior, pero como la orden era tajante, fichó a Arteche. Luego, el Oviedo supo de Lángara y se lo llevó. Arteche hizo una carrera cortísima en el Atlético y, luego, en el Racing de Santander. Jugaba bien, pero sufría una leve cojera, por una pierna algo más corta que otra.

Nada que ver con aquel prodigioso Lángara, cuyos goles nos llevaron al primer mundial.

¡Allá vamos!

*E*spaña contrató para la preparación con vistas al Mundial de Italia a un equipo profesional inglés, el Sunderland, con el que se concertaron tres partidos (13, 15 y 20 de mayo en San Mamés, Chamartín y Mestalla respectivamente). Los resultados fueron 3-3, 2-2 y 1-3. Esta última derrota escoció y provocó que el grupo viajara entre cierta desconfianza general. No había optimismo. Además, al final hubo alguna desagradable sorpresa y también cierta polémica. Como suplente de Zamora quedó fuera Blasco, del Athletic, a favor de Nogués, del Barça, magnífico, pero de poca talla. Se lesionó el defensa asturiano Pena, se trató de suplirle por el valencianista Torregaray y la inscripción de este no llegó a tiempo, así que se quedó aquí. Pedro Regueiro, jugador estimable aunque no tan brillante como su hermano Luis (un fenómeno de la época) fue baja porque el padre le prohibió ir porque debía rendir exámenes. ¿Imaginan eso ahora? Por otra parte, Guillermo Eizaguirre, el portero del Sevilla que había sido muchas veces suplente de Zamora, célebre por sus espectaculares jerséis de rombos y que en aquel momento tenía un brazo roto, viajó escayolado, invitado por la federación. Algo como lo de Cañizares en Corea-Japón.

En definitiva, la lista fue esta:

Porteros: Zamora (Madrid) y Nogués (Barcelona).

Defensas: Ciriaco (Madrid), Quincoces (Madrid) y Zabalo (Barcelona). Aquí faltó un cuarto defensa, por la lesión de Pena y por el rechazo de la inscripción de Torregaray.

Medios: Cilaurren (Athletic), Muguerza (Athletic), Solé (Espanyol), Marculeta (Donostia, nombre de la Real Sociedad durante la República) y Fede (Sevilla). Aquí faltó un sexto medio, el madridista Pedro Regueiro, por la prohibición paterna.

Delanteros: Lafuente (Athletic), Vantolrá (Barcelona), Luis Regueiro (Madrid), Iraragorri (Athletic), Lángara (Oviedo), Campanal (Sevilla), Lecue (Betis), Chacho (Deportivo de La Coruña), Gorostiza (Athletic) y Bosch (Espanyol).

Veinte, pues, en lugar de los veintidós posibles, por ese par de fatalidades. Mientras, en España se discutía la lista, como habría de ser ya una constante histórica. Las mayores quejas se centraban en las ausencias de Herrerita, interior del Oviedo, y de Roberto, medio del Athletic. El seleccionador iba atormentado por dos dudas: ninguno de los dos medios centro (Muguerza y Solé) le convencía del todo pero para el puesto de interior derecha tenía a dos fenómenos, Luis Regueiro e Iraragorri, en la práctica imposibles de descartar cualquiera de los dos.

El grupo viajó el 23 de mayo desde Barcelona, en el transatlántico *Conte Biancamano*, en el que venían los brasileños desde el otro lado del océano. Con la selección embarcó un cocinero, el catalán Francisco Blanch, que tenía en Madrid un restaurante de éxito. Así se cuidaría la alimentación del grupo y se evitaría que notaran extraña la comida. Se instalaron en Rapallo, en el hotel Savoia, desde donde viajarían a Génova para el primer partido, contra Brasil, y a Florencia, para la doble batalla, que eso fue, contra Italia.

Es 27 de mayo y al Luigi Ferraris de Génova saltan España y Brasil. Arbitra el alemán Birlem. El partido se sigue en España por radio en la voz de Fuertes Peralba, que se hizo célebre en este campeonato, sobre todo por la pasión en la retransmisión de los dos partidos posteriores ante Italia. Amadeo Salazar resuelve las dudas que tenía con Muguerza en el medio centro (más fuerte pero menos técnico que Solé) y con Iraragorri en el interior derecho, sacrificando a Luis Regueiro.

España forma así: Zamora (capitán); Ciriaco, Quincoces; Cilaurren, Muguerza, Marculeta; Lafuente, Iraragorri, Lángara, Lecue y Gorostiza. Hay 30.000 espectadores en el estadio, lleno, con gran apoyo a Brasil. Ya se sabe que el ganador del partido se cruzará con Italia (si esta gana a Estados Unidos, como se preveía y efectivamente sucedió) y se prefería a Brasil, que entonces no significaba nada, a pesar de que se le hubiera concedido el privilegio de ser cabeza de serie. Italia y

España ya habían jugado varias veces a esas alturas de siglo, y eso había generado rivalidad y enemistad. Se temía la «furia española».

Y España gana pero no por furia, sino por rapidez. Gran primera parte. En el 17', un córner lanzado por Gorostiza es interceptado con la mano por un defensa brasileño. Penalti. Iraragorri lo transforma con serenidad. 1-0. En el 25' jugadón de Gorostiza con centro a Lángara, que no perdona. 2-0. En el 29', Lecue filtra un pase adelantado a Lángara y este repite. 3-0. Así nos vamos al descanso.

En la segunda parte, España se deja ir un poco y el público enardece a Brasil, que en el 55' marca, por medio de Leónidas la «Maravilla Negra», como se le apodaba. Brasil se arrebata por unos minutos y en el 62' dispone de un penalti que lanza Waldemar pero que Zamora detiene en enorme parada. Ya tenía treinta y tres años, empezaba a ser discutido, pero de este mundial saldrá fortalecido. Esa parada fue crucial, porque con el 3-2 Brasil se hubiera podido venir arriba. Ahí amainó la tormenta y España completó el partido ya sin agobios. Se clasificaba así para cuartos de final, donde viviría una jornada épica, terminada en derrota que supo a victoria.

Brasil se fue a casa, y podemos presumir de que nuestro primer partido en un mundial fue una victoria sobre Brasil, si bien es cierto, como se ha dicho, que no tenía a todos sus mejores jugadores. Aún así, en el equipo había dos estrellas excepcionales, Leónidas y Waldemar de Brito. Con Brasil se van Estados Unidos, Bélgica, Francia, Rumanía, Egipto, Argentina y Holanda. Para ellas, el mundial se ha reducido a un partido.

Mussolini inventa los *oriundi*

A primeros de los treinta, con toda Europa alborotada, Mussolini proyectaba al mundo una imagen de unidad y prosperidad. Había estabilidad, seguridad y todo el dinero que el Estado pudiera poner sobre la mesa a mayor gloria de su régimen fascista y de su conductor, el Duce. Así lo comprendieron los congresistas en el XXI Congreso de la FIFA en Estocolmo. Y concedieron la organización de la Copa del Mundo de 1934 a Italia.

Mussolini, que no quería dejar nada al azar, puso al frente de la federación italiana a un general de su confianza, Giorgio Vaccaro, fundador del Lazio en 1902 y luego gran personaje del mismo club. De aquel hombre arranca la acendrada vocación fascista del club romano, que aún se hace desagradablemente visible.

Resuelto eso, el Duce decidió que Italia había inventado el fútbol. Se animó a incorporar este deporte que empezaba a hacer furor a la larga lista de gloriosas realizaciones del régimen. Alguien le hizo partícipe del descubrimiento de una carta escrita en el siglo XVII por el conde de Abermale, aristócrata inglés, al rey Carlos II. En ella le describía un juego que había visto en un viaje por Italia, al que encontraba un cierto parentesco con aquellas batallas campales entre pueblos, que se disputaban por entonces en Inglaterra, en las que hoy se fija el origen del fútbol y el rugby. Consistía en llevar una pelota grande, por la fuerza y como fuera, de un pueblo a otro, hasta tocar un gran pedrusco, puesto de punta, al que se llamaba «goal». Aún se celebra en Ashbourne, en Carnaval, sin interrupción conocida desde 1683, fecha de la que queda el registro más antiguo en el municipio. Pero venía de mucho antes, solo que un incendio en ese año destruyó los registros anteriores.

Abermale escribió a Carlos II que había visto un juego parecido, en Florencia, aunque de ámbito urbano, jugado en una de sus plazas. Incluso propuso un partido así entre criados de uno y otro, que llegó a disputarse y ganaron los suyos, a pesar de lo cual Carlos Estuardo no le degolló. Tanto *fair play* explica lo que luego le pasó.

Mussolini aprovechó ese conocimiento para lanzar lo que hoy conocemos como «*calcio in costume*», que desde ese momento volvió a jugarse en Florencia, entre equipos de barrio. Más rugby que fútbol, aunque vale patear. Vale todo. Hoy es un atractivo turístico del verano italiano, como el Palio de

Siena. Y para los italianos la palabra británica «*football*» fue sustituida por la italiana «*calcio*», patada. O «*gioco de calcio*», juego de patada.

(La explicación de la coincidencia puede estar en que las legiones romanas ya utilizaban para mantenerse en forma un juego llamado «*haspartum*» que los tratadistas definen de una forma parecida. Un reflejo de ese juego pudieron ser los partidos-batalla de la Inglaterra rural, que tantos reyes quisieron proscribir, sin conseguirlo, y de los que abomina incluso un personaje de Shakespeare en *Hamlet*. En ese caso, podría decirse que Mussolini no iba tan desencaminado. ¿O encontraron el juego los romanos en Gran Bretaña y luego lo adoptaron? Podría ser. También hay referencias anteriores a un juego llamado «*soule*», practicado por normandos y bretones, de pelota grande, como una especie de culto al sol. Cualquiera sabe).

Y de paso, Mussolini inventó los *oriundi* para fortalecer su selección. Consciente de la gran cantidad de apellidos italianos que había en el fútbol del Río de la Plata, y conocedor de la excelencia de los jugadores de allá, decidió impulsar la iniciativa de ficharlos para clubs italianos y nacionalizarlos. Así fueron llegando en los años previos al mundial en condición de *oriundi* Monti y Orsi a la Juventus, Demaría a la Ambrosiana (club que se llamó así durante el periodo fascista, antes y después fue y sería el Inter) y Guarisi al Lazio, entre otros. Cito estos cuatro porque luego jugaron el mundial con Italia, pero hubo más. Monti había sido finalista con Argentina en el 30, lo sería ahora con Italia en el 34, y además campeón. Caso único en la historia de un jugador presente en dos finales con dos selecciones distintas. De los cuatro, tres eran argentinos y el otro, Guarisi, brasileño. En Brasil se llamaba Amphiloquio Marques y en el fútbol se le conocía con el apodo de «Filó». Pero en Italia fue rebautizado como Anfilogino Guarisi. Para el fútbol, simplemente Guarisi.

En dos de los casos se produjo una infracción que se pasó por alto. El artículo 21, párrafo 3.º del Reglamento de la FIFA establecía que «El jugador que haya representado a una Asociación Nacional en partido internacional no será calificado para representar a otra asociación sino después de un plazo de tres años de residencia en el territorio de su nueva Asociación». Monti y Demaría habían sido internacionales con Argentina en julio de 1931 y para el mundial aún no llevaban tres años en Italia.

Alcalá Zamora condecora a los vencidos

*F*ue el 31 de mayo, en el Giovanni Berta, de Florencia. Y fue terrorífico. Se hablará de él durante años en España y también fuera de ella. Todavía no hace mucho, en una bella antología que hizo *L'Équipe* sobre la Copa del Mundo, dedica a este choque tanto espacio como a la final de ese año, y lo titula, en español, «¡Viva la muerte!»

Arbitró el belga Baert, al que se le vio el plumero. Asistieron 46.000 espectadores.

España sale con: Zamora (capitán); Ciriaco, Quincoces; Cilaurren, Muguerza, Fede; Lafuente, Iraragorri, Lángara, Regueiro y Gorostiza. Amadeo García Salazar insiste con Muguerza, en la media cambia a Marculeta por Fede (previendo una dureza que habrá) y mete a Regueiro como interior izquierda, por Lecue.

Italia sale con: Combi (capitán); Monzeglio, Allemandi; Pizziolo, Monti, Castellazzi; Guaita, Meazza, Schiavio, Ferrari y Orsi.

El partido empieza con juego brioso y moderadamente duro por parte de ambos equipos. Hay llegadas en ambos lados. Aprieta más Italia, pero Quincoces, que ya ha estado soberbio ante Brasil, da una exhibición. Jugador llamativo por su elegancia y por el pañuelo en la cabeza (para evitar que el cordaje del balón le dañara la frente) será proclamado como el mejor defensa del campeonato. El público italiano, que esperaba el partido más fácil, se impacienta cuando en el 30' Regueiro recoge un saque corto de Lángara, en una falta, y cruza un chupinazo que vale el 1-0. Italia se lanza en tromba a jugar con gran dureza, que Baert consiente. España replica, pero Baert es más severo con los nuestros, a los que les pita todo, al revés que a los italianos. A un minuto del descanso, Orsi cuelga una falta sobre el área de España, Zamora salta por el balón y Meazza le mete el cuerpo y le empuja en el área chica; Zamora palmotea como puede y cae hacia atrás. El balón le queda muerto a Ferrari, que marca a puerta vacía. Es falta clara (la jugada puede verse en Internet), pero Baert, tras consultar al linier para repartir la responsabilidad, lo concede. El linier estaba más lejos y además, destinado a correr todo el partido bajo el público, poco podía hacer.

La segunda mitad ya es una lluvia de palos, sobre todo para España, cuyos jugadores son derribados impunemente cada vez que pasan del medio campo. Una vez que Lafuente consigue escaparse marca, pero se lo anulan por fuera de juego que según Fielpeña (testigo directo) en su libro *Los 60 partidos de la selección española*, publicado en 1941, no lo es.

Pero la escapada de Lafuente es una excepción. El segundo tiempo lo describirá Lucien Gamblin, enviado especial de *L'Auto* (antecesor de *L'Équipe*) como la lucha de toda Italia contra tres españoles, Zamora, Ciriaco y Quincoces, la línea defensiva. El público apoya ferozmente, Italia arrasa, manda balones al área, salta, empuja, da codazos. Aquello es un manicomio, con el campo volcado sobre la portería de España. Al fondo de la cuesta, Zamora, Ciriaco y Quincoces se baten como leones heridos en su guarida ante unos italianos a los que Baert les consiente todo. Sobre Zamora llueven golpes, codazos, agarrones, entradas duras, pero él se resiste como un jabato, con un ojo semicerrado y sangrando.

Se llega a la prórroga, que viene a ser del mismo tenor, aunque Italia está ya agotada. España se despliega. Aquello es una lucha horrible contra la fatiga, el dolor, el adversario. Meazza, agotado, echa alto un balón a puerta vacía, a cuatro metros del marco. En la segunda mitad de la prórroga, Lafuente estrella un tiro en el poste. De vuelta de la jugada, Guaita pega en el larguero. La prórroga acaba 1-1.

La España futbolística, que empieza a ser mucha, ha seguido alucinada el relato de Fuertes Peralba.

Las semifinales están previstas para el día 3, así que no hay tiempo que perder para el desempate. Se programa para el día siguiente, el 1, en el mismo estadio. Hay recuento de bajas. En España, siete han quedado inútiles, entre ellos Zamora, con un ojo cerrado y dos costillas rotas. Se fue a la cama pretendiendo jugar el día siguiente, pero será imposible. Solo repiten, y maltrechos, Quincoces, Cilaurren, Muguerza y Regueiro. Son baja, con Zamora, Ciriaco, Fede, Lafuente, Iraragorri, Lángara y Gorostiza. Siete en total. A Italia le va mejor, pero tampoco ha salido indemne. Fede le ha roto la pierna a Pizziolo. Tampoco pueden repetir Castellazzi, Schiavio y Ferrari. Salen siete de la víspera, varios de ellos también maltrechos. Todos agotados.

Arbitra el suizo Mercet, de «máxima confianza» de la organización. Como Baert.

España: Nogués; Zabalo, Quincoces (capitán); Cilaurren, Muguerza, Lecue; Vantolrá, Regueiro, Campanal, Chacho y Bosch.

Italia: Combi (capitán); Monzeglio, Allemandi; Ferraris IV, Monti, Bertolini; Guaita, Meazza, Borel, Demaría y Orsi.

España sale aplaudida, señal de que se había ganado un respeto la víspera, e Italia, bajo una ovación que dura minutos. El partido arranca con brío y pronto el brutal Monti saca a Bosch del campo de una patada. España se queda con diez. En el 11', córner desde la izquierda del ataque italiano: lo lanza Orsi al segundo palo y allí aparece Meazza, que arrolla a Nogués y marca espectacularmente. Nogués, ágil y seguro, gran portero, tenía poca envergadura y aquí se vio arrasado. Luego el partido va degenerando. Todos pegan, los italianos más. Hay una patada de Campanal a Monzeglio que levanta las iras. El árbitro le amonesta. Quincoces sufre un planchazo al despejar un balón y sale fuera, con lo que Bosch reingresa, aunque cojo. Luego es Regueiro el que tiene que salir para ser atendido. Al rato, Chacho, con cuya salida reingresan Quincoces y Regueiro, muy renqueantes, porque el equipo se quedaba con ocho, uno de ellos Bosch, inválido.

Así se llega al descanso. Bosch no puede seguir ya de ninguna manera. Quincoces, aún lesionado, se multiplica, como la víspera y acaba por ser considerado por muchos no ya el mejor defensa, sino el mejor jugador del torneo. España consigue lanzar algunos ataques porque, a pesar de todo, tiene siete hombres nuevos, mientras que Italia solo tiene cuatro. El segundo tiempo pesa horriblemente a los que jugaron la víspera. Hay un gol de Campanal, a pase de Chacho, que el árbitro anula por fuera de juego. Italia trata de sostenerse, España de atacar, pero el agotamiento y los golpes frenan a todos. Termina el partido, termina la carnicería. España está fuera, pero se va aplaudida.

La prensa española, y la neutral, clama indignada contra los partidistas arbitrajes que ha sufrido España. El hecho tuvo que ser bastante escandaloso si se juzga, por ejemplo, desde la óptica del francés Lucien Gamblin, de *L'Auto*. Vean este extracto: «El árbitro condujo las operaciones con tal descaro que pareció frecuentemente el jugador número doce de Italia». O este otro, referido al feroz medio centro oriundo: «Monti interpretó a la perfección el papel de carnicero. Mereció montones de veces ser expulsado. Sin embargo, se mantuvo hasta el final del partido».

En España se recibió a los jugadores a su regreso como los «héroes de Florencia». El equipo recibiría un gran reconocimiento popular y oficial. Por decreto del 23 de junio se entregó la Orden Civil de la República al presidente de la Federación, Leopoldo García Durán, e insignias de oficiales a seleccionador y jugadores. En diciembre se organizó un partido contra Hungría en Chamartín, con carácter de homenaje nacional a Ricardo Zamora, para quien fue la recaudación. A esas alturas llevaba catorce años defendiendo la portería de la selección y era una gloria nacional. Ganó España 6-1, con tres de Lángara y tres de Luis Regueiro. Alcalá Zamora, que llegó tarde, bajó en el descanso e impuso a los jugadores las condecoraciones oficiales concedidas en junio.

En fin, lástima que nos cruzáramos con Italia tan pronto, porque aquel era un equipo soberbio: con juego y aguerrido. Pero las semifinales se disputaron sin España.

Italia gana con un gol imposible del «Mumo» Orsi

Diez de junio de 1934, Estadio Nacional del Partido Fascista, en Roma, que más adelante será rebautizado como Estadio Olímpico de Roma. Italia y Mussolini viven el día soñado: Italia es finalista de la Copa del Mundo. Enfrente tiene a una de las grandes de la época, Checoslovaquia, que para llegar aquí ha acumulado méritos. Eliminó a Polonia en la fase de clasificación, por un solitario 1-2. Polonia renunció al partido de vuelta, sabiéndose sin posibilidades. Ya en Italia, los centroeuropeos ganaron sucesivamente a Rumanía (2-1), Suiza (3-2) y Alemania (3-1). Han ido a más, tienen un gran portero, Planicka, apodado «el Zamora del este», y a un interior izquierdo casado con el gol, Nejedly, que ha marcado cinco entre los tres partidos del campeonato. Checoslovaquia es un equipo técnico, suave, geométrico, como corresponde a la entonces acreditadísima «escuela del Danubio». Italia ha llegado a la final por un camino más alborotado. Se clasificó ganando 4-0 en casa a Grecia, que renunció igualmente al partido de vuelta. En la fase final ganó con claridad a Estados Unidos (7-1 y el gol americano lo marcó el italiano Donelli, un oriundo que se le había escapado a Mussolini), luego tuvo unos cuartos terribles con España (1-1, con prórroga inútil y 1-0 en el desempate) en los que tuvo dos arbitrajes muy a favor y finalmente, en semifinales, un apuradísimo triunfo (1-0) ante Austria, el Wunderteam, favorito en principio del torneo.

Presidió el partido el príncipe del Piamonte, más tarde rey Umberto, junto a Jules Rimet. Acude Mussolini, del que se dice que se ha empeñado en pagar su propia entrada, como en partidos anteriores. Hay acreditados 157 periodistas de todo el mundo y el partido se radia en directo no solo para Italia y

Checoslovaquia, sino también para Argentina. La importantísima colonia italiana en aquel país, y la propia presencia en el equipo de varios argentinos captados como *oriundi* para el equipo, explica que la radio argentina comprara la transmisión.

Vittorio Pozzo, secretario técnico único del equipo italiano, se aconseja de su amigo derrotado, Hugo Meisl, a su vez *alma mater* del Wunderteam. Austria y Checoslovaquia se han enfrentado muchas veces. Meisl no un ve un favorito claro. Checoslovaquia es más técnica, pero Pozzo ha armado un equipo feroz y eficaz, con ramalazos de buen juego. Y tiene el público a favor, aunque Checoslovaquia va a ser apoyada por seis mil hinchas propios. Pozzo habla a sus jugadores, en una charla motivadora y emotiva que ellos recordarán toda la vida: «Pensad en vuestras familias. Pensad en vuestras novias, vuestras esposas, vuestros hijos. Pensad en toda Italia, que está pendiente de vosotros. Hacedles sentirse orgullosos…».

Salen los equipos. Al frente de Italia, abanderado, portando la tricolor con el escudo de la Casa de Saboya y el Líctor fascista, marcha Umberto Caligaris, héroe mítico de la *azzurra*, con 59 internacionalidades, pero ya para entonces suplente. Su salida es un golpe de gran efecto sicológico, que enardece a la multitud. Los equipos forman para escuchar los himnos. Italia, con el brazo en alto, saludo romano. Van a jugar estos:

Italia: Combi (capitán); Monzeglio, Allemandi; Ferraris IV, Monti, Bertolini; Guaita, Meazza, Schiavio, Ferrari y Orsi.

Checoslovaquia: Planicka (capitán); Zenisek, Ctyroky; Kostalek, Cambal, Krcil; Junek, Svoboda, Sobotka, Nejedly y Puc.

Arbitra el sueco Eklind. Y a jugar.

El partido empieza nervioso y duro, en una especie de fútbol-control en el que nadie quiere arriesgar. Los equipos los definen sus medios centros, ambos de gran prestigio. Por los centroeuropeos, Cambal, más técnico. Por los italianos, Monti, más físico, menos técnico pero con más pase largo. Monti ya había jugado la final cuatro años antes con Argentina, su país de nacimiento. Es el único caso de jugador que ha participado en dos finales, con equipos distintos. Ya no le apodan Doble Ancho, como en Argentina, porque ha perdido peso, obligado por Pozzo. Pero es un puntal.

Al descanso se llega sin mayores clamores. La segunda mitad avanza y la ansiedad va creciendo. No hay demasiadas llegadas a puerta y los dos metas responden bien cuando son requeridos. En el 71', Nejedly, siempre vigiladísimo, consigue colarle un pase a Puc, con el que hace ala, y este sacude un zambombazo que bate a Combi. 0-1. Clamor entre los seis mil checoslovacos, silencio de difuntos en el resto de Italia.

Entonces salta la raza del equipo *azzurro*, que se vuelca, con todo lo que tiene: energía, juego, remate. Planicka retrasa el gol con paradas que justifican su apodo. Pero tenía que llegar y llegó, fue en el 81', y quedaría para la leyenda de Italia: Monti adelanta un balón hacia la izquierda, de oriundo a oriundo, a Mumo Orsi, que regatea a Kostalek y, cuando Zenisek sale a cortarle el paso, amaga con una finta para irse hacia la izquierda y en lugar de eso recoge el balón, se lo coloca a la derecha y tira con rosca, cruzado, a la escuadra contraria. Inalcanzable para Planicka. Es el 1-1, que canta toda Italia. El empate se mantiene ante la prórroga, gracias a sendas grandes paradas de Combi y Planicka.

En el descansillo antes de la prórroga, los jugadores se tumban, deshechos. Se ha corrido mucho, los nervios han producido desgaste. El trance emocional de la remontada ha terminado de agotar a algunos italianos. El delantero centro Schiavio le dice a Pozzo que no puede más, que está fundido. Pozzo decide cambiarle por Guaita: le manda al extremo y coloca a este como delantero centro. En aquel tiempo sin cambios, a los jugadores inservibles por lesión (en este caso se trataba de fatiga) se les solía colocar de extremos, simplemente para atraer la atención de un contrario.

El cambio desconcierta en un principio a Checoslovaquia, que se desorganiza atrás. En el 95', Schiavio entrega a Guaita, que entretiene el balón por el centro hasta que aparece Schiavio, al que cede. Y Schiavio, el hombre que no podía más, encuentra un resto de fuerza para pegar un patadón que sacude las mallas. Es el 2-1.

Ya no habrá más goles. Italia recula, Checoslovaquia está agotada, todos están agotados. De aquel grupo de fatigados sale de cuando en cuando una carrera, algún disparo, incluso se produce alguna nueva parada. Pero Eklind pita el final.

¡Italia ha ganado su mundial!

Además de la *Victoria*, que entrega Jules Rimet a Combi, Mussolini entregó por su cuenta la llamada Coppa del Duce. De paso, nombró a los jugadores «Comendadores al Mérito Deportivo». También otorgó un trofeo conmemorativo a los finalistas derrotados, la llamada Copa del CONI.

Italia festeja el título, que recibirá críticas no por nada de lo ocurrido en la final, sino por la forma escandalosa en que había sido eliminada España y por un gol anulado a Austria en la semifinal, que no quedó nada claro. (El propio Eklind que había anulado ese gol fue el que arbitró la final).

Al partido sucedió un curioso estrambote. El día siguiente, el general Vaccaro, presidente de la Federación Italiana, cita a todos los jugadores en el campo, para hacer una foto conmemorativa. Acuden todos salvo Pizziolo, que aún está en el hospital, con una pierna rota en el primero de los partidos contra España, que presenta complicaciones. Tras la sesión de posado, hay entusiasmo y bromas. Alguien le pide a Orsi que repita su maravilla de gol, esa maniobra magnífica. Dos compañeros hacen el papel de los defensas checoslovacos burlados. Orsi repite la jugada, regatea, va, amaga, recoge, tira… y fuera. Así una, dos, tres, cuatro veces. Todo lo anterior sale, pero el golpeo, no.

Hasta que se hartó de las burlas, se acabó el juego y los fotógrafos recogieron las cámaras. Y se fue defendiéndose con un argumento incontestable:

—¡Pero marqué el que valía!

FRANCIA 1938

En la tierra de Jules Rimet

Jules Rimet decidió que el tercer mundial se celebrase en Francia. Quiso compensarse así de tantos desvelos, pero provocó una fuerte decepción en América, que se creía con derecho al criterio de alternancia, y que por tanto la copa volvería a cruzar el océano. El enfado fue particularmente grande en Argentina, que aspiraba a organizarlo. Al fin y al cabo, había sido subcampeona en el 30 y al Mundial del 34 asistió, contra viento y marea aunque con un equipo amateur, pero había asistido. Uruguay, que mantenía el despecho por tantas ausencias en su campeonato de 1930, tampoco se apuntó. Y tras ellas, las deserciones americanas se sucedieron en cascada.

Se inscribieron veintiún países europeos, a los que se reservaron trece plazas. De América, tras muchas renuncias y eliminatorias incompletas, viajaron a Francia, Brasil y Cuba. Asia envió a las Indias Orientales Holandesas, o Surinam, el territorio que hoy es Indonesia. (En algunos tratados, se confunde con las actuales Antillas Holandesas). Fue el primer participante asiático en una fase final.

España no estuvo, por supuesto. Estaba envuelta en la Guerra Civil, que sería una especie de adelanto de la guerra europea, que ya se venteaba. Cuando se inauguró el mundial, estaba expuesto en París el *Guernica*, de Picasso. Francia, como país organizador e Italia, como campeona, se clasificaron de oficio. Éste fue el primer torneo que el campeón jugaba por serlo, privilegio que se mantendría hasta 2002. Se jugó, como el anterior, por eliminatorias directas. Jules Rimet, en persona, presidió el sorteo y encargó a su nieto Yves Rimet que fuera la mano inocente que sacara las papeletas.

El campeonato comenzó el 4 de junio y se completó el 19

del mismo mes de 1938. Se estrenó un nuevo balón, marca Allen, sin cordón. Patentado por tres argentinos: Antonio Tossolini, Juan Valbonesi y Luis Polo, tenía una cámara con válvula incorporada, que se podía hinchar por inyección. Con esa innovación fueron desapareciendo los pañuelos en la cabeza de los jugadores, entonces bastante frecuentes, porque el roce de los viejos cordones hacía daño cuando el balón llegaba fuerte y con efecto.

Se jugó en nueve ciudades: París, Le Havre, Lille, Marsella, Antibes, Burdeos, Reims, Estrasburgo y Toulouse. Rimet encontró en la preparación tantas dificultades que llegó a pensar en compartir sede con Bélgica, pero finalmente encontró la suficiente colaboración en el Estado y en los ayuntamientos.

De nuevo todos los árbitros fueron europeos. La táctica imperante seguía siendo el método, el 2-3-5, pero ya en este campeonato Karl Rappan empezó a experimentar con el cerrojo, al quitar un hombre de la delantera para poner un tercer defensa, por detrás de los dos de la formación clásica, con lo que pasaba a ordenar al equipo en un 3-3-4. Se jugaron dieciocho partidos, con una asistencia de 483.000 espectadores, una media de 26.833, lo que mejoraba los dos anteriores campeonatos, para satisfacción de Rimet. Se marcaron 84 goles, 4,67 por partido. El máximo goleador fue el brasileño Leónidas, con siete.

El Wunderteam no estuvo en Lyon

En los años treinta, Austria tuvo una gran selección, un equipo precioso, de juego exquisito al que inevitablemente se comparó con el vals. Era el mejor representante de la Escuela del Danubio, donde se jugaba un fútbol más técnico y suave que en el norte de Europa. Obra personal de un hombre hoy casi olvidado, Hugo Meisl, uno de esos picados del fútbol de la época. Jugador, árbitro, entrenador, dirigente...

Fue el creador de la ya desaparecida Copa Mitropa[1] —competición entre clubes del viejo Imperio austrohúngaro e Italia, y uno de los grandes precedentes de la Copa de Europa—, que se inició en 1927.

Como seleccionador austriaco, organizó aquel gran equipo a principios de los treinta. La estrella máxima era Matthias Sindelar, delantero centro, al que llamaban «*Der Paperiene*», el hombre de papel, por su extremada delgadez. Un genio del juego y del gol. El Wunderteam alcanzó celebridad internacional por una racha de catorce partidos invicto, entre abril de 1931 y diciembre de 1932. Al Mundial de Italia de 1934, el Wunderteam se presentó como gran favorito, y aún más tras la espectacular victoria en Turín (2-4) sobre Italia, en febrero del mismo año en que empezaba el campeonato. Luego, ya en este, Austria caería en semifinales justamente ante Italia, por un solitario gol en el que su meta Platzer fue arrollado tras rechazar un disparo de Schiavio: no se pudo hacer con el balón y Guaita acabó marcando gracias a eso. Austria ya había sufrido dureza y un arbitraje difícil en el partido anterior, contra Francia, que había resuelto en la prórroga. Lo de los arbitrajes allanando el camino al local es antiguo…

En 1938, el Wunderteam seguía vigente, a pesar de que algunos de sus jugadores cumplían años y de que su *alma mater*, Hugo Meisl, había muerto en 1937, el 17 de febrero, de un ataque al corazón, con 56 años. Austria se clasificó para el Mundial de Francia tras ganar a Letonia, que a su vez había eliminado a Lituania. En el sorteo, Austria quedó emparejada con Suecia para el primer partido. Tendría que ser en Lyon, el 5 de junio.

Pero no hubo tal. Tres meses antes, el 11 de marzo, Austria fue incorporada al Reich, en lo que se llamó el «Anschluss», la anexión. Las tropas de Hitler ocuparon el país, en aquellos días convulsos previos a la Segunda Guerra Mundial en los que el Führer alemán explotó la cobardía moral de las potencias europeas, singularmente de Francia e Inglaterra.

Así que el Mundial de Francia, que iban a jugar dieciséis

---

1. Mitropa es una abreviatura de la palabra alemana *mitteleuropa* ('centroeuropa').

naciones, lo jugaron solo quince. Suecia se quedó sin pareja para los octavos. Alemania, que a su vez se había clasificado como primera en un grupo que incluía a Suecia, Estonia y Finlandia (que dejó fuera a estas dos) se reforzó con los restos del naufragio austriaco. Sepp Herberger, el seleccionador alemán (el mismo que llevaría al equipo a la victoria en 1954) se llevó a nueve austriacos en la lista. No estaban entre ellos ni el capitán, Nausch que, casado con una judía, se había ido a Suiza, a jugar con el Grasshopper, ni Sindelar, que entonces ya tenía treinta y cinco años y que se había mostrado díscolo con la nueva situación.

Para el partido inaugural, contra Suiza, alineó a seis alemanes y cinco austriacos: Raftl, Schmaus, Mock, Gauchel y Hahnemann. Herberger incluso designa capitán del combinado a Mock. El partido se juega el 4 de junio, un día antes que los restantes partidos, como choque inaugural, y en París. El público pita a Alemania cuando forma y saluda brazo en alto, como le pasará el día siguiente a Italia en Marsella. La mayor parte del estadio está contra el auge nazi y desaprueba el apoyo que Hitler (como Mussolini) está prestando a las tropas de Franco en España.

Suiza se había clasificado tras disputar un único partido, en campo neutral (Milán) contra Portugal. Suiza se había negado a cruzar España, en plena GuerraCivil. Portugal viajó en barco hasta Italia para el partido. Suiza contó, claro, con el favor del público parisino.

La mezcla no funcionó. El fútbol alemán era enérgico y vigoroso, el austriaco, suave y técnico. Todos los cronistas coinciden en que se notó un equipo sin hacer, con dos modelos que no se compenetraban. El partido, arbitrado por el ya célebre belga Langenus (el de la final de 1930), terminó en empate. A los cuatro días se jugó el desempate, para el que Herberger ya solo alineó a dos austriacos: el meta Raftl y el delantero Hahnemann, que abriría el marcador en el 8'. Alemania llegaría a ponerse 0-2 por delante, pero perdió por 4-2, con dos goles finales del suizo Abegglen III, una de las maravillas de la época. Aquel fue el día, fijan los cronistas, en que se estrenó el cerrojo, que en Francia llamaron *beton* y en Suiza *verrou*, términos franceses que significan respectivamente cemento y candado. Karl Rappan, seleccionador suizo, colocó un tercer defensa por detrás de los dos habituales.

Alemania, que había acudido como una de las favoritas (se entendía que a su poderío natural se le sumaría el añadido de los mejores del Wunderteam), se fue a las primeras de cambio, entre las rechiflas del público parisino. Del Wunderteam nunca más se supo. Recobrada su independencia al final de la guerra, Austria volvió a tener un gran equipo en los cincuenta, nucleado en torno a un gran jugador, Ocwirk, pero los maravillosos húngaros de esos años lo ensombrecieron. Luego vivió un cierto resurgir con la generación de Koncilia, Prohaska y Krankl, en la época del Mundial de Argentina, ya en 1978. Pero se quedó lejos de aquellas maravillas de la preguerra.

En cuanto a Sindelar, el Hombre de Papel, tuvo un final prematuro y equívoco, que ha dado lugar a una leyenda romántica sobre él.

El 23 de enero de 1939, antes de que se cumpliera un año de aquel mundial, Sindelar apareció muerto, en su apartamento de Viena, en compañía de una joven italiana, de nombre Camila Castagnola, con la que llevaba diez días saliendo. La causa de la muerte fue intoxicación por gas. Se especuló con un suicidio romántico, sobre la base de que ambos eran judíos, y con la posibilidad de que se hubiera tratado de un crimen nazi. Pero ninguno de los dos era judío. Aunque Sindelar había nacido en Moravia, región de mayoría judía, y había jugado en el Austria de Viena, que tenía esa connotación, practicaba la religión católica. Tampoco la muchacha italiana era judía. Sindelar era simpatizante socialdemócrata y no era ningún secreto, pero ni el suicidio ni el crimen pueden defenderse con rotundidad. Una investigación realizada hace algunos años por la BBC, muy convincente, en la que se entrevistaba a un antiguo amigo de Sindelar, se inclinó por el accidente. La causa habría sido la inhalación de monóxido de carbono procedente de un resto de carbonilla mal apagada de uno de aquellos braserillos que se colocaban bajo las viejas mesas-camilla. Aquel tipo de accidente era frecuente en la época.

Es una explicación menos romántica, pero aquella investigación la mostró como la más verosímil.

Cuba jugó su único mundial

Nadie lo recuerda, ni quizá en la propia Cuba, pero la selección de la isla de los Castro participó en un mundial, el tercero, y hasta se permitió el lujo de pasar de ronda, eliminando a Rumanía, toda una veterana que había participado en los dos anteriores. Hoy, el fútbol en Cuba vuelve a tomar cierto auge, porque hace cinco años se comenzó a televisar allí la Liga Española, y muchachos y mayores discuten sobre Messi y Cristiano, como en todas partes del mundo. Y se juega mucho al fútbol en solares y descampados. Pero los grandes deportes de la isla eran, y son, el béisbol y el baloncesto, influencia norteamericana. Luego, con Fidel Castro, la mirada del régimen contra el deporte profesional (que en los sesenta se identificaba sobre todo con el fútbol) terminó de liquidarlo. Castro fomentó los deportes olímpicos, singularmente el atletismo y el boxeo amateur, en los que obtuvo grandes resultados. El fútbol quedó muy arrinconado.

Pero en los treinta no era así. La influencia española aún no se había perdido, había curiosidad por el fútbol y en 1926 el paso del Español, con el mítico Ricardo Zamora como portero, había levantado olas de curiosidad y entusiasmo. Algunos jugadores españoles ficharon en ese tiempo por equipos cubanos, con nombres como Juventud Asturiana, Centro Gallego, Iberia... Por allí llegó a pasar Gaspar Rubio, «el Rey del Astrágalo», un genio disperso que tuvo mucho que ver en el estruendoso 4-3 con que España ganó a Inglaterra en 1929, pero que después se fugó del Madrid y se fue a Cuba. (Más tarde regresaría, pero nunca fue el mismo). Allí jugó en el Juventud Asturiana. Los nombres de los clubs hablan claramente de la influencia española sobre aquel fútbol.

En 1937 el Centro Gallego gana el torneo internacional IV Centenario de Cali, con la participación de clubes de México, Argentina y Colombia, lo que levanta el entusiasmo en la isla. Luego, el ambiente se caldea más con el doble paso de la selección de Euskadi por la isla, como parte de la célebre excursión de jugadores vascos, primero por Europa y luego, tras la caída de Bilbao, por América, para hacer propaganda de la causa nacionalista y recaudar fondos. El equipo de Euskadi pasó por Cuba en enero, camino de Buenos Aires, y volvió a pasar en mayo, de regreso de Buenos Aires hacia México. Aquel equipo, con figuras de talla mundial (Iraragorri, Regueiro y Lángara, singularmente) aumentó la efervescencia en la isla, porque además en su primer viaje, entre cansancio y descuido, perdió ante el Centro Gallego y ante el Juventud Asturiana. Luego, en junio, ganaría cuatro partidos seguidos a la selección de La Habana. Pero eso no enfrió la euforia, más bien exaltó la presencia del fútbol como conversación en la calle.

Así que no fue extraño que Cuba se apuntara al mundial, y lo tuvo fácil. Al confiar Jules Rimet a Francia la organización de esta tercera copa le hacía un desaire al entonces aún llamado Nuevo Continente. Cuando se dio a Italia la de 1934 se había hablado de alternancia a ambos lados del Atlántico, y de hecho Argentina contaba con que le correspondería el de 1938. Pero no fue así, y el acaparamiento europeo de esta edición (por más que fuera entendible y disculpable que Rimet se compensara de tantos desvelos llevando el torneo a su casa) creó una oleada de deserciones. Argentina agitó el agravio y a su llamada se sumaron todas menos Brasil y Cuba. Cuba no tuvo que pasar eliminatorias previas, por las renuncias de Estados Unidos, México, Colombia, El Salvador, Costa Rica y Surinam, así que concurrió sin lucha previa.

El caso es que Cuba cogió el barco y se fue a Francia. Desembarcó en Burdeos y luego viajó en tren a Toulouse. Formaban un grupo animoso, de dieciséis jugadores con apellidos españoles todos, el técnico, José Tapia, y cuatro personas más en la expedición oficial. Su primer partido se disputó el 5 de junio, en el Stade Capou, de Toulouse, frente a Rumanía, que jugaba su tercer mundial y traía incluso algunos supervivientes del primero, entre ellos el capitán Covaci. Hay que decir que a Rumanía tampoco le había costado mucho clasificarse: su rival en la eliminatoria previa, Egipto, también se había retirado, en solidaridad antieuropea.

Pero se daba favorita a Rumanía, en todo caso, por su experiencia y por su pertenencia a una zona de Europa en la que se jugaba bastante bien. El partido, con poco público, resultó trepidante y atractivo. Abrió el marcador Covaci (cuyo hermano sería luego celebérrimo entrenador, ya como Kovacs, traslación húngara del apellido rumano Covaci), pero Cuba no se desplomó. El partido acabó 2-2 y tras la prórroga, 3-3. Por los cubanos marcaron Magriñá (dos) y Socorro. Había que desempatar.

A los cuatro días, otra vez ambas selecciones frente a frente. Cuba repite equipo salvo el portero, Benito Carvajales, un ídolo en la isla, que fue sorprendentemente sustituido en el arco para que comentara el partido por la radio. Su sustituto, Juan Ayra, hizo maravillas y Cuba ganó 2-1, con tantos de Socorro y Fernández, marcados en dos minutos fulgurantes de la segunda parte. ¡Rumanía fuera y los caribeños a cuartos!

Fue una pequeña sacudida, pero duraría poco la alegría. Con dos partidos a la espalda más la juerga de celebración, Cuba afronta a Suecia. Era su tercer partido en siete días, mientras que Suecia llegaba descansada, porque su partido de octavos, que le hubiese correspondido ante Austria, no llegó a celebrarse, por el Anschluss. Así que los suecos, descansados, bien entrenados y tras haber podido observar su entrenador por dos veces a la selección de Cuba, contaban con todas las ventajas. Carvajales dejó el micrófono y volvió a la portería, pero se llevó ocho. 8-0 fue el marcador final. La única vez que Cuba se acercó a puerta fue para fallar un penalti.

Con todo, fueron bien recibidos a su regreso, sobre todo los autores de los goles. Como la Selección de Euskadi seguía por allí (pronto se disgregaría y sus jugadores se repartirían por Argentina y México, en distintos clubes) se concertó un partido entre la selección mundialista y el equipo vasco. Una gran fiesta. Los vascos ganaron por 4-0. Ya queda dicho que formaban un formidable equipo.

Luego el fútbol cubano fue languideciendo. Intentó clasificarse para el Mundial de 1950, pero en el grupo de la Concacaf, Estados Unidos y México la barrieron. En los cincuenta jugaron en la isla el Atlético y el Madrid, intentos de algunos empresarios para revitalizar el fútbol, que perdía terreno con los deportes del gigante norteamericano, cuya influencia mundial creció mucho tras la guerra. Luego, la Revolución, con la prohibición del deporte profesional, terminó de hundirlo. A nivel amateur tuvo algún pequeño logro, la clasificación para cuartos en los JJ.OO. de 1980 y algunos títulos en los Juegos Centroamericanos y del Caribe, una especie de Panamericanos en pequeño.

Así que aquella presencia en cuartos de final en Francia, ya tan lejana en el tiempo, queda como el gran hito, casi olvidado, de su fútbol. Ninguno de los que lo lograron vive, ni casi se les recuerda, pero en las calles de La Habana, Cienfuegos, Villa Clara y en todas partes se discute sobre Cristiano y Messi, y en los solares se juega al fútbol con pelotas remendadas. En 2012, Cuba ganó la Copa del Caribe. Así que, ¿quién sabe qué le deparará el futuro?

Brasil, el equipo de La Mistinguette

Antes de Garrincha y Pelé, del Mundial de 1958 y sucesivos, Brasil ya había enamorado a Europa, con la singularidad de su juego, su personalidad diferente, sus ágiles jugadores de color, y sus maneras simpáticas. Todo ello constituyó uno de los grandes atractivos del Mundial de 1938, al que los brasileños acudieron como únicos representantes del fútbol Sudamericano. El hecho de que este mundial se jugara, como el segundo, en Europa, y no en América, hizo que de aquella parte se produjera un boicot casi general. Cuba, como representante del Centro y el Norte, y Brasil, como representante del Sur, fueron las únicas selecciones que cruzaron el charco. Los franceses lo agradecieron y siguieron con pasión sus peripecias. Puede decirse que ese sello con que vemos a los brasileños desde Europa nació, en realidad, allí.

Ya su aspecto resultó chocante, negros casi todos, vestidos a la europea, con trajes impecables, sombrero y gabardina pegada sobre el hombro, o sobre el brazo, porque temían el frío europeo aun en pleno julio, y un maletín. Esperando el tren en Le Havre, donde desembarcaron, para ir a Estrasburgo y vestidos de esa guisa, se dedicaron a pasarse el balón unos a otros, por alto, sin dejarlo caer al suelo. La foto hizo fortuna en Francia. En Estrasburgo les esperaba un tiempo más bien lluvioso, que les atormentaba y perjudicaba su juego, y eso hizo que inspiraran una mayor solidaridad. Luego, sus partidos justificarían largamente tanta expectación.

El primero, dieciseisavos, fue con Polonia, que tuvo hasta dos mil seguidores (de un total de trece mil, en el Stade de la Meinau de la capital alsaciana). En Francia entonces trabajaban bastantes mineros de nacionalidad polaca, y muchos acudieron a ver a los suyos. Por contraste, el público local se inclinó más bien por los brasileños, cuya nota exótica tanto se agradecía. El partido fue una hermosura, con un 6-5 final a favor de Brasil. El polaco Wilimowski marcó cuatro, pero la estrella del partido fue Leónidas, que ya había despuntado en el mundial anterior, en Italia, pero que aquí se consagró de maravilla. Le apodaron «el Diamante Negro» en la prensa francesa a partir de ese día. Su agilidad y su facilidad para el remate asombraron e hicieron recuperar la memoria del uruguayo Andrade, también de raza negra, que había asombrado en los JJ.OO. de París catorce años antes. La popularidad de Leónidas se incrementó porque en una fase del juego se quitó las botas, que le pesaban por el barro, y descalzo estaba cuando marcó uno de sus goles. El árbitro lo advirtió entonces y le ordenó calzarse.

En cuartos le correspondió en suerte Checoslovaquia, finalista del mundial anterior, y una de las grandes favoritas. Se la consideraba heredera del gran juego del Wunderteam y tenía en su marco a Planicka, el Zamora del Este. Se juega el 12 de junio, justo una semana después de la primera jornada, y en Burdeos, lo que obliga a los brasileños a cruzar el país de punta a punta en tren. (Checoslovaquia había jugado su partido de octavos más cerca, en Le Havre, pero ganar a Holanda le había costado una prórroga, en la que se impuso por 3-0). Esta vez el espectáculo es muy diferente, porque se produce el partido más brutal y canalla de los disputados hasta entonces, y quizá hasta ahora, en la Copa del Mundo. Aquello dejó chico, según las crónicas de la época, todo lo imaginable. Fue una lluvia de golpes casi desde el principio, con el saldo de dos expulsados por Brasil y uno por Checoslovaquia, además de numerosos lesionados en una y otra parte. Entre ellos, Planicka, que aguantó hasta el final del partido con una clavícula rota. El resultado final fue de 1-1, con tantos de Leónidas y Nejedly, este de penalti. (Luego le fracturarían el tobillo). Aquello se recordará como «la Batalla de Burdeos».

A los dos días hay desempate, de nuevo en Burdeos. De la alineación de Brasil, solo sobreviven el meta Walter y el fenómeno Leónidas. Los demás, por cansancio o golpes, descansan. Checoslovaquia solo tiene que cambiar a cuatro, entre ellos, claro, Planicka y Nejedly. Entre los siete que repiten está Daucik, que muchos años más tarde hará fortuna en España como entrenador de Barça, Athletic de Bilbao, Atlético de Madrid y muchos otros clubes. Se adelantó Checoslovaquia, que con su equipo más conjuntado dominó el primer tiempo, pero en la segunda mitad, la frescura de los brasileños dio la vuelta al partido. Volvió a marcar Leónidas, por supuesto, que ya sumaba cinco goles en tres partidos.

Brasil ya era un trueno cuando, para más estruendo, «La Mistinguette» se declara hincha del equipo, «ahora que Francia ya está eliminada». Mistinguette era el nombre artístico de Jeanne Bourgeois, vedette, cantante y actriz, la mayor celebridad de la época en el mundo de la escena parisina, estrella del Moulin Rouge y del Folies Bergère, coleccionista de amantes famosos, entre los que se contó Maurice Chevalier, con el que hizo pareja artística, protagonista de multitud de películas. La mujer más admirada y deseada de Francia. ¡Sus piernas habían sido aseguradas en 500.000 francos! Mistinguette tenía en su coro a un bailarín brasileño, pura goma, que se llamaba Machado, como el defensa de Brasil, pareja de línea del fenomenal Domingos da Guía. Eso, dijo, le había hecho interesarse por Brasil y afirmaba que era fanática del equipo. Pura propaganda, probablemente, pero bien traída, porque el asunto formó un tremendo revuelo. Y añadió expectación a Brasil.

Y vamos a las semifinales. Otro tren, de Burdeos a Marsella, para encontrarse con Italia, la campeona de 1934, que a su vez había eliminado sucesivamente a Noruega y a la anfitriona, Francia. Italia era, para el público francés, lo contrario que Brasil. Su saludo romano, brazo en alto, antes de los partidos, provocaba el repudio del público. Se consideraba que había ganado el mundial anterior por la presión que el fascismo había realizado sobre los árbitros. No gustaba además su juego, menos brillante que el del equipo de cuatro años antes, del que solo quedaban dos, Meazza y Ferrari, los interiores.

Brasil llega a Marsella con los billetes de avión ya comprados para jugar la final en París. Estaban hartos de tanto tren. Vittorio Pozzo, el seleccionador y mandamás de Italia, que no ha tenido esa previsión, propone a los brasileños comprarles los billetes para el caso de que el resultado le sea favorable, y darles además los pasajes de tren para Burdeos, donde se jugará el tercer y cuarto puesto. Ademar Pimenta, el seleccionador de Brasil, rechazó la oferta, casi como una ofensa, y además se permitió el lujo de anunciar que reservaría a Brandao, Tim y al celebérrimo Leónidas para la final, en la que los necesitaba descansados.

Lo pagó caro. Ganó Italia, 2-1 (el gol de Brasil no entró hasta el 87') y Marsella fue un funeral. Pero ni aun así quiso ceder sus billetes a Vittorio Pozzo. Italia tuvo que ir en tren a la final de París.

Como en tren viajó Brasil de regreso a Burdeos, para el tercer y cuarto puesto. Su quinto partido en dos semanas. Enfrente estuvieron los altos, fuertes y rubísimos suecos, que se adelantaron 0-2. Pero Brasil, con Leónidas en el eje del ataque, dio la vuelta al marcador hasta ganar 4-2. Leónidas marcó dos tantos, lo que elevó a siete su número personal.

Francia, que tuvo que sufrir que Italia ganara ese mundial en el mismísimo Estadio de Colombes, despidió con añoranza a aquel equipo, y con un lamento común:

—¡Ay, si Leónidas hubiera jugado la semifinal!

Italia revalida título en París

La final de 1938 se jugó el 19 de junio en el ya desaparecido estadio Olímpico de Colombes, el mismo en el que Uruguay había ganado su gran final de los Juegos Olímpicos en 1924, el mismo también que tendría su canto del cisne cuando, ya medio abandonado, sirvió de plató para el partido final de *Evasión o victoria*. Ya saben, esa gran película de John Houston en la que Pelé marca un gran gol de chilena y Sylvester Stallone para un penalti en el último instante, lo que da lugar al júbilo colectivo y a la fuga.

Llegaron Hungría e Italia, esta, campeona vigente. Hungría había eliminado sucesivamente a las Indias Holandesas (6-0), Suiza (2-0) y Suecia (5-1). Trece goles a favor y uno en contra, todos los partidos ganados con gran autoridad. Desaparecido el Wunderteam, llevaba la bandera de la Escuela del Danubio, célebre por su calidad técnica y por la armonía de su juego. Su camino hasta la semifinal había sido cómodo. Las Indias Holandesas eran el bombón del campeonato y le ganaron sin esfuerzo; en cuartos, Suiza venía de dos duros partidos con Alemania, pues el primero acabó en igualada y hubo que desempatar. Claro que Suecia había llegado a las semifinales aún más cómodamente: no jugó octavos por *forfait* de Austria, y en cuartos le tocó Cuba (8-0) y a otra cosa. Casi demasiado sencillo. En realidad, el primer partido serio que afrontaba Suecia era la semifinal contra Hungría y lo afrontó con exceso de motivación. Calificado en su país como «el Equipo de Acero», prometió el triunfo ante los húngaros al rey Gustavo, que ese mismo día (16 de junio) cumplía ochenta años. Más les hubiera valido mandarle una bandeja de plata, porque a la hora de la verdad perdieron 5-1. Y eso que en 34 segundos se habían adelantado en el marcador. Pero luego cogieron el balón los húngaros y no se lo dejaron a los suecos más que cinco veces, en el fondo de la portería y para que sacaran de centro.

Por el otro lado, Italia había tenido un camino mucho más duro, y siempre con el público en contra. Noruega (2-1), Francia, la selección local (3-1) y Brasil, la selección más querida (2-1). Ya el primer día, en Marsella, se armó la marimorena cuando escucharon el himno con el brazo en alto, en el saludo romano de la Italia fascista. El abucheo fue tremendo. Terminados los himnos y disueltas las filas de las dos selecciones, Vittorio Pozzo, el seleccionador (comisario técnico, era el cargo), les hizo volver al centro del campo, formar de nuevo y repetir el saludo. Un gesto para anunciar al público que nada les intimidaba. Mayores broncas tuvieron, claro, ante Francia y Brasil. Pero Italia es un buen equipo. Ya no es el conjunto seco y duro de cuatro años antes, que se movía sin más consigna que el «credere, obedire, combattere», ahora es un buen equipo, armónico, serio. Duro también, pero con buen juego.

Colombes presenta un aspecto solemne el día de la final. Aunque no está lleno, sí acuden 55.000 espectadores. El presidente, Monsieur Lebrun, baja al césped a saludar uno a uno a todos los finalistas. (Cuentan que se entera en ese momento de que no juega Francia). No hay allí más francés que el árbitro, el bordelés Capdeville.

Italia, el campeón vigente, juega con: Olivieri; Foni, Rava; Serantoni, Andreolo, Locatelli; Biavati, Meazza (capitán), Piola, Ferrari y Colaussi. Solo Meazza y Ferrari habían jugado la final del 34. Hay un oriundo: Andreolo, nacido uruguayo.

Hungría va con: Szabo; Polgar, Biro; Szalay, Szucs, Lazar; Sas, Vincze, Sarosi (capitán), Zsengeller y Titkos.

Tras el ritual de los himnos (y la bronca a Italia) arranca el partido, que es una hermosura. En el 6', contraataque rápido y gol de Colaussi, el espléndido extremo izquierda de Italia. (1-0). Pero Hungría no deja que la ventaja se le seque encima y empata en el 8', en fallo de Locatelli que permite que se escape Vincze y centre para el remate de Titkos (1-1).

Dos miembros de la FIFA se colocan entonces al lado de

Vittorio Pozzo, porque está prohibido dar instrucciones, cosa que hace continuamente. Pero él improvisa una treta: habla con el masajista Burlando el dialecto piamontés y este, de cuando en cuando, fingiendo dar agua o para alguna asistencia, transmite las órdenes de Pozzo. Así será todo el partido.

El partido es magnífico, bien jugado por ambas partes, con precisión, velocidad y remate. En el 16' llega el 2-1, en una sucesión de toques de italianos en el área: Ferrari-Colaussi-Piola-Andreolo-Meazza-Piola y remate de este. Se puede ver en la película del mundial y aunque por ser en blanco y negro es difícil distinguir a los jugadores (pantalón blanco ambos equipos, camiseta azul Italia y roja Hungría), se aprecia en plenitud la pausada belleza del tanto. Todavía antes del descanso, y a pesar del estupendo juego húngaro (los dos porteros tuvieron buen trabajo en la primera mitad) Italia mejora su ventaja. Fue en el 35', una jugada rápida, de Rava a Meazza y pase largo de este a Colaussi, que se va y cruza sobre la salida desesperada de Szabo. 3-1 para Italia al descanso.

Hungría aprieta mucho en la segunda mitad, en la que el cansancio hace que algunos brillen menos. El partido cobra nueva emoción cuando en el 70' el capitán Sarosi consigue el 3-2 tras una bellísima combinación con Titkos y Zsengeller. Pero todo se esfuma en el 82', cuando un tuya-mía entre Biavati y Piola lo corona este con un remate colosal a la escuadra. Es el 4-2, a solo ocho minutos del final. Hungría baja la cabeza. No hay nada que hacer. Ha sido una gran final, Italia ha sido superior.

Lebrun hace entrega al capitán Meazza de la *Victoria* creada por Abel Lafleur. Esta vez no hay bronca, hay ovación. El público de Colombes homenajea ahora a Italia, porque más allá de Mussolini y del saludo romano antes de cada partido, lo que se ha visto ha sido un gran equipo, que ha ganado en buena ley sus cuatro difíciles partidos y que ha honrado el fútbol. Jules Rimet sonríe. Después de todo, ha sido un gran mundial, tan grande como para permitir que el fútbol superara el agrio debate político de aquellos días. Tan agrio que antes de un año se iba a sustanciar en la más terrible de las guerras.

Mussolini envía un telegrama al grupo, anunciándoles que

pueden quedarse una semana en París, a disfrutar de la victoria a cuenta del Estado. Ellos contestan que prefieren regresar a casa, a celebrar con sus familias.

Antes del partido, Mussolini les había enviado otro telegrama, con un lacónico: «*Vincere o morire*». Cuando lo supo Szabo, el meta húngaro, comentó con humor: «Perdí una final, encajé cuatro goles, pero salvé once vidas. Lo prefiero así».

BRASIL 1950

En Brasil y con los ingleses

La víspera de la final de 1938 la FIFA se reunió en la Plaza de la Concordia de París, a fin de escuchar las ofertas para organizar el Mundial de 1942. Argentina, Brasil y Alemania se postularon. Pero un año después ya estábamos en una guerra terrible, que iba a obligar a saltar dos turnos. Ni en el 42 ni en el 46 hubo mundial, por razones obvias. La FIFA se reunió por primera vez tras la guerra el 1 de julio de 1946, en Luxemburgo. Allí seguía el infatigable Jules Rimet. En ese congreso se toman varias decisiones: se expulsa a Alemania y Japón, como culpables de la tremenda guerra desatada. Italia, que cambió de bando, se salva por eso, porque es doble campeona y por la figura de Ottorino Barassi, muy respetada. Al tiempo, reingresan las cuatro federaciones británicas, que habían entrado y salido dos veces de la FIFA, y que ahora ya vuelven para quedarse. Y se toma la decisión de reanudar el Campeonato del Mundo, y se designan Brasil para el cuarto y, en el mismo congreso, Suiza para el quinto.

En principio, se propuso que se celebrara en 1949, y así se fijó, pero luego pareció más prudente dejar pasar un año más, con lo que se daba un mayor tiempo para la reconstrucción tras la guerra y se recuperaba la cadencia anterior: los años pares no olímpicos, como ha seguido siendo hoy sin ninguna interrupción. Sale adelante también la propuesta de *monsieur* Seeldrayers, vicepresidente de la FIFA, de que la copa se llame en el futuro Copa Jules Rimet, en premio a los desvelos del viejo presidente. Se acepta por unanimidad.

Argentina, que aspiraba a la organización, se enfadó y no se inscribiría ni en el de 1950 ni tampoco en el de 1954, en parte por lo mismo y en parte por la pérdida de jugadores que sufrió con la fuga a la liga pirata colombiana, la flor y nata de toda una generación. Entre ellos, Di Stéfano, pero no solo él. Muchos más.

Hay problemas antes del mundial entre Brasil y la FIFA. Brasil, que va a invertir mucho dinero en estadios, pide que el campeonato no se resuelva por eliminatorias directas, como los dos anteriores, sino que se haga con los dieciséis finalistas cuatro liguillas en grupos de cuatro, y finalmente una liguilla con los cuatro ganadores. Hay fuerte oposición en la FIFA. Muchos, con Henri Delaunay a la cabeza, valoran como esencial el sistema de eliminatorias directas. El asunto termina con la dimisión en 1948 de Henri Delaunay, brazo derecho de Jules Rimet, decepcionado porque este termina por aceptar la propuesta de Brasil. Rimet tomó en serio la amenaza de Brasil de abandonar si no se accedía a su petición. (Un año más tarde, Rimet conseguiría repescar a Delaunay).

Se inscriben veintiocho equipos de tres continentes, de los que salen catorce finalistas, a los que se añadirán el país organizador, Brasil, y el campeón, Italia. Pero a la hora de la verdad, renuncian tres: Escocia (que por no quedar primera en el grupo británico, que clasificaba dos, no sintió haberse ganado la plaza), Turquía y el miembro correspondiente del grupo asiático, que no llegó a disputarse entre Birmania e Indias Orientales. Se intentó invitar a Francia y Portugal, pero no aceptaron. En definitiva, los dieciséis finalistas se quedan en trece: siete americanos y seis europeos. Se forman dos grupos de cuatro, uno de tres y otro de solo dos. A saber: España, Inglaterra, Chile y Estados Unidos; Brasil, Yugoslavia, Suiza y México; Suecia, Italia y Paraguay; finalmente, Uruguay-Bolivia. La asimetría de los grupos se debe a que las ausencias se anunciaron cuando ya estaban sorteados.

El campeonato se extendió del 24 de junio al 16 de julio, y se jugó en seis ciudades: Río de Janeiro, São Paulo, Belo Horizonte, Porto Alegre, Curitiba y Recife. Brasil inauguró para este campeonato el fabuloso estadio de Maracaná (llamado así por un riachuelo que pasa por la zona) capaz para 200.000 espectadores, el mayor del mundo en todas las épocas. Se le dio el nombre de un periodista deportivo muy admirado en el país, Mario Filho, fundador del *Journal dos Sports*. El estadio fue reformado y reducido para la Confecup de 2013. Hubo doce árbitros europeos, mayoría de británicos, y tres americanos, los tres brasileños. Por primera vez un español arbitró un partido de la Copa del Mundo. Fue Ramón Azón, a cuyo cargo estuvo el Brasil-Suiza, en la primera fase. El partido acabó 2-2, con gran susto para los locales.

Se utiliza balón con costuras, marca *Superball*, brasileño, de color cuero. Por primera vez en un mundial, los jugadores llevan números indicativos en sus camisetas. Del 1 al 11. No todos el mismo número durante el campeonato, como se haría más adelante. Los números habían sido introducidos por Herbert Chapman en el Arsenal en 1929, pero en la Copa del Mundo aún no habían sido utilizados.

Los cuatro campeones de grupo, España, Brasil, Suecia y Uruguay, jugaron una segunda liguilla. No había propiamente una final, sino que se contabilizaban los puntos. En la práctica, quedó para último partido el decisivo Brasil-Uruguay. Pero si llega a haber empate, Brasil hubiera sido campeón. Ganó Uruguay 2-1 y eso le valió el título... por puntos en esa liguilla, no estrictamente por haber ganado ese partido.

Se jugaron veintidós partidos, con una cosecha de 88 goles, una media exacta de cuatro por partido. El máximo goleador fue Ademir, con siete, y el mejor jugador, según casi todos los criterios, Zizinho, ambos brasileños. Al total de veintidós partidos acudieron 1.045.246 espectadores, con una espectacular media por partido de más de 47.511.

Los campeones no tomaron el avión

*P*ara el Mundial de 1950, la aviación comercial ya estaba bastante desarrollada. Ya no era una aventura loca cruzar el Atlántico volando. Es más: resultaba la solución más práctica, porque convertía una travesía de casi dos semanas en poco más de un día. Incómodo, sí, pero poco más de un día. La Segunda Guerra Mundial, junto a destrozos tremendos y dolor infinito, había dejado unos cuantos grandes avances. De forma especial en la aviación. Así que todas las selecciones europeas que cruzaron el charco, entre ellas la nuestra, lo hicieron en avión. Todas menos una: el doble campeón de 1934 y 1938, todavía campeón vigente, Italia. Italia viajó en barco, como lo hizo al Mundial de 1930, veinte años antes.

¿Por qué?

Pues porque un año antes, exactamente el 4 de mayo de 1949, se había producido en Italia un terrible accidente aéreo que exterminó al gran equipo del país en aquel tiempo, el Torino, base de la selección nacional. Aquel accidente, anterior en nueve años al del Manchester United, conmocionó a Italia y a todo el mundo del fútbol. No había equipo así en el país transalpino, ni quizá en toda Europa, porque aún no se había gestado el gran Honved, ni menos todavía el gran Real Madrid, que ocuparon los cincuenta. El Torino ganó sucesivamente el *scudetto* en los años 46, 47 y 48, y estaba a punto de ganar el del 49 cuando acurrió el accidente. Tenía cuatro puntos de ventaja sobre el segundo, a falta de cuatro jornadas. Era un equipo que todo el mundo quería ver, en el que brillaba sobre todos Valentino Mazzola, rubio y alto interior que dejará un huerfanito llamado Sandro que en los sesenta será figura mundial, en el Inter de Helenio Herrera y en la selección italiana. Él sí será mundialista. Su padre no pudo serlo.

El Torino aceptaba con alguna frecuencia compromisos para amistosos bien pagados. A primeros de mayo aceptó la invitación del Benfica, para jugar en el homenaje que el club lisboeta le ofrecía a Francisco Ferreira, su capitán retirado. Al regreso del partido, en la noche del 4 de mayo, hay niebla llegando a Turín. Junto a la ciudad, en la colina de Superga, hay una fenomenal basílica. Cuando el Fiat G-212 que llevaba la expedición descendió, algo falló y el avión fue a estrellarse de pleno contra el muro de piedra del edificio. Nadie sobrevivió. Fallecieron los cinco miembros de la tripulación, tres periodistas que acompañaban al equipo, dos directivos, el primer y segundo entrenador, el masajista y los dieciocho jugadores que viajaron. Seis de ellos habían formado parte de la selección italiana que no mucho antes había ganado a España 1-3 en Chamartín, en una exhibición que se recordó durante tiempo. Una placa en la pared de la Basílica recuerda los nombres de aquellos jugadores. Siempre hay flores, y con frecuencia, visitas.

Kubala, que entonces estaba en Italia tras su fuga de Hungría, había sido invitado a reforzar al equipo y se salvó de milagro. El día de la salida supo que su familia había conseguido por fin salir de Hungría y se dirigió a Udine, a reunirse con ellos. Eso le salvó la vida.

De modo que a los futbolistas italianos nadie podía convencerles de tomar un avión para ir a Brasil. Como poseedora del título, se le había concedido el derecho automático de participar sin clasificación. Decidió defender el título, pero viajó en la motonave *Sises*, que salió de Nápoles, vía Las Palmas. Antes fue recibida y bendecida por el Papa Pío XII. En Nápoles despidió a los *azzurri* una masa enorme, digna, dicho sea de paso, de una selección que era doble campeona del mundo, y que en caso de ganar retendría en propiedad la *Victoria* o Copa Jules Rimet, por tres títulos consecutivos.

La copa viajaba también en el *Sises*, claro. Había vivido también el sobresalto de la guerra. Ottorino Barassi, militar, ingeniero, árbitro, directivo (llegaría a vicepresidente de la FIFA), la tuvo escondida durante la guerra. En 1943 se la entregó a otro importante personaje del fútbol italiano de la época, el abogado Giovanni Mauro, que la escondió a su vez en la casa de campo que un amigo suyo, exjugador y hombre de fútbol de la época también, de nombre Aldo Cevenini, tenía en Bembrate, en la provincia de Bérgamo.

En fin, que la copa viajó en el *Sises*, aunque se esperaba que retornase para quedarse ya para siempre en Italia. Un célebre mago napolitano, que afirmaba haber magnetizado la bicicleta de Coppi con pases mágicos, para que pesara menos y haber levantado el mal de ojo que pesaba sobre el portero llamado Moro, aseguró a la multitud:

—¡Italia ganará en Brasil! ¡Batirá a Inglaterra en el partido decisivo!

Y la multitud lo aclamó como se aclaman los goles decisivos en el último minuto.

Pero no, Italia no retuvo la copa. Era difícil, sin los jugadores del Torino. Quedó encuadrada en un grupo de tres, junto a

Suecia y Paraguay. Jugaba en São Paulo, donde había una gran colonia italiana, así que tuvo muchos *tifosi* que la apoyaran. Pero llegó mal preparada tras el largo viaje, en el que sus jugadores engordaron. Debutó ante Suecia, con un equipo inicial en el que con toda seguridad hubieran estado, de no mediar la catástrofe, los turineses Mazzola, Bacigalupo, Menti, Castigliano, Rigamonti y Ballarin. Perder seis titulares desvirtúa cualquier selección. Cayó derrotada por 3-2. Su final del partido, eso sí, fue heroico, encerrando a Suecia a base de sacar fuerzas de flaqueza. Pegó dos tiros en el palo, el meta Svensson, que ya había lucido ante Yugoslavia en la final olímpica del 48, en Londres, ganada por los suecos, paró una enormidad. Luego, Suecia y Paraguay empataron, 2-2. A su segundo partido ya salieron los campeones eliminados, porque Suecia tenía tres puntos, cota inalcanzable. Al menos, Italia ganó a Paraguay 2-0, pero eso no fue un consuelo. Los campeones regresaron en barco y fueron recibidos mucho peor de cómo les despidieron.

Italia, que antes del mundial ya había fichado a tres suecos (en el Milan ya jugaban Gren, Liedholm y Nordahl, ausentes, como Carlsson, del Atlético, de ese mundial, todo hay que decirlo), se dedicó a fichar más suecos para reponerse. El Roma fichará a Knut Nordahl, Sundqvist y Andersson; el Inter, a Skoglund, la gran estrella emergente de Suecia; el Genoa, a Nilsson y Mellberg; el Legnano, a Palmer; y el Bergamo, a Jeppson, al que luego traspasaría al Nápoles por más de cien millones de liras, primera vez que se rompía esa frontera.

Dinero y suecos para cubrir el agujero de aquel «*Grande Torino*». Vana esperanza.

O Brasil a de ganhar

Dos de los tres primeros mundiales los había ganado el país organizador: Uruguay e Italia. Solo había fallado Francia. Así que es normal que Brasil se marcara el propósito de ganarlo, dado que tenía jugadores formidables y era consciente de ello. Ya en Francia 1938 había mostrado un tipo de jugador privilegiado, por una productiva mezcla de razas. Jugadores técnicos, físicamente espléndidos, ingeniosos, a los que Flavio Costa, un técnico con buen recorrido, encajaba sin problemas en la táctica de moda, la WM. Brasil había ganado la Copa América de 1949. El país hizo además una enorme inversión en estadios entre los que destacó el fabuloso Maracaná, orgullo no solo del fútbol brasileño, sino mundial. Para construirlo hicieron falta 464.650 toneladas de cemento, 1.275 metros cúbicos de arena, 3.993 metros cúbicos de piedra, 10.597.661 kilos de hierro, 55.250 metros cúbicos de madera y el movimiento de 50.000 metros cúbicos de tierra, para la nivelación del suelo y preparar su cimentación.

Así que no es extraño que en todo Brasil se lanzara una frase, no solo en el ambiente futbolístico, sino con carácter de consigna nacional:

«O BRASIL A DE GANHAR».

La organización, con buen criterio, le reservó el partido inaugural, que al propio tiempo era el estreno oficial de Maracaná, si bien la víspera se había jugado ya un partido, a puertas abiertas, entre jugadores paulistas y cariocas. Pero el estreno oficial fue el Brasil-México, el 24 de junio, con presencia del Presidente de la República, Eurico Gaspar Dutra. El público acudió jubiloso, cargado de cohetería, lo que molestará mucho a Jules Rimet, que lo hará constar en sus memorias: «(...) Algunos exaltados continuaron aquella algarabía de mal gusto durante el partido, con riesgo evidente de cegar a algunos jugadores (...).»

México se embotelló, protegiendo a su meta, Carbajal, que estaba destinado a jugar cinco Copas del Mundo, récord no superado por nadie y solo igualado por el alemán Matthäus. En Brasil falta Zizinho, uno de los genios de la orquesta, pero aún así el partido acaba con un contundente 4-0. La torcida está feliz y Flavio Costa confiado.

Tan confiado, que para el segundo partido, que se jugó cuatro días después en el Pacaembú de São Paulo, hizo muchas concesiones al público local. La rivalidad futbolística allá entre cariocas (los de Río) y paulistas (los de São Paulo), era ya entonces legendaria. En el grupo titular había mayoría de cariocas, pero en São Paulo el seleccionador quiso meterse al público en el bolsillo, metiendo un poco de clavo a los paulistas Rui, Noronha, Alfredo y Baltazar. El rival era Suiza. El equipo no funcionó, llegó con un corto 2-1 al tramo final del partido y entonces se acobardó. Suiza no solo hizo el 2-2 en el 88', sino que en una última jugada su delantero centro, Friedländer, estrelló un balón en la madera. Por cierto, dirigió el español Ramón Azón, primer arbitraje de un colegiado español en la Copa del Mundo. Pedro Escartín había estado en el Mundial de Italia, pero solo había actuado como linier.

Pinchazo. ¡Y además la torcida paulista apedreó el coche de Flavio Costa, porque en el equipo jugaron seis cariocas y cinco paulistas, uno menos!

Cundió el pánico. El grupo lo completaba Yugoslavia, que había ganado a esos dos mismos rivales con gran autoridad: 3-0 a Suiza y 4-1 a México. Yugoslavia, que había dejado fuera a Francia en la fase de clasificación, tenía un gran prestigio y grandes jugadores. Brasil tenía que ganar o ganar. Con un empate, Yugoslavia sería campeona de grupo y pasaría a la liguilla final, junto a los otros tres campeones. Y ahí hubiera terminado el mundial para Brasil. Habría sido una catástrofe para la organización y para el país entero.

Es 1 de julio, en Maracaná de nuevo. Los jugadores saltan

al campo, pero no salen veintidós, sino veintiuno. La entrada del túnel de Maracaná tiene un cierre metálico corredizo, que se levanta para que salgan los jugadores y se cierra al final del partido. Por dejadez, los mozos que se ocupan de ello no lo han levantado del todo. Cuando los equipos salen al campo, el gigantón Mitic, interior, una de las estrellas de Yugoslavia y su capitán, se pega un tremendo golpe que le abre la cabeza y le conmociona. El árbitro galés, Griffiths, se niega a la petición yugoslava de retrasar el comienzo del partido. Con los equipos ya formados, los altavoces del campo envían una alocución al público y a los jugadores, en la voz de un alto personaje del gobierno, Mendes Moraes, para enardecer los ánimos:

«Atendedme bien, jugadores brasileños: deteneos un momento, bravos *craques* de la Patria, para oír algo que nos importa mucho a todos. Vais a jugar un partido decisivo. Brasil y el mundo están pendientes de vuestro esfuerzo. El título mundial es un honor que debéis alcanzar. Dos cosas eran indispensables para conseguirlo: una, ya está hecha, porque ya está en el soberbio estadio que nos habíamos comprometido a levantar. Nosotros ya hemos cumplido con nuestro deber. Ahora, a vosotros os toca cumplir el vuestro».

Y empieza el partido, once contra diez. La torcida grita a todo pulmón. Brasil ya no hace concesiones paulistas, alinea su «delantera de las maravillas»: Maneca, Zizinho, Ademir, Jair y Chico. En el 4', 1-0, gol de Ademir. Para cuando entre Mitic, en el 20', con la cabeza vendada, ya están en desventaja los suyos. Pero el partido es equilibrado. Brasil juega con nerviosa rapidez, no precisa; Yugoslavia juega con demasiada lentitud. El partido no da mucho de sí. En el 69', por fin una buena jugada de Brasil, más pausada, en la que el balón va de pie a pie hasta Zizinho, que cruza el 2-0 sobre la salida de Mrkusic. Resuelto. Estalla la cohetería, Brasil se ha metido en la liguilla final.

En ella se va a encontrar sucesivamente con Suecia, España y Uruguay.

Encontrado el equipo, resueltas las dudas y las pleitesías hacia los paulistas (ya no saldrá de Maracaná), Brasil parece embalada hacia el título. Cada partido es una fiesta, en la marcha triunfal hacia el título: 7-1 a Suecia, 6-1 a España... El último partido será contra Uruguay, cuyo balance es muy otro. En su grupo solo jugó con la débil Bolivia, poca piedra de toque, a la que arrasó 8-0. En la liguilla final ha empatado (2-2) con España y ha ganado con apuros (3-2) a Suecia, después de ir perdiendo 0-1 y 1-2. Los dos partidos, en el Pacaembú de São Paulo.

No, nadie podía esperar que el día de la final ocurriera lo que ocurrió.

Gol de Zarra y cuartos al final

España regresó a la Copa del Mundo en 1950. Aislada de la comunidad internacional, la FIFA era al menos un espacio en el que podíamos movernos. Y aun en ese ámbito futbolístico no era fácil tener amigos. En esos años de la posguerra España apenas jugó partidos, nadie tenía tratos con nosotros. Portugal, Irlanda... Y poco más.

Así que se vio la Copa del Mundo como una oportunidad, y se trabajó bien. Una gira del San Lorenzo de Almagro por aquí a finales del 46 y comienzos del 47, más una derrota, la primera de la historia, ante Portugal, nos hizo ver que nuestro fútbol estaba atrasado. Seguíamos jugando de una forma como ya no se jugaba en ninguna parte. La fórmula de la WM (3-2-2-3), inventada por Chapman en el Arsenal en 1925, había viajado por todas partes, pero se había parado a las puertas de España. Y, ni corta ni perezosa, la Federación Española, que presidía el aguileño Muñoz Calero, impuso por decreto que a partir de la 48-49 aquí se adoptara esa fórmula. Y el seleccionador nacional, Guillermo Eizaguirre (célebre portero del Sevilla en la preguerra, notable por sus espectaculares jerséis y continua sombra de Zamora) nombró entrenador del equipo nacional a Benito Díaz, un pequeño y astuto guipuzcoano que había trabajado con la WM en Burdeos, donde pasó la guerra. Y la había traído ya a España, a través de la Real Sociedad. Al final de esa temporada 48-49 se jugaron dos amistosos, con sendas victorias espectaculares: 1-4 en Dublín y 1-5 en París. Gran comienzo de ciclo.

La clasificación se disputaba por zonas geográficas, así que de nuevo nos tocó eliminarnos, a ida y vuelta, con Portugal. No se contaban los goles, sino las victorias. Si cada uno ganaba un partido, o se empataban los dos, habría que recurrir a un desempate. El primer partido se jugó en casa, en Chamartín, el 2 de abril, ante 80.000 espectadores, estadio repleto, con Franco en el palco. Fue una tarde jubilosa, coronada con victoria final por 5-1.

La vuelta fue siete días más tarde, en el Estadio Nacional de Lisboa. España pasó sus apuros: empezó marcando por medio de Zarra. Luego llegó a ir perdiendo por 2-1 e incluso Portugal dispuso de un penalti que falló, pero finalmente Gaínza, en el 85', hizo el 2-2. España estaba clasificada.

La preparación se hizo bien. Como entonces la Liga terminaba antes que la Copa y los jugadores de los equipos que caían en ella quedaban inactivos, se organizó un viaje a México de una especie de Selección B, limitada a aquellos que habían sido eliminados antes de las semifinales. Eso le dio su gran ocasión al joven meta barcelonista Ramallets. Había comenzado esa temporada, la 49-50, como un desconocido. Pudo jugar los últimos partidos de Liga por una lesión ocular del titular, Velasco. Como el Barça cayó, sorprendentemente, en octavos ante el Racing de Santander (todavía en Segunda, aunque con el ascenso logrado) Guillermo Eizaguirre contó con él para esta minigira. Y cumplió.

Terminada la Copa, el seleccionador concentra treinta hombres en El Escorial. La preparación se completó con dos amistosos en Madrid, uno en Chamartín y otro en el Metropolitano, ambos contra el Hungaria, aquel equipo de exiliados del Este de Europa que entrenaba Daucik y en el que deslumbraba Kubala. (Ambos se acabarían quedando aquí, en el Barcelona). El primer partido, el 9 de junio, lo perdió España, por 1-2, lo que creó una oleada de pesimismo. El segundo, el 14, lo ganó (6-3), aunque en un partido que tuvo cierta informalidad por el alto número de cambios.

Al final de ese partido, y en el mismo vestuario, Eizaguirre da la lista definitiva de veintidós, en la que están duplicadas todas las posiciones excepto una, el extremo izquierda. El valencianista Seguí se queda en casa; a cambio, España llevará tres porteros, una precaución que no todo el mundo tomaba. La lista fue esta:

Porteros: Eizaguirre (Valencia), Acuña (Depor) y Ramallets (Barça).

Defensas: Gabriel Alonso (Celta), Asensi (Valencia), Antúnez (Sevilla), Parra (Espanyol), Gonzalvo II (Barça) y Lesmes II (Valladolid).

Medios: Gonzalvo III (Barça), Silva (Atlético), Puchades (Valencia) y Nando (Athletic).

Delanteros: Basora (Barça), Juncosa (Atlético), Igoa (Valencia), Rosendo Hernández (Espanyol), Zarra (Athletic), César (Barça), Panizo (Athletic), Molowny (Madrid) y Gaínza (Athletic).

La expedición voló el 17 de junio, repartida en dos aviones. Por la mañana salieron los directivos, el seleccionador y los jugadores Gonzalvo II y Eizaguirre. Por la tarde, el resto de jugadores. Todos con uniforme consistente en chaqueta azul, pantalón gris, zapato negro, camisa blanca y corbata azul. El valencianista Puchades cargó en el avión un montón de paellas enlatadas. Una vez me contó que ni un día del año podía dejar de comer paella, porque si lo hacía se le descomponía la tripa. Se las hacía enlatar, y según él, estaban buenísimas. El vuelo hizo escalas en Lisboa, Dakar y Recife, hasta rendir viaje en Río. Y de ahí a Curitiba, donde tocaba debutar, el día 25, ante Estados Unidos.

El sorteo nos enfrentaba a Estados Unidos, Chile e Inglaterra. Desde el principio se pensó que el problema era Inglaterra. Problema grave, casi pensábamos que de imposible solución. Ganar a los otros dos, quedar bien ante Inglaterra… Esa era un poco la idea. Solo pasaba el campeón del grupo, que después jugaría una segunda y última fase, también una liguilla entre los campeones de grupo, que daría al campeón.

España, 3 - Estados Unidos, 1

Para el primer partido, Guillermo Eizaguirre, en consenso con Benito Díaz, dispone este equipo: Eizaguirre; Alonso, Antúnez,

Gonzalvo II; Gonzalvo III, Puchades; Basora, Rosendo Hernández, Zarra, Igoa y Gaínza (capitán).

Estados Unidos nos es desconocido. En el 17' se adelanta, por medio de Souza, y luego nos complica el partido, replegándose, desplegándose, replegándose, desplegándose... Corren mucho, son altos, fuertes, atléticos. Inferiores técnicamente a nosotros, pero se rebaten cada vez que pierden la posición y llegan donde hace falta. España sufre, pero poco a poco, según se acerca el final del partido, va haciendo pesar cada vez más su superioridad. Por fin, en el 80', el popular locutor de Radio Nacional Matías Prats canta el 1-1, gol de Igoa. Todavía no se ha apagado el eco de sus gritos cuando los renueva, con otro gol, este de Basora, en el 82'. Y en el 85', Zarra. 3-1. En cinco minutos España ha ganado el partido, con un marcador convincente. Pero a diez del final estábamos sufriendo. Mientras, Inglaterra ha ganado a Chile por 2-0.

España, 2 - Chile, 0

Segundo partido, día 29. Ahora nos toca en Maracaná, el fabuloso coliseo que se adelanta a su época. Enfrente, Chile, que se juega el todo por el todo. Con una segunda derrota estará fuera. Guillermo Eizaguirre hace algunos retoques. Entra Parra como central, por Antúnez; Rosendo Hernández se cae de la delantera, pasando Igoa a interior derecho para dar entrada a Panizo en el otro lado, entre Zarra y Gaínza. Y, más sorprendente, cambia al portero, el para entonces intocable Ignacio Eizaguirre.

Claro, que se había dado una situación curiosa, que ha recordado un poco lo ocurrido ahora en el Madrid con Casillas. Eizaguirre había sido el portero de la Selección desde el 45, sin casi ausencias, y titular en el gran Valencia de la época. Pero en la 49-50, a las pocas jornadas de Liga, perdió el puesto en el Valencia. Jacinto Quincoces prefirió a Pérez. De modo que Eizaguirre (todavía no había cumplido los 30 años) perdió actividad. Aun así, siguió contando para la selección. Pero al tiempo emergía de golpe el joven Ramallets, que tuvo su oportunidad en el Barça por lesión de Velasco. Y Ramallets convencía en cada entrenamiento. Tenía todavía muy pocos partidos internacionales, pero convenció al dúo Guillermo Eizaguirre-Benito Díaz.

Con todo, la alineación ante Chile quedó así: Ramallets; Alonso, Parra, Gonzalvo II; Gonzalvo III, Puchades; Basora, Igoa, Zarra, Panizo y Gaínza (capitán).

Buen partido de Ramallets, buen partido de todos, buen partido en general. España dio una imagen muy solvente ante Chile, cuyo delantero centro, Robledo, era temido porque jugaba en el Newcastle. En el 17' Basora hace el 1-0, en el 35', Zarra hace el 2-0. España consiguió otros dos goles, anulados. Gustó todo lo que hizo España, línea por línea.

El mismo día se produjo una bomba tremenda. ¡Estados Unidos ganó a Inglaterra 1-0! ¿No eran tan buenos los ingleses como habíamos pensado? ¿O solo fue un descuido y nos harían pagar los platos rotos en la tercera jornada?

España, 1 - Inglaterra, 0

Tercer partido, 2 de julio, de nuevo en Maracaná. La expectación en España es enorme. Las dos victorias han producido un subidón, a lo que se une la intrigante derrota de Inglaterra ante los norteamericanos.

Matías Prats cuenta en directo el partido, por Radio Nacional. Es ya una figura popular, por su clara dicción y la precisión de sus comentarios. Situaba muy bien la zona del terreno de juego en que discurría la acción. Por su voz conocemos que España repite, hombre por hombre, la alineación que salió ante Chile: Ramallets; Alonso, Parra, Gonzalvo II; Gonzalvo III, Puchades, Basora, Igoa, Zarra, Panizo y Gaínza (capitán).

Basta el empate para clasificarse, pero ya se sabe que salir a empatar es perder. España juega con ambición, también los ingleses, enrabietados por su derrota previa. Todo funciona por las dos partes. El joven Ramallets no da ninguna apariencia de inseguridad, sino lo contrario. Se le ve ágil, firme, brillante. Al descanso se llega con empate a cero.

Solo van tres minutos de la reanudación cuando Alonso corta un avance de Finney, avanza por su lado, pasa el medio campo y cruza un centro largo, oblicuo, hacia el área; por el segundo palo aparece Gaínza, que baja el balón de cabeza para la llegada de Zarra, que alcanza el balón un instante antes de que Williams lo atrape en su atrevida salida: ¡Gooooooooool!

«¡Goooooooooooool», grita Matías Prats. «Gooooooooooooool de *Farra*...!» Matías Prats, cordobés, no pronunciaba el sonido «zeta» y lo disimulaba con la «efe». Me lo contó muchos años más tarde. Nadie lo notó nunca, ni siquiera ese día que gritó el gol más célebre del fútbol español hasta la fecha, y que aún lo sería por muchos años. Pocos estaban en el secreto.

Luego, cargas inglesas, serenidad española, contraataques, idas y venidas y un gran Ramallets, «el Gato con Alas», «El Gato de Río». De ambas formas fue apodado a partir de aquello. Esa tarde le consagró. Ya sería el portero de España para la década completa de los cincuenta. El partido acaba así, 1-0.

España está orgullosa. Ha pasado con tres victorias en tres partidos, seis goles marcados y uno solo encajado. Ha provocado la eliminación de Inglaterra. Pasa a la liguilla final, junto a Brasil, Uruguay y Suecia. ¡Nuestro fútbol está entre los grandes! En el pospartido, Muñoz Calero, presidente de la Federación, cometerá un exceso por el que sería reprendido oficialmente. Le entrevistó Matías Prats, y al final le preguntó si quería enviarle un mensaje «al Caudillo, que nos estará escuchando, sin duda».

—¡Por supuesto! ¡Excelencia, hemos vencido a la pérfida Albión!

Aquello provocó una protesta diplomática.

España, 2 - Uruguay, 2

Es, insistamos, una liguilla final. No hay semifinales y final, ni final de vencidos. Una liguilla final con tres jornadas. Primera: Brasil-Suecia y España-Uruguay; segunda, Brasil-España y Uruguay-Suecia; tercera, España-Suecia y Brasil-Uruguay.

El España-Uruguay se juega el 9 de julio, en el Pacaembú, de São Paulo. Uruguay llega descansada, porque su grupo, el Grupo 4, había quedado reducido, por distintas retiradas, a solo dos equipos: la propia Uruguay y Bolivia. Cómodo para Uruguay, que lo ganó 8-0. España repite el equipo de Chile e Inglaterra, con la inclusión del madridista Molowny por Panizo.

Queda así. Ramallets; Alonso, Parra, Gonzalvo II; Gonzalvo III, Puchades; Basora, Igoa, Zarra, Molowny y Gaínza (capitán).

Buena primera parte, en la que Ghiggia adelanta a Uruguay en el 27'. 0-1. Pero la reacción de España es estupenda, favorecida por una excesiva prudencia de Uruguay. En el 39' Basora, extremo goleador, hace el 1-1. En el 41', otra vez gol de Basora, 2-1, en buena jugada de Molowny. Al descanso vamos por delante.

En la segunda mitad, el partido, bien jugado, va dejando sus ocasiones a uno y otro lado. Para nuestra desgracia, el gol que entra es el de Uruguay, en un tiro lejano, pero bien colocado, de Obdulio Varela, el gran capitán de los americanos. Es el 72' y, por una vez, Ramallets ha podido hacer más. A los uruguayos parece hacerles felices el empate; a los españoles, no. Apretamos, pero no puede ser. Los uruguayos se abrazan por el empate. Con el tiempo, Puchades me confesó su extrañeza por ello:

—Habíamos empatado, estábamos iguales, pero ellos se abrazaban y nosotros nos íbamos fastidiados. Es la diferencia de empatar tú a que te empaten a ti...

Brasil, 6 - España, 1

Ahora llega la prueba más difícil: Brasil. En la primera jornada han demolido a Suecia, 7-1, en gran tarde de Ademir. Antes de eso han pasado el grupo con victoria sobre México (4-0), empate con Suiza (2-2) y victoria sobre Yugoslavia (2-0). España aún le da vueltas al empate contra Uruguay cuando el día 13 salta a Maracaná, a jugarse el todo por el todo ante los anfitriones y favoritos. Se vuelve al equipo de Chile e Inglaterra. O lo que es lo mismo, vuelve Panizo, por Molowny, al que el partido de Uruguay se le hizo largo. En definitiva, el equipo es este: Ramallets; Alonso, Parra, Gonzalvo II; Gonzalvo III, Puchades; Basora, Igoa, Zarra, Panizo y Gaínza (capitán).

Y es una masacre que empieza con un gol en propia meta de Parra en el 15'. 1-0. Es demasiado pronto. Maracaná se incendia, España recula, los medios Bauer y Danilo se hacen con el control del partido. Los goles van cayendo inexorablemente: Jair, 2-0 en el 21'. Chico, 3-0 en el 29'; Chico, 4-0 en el 55'; Jair,

5-0 en el 57'; Zizinho, 6-0 en el 61'. Al menos, Igoa descuenta y hace el 6-1 en el 70'. Con la racha de tres goles tan seguidos en la segunda parte, en España, donde de nuevo el partido fue seguido en directo a través de la voz de Matías Prats, se había temido que nos marcaran diez. El equipo se ha hundido, Ramallets mismo ha flojeado en dos goles, ha sido una debacle en toda regla. Nada que alegar.

El mismo día, Uruguay gana con apuros a Suecia, 3-2. Así que en la última jornada Brasil y Uruguay se jugarán las plazas una y dos. España y Suecia, las plazas tres y cuatro. A Brasil le basta el empate para ser primera; a España también le basta el empate para ser tercera...

Suecia, 3 - España, 1

Día 16 de julio, vuelta al Pacaembú, para jugar contra Suecia. Pero ya no es el equipo emergente y ganador lo que sale, sino un grupo desilusionado, que aspiró a tanto que ya la tercera plaza no ilusiona. La goleada ha hecho que el grupo perdiera la fe. El seleccionador refresca el equipo, en parte para dar paz a algunos desilusionados, en parte para permitir a más hombres tener una experiencia mundialista. Salen del grupo Ramallets, los Gonzalvo e Igoa. Juegan estos. Eizaguirre; Asensi, Parra, Alonso; Silva, Puchades; Basora, Rosendo Hernández, Zarra (capitán), Panizo y Juncosa.

Suecia muestra más energía, más ilusión y se nota. Al descanso llega ganando ya por dos a cero, goles de Sundqvist y Mellberg; en el 79', Palmer marca el tercero. Zarra marca en el 82', dejando lo que iba camino de la goleada en una derrota dura.

Escuece. Acabamos cuartos. Tres victorias, un empate y dos derrotas, por este orden. El gran efecto de la primera liguilla se ha ido esfumando en la segunda. El grupo vuelve desilusionado, pero la perspectiva irá agrandando aquella participación. Experiencias posteriores nos hicieron valorar aquello. Hubo mundiales para los que ni nos clasificamos (empezando por los dos siguientes) y nunca más se alcanzó el nivel de semifinales hasta 2010, cuando volvimos con el título. La distancia fue engrandeciendo aquel cuarto puesto en Brasil.

El león británico vuelve humillado de Brasil

$\mathcal{Y}$a queda dicho, en una de las historias de 1930, que Inglaterra tuvo reticencias para entrar en la FIFA. No atendió a la primera invitación, entró después, en 1906, para favorecer que el fútbol estuviera presente en los Juegos Olímpicos de Londres de 1908, salió tras la Primera Guerra Mundial, porque no se atendió su exigencia de expulsar a los países perdedores de la misma. Regresaron en 1924 y se volvieron a marchar en 1926 porque no se tuvo en cuenta su definición exacta de profesionalismo. Así que ni Inglaterra ni las otras federaciones británicas, que iban de la mano, acudieron a los mundiales anteriores.

Pero tras la Segunda Guerra Mundial ya entraron. Veían el fútbol de fuera lo bastante crecido como para medirse con ellos, aunque se seguían sintiendo favoritos. La FIFA les admitió encantada y reservó dos plazas para los británicos en el mundial, dos plazas que debían salir del Campeonato Británico, que tradicionalmente jugaron aquellas cuatro selecciones (Inglaterra, Escocia, Gales e Irlanda —luego Irlanda del Norte a partir de la escisión—, desde 1884.

Inglaterra ganó el torneo, con suficiencia: tres partidos, tres victorias, catorce goles marcados y tres encajados. Escocia, que fue segunda, renunció a acudir, no se sintió digna de ello y produjo así una de las vacantes que afearon el torneo.

La aparición de los ingleses (a los que aún se les llamaba los «pross», y eso que ya había profesionales en muchos otros países) fue acogida con entusiasmo y expectación. Se les consideraba claros favoritos. Habían ganado los tres últimos campeonatos británicos y antes de ir al mundial batieron con gran autoridad a Italia, en Turín (0-4), a Francia en Londres y

París (3-0 y 1-3) y a Portugal (0-10) y Bélgica (3-5) en gira por el Continente. Los nombres de sus jugadores resonaban como algo especial entre los aficionados de todo el mundo: Williams, Ramsey, Wright, Matthews, Mortensen, Finney... Sí, llegaron a Brasil rodeados de un aura. Y eso que de camino jugaron un amistoso en Nueva York, precisamente con Estados Unidos (y luego verán por qué digo precisamente) y ganaron solo por 0-1. Pero fue fácil achacarlo a la fatiga del viaje y a cierta cortesía para con los anfitriones. En la cena posterior, el presidente de la FA, Stanley Rous, que más adelante lo sería de la FIFA, vino a insinuar esos argumentos y acabó exhortando paternalmente a los jugadores de Estados Unidos a seguir por ese camino, a no tomar la derrota como una humillación y a superarse.

A los inventores se les dio el honor de debutar en Maracaná. Era el segundo partido que se jugaba en el estadio, tras el Brasil-México inaugural. O el tercero, si se cuenta un amistoso que se jugó previamente al mundial entre una selección carioca y otra paulista para estrenar el campo. El 24 de junio, con arbitraje del holandés Van der Meer, se enfrentan Inglaterra y Chile. Amanece un día encapotado y pronto llueve copiosamente, lo que se entiende como un homenaje de los dioses del fútbol a los inventores. Acuden 80.000 espectadores al glorioso estreno, pero salen decepcionados. El partido acaba 2-0, un gol en cada tiempo, y no se ha visto nada extraordinario. Inglaterra solo llama la atención por sus calzones largos y por la versión tan ortodoxa de su WM, en la que ningún jugador abandona jamás su zona.

Al menos ha ganado, aunque ha enfriado el ambiente mágico con que se la esperaba. Cuatro días más tarde, juega en Belo Horizonte contra Estados Unidos, ese equipo al que Stanley Rous habló con conmiseración en Nueva York. Estados Unidos no trae ningún aura: se ha clasificado porque en su zona de la Concacaf solo se inscribieron tres y daba dos plazas. Había perdido con estrépito sus dos partidos con México, 6-2 y 6-0, y se clasificó gracias a una victoria y un empate con Cuba. Era un agregado de jugadores desconocidos, rarezas en un país al que al fútbol ya se le llamaba «soccer» (evolución de *association*) y que prefería su fútbol, ese rugby de cascos y hombreras, el béisbol, el baloncesto y cualquier otro deporte. Estados Unidos ya había jugado su primer partido, con España. Había conseguido un gol, que mantuvo hasta el 82', pero al final se vino abajo y encajó tres goles en seis minutos.

Solo 12.000 espectadores en el estadio Independencia, de Belo Horizonte. Prueba de que se había enfriado el ambiente. Pero hubiera merecido la pena acudir, porque ese día, 29 de junio, se produciría la primera de las grandes sorpresas de la historia de los mundiales: ganó Estados Unidos 1-0, con gol de su delantero centro, un mestizo de alemán y haitiana llamado Gaetjens y estudiante de la Universidad de Columbia, en Nueva York. (Algunos se lo adjudican al interior John Souza, el mejor del partido, pero encontré declaraciones de un defensa del equipo, llamado Maca, que se lo atribuía de forma inequívoca a Gaetjens).

¿Cómo pudo ocurrir? Cuentan que el fútbol inglés era repetitivo, sin fantasía. Sobre la WM, las mismas acciones, una y otra vez, el mismo juego de apertura a la banda y centro. Crecidos, picados por el discurso de Rous, los estadounidenses se aplicaron a frenarlo. Un juego así se puede frenar solo con que no haya ningún despiste, y no lo hubo. El gol de Gaetjens llegó en el 38', en una rara fase de control del equipo inferior, de esas que cualquier partido permite. Inglaterra rozó el gol en el 75', cuando Mortensen fue derribado en el área. Pero el meta Borghi rechazó el penalti, entre el entusiasmo del público, que había tomado partido por el débil.

Más adelante se supo que dos de las fichas de Estados Unidos no estaban en orden, porque ni Gaetjens ni el defensa Maca, belga, ni el central Colombo, tenían aún la nacionalidad americana. ¡Pero con esos mismos jugadores Estados Unidos perdería 5-2 con Chile, en el último partido del grupo!

Aquello fue un trueno, que se atenuó después de que el 2 de julio, de nuevo en Maracaná, Inglaterra volviese a perder, esta vez con España, con el célebre gol de Zarra que se narra en otra historia. De tres partidos, los viejos maestros habían perdido dos. Y eso que ante España sacaron al extremo Matthews, «el Mago del Regate», que no había comparecido en los anteriores. Pero ni por esas.

«Los viejos maestros tienen que regresar a la escuela», comentó el seleccionador, Walter Winterbottom, con acento lúgubre. Los viejos maestros no ganarían el mundial hasta dieciséis años después, en su casa y con todo a favor. Y poco más han hecho en él…

A Gaetjens, aquel gol le dio fama y la oportunidad de fichar como profesional en el fútbol francés, donde jugó algunos años, sin mayor éxito. Retirado, fue representante de Colgate y Palmolive allí, fundó una lavandería y en 1964 decidió trasladarse a Haití, su país de nacimiento. Nunca debería haberlo hecho. Papá Doc, que como todo dictador recelaba de cualquier influencia del exterior, le hizo detener y desapareció misteriosamente en manos de la temible policía, los Tonton Macutte.

¡El Maracanazo!

*D*omingo 16 de julio de 1950. «El Maracanazo». La sorpresa que había supuesto la caída de Inglaterra ante Estados Unidos (a la que siguió su eliminación ante España) iba a quedarse chica. Aquello fue un drama nacional para Brasil.

No fue exactamente una final, pero casi. Los cuatro ganadores de grupo, que fueron España, Suecia, Uruguay y Brasil, jugaron una liguilla todos contra todos. Para la última jornada quedó este Brasil-Uruguay que enfrentaba a los dos únicos con posibilidades. El título estaba, pues, en ese partido, pero con una particularidad: a Brasil le bastaba el empate.

Le bastaba con empatar porque había ganado los dos partidos anteriores del grupo, 7-1 a Suecia y 6-1 a España. Uruguay llegaba con un punto menos, porque había ganado 3-2 a Suecia y empatado 2-2 con España. Así que a Brasil le bastaba el empate, pero ¿quién pensaba en Brasil en ello? Se daba por descontada una nueva goleada. El equipo había ido a más, después del empate ante Suiza, aquella debilidad. Sus goleadas determinantes ante dos campeonas de grupo contrastaban con la forma sufrida con que Uruguay había resuelto esos mismos partidos. Brasil se daba de antemano como campeona del mundo, y comerciantes avispados habían puesto en el mercado millones de objetos de toda clase con la leyenda «Brasil, campeão»: corbatas, pañuelos, vinchas para el pelo, llaveros, mecheros, botellas, colgajos, carteras, maletas, cajas de cerillas, cajas de todo, globos, discos, banderas, banderines, pins, chicles, latas de fríjoles… Todo lo que se pueda imaginar. Los diarios y revistas tenían la portada preparada con la misma leyenda, «Brasil, campeão», y el dedo puesto en la rotativa. Los jugadores ya han recibido antes del partido, cada uno de ellos, un reloj de oro con la leyenda «Para los campeones del mundo». En las afueras del estadio hay carteles de homenaje, con sus fotos sobre el fondo de Maracaná, y unas carrozas de carnaval esperan para pasearles por la ciudad.

Maracaná concentra 202.772 personas, dato oficial de la FIFA, la mayor masa registrada jamás en un partido de fútbol. En los vestuarios se percibe un temblor como de terremoto. Los uruguayos parecen destinados a un sacrificio, a ser devorados por las fauces de una torcida ansiosa. Obdulio Varela, capitán de la selección y de Peñarol, «el Negro Jefe», el hombre que ha conseguido el difícil gol del empate ante España, ve a sus compañeros algo acobardados y les dice:

—Allá arriba habrá doscientos mil, pero abajo solo habrá once. Esto es once contra once, los demás son de palo y no cuentan.

Con todo, hay que hacer de tripas corazón al saltar al campo y ver el pandemónium que se forma de tracas, petardos, sambas, banderas… Se diría que ha estallado un volcán.

A las órdenes del inglés *mister* Reader (al menos esa presencia tuvieron los inventores en este mundial de su reingreso en la FIFA) los equipos forman así:

Brasil: Barbosa; Augusto (capitán), Juvenal, Bigode; Bauer, Danilo; Friaça, Zizinho, Ademir, Jair y Chico.

Uruguay: Máspoli; Gambetta, Matías González, Andrade; Obdulio Varela (capitán), Tejera; Ghiggia, Pérez, Míguez, Schiaffino y Morán.

Primera parte áspera, disputada por todo el campo, en la que Uruguay no hace concesiones. Marca muy encima, hombre a hombre, en todas las zonas, sin distracciones. Los artistas brasileños rara vez encuentran hueco, y cuando lo hacen chocan con Máspoli, un gran portero. Al descanso no se ha movido el marcador.

Los brasileños son campeones con el cero a cero, pero están escocidos. Saben que la gente ha acudido en masa para verles golear, saben también que están a riesgo de encajar un gol en un accidente que les pueda complicar. Se conjuran, salen como rayos y a los tres minutos de la reanudación Friaça culmina una combinación Jair-Ademir con un tirazo que sacude la red de Máspoli. El cielo parece caer sobre la tierra.

Entonces se produce uno de los hechos más comentados de la historia del fútbol. Obdulio Varela recoge el balón de la red, y mientras los brasileños se revuelcan abrazados y la torcida quema nuevos cohetes se dirige, balón bajo el brazo, al linier del ataque brasileño, Míster Ellis, al que protesta la jugada. Cuánto duró la escena es objeto de discusión. Algunos la extienden por tres minutos, o más allá. Valdano escuchó una vez en Uruguay la narración del partido y no le salía la escena más larga de cincuenta segundos. El caso es que, durase aquello lo que durase, Obdulio Varela atrajo la atención, los brasileños dejaron de abrazarse y fueron allá, el público cesó el festejo y también se concentró en ello. El Negro Jefe, un chico de arrabal, sin instrucción pero con gran sabiduría natural, había dominado sicológicamente la situación, había controlado a los 200.000 de arriba y a los once de abajo. Luego fue con el balón al centro del campo, para sacar, y les dijo a los suyos: «Ya les hemos callado. Ahora vamos a seguir jugando y a ganarles a estos japoneses». En su argot, un japonés era alguien inútil para el fútbol.

Y en efecto, la euforia se había enfriado, trocada por la indignación que había producido la pretensión de Obdulio Varela de hacer anular el gol por alguna ilegalidad que nadie vio. El partido volvió a ser el de la primera parte: duro, apretado, buenos marcajes, y Brasil, que ya tiene su premio, pierde un punto de audacia. Y Uruguay descubre una vía por la derecha de su ataque, donde Ghiggia puede con Bigode cada vez que le encara. Obdulio Varela pide cargar el juego por ahí. En el 68', en una de tantas veces que se va Ghiggia y entra en diagonal «hacia los fotógrafos», cede atrás, al borde del área, para que Schiaffino empalme soberbiamente a la escuadra. Golazo y 1-1.

El partido sigue igual, con marcajes duros. Brasil es campeón aún con el empate, no arriesga. A diez minutos del final, Jules Rimet decide bajar, porque hay un gran protocolo preparado abajo para darle la copa a Brasil, con guardia de honor, banda de música y discursos. Cuando llega a la boca del túnel y se asoma, le asombra un silencio sepulcral.

Mientras bajaba y cuando se alcanzaba el 83' de partido, Ghiggia se ha escapado una vez más de Bigode, hacia los fotógrafos y cuando el meta Barbosa esperaba de nuevo el centro ha resuelto la jugada con un disparo seco y raso que se cuela como una exhalación por el primer palo. Uruguay gana 2-1.

Lo que ve Jules Rimet ahí abajo, a red de césped, es un ataque desordenado de Brasil, que Uruguay desbarata sin problemas. No habrá más goles. Llega el pitido final y allí no hay guardia de honor, ni estradillo, ni protocolo, ni gaitas. Solo una multitud en silencio, que no se mueve del campo porque no se cree lo que pasa. La organización está tan paralizada como ellos. Rimet coge la Copa, va al pequeño grupo de uruguayos que se abrazan (jugadores, directivos, acompañantes, algún aficionado afortunado), busca a Obdulio Varela y se la da sin más protocolo.

Flavio Costa se quedó dos días en las tripas de Maracaná y finalmente salió vestido como mujer de la limpieza. Barbosa quedó maldito para siempre, por aquel gol por el primer palo. Muchos años después, en 1993, pretendió visitar al equipo de Brasil en su lugar de concentración y no le dejaron entrar. Le dijeron que daba mala suerte. «La pena máxima en Brasil es de treinta años, y yo llevo 43 pagando por un crimen que no cometí», comentó. La vida con él fue dura: hasta el final de los tiempos estuvo cuidando el césped de Maracaná.

Los dirigentes uruguayos se premiaron con una medalla de oro. A los jugadores les dieron una de plata… y también un premio en metálico. A Obdulio Varela le dio por comprarse un Ford del 31 que le robaron a la semana. Pero hasta el fin de sus días vivió rodeado de respeto y veneración, y aún hoy es la figura cumbre del fútbol uruguayo.

A Ghiggia y Schiaffino sus goles de la final les valieron sendos contratos en el fútbol italiano. Ghiggia fue a la Roma y Schiaffino al Milan. Ghiggia se hartó de conceder entrevistas a lo largo de su vida. Siempre repetía con orgullo: «Solo tres personas hicimos callar a Maracaná: el Papa, Frank Sinatra, y yo».

SUIZA 1954

El partido del siglo

*E*l Mundial de Suiza tuvo un prólogo sensacional: el que lanzó al mundo la marca de «Partido del Siglo». Se jugó el 25 de noviembre de 1953, entre Inglaterra y Hungría, en Wembley y terminó con el resultado de 3-6 a favor de los magiares. Era la primera vez que una selección no británica ganaba en Wembley. El partido resonó en todos los rincones del mundo, como una especie de toma de la Bastilla. Fue el día en que los ingleses entregaron de verdad la corona y el orgullo. *The Times* tituló el día siguiente: «*The match of the century*». Así que aquel fue el único y legítimo partido del siglo en el siglo XX. Rechace imitaciones.

Hungría tenía un equipo sensacional, servido por jugadores técnicamente imponentes, tres de los cuales pudimos disfrutar en España unos años más tarde: para la 58-59 se incorporarían Puskas al Real Madrid y Kocsis y Czibor al Barça.

Aquella selección venía arrasando desde 1950. Había jugado veintitrés partidos, de los que había ganado veinte y empatado tres. Y con numerosas goleadas, y en partidos jugados en su mayoría contra las selecciones más prestigiosas de Europa. Había ganado la final olímpica de 1952, en Helsinki. El arquitecto del equipo era Gustav Sebes, viceministro de Deportes del país. Contaba con grandes jugadores, en su mayoría del Honved, pero además le había dado un poco la vuelta a la WM. Mantenía tres defensas y dos medios, uno de los cuales, Zakarias, apoyaba más a la defensa y el otro, Bozsik, era un gran constructor. Pero modificó la parte del ataque con respecto a los usos de la época: el delantero centro, Hidegkuti, se retrasaba para enlazar con Bozsik, los extremos, Budai (o Toth) y Czibor se echaban un poco para atrás, a fin de que la pareja de sabios armadores no tuviera tanto campo que cubrir. Y arriba, como dos puntas de lanza, quedaban los dos interiores, Kocsis y Puskas, magníficos los dos. El primero, con el mejor juego de cabeza de la época, entre otras virtudes. Puskas, con una precisión en la pierna izquierda que aún no ha sido igualada, además de un demoledor *sprint* corto. Todos, además, inteligentes, con gran sentido del juego de apoyo. Y diligentes. El portero, Grosics, era de gran categoría. Y los tres defensas, Buzanszky, Lorant y Lantos, que parecían poco por comparación, estaban también entre los mejores en sus puestos de la época.

Los ingleses habían tratado de autoconvencerse de que todavía poseían la patente, de que lo de 1950 se debió a fallos de concentración y adaptación. Pensaron que una buena victoria sobre la grandiosa selección magiar volvería a poner las cosas en su sitio. Y se concertó el partido. Antes, en octubre, se había jugado un Inglaterra-Resto de Europa, dentro de los fastos de celebración del noventa aniversario de la creación del fútbol. A aquel partido, España aportó al barcelonista Kubala y al defensa madridista Navarro, al que desde aquello se le conocería simpáticamente como «el Fifo», porque aunque todos los jugadores eran europeos, el equipo jugó bajo la bandera de la FIFA. La UEFA no existía aún. El partido había acabado en empate a cuatro, aunque gracias en parte al arbitraje, que barrió para casa. Pero, al fin y al cabo, empatar con una selección de lo mejor de toda Europa se podía considerar una prueba de que la hegemonía se mantenía allí. Ahora tocaba ratificarla ante la mejor selección continental del momento, la de Hungría.

Y fue una masacre. Existe película, no completa, pero sí extensa, de aquel partido. La imagen está velada por la niebla, pero de la pantalla en blanco y negro emerge un fútbol brillante. Hay un gol de Puskas, tras pisar el balón en el pico del área chica y hacer pasar a Billy Wright (un grande) como un autobús, que es de las grandes escenas de la historia del fútbol.

Quede para la historia la alineación de aquella Hungría, que en su tierra fue conocida como el «Aranycsapat», el equipo de oro, traducido literalmente del magiar: Grosics; Buzanszky, Lorant, Lantos; Bozsik, Zakarias; Budai, Kocsis, Hidegkuti, Puskas y Czibor. El partido llevaba aparejada una revancha, que se disputó en Budapest en mayo, poco antes del mundial.

Ese día ganó Hungría 7-1. En el conjunto de los dos partidos, pues, 13-4. Esa era la diferencia que a esas alturas separaba ya a los inventores del mejor equipo del momento.

Inglaterra, como se verá luego, pasó en Suiza la fase previa sin mayor gloria y cayó en cuartos ante Uruguay, pese a que la Celeste tuvo dos jugadores inútiles durante toda la segunda parte. Hungría llegó a la final, que perdería. Entre 1950 y 1956, aquel gran equipo (en cuya delantera tuvieron apariciones frecuentes Toth I, Toth II y Palotas), jugó 51 encuentros con una sola derrota, justo la de la final de la Copa del Mundo de 1954, ante Alemania Federal. A finales de 1956, cuando los tanques rusos de Khruschov invadieron Hungría porque pretendía separarse de la ortodoxia comunista, el Honved estaba fuera, en una gira por Europa que incluía la visita a Bilbao para jugar en Copa de Europa con el Athletic. Algunos de sus jugadores, singularmente Puskas, Kocsis y Czibor, decidieron no regresar a su país, invadido. Aquello fue el fin del Aranycsapat. Los tres jugadores fueron suspendidos por año y medio. Luego vinieron a jugar a España.

El *bambino* Franco Gemma

*D*espués de haber sido cuartos en el Mundial de 1950, y habiendo sido designados cabeza de serie para el de 1954 en el convencimiento de que nos clasificaríamos, nos quedamos sin participar. Aquella fue la más bufa de las muchas peripecias dolorosas que hemos vivido en nuestra relación con la Copa del Mundo. Nos eliminó Turquía, por sorteo. La cosa fue así:

Por esta vez, novedad, no nos tocaba jugarnos la plaza con Portugal. El viejo criterio de la proximidad geográfica había dado paso a un modelo de sorteo menos condicionado. Nos tocó Turquía, a priori no demasiado rival. España podía sentirse segura, con los veteranos supervivientes del 50, más algunos nuevos grandes jugadores más el fabuloso Kubala, nacionalizado español a mayor gloria del Régimen, que lo presentaba como adalid de la lucha contra el comunismo. Kubala se había escapado de Hungría en el 49, y tras diversas peripecias había sido contratado por el Barça en la 50-51. Primero, como amateur, pronto ya como profesional.

La federación estaba a cargo de Sancho Dávila, falangista sevillano de primera hora, que había cubierto la baja de Manuel Valdés Larrañaga, enviado de embajador a la República Dominicana. Sancho Dávila, que era hombre más de toros que de fútbol, confió la tarea de seleccionador a su dentista, Luis Iribarren, que había jugado en el Real Unión de Irún antes de la guerra, pero que estaba desconectado del fútbol para todo lo que no fuera charlar sobre el tema con sus clientes, entre los que se contaba el nuevo presidente federativo. Con Luis Iribarren como seleccionador y Ramón Encinas (este, sí, hombre metido en el fútbol de lleno) afronta España la eliminatoria con Turquía.

El primer partido se juega en Chamartín, el día de Reyes de 1954, ante 85.000 espectadores. Hay «sabor de mundial». El cuarto puesto en Río ha abierto la ventana a la ilusión. El carácter entre mágico y bélico del rival turco contribuye al tirón. El equipo que sale a jugar es este: Argila; Lesmes I, Campanal II, Segarra; Bosch, Puchades; Miguel, Alsúa II, Venancio, Pasieguito y Gaínza. España gana bien, por 4-1. No ha hecho un gran partido, pero queda una sensación de superioridad que da confianza.

A pesar de eso, y por si acaso, se recluta para el partido de vuelta a Kubala. No va a ser su primer partido en la Selección, en la que ya había jugado tres partidos, pero sí el primer partido oficial. Quienes en la Federación conocen bien los reglamentos, saben que están forzando la legalidad. Las normas disponían que «un jugador que cambie de Asociación no estará calificado para representar a la nueva asociación hasta tanto no se haya naturalizado y resida durante un periodo de tres años en el territorio de la nueva asociación». Kubala residía en España de forma estable desde el verano de 1950, pero su nacionalización tenía fecha de 27 de junio de 1951, momento desde el que empezaba a correr la cuenta. No podía, pues, ser alineado en partido oficial.

Pero había que empatar o ganar en Turquía, porque no contaban los goles, sino los puntos. Perder por cualquier dife-

rencia significaría ir a un partido de desempate. Así que Sancho Dávila y su dentista Iribarren decidieron tirar de Kubala,
contando con que colara. Y coló. Pero no sirvió para nada,
porque en un campo seco y pelado España perdió 1-0 un
triste 14 de marzo, con esta alineación: Carmelo; Segarra,
Biosca, Campanal II; Pasieguito, Puchades; Miguel, Venancio,
Kubala, Alsúa II y Manchón. Fue un mal partido, un fracaso
inesperado, pero corregible. La derrota nos remitía a un desempate que se concertó para Roma, tres días después.

Hay confianza. Una cosa es perder, uno a cero, por un descuido y en el seco y pelado campo de Estambul, y otra dejar
escapar la oportunidad segura de un desempate en campo
neutral, en el mullido césped del Olímpico de Roma. El miércoles 17 de marzo, una hora antes del partido, se visten los
once que van a salir: Carmelo; Segarra, Biosca, Campanal II;
Gonzalvo III, Puchades; Arteche, Venancio, Kubala, Pasieguito
y Gaínza. Están los jugadores calentando en el vestuario, entre olor a embrocación, ruido de tacos en el suelo y balonazos
contra la pared, cuando irrumpe en el vestuario Ottorino Barassi, miembro del Comité Ejecutivo de la FIFA, que muestra
a la delegación española un telegrama que acaba de recibir de
la sede del organismo, en Zúrich. El texto reza:

«Zurich. Priére inspecter, pour Comission, match Espagne-
Turquie, 17 mars, et rapporter. Stop. Attirer attention l'Es-
pagne situation Kubala. Remerciements. Salutations. FIFA.»

En definitiva, pedían a Ottorino Barassi que llamara la
atención a España sobre la situación de Kubala. Muy probablemente, aunque eso nunca quedó establecido, Hungría estaba detrás de ello. Kubala se había escapado de Hungría, su
club, el Vasas, no había recibido aún indemnización alguna, y
él estaba jugando en el Barça sin el transfer FIFA. Hungría
era la mejor selección del momento (estaba reciente su 3-6 en
Wembley) y una retirada suya hubiera dejado al mundial sin
su mayor atractivo.

Examinado el telegrama y conscientes de que Kubala no
reúne aún el requisito de tres años de estancia en España tras
la nacionalización, Sancho Dávila decide no arriesgar. Kubala
se quita la camiseta con el nueve y se la da a Escudero, que jugará en su lugar. Pero España sale ya al campo algo alterada por

el suceso, juega bien solo a ráfagas y no hace valer su superioridad. Arteche marca el 1-0 en el 18', pero Turquía empata antes del descanso y se adelanta después. En el 79', Escudero, el sustituto de Kubala (y máximo goleador en la historia del Atlético de Madrid) hace el 2-2. Ya no habrá más goles hasta el final, tampoco en la prórroga.

¿Entonces? Se improvisa un sorteo. En una copa se meten dos papeles, cada uno con el nombre de una de las selecciones. Sancho Dávila pone una cruz en la papeleta con el nombre de España. Se escoge como mano inocente a un muchacho de catorce años llamado Franco Gemma, un rondón curioso que se había colado hasta allí por puro descaro. Se le vendan los ojos, mete la mano en la copa, coge una papeleta, la saca, se la da a Ottorino Barassi, este la despliega y lee:

TURCHIA

Nos quedamos sin mundial, en suma. Nadie lo podía creer, pero estábamos fuera de la forma más extravagante que podría esperarse. Turquía ocupó nuestro lugar como cabeza de serie. Y tuvo la cortesía de invitar para el primer partido al *bambino* Franco Gemma, del que en España se habló mucho, mucho, mucho...

Suiza, el mundial de la madurez

Se cumplían cincuenta años de la creación de la FIFA, y por eso se había concedido la organización a Suiza, donde residía la sede del máximo organismo. Y fue un gran mundial. En participación, en asistencia, en goles y en difusión. Fue el primer mundial televisado, aunque solo para varios países de la Europa Occidental. Pocos meses antes se había constituido Eurovisión, que asoció a las cadenas estatales (las únicas que había entonces) de Alemania Occidental, Bélgica, Dinamarca, Francia, Reino Unido, Italia y Suiza. Se transmitieron un total de ocho partidos, el primero de los cuales fue el Francia-Yugoslavia. Se calcula que los siguieron cuatro millones de personas. En varias ciudades de esos países se habilitaron espacios en cafés, cines o cualquier tipo de instalación pública para seguirlos.

Suiza, como país organizador, y Uruguay, como campeona, se clasificaron de oficio. Aparte, se inscribieron 36 países de cuatro continentes, de los que salieron catorce clasificados para dar el número final de dieciséis. Entre los que no se apuntaron cabe destacar Argentina, que seguía en pleito con la FIFA (para entonces ya era una tozudez de Perón) y la URSS, refugiada en su misterio. Egipto, única selección africana en las eliminatorias previas, será eliminada por Italia. Sí hubo en la fase final un representante asiático, Corea del Sur, que se llevaría dos tremendas goleadas: 9-0 ante Hungría y 7-0 ante Turquía. Participaron tres selecciones americanas, Uruguay, Brasil y México, y doce europeas: Hungría, Alemania Federal (RFA), Austria, Turquía, Checoslovaquia, Suiza, Escocia, Inglaterra, Italia, Bélgica, Yugoslavia y Francia. Faltaron Suecia y España, respectivamente tercera y cuarta en 1950. Fueron eliminadas en la fase previa.

Se mantuvo el sistema de liguilla ideado en Brasil para la primera fase. Luego, los dos primeros de cada grupo seguían adelante por el sistema de eliminatorias directas. Pero la primera fase, la de grupos, tuvo un diseño muy discutido: se nombraron dos cabezas de serie en cada grupo, que no tenían que jugar entre sí. Tampoco los dos que no lo eran jugaban entre sí. Eso daba ventaja a los cabezas de serie para clasificarse, puesto que se les ahorraba el partido con el otro cabeza de grupo. Mientras, los que no lo eran, debían ganar al menos a uno de ellos y empatar con el otro. Además, los cabezas de grupo fueron designados antes de las eliminatorias de clasificación. Eso provocó más de un caso realmente extraño. Singularmente el de España, que había recibido esa consideración por su papel en 1950, pero no se clasificó. Se trasladó entonces su condición de cabeza de serie a Turquía, que la había eliminado. Y Turquía jugó como cabeza de serie en la liguilla con Alemania Occidental, que no lo era... ¡pero acabaría ganando el campeonato!

Aparte de ese extravío de diseño, que no se repetiría, el

campeonato fue un éxito. Se volvió al balón sin tiento, este de fabricación suiza, con el que se lograron 140 goles en 26 partidos, una media de 5,38 por partido, que sigue marcando el récord. Apareció un nuevo diseño de botas, creado por Adidas, más ligeras, y con tacos recambiables, lo que resultó muy útil a Alemania en la final ante Hungría. Se mantuvieron los números, pero esta vez se adoptó ya la práctica, que aún se mantiene, de dar a cada jugador un mismo número para todo el campeonato. Hubo quien numeró primero a los titulares del 1 al 11 y luego a los suplentes, del 12 al 22, quien lo hizo por orden alfabético y quien fue distribuyendo los números por líneas: primero los porteros, luego los defensas, los medios y finalmente los delanteros.

Entre el mundial anterior y este, se había impuesto plenamente la WM, que ya jugaban prácticamente todos, en algún caso con alguna pequeña variante. Hubo dieciséis árbitros europeos y tres americanos. Entre los europeos estuvo el español Manuel Asensi, que dirigió el Francia-México (3-2). Francia ganó el partido con un polémico penalti transformado por Kopa en el 88', lo que provocó la irritación de los mexicanos.

Se jugó en seis ciudades: Berna, Ginebra, Lausana, Basilea, Lugano y Zúrich. Empezó el 16 de junio y concluyó el 4 de julio. La organización ganó un buen dinero. A la altura de cuartos ya había cubierto gastos. Fue la última copa que entregó Jules Rimet, que fallecería a los dos años. El húngaro Kocsis, que cuatro años más tarde ficharía por el Barcelona, fue el máximo goleador, con once goles. Se jugaron 26 partidos, a los que acudieron 942.994 espectadores, 36.269 de media.

Uruguayos, la patria o la tumba

*U*ruguay llegó al Mundial de Suiza con un aura de invencibilidad bien ganada. Desde que apareció en los grandes certámenes futbolísticos mundiales, había ganado todos aquellos en los que había participado. Antes de existir la Copa del

Mundo, había ganado los JJ.OO. de París en 1924 y los de Ámsterdam en 1928. Ganó la primera Copa del Mundo, en su propia casa, en 1930. Rehusó acudir a las de 1934 y 1938, en Italia y Francia, respectivamente, en una actitud de despecho que se explica desde la falta de asistencia de europeos al primer mundial, el que organizaron ellos. Pero habían vuelto en 1950, en el de Brasil, y habían recuperado la estatuilla, en circunstancias heroicas, ante una gran selección brasileña y una torcida de 200.000 miembros.

Su leyenda era justa y explicaba su optimismo. Camino de Suiza se detuvieron a jugar un amistoso en el Bernabéu, contra el Madrid, y perdieron 2-0, pero eso no empañó para nada su optimismo. Para los uruguayos, el fútbol amistoso era otra cosa. Jugaron un partido blando, suave, para desengrasar. Nada de pierna fuerte, nada de la «garra charrúa» que les hizo célebres. (En aquella selección, por cierto, figuraba Santamaría, que más adelante ficharía por el Madrid y sería uno de los grandes en la mejor época del club). Pero en partidos de verdad, se sentían invencibles. Hasta tal punto, que fueron renuentes a entregar la copa a la organización cuando llegaron. Su idea era mantenerla en su poder hasta la final, y por supuesto, después de ella. No temían a nadie y tenían motivos para ello. Por fin la organización les convenció, y a su vez la alquiló a un establecimiento de ropa de caballeros para que la expusiera en el escaparate hasta el día en que fuese requerida para la final. El fútbol empezaba a buscar lo que pronto se llamaría «ingresos atípicos».

Con varios veteranos del 50 todavía en sus filas, entre ellos el mítico Varela, era un equipo que iba entrando en años y en kilos. Pero componían una muchachada alegre y confiada, no agrandados, pero sí seguros, y les acompañaron muchos seguidores. El peso uruguayo era entonces la moneda más fuerte de Sudamérica, y entre eso y la seguridad nacional de que se produciría otra victoria que no habría que perderse, viajaron muchísimos, aun siendo tan lejos. Constituyeron la mayor de las aficiones minoritarias, y desde luego, la más ruidosa.

La Celeste cayó en el grupo con Checoslovaquia, Escocia y Austria. Como cabeza de serie que era, no tenía que jugar contra la otra cabeza de serie, que era Austria. Pero el grupo era duro, el sorteo había deparado lo que hoy conoceríamos como «grupo de la muerte». Los cuatro equipos eran buenos. Uruguay se estrenó con un 2-0 firme ante Checoslovaquia. Tres días después jugó contra Escocia, en el Sankt Jakob, de Basilea. Escocia, que había perdido el primer partido con Austria (una de las favoritas), cayó estrepitosamente ante Uruguay por un 7-0 que fue una campanada. No se gana a Escocia por 7-0 así como así.

En cuartos, Inglaterra se mueve en la perfecta ortodoxia de la WM. Fútbol de golpeo largo, carrera y salto, pero carente de fantasía, aunque pone algunas gotas el veteranísimo Matthews, que a sus 39 años ocupa el extremo derecho. Uruguay llega al descanso en ventaja, 2-1, con el segundo gol de Obdulio Varela. Pero al poco de marcarlo cae, víctima de un desgarro. En la segunda mitad se coloca de extremo derecho, totalmente rengo, sin otra posible utilidad que dar gritos a sus compañeros. También Ambrois está lesionado, y Abbadie cojea mucho. En la segunda mitad, se puede decir que Uruguay juega con ocho y medio contra once, y aun así repite el marcador de la primera mitad. Los ingleses, agarrados a su WM, mantienen sus tres defensas y sus dos medios atrás, atacan solo con cinco. Y aun así los uruguayos se apañan para marcarles dos nuevos goles, el primero de ellos en una magnífica maniobra de Schiaffino, llegando desde atrás.

Llega la semifinal, enfrente está Hungría. Falta Puskas, pero está Bozsik, al que la organización no se atreve a sancionar, pese a haber sido expulsado en cuartos ante Brasil por liarse a tortas con Nilton Santos. El partido se considera una final anticipada. El campeón invicto contra el gran aspirante. Hungría se adelanta dos veces, con un gol al principio de cada tiempo. Juega bien, con su fútbol preciso que de cuando en cuando concreta en goles nacidos en jugadas indefendibles, de puro precisas. Quedan veinte minutos para el final y parece que Uruguay va a entregar su corona sin gloria, pero en eso cambia el aire del partido. A falta de Varela, es el defensa William Martínez quien toca a rebato, con una arrancada desde el fondo que levanta los ánimos de todos. De repente, Uruguay recuerda que es el campeón y se lanza a por el partido. Los húngaros reculan, sorprendidos. Uruguay es garra y fútbol. Hohberg, argentino nacionalizado uruguayo, marca en el 76' el 2-1. Sigue la ofensiva ciega de los uruguayos y en el 87′ Hohberg marca el 2-2, tras lo cual cae desvanecido, por la violencia de la jugada, la fatiga, la emoción de la remontada. Aún queda una ocasión antes del pitido final, cuando Schiaffino se va, elude a Grosics y tira a puerta vacía. Pero lo hace tan suave que el balón se detiene en el barrizal del área chica.

Hay prórroga, pues. Todavía el inicio es de Uruguay, por inercia adquirida, y pronto llega un tremendo remate de Hohberg que devuelve el palo. Pero poco a poco cede el tremendo ímpetu de los campeones. La segunda mitad de la prórroga ya es más repartida, y Kocsis consigue meter dos cabezazos precisos, en los minutos 109′ y 117′. El partido acaba en 4-2 para Hungría. Los jugadores se retiran abrazados, entre una gran ovación, conscientes de que han jugado un partido que hará historia. Han honrado el fútbol. El campeón ha caído, pero nadie podrá reprocharles nada.

«Orientales, la patria o la tumba. Libertad o con gloria morir», empieza el himno de Uruguay. Lo honraron. Fueron las dos, la tumba y la patria. Su invencibilidad quedó allí, pero Uruguay les recibió orgullosa de ellos. Nada había que reprocharles.

De haber ganado ese mundial, se hubieran quedado en propiedad la Jules Rimet. No pudo ser. Ese honor quedará reservado a Brasil.

Brasil, la *verdeamarela* y la batalla de Berna

Al Mundial de 1954 viajó Brasil con el trauma de la derrota inesperada en su casa, cuatro años antes. Hubo hasta quien planteó no presentarse al siguiente, pero afortunadamente no fue así. Brasil salió campeón del grupo sudamericano, que compartió con Paraguay y Chile, los únicos que se apuntaron. Bueno, Perú se apuntó primero, pero luego se retiró tras el sorteo. No lo vio claro.

Para preparar este mundial, Brasil mandó durante meses a Europa a cuatro técnicos, Fleitas Solich (paraguayo, pero que trabajó mucho en Brasil y que en 1959 sería entrenador del Madrid), Ondino Vieira, Ramos Moreira y Vicente Feola. Todos ellos para estudiar métodos tácticos y físicos en Europa. La CBF había llegado a la conclusión de que el exceso de individualismo, la falta de orden y de trabajo había costado el título.

(En la historia del fútbol, cuando se pierde, siempre se duda de lo mismo).

Además, cambió de color. Uno tendería a pensar que Brasil siempre vistió como la conocemos, pero no es así. Hasta 1950 vistió de blanco, y de blanco sufriría el Maracanazo. A partir de ese momento, lo proscribió. Primero utilizó el azul, que venía siendo su segundo color, pero tampoco pareció darle suerte. Con él se estrelló en la Copa de América de Lima, en 1953, en la que perdió en la final, en desempate con Paraguay.

Así que un diario, el *Correio da Manhã* (Correo de la Mañana) tuvo la iniciativa de lanzar un concurso nacional en busca de propuestas para una nueva equipación de la selección nacional. Las bases del concurso exigían que la propuesta combinara los cuatro colores de la bandera del país: el amarillo, el verde, el azul y el blanco. Llegaron cientos de propuestas. Una de ellas, nada menos que del autor del cartel del propio Mundial de 1950, pero fue desestimada. Al fin y al cabo, ¿no formaban aquel cartel y su autor, parte del infausto recuerdo del 50? Ganó un joven y hasta entonces desconocido dibujante de periódicos del sur del país, casi en la frontera con Uruguay. Se llamaba Andy García Schlee cuya propuesta, camiseta amarilla con ribetes verdes, pantalón azul y medias blancas, convenció. ¡Nadie sabía por entonces que el muchacho era, en fútbol, hincha de Uruguay, que tan cerca le quedaba!

Brasil estrenó la *verdeamarela* con éxito, ganando en Chile en el primer partido de clasificación. El primer gol *verdeamarelho* lo marcó Baltazar da Silva. Y así vestido ganó Brasil los cuatro partidos del grupo, los dos de Chile y los dos de Paraguay, con ocho goles a favor y uno en contra. Así que viajaron a Suiza con renovados ánimos.

Lo malo fue que la obsesión tacticista que se apoderó del país llevó al técnico, Zezé Moreira, a dejar en casa a Zizinho, el mejor jugador del país, porque no encajaba en su sistema. Con todo, Brasil llegó a Suiza con un grupo de magníficos jugadores, entre los que ya asoman Djalma Santos, Nilton Santos y Didí, llamados a las mayores glorias. Futbolistas técnicos, rápidos, elásticos, capaces de hacer un fútbol mejor que el que se desprendía de la mera aplicación de las instrucciones de Zezé Moreira, que les obligaba a jugar demasiado rápido, en una pretensión de equiparación con los europeos de la que salía perdiendo.

Brasil superó la fase de grupo, en la que empató (1-1) ante Yugoslavia, punto fuerte del campeonato, y goleó (5-0) a México. No estaba mal, pero en cuartos se cruzaba Hungría...

Y aquel partido (27 de junio, en Berna) que se esperaba como algo maravilloso, degeneró en una batalla infame, tanto que el partido será recordado para la historia como «la Batalla de Berna». Lo arbitró, mal, el inglés *míster* Ellis, que no supo sujetar la situación.

La cosa empezó con gran dominio de Hungría, que en siete minutos se puso 2-0. Marcajes en zona demasiado rígidos de los brasileños, que los concertistas húngaros desconciertan fácilmente. El segundo gol lo protestan los brasileños, convencidos de que Kocsis está en fuera de juego. Según los testigos neutrales, se adelantó tras el pase y ganó por el estatismo de Djalma Santos. Brasil se despliega, aprovechando que los húngaros se toman un respiro. Enfadados por el segundo gol, pegan; los húngaros no se arredran y pegan también. El campo resbaladizo contribuye a enmascarar en acciones defensivas lo que son puras entradas violentas. Ellis no acierta a distinguir una cosa de otra. En esas, buena jugada por la derecha de Julinho, cede a Indio (que jugará más adelante en el Espanyol) y este es zancadilleado por Lorant. Penalti. Tiro terrible de Djalma Santos y 2-1. Sigue el juego, siguen las patadas. Hasta el descanso y después de él. El partido se les complica a los húngaros, cuyos veteranos Bozsik e Hidegkuti acusan soledad en el medio campo, como les pasará en los dos siguientes partidos. El partido es cada vez más duro y lo será más cuando Hungría reciba un bidón de oxígeno en forma de penalti: un avance rápido de Czibor, centro a Kocsis y caída de este, entre Bauer y Pinheiro. El penalti lo convierte Lorant. Es el 3-1, que ya pone fuera de sí a los brasileños. El fantasma de los abusos europeos, que siempre ha rondado en la Copa del Mundo por la cabeza de los sudamericanos porque ha habido muchas razones para que así fuera, se apodera de ellos.

Ya lo que resta es un intercambio de patadas tremendas, o en su defecto, de puñetazos. Algunos brasileños, particularmente Julinho, aún intentan jugar, aunque sus tacos, más cortos que los de los húngaros (¡ay, tanto pensar en tácticas europeas y descuidar esto!) les ponen las cosas más difíciles. El propio Julinho alcanza el 3-2. Hay partido. Siguen las patadas. Nilton Santos y Bozsik se lían a tortas y Ellis les echa. Entre patada y patada, Brasil alcanza dos remates sucesivos, de Didí al larguero y de Indio al poste, por fuera. Con el 3-3 y la prórroga, las cosas hubieran caído probablemente del lado de Brasil. Pero no. A dos minutos del final, un pase por alto de Czibor lo cabecea perfectamente Kocsis («Cabeza de Oro», le llamaremos aquí, cuando venga a jugar en el Barça, junto al propio Czibor) a la red. Es el 88', gana Hungría 4-2. Los últimos instantes del partido ya son atroces, porque a Brasil le resulta injusto todo lo que le ha pasado: el césped, la suerte, el árbitro... Todo parece haber conspirado contra ellos. Cuatro años para levantar el bochorno del Maracanazo, tanto esfuerzo, camiseta nueva, Zizinho fuera, para caer en cuartos. Humberto es expulsado por un patadón a Buzanszky.

Acaba el partido con el balón en los pies de Czibor, que esquiva patadas. En eso, pita Ellis el final. Maurinho, uno de los que le acosaban, le tiende la mano. Czibor se la va a coger cuando recibe un directo a la cara con la otra mano. (Maurinho dirá luego que Czibor le escupió). Los entrenadores y los suplentes que estaban en el túnel o en el banquillo se alborotan. Saltan espectadores al campo, uno patea a un policía, que cae y ve cómo su quepis rueda por el suelo. Parece que la cosa se va a calmar cuando los altavoces lanzan una llamada de socorro pidiendo que la policía acuda a vestuarios. Y allá corren, en tropel, cuantos pueden, venidos de los cuatro puntos cardinales del campo. Eso incrementa la sensación de caos.

Luego se sabrá que en el túnel las dos delegaciones se han zurrado de lo lindo. Alguien rompió las luces del techo del pasillo, como en las películas de gángsters, y se han sacudido de lo lindo. A puñetazos, con botellas, a patadas. Se tardó una hora en restablecer el orden.

La Policía se vio obligada a emitir un parte final:

«Agresión mutua de ambos equipos. Herido el brasileño Pinheiro de un botellazo. Muchos contusos, entre ellos Sebes, el viceministro de Deportes húngaro. Se evacuó a los dos equipos por separado, haciendo entrar a los autobuses hasta la misma puerta y esterilizando las expediciones a través de un espeso muro de guardias. El equipo primeramente expedido fue el húngaro. No hay posibilidad que se encuentren de nuevo, pues Soleure y Mancolin se encuentran en direcciones opuestas. El árbitro ha sido evacuado también. La batalla ha terminado.»

Así acabó Suiza para Brasil. Apretó a la gran favorita, pero cayó. Y se fue entre la frustración, la impotencia y la indignación. Pero volvería a intentarlo. Claro que volvería...

El bochorno de Berna tuvo su epílogo en la decisión posterior de la FIFA, al dictaminar sobre los incidentes. Todo había sucedido ante las mismas narices de la organización. Bozsik, Nilton Santos y Humberto habían sido expulsados. Poco importaba si eran suspendidos los brasileños, pero Hungría tenía que jugar la semifinal contra Uruguay. Bozsik era considerado un jugador de tanta valía para Hungría como Puskas. ¿Qué decidiría la FIFA? La sentencia fue una sucesión de regates más limpios que los de Maradona a los ingleses, tantos años más tarde.

Sobre los incidentes del túnel «esperaba el informe de la Policía».

Sobre Humberto, se reservaba el derecho a imponerle una sanción «si llegaban a su conocimiento nuevas informaciones que agravasen la falta».

Sobre Bozsik y Nilton Santos, pedía a las federaciones respectivas que tomaran «las medidas necesarias» y que informaran a la FIFA de tales medidas.

Y cerraba reprendiendo a los dos equipos por su conducta antideportiva.

Así que Bozsik podía jugar contra Uruguay, y a otra cosa. Así se movió siempre el gran fútbol.

El milagro de Berna

*E*ra el 4 de julio y el Wankdorf de Berna estaba a reventar, bajo una lluvia persistente que no arredró a nadie. Faltaban algunos minutos para el partido y el altavoz desgranaba las alineaciones. Se hubiera oído una mosca, narra Antonio Valencia en su fenomenal *Sucedió en Suiza* cuando llegó la hora de citar al interior izquierdo:

—*Inter gauche, Puskas, numero dix...*

Y estalló un clamor, prolongado con grandes murmullos. Puskas jugaba. Puskas había sido duda hasta instantes antes, era baja desde el segundo partido del campeonato. Jugó el primero, ante Corea del Sur (9-0) y había abierto y cerrado la estrepitosa goleada. Y jugó el segundo, ante Alemania Federal, el mismo enemigo que ahora tenían enfrente y que les tocó en el mismo grupo. Hungría había ganado ese partido nada menos que por 8-3 y Puskas había marcado el segundo gol. No le dio tiempo a más, porque el feroz central Liebrich le cazó con una patada brutal que le dejó el tobillo averiado para el resto del torneo.

Ahora volvía, al frente de la fila, capitán, con el banderín en la mano, dispuesto a coger la copa de manos de Jules Rimet. Hungría era la gran favorita. Pero algunos se preguntaban: ¿estará de verdad en condición de jugar? Puskas era el capitán y el mejor del equipo, estaba en una edad fantástica, 27 años, pero llevaba dos semanas cojeando, según se le había visto en los noticiarios. ¿Estaba a punto o jugaba por ese respeto que las grandes estrellas inspiran en sus entrenadores? ¿Jugaba, como decimos ahora, por galones? Galones le sobraban, futbolísticamente y hasta metafóricamente, porque era Mayor del Ejército húngaro. Una forma de darle un sueldo y

camuflar su profesionalismo, como se hacía con todos los futbolistas grandes en la Europa comunista. Sí, Puskas era el
mejor pero Hungría había sido capaz sin él de eliminar sucesivamente a Brasil y Uruguay. ¿Merecía la pena el riesgo?
Aclaro que en la época no había cambios.

Otra aclaración: ¿cómo era posible que un equipo derrotado
8-3 en la fase previa, llegara a la final? Pues porque para
aquel partido contra Hungría, a la que tenía por muy favorita,
Sepp Herberger, el seleccionador alemán, había optado por un
equipo experimental, cargado de reservas. Lo dio por perdido
de antemano, entendiendo que podía pasar la ronda ganando
dos veces a Turquía, en el primer partido y el desempate, sa-
cando partido del extraño modelo de los grupos.

Los equipos jugarán así:

Hungría: Grosics; Buzanszky, Lorant, Lantos; Bozsik, Zakarias; Czibor, Kocsis, Hidegkuti, Puskas (capitán) y Mihaly
Toth.

Alemania: Turek; Posipal, Liebrich, Kohlmeyer; Eckel,
Mai; Rahn, Morlock, Ottmar Walter, Fritz Walter (capitán) y
Schäffer.

Arbitra el inglés *mister* Ling.

Han bajado de su país millares de alemanes, a lomos de
Volkswagen o de autobús. Incluso se ha instalado, en la vía del
ferrocarril que pasa en alto junto al estadio, un tren cargado de
espectadores para seguir el juego. Los equipos forman para los
himnos y llama la atención el bloque que forman los alemanes,
todos exactamente igual de altos y de fuertes (salvo quizá, el
cerebral Fritz Walter, algo más delgado, aunque uniforme en la
estatura con el resto). Siempre que vuelvo a ver esa foto, me
impresiona, por eso y por la firmeza marcial de su postura. A
su lado, los húngaros componen un grupo desigual, con altos,
bajos, rubios, morenos, algún calvo (Hidegkuti), algún gordito
(Puskas)… Ninguna marcialidad. Se mueven, saludan, parecen
no contener su impaciencia por jugar y ganar la copa.

El partido empieza de perlas para Hungría y para Puskas.
Los húngaros tejen desde el primer momento su juego preciso,
magnífico, imponente, superior a cualquier otra cosa vista
hasta entonces en el fútbol. En el 6', Bozsik le mete un pase
perfecto a Kocsis, que remata bien; Turek rechaza como puede

y Puskas, atento al quite, recoge y remacha con precisión. 1-0. Solo dos minutos más tarde, Kohlmeyer, agobiado, retrasa el balón a Turek; pero la cesión es corta, o Turek duda en adelantarse hacia el balón y Czibor, que había adivinado la jugada, se adelanta, burla a Turek en la salida, y marca. Es el 2-0 y todavía no se han jugado diez minutos.

La suerte para Alemania es que su primer ataque tras el saque de centro le sirve para descontar. El extremo Schäffer se va, centra, Buzanszky intercepta el balón débilmente, lo que no hace sino descolocar a Grosics, que iba a por él; entonces aparece el interior Morlock, que se proyecta a pie adelantado sobre la hierba mojada, conecta y marca el 2-1.

La cosa se complica más para Hungría cuando, en el 18', hay un córner desde la derecha del ataque alemán. Fritz Walter, un preciso lanzador de todo tipo de saques a balón parado, lo envía con su precisión de cirujano al segundo palo, donde espera atento su hermano, Ottmar. Grosics también está atento y gana, pero Ottmar le carga cuando está en pleno despeje y el balón queda muerto para que Rahn machaque desde cerca. 2-2. Para mí es falta, porque Ottmar Walter carga en el área pequeña. En los criterios arbitrales de la época, mucho menos permisivos que los de hoy, aquella falta debió pitarse. Pero *mister* Ling concedió el gol.

El verdadero partido empieza entonces. Al buen juego húngaro los alemanes oponen esfuerzo, marcaje, pases largos a las alas, carreras. Adidas les ha proporcionado botas de tacos recambiables, y tras probar el campo antes han decidido calzar los largos, más apropiados para el día. Los húngaros resbalan con frecuencia. Son mejores, pero les pesan el campo y el alud de constancia de los alemanes. Bozsik e Hidegkuti, los arquitectos del juego magiar, se empiezan a ver en inferioridad. Su modelo de juego, que ha dado la vuelta a la WM para convertirse en una especie de 4-4-2, con los interiores Kocsis y Puskas en punta y los extremos y el delantero centro algo más retrasados, flaquea por el eje del juego. Ante el poderío alemán, Bozsik e Hidegkuti se ven en problemas y eso irá a más según avance el partido. Tampoco Puskas es Puskas del todo. Un setenta por ciento, como mucho. Lo que tantos temían.

A Hungría le pesan primero los pies, luego las piernas y

pronto la cabeza. Tiene que pelear un partido que habían creído resuelto nada más comenzar, incluso antes de empezar. Les dolía el infortunio del primer gol alemán, surgido de un rebote, y más aún la forma en que llegó el segundo. Pero les dolía sobre todo la firme fortaleza de cada uno de sus rivales. Por primera vez en tantísimos partidos, Hungría no podía imponer su juego. Filtraba de cuando en cuando alguna jugada, pero no era ese dominio constante y bello, que les había hecho disfrutar en tantos y tantos partidos, y que iba goteando goles, por pura lógica, cada equis minutos, como caídos por su propio peso. Con todo, consigue sacarle un par de paradas de mérito a Turek, y un remate de Hidegkuti da en el palo.

Al descanso se llega así, 2-2, y uno se figura caras diferentes en uno y otro lado. Seguridad, ánimos y responsabilidad en el lado alemán. Nerviosismo y quizá reproches en el lado húngaro.

Con el tiempo se sabrá algo más: los alemanes se inyectaron pervitina en el descanso, para mejorar su prestación física en la segunda parte. Se conoció muchos años más tarde. Esa práctica no era considerada estrictamente dóping entonces, pero de haberse sabido hubiera merecido la reprobación moral de todo el mundo.

La segunda mitad es un calco de la primera. Hungría hace esfuerzos denodados, Alemania se despliega cuando puede, obliga a los húngaros a esfuerzos largos. Hay otro cabezazo de Kocsis al palo, Puskas, agotado, pierde dos remates claros, una buena parada de Turek a remate de Toth... Hasta que Hungría parece pararse definitivamente. Bozsik e Hidegkuti parecen haber dicho basta. Se les acabó la gasolina. Entonces es Alemania ya, sobre la mitad del segundo tiempo, quien se enseñorea del campo. Ya se ve a Hungría en neta inferioridad. Y llega lo irremediable: en el 81', Schäffer se va por la derecha, el lateral Buzanszky acude a cerrar la brecha y el extremo alemán del otro lado, el díscolo Rahn, se escapa de su marcador, Lantos, y corre hacia la media luna del área, donde recibe el centro. Controla con la derecha y lanza un zurdazo raso y ajustado, al que el buen meta Grosics no llega. Es el 2-3 y quedan nueve minutos.

Los alemanes empiezan entonces a pasarse el balón entre

sí, en una especie de baile, que corea su hinchada. Varios húngaros, agotados, parecen caer en la resignación, pero no todos. Czibor, rabioso, roba un balón y está a punto de empatar. Poco más tarde, una pérdida acaba en gol de Puskas, a quien señalan fuera de juego. El 3-3 se esfuma. Hungría clamará contra esa anulación, no existe imagen de ese gol que permita definirse, o al menos yo nunca la he visto, pero en todo caso a Hungría no se le hubiera podido augurar nada bueno en la prórroga.

Mister Ling pita el final. Alemania es campeona del mundo. Se instala un pequeño estrado en el que se sube Jules Rimet, con sus ochenta años a cuestas. Será la última vez que entregue la copa. Se retira, a favor del belga Rodolphe William Seeldrayers, que morirá solo un año más tarde. Le sucederá el inglés Arthur Drewry. Jules Rimet, por su parte, fallecería el 15 de octubre de 1956, dos años después de entregar por última vez el trofeo. Tuvo la satisfacción de ver su copa crecer y redondear, por fin, después de tantas dificultades, una edición plena, que la consolidaba y le auguraba un futuro esplendoroso, el que ha tenido.

Fritz Walter se adelanta y coge la copa, con una correcta inclinación. Alemania había ganado. Fue el adelanto del luego llamado «milagro alemán». Milagro económico precedido de un milagro futbolístico. La Alemania de antes de la guerra, la que acudió a Francia-38 y no quedó bien, incluía a Austria más lo que en el 54 era Alemania Oriental, separada del resto, incluida en la órbita comunista. Esta Alemania era otra, mucho menor, la parte occidental y sin el Sarre, que por esos años tuvo su propia federación de fútbol. Estaba además dividida en tres zonas de ocupación, hacía solo nueve años que había perdido la más terrible de las guerras, provocada por ella misma. Pero anunciaba a través del fútbol que estaba de vuelta. Solo dos años antes había sido readmitida en la FIFA. Ahora era campeona.

Una buena película, llamada *El milagro de Berna*, narra la peripecia de Alemania en este mundial. Merece la pena buscarla. El hilo conductor es un muchacho alemán, fan de Rahn, jugador díscolo que por serlo estuvo a punto de quedarse fuera de los planes de Sepp Herberger, pero que finalmente fue el héroe de la final.

El regreso de la selección, en tren, fue apoteósico. Paró en cada pueblo, recibiendo aclamaciones. Pararon las escuelas, las oficinas, las fábricas. En Múnich la recibieron 400.000 personas.

El estallido fue tan grande que preocupó al propio canciller Adenauer, quizá por la resurrección de viejos fantasmas. El *Deutchsland Union Dienst*, órgano oficial de la CDU, el partido de Adenauer, hizo un llamamiento para que el éxito del equipo de fútbol no fuera utilizado con fines nacionalistas: «Ganar el campeonato ha sido un gran éxito, pero no debe ser considerado desde un punto de vista nacionalista. No es más que un juego. Se debería decir que once jugadores del equipo de Alemania han ganado a once jugadores de otro equipo, antes que decir: "Alemania ha salido victoriosa…"».

Pero Alemania estaba de vuelta, era un hecho. Y lo anunciaba a través del fútbol.

SUECIA 1958

En Suecia aparece Pelé

Si el de Suiza fue el primer Mundial en el que todo resultó convincente y sólido, Suecia fue la consolidación. El propio congreso de Zúrich, en 1954, había designado Suecia como sede para 1958. De nuevo se ignoraba a América, pero esta vez no lo tomaron tan mal. Se iban acostumbrando, se conoce. Además se deslizó la promesa de que la próxima vez, sí. Que la próxima vez se iría a América. Suecia, como antes Suiza, no había sufrido en la guerra, estaba en mejores condiciones que muchos otros países, todavía en reconstrucción.

Suecia, como anfitrión, y Alemania Federal, campeona, estaban clasificadas de oficio. Se trataba de buscar otras catorce. Se reservaban esas plazas para nueve europeos, cuatro americanos y un asiático. En la práctica fueron diez europeos (doce en total, contando los dos clasificados de oficio) porque en el grupo afro-asiático hubo deserción general, para no jugar contra Israel, y esta acabó eliminándose con uno de los caídos en los grupos europeos, País de Gales, que ganó el sorteo para jugar esta repesca. Y Gales batió a Israel, convirtiéndose en el europeo número doce. (A los eliminados en América, entre los que estaba Uruguay, no se les metió en este sorteo. Solo a los europeos. Cosas…).

En la fase clasificatoria se incluyeron veintisiete europeos, distribuidos en nueve grupos de siete. Por primera vez se apuntó la URSS, y con ella el resto de su bloque casi al completo. Al 54 solo se había apuntado Hungría, que ya debía de andar en devaneos y acabó siendo reintegrada a la ortodoxia comunista, con los tanques por delante, a finales de 1956. También Yugoslavia, sí, país comunista, sí, pero al que Tito mantuvo alejado de la órbita de Moscú y adscrito durante la guerra fría al movimiento de los no alineados, con Egipto y la India.

De Sudamérica se apuntaron esta vez ocho países, todos menos Venezuela y Ecuador. Se apuntó por fin Argentina, ausente desde Italia-34, y cuya participación merece un capítulo aparte. Se clasificó, como Brasil y Paraguay. El grupo de Centro y Norteamérica (Concacaf), dio un representante, México, tras pasar una criba en la que cayeron otras cinco.

Se jugó en doce ciudades distintas, más que nunca hasta la fecha: Solna (en la práctica, un arrabal de Estocolmo, fue allí donde se jugó la final), Halmstad, Helsingborg, Malmö, Norrköping, Eskilstuna, Boraas, Örebro, Sandviken, Uddevalla, Västeräs y Göteborg. El balón, de marca Sydsvenka, llevó el nombre de *Gunnar Gren*, una estrella del fútbol sueco, triunfador en el Milan de aquellos años.

El campeonato se disputó entre el 8 de junio y el 29 del mismo mes, por un sistema que pareció ser ya la superación de los debates anteriores. Una primera fase de cuatro grupos de cuatro equipos, en la que jugaban todos contra todos, descartado ya el experimento de Suiza, en el que los cabezas de serie no jugaban entre sí. Los primeros y segundos de grupo pasaban a cuartos de final, y ya se seguía por el sistema de eliminación directa hasta designar dos finalistas.

Hubo veintidós árbitros, solo dos de ellos americanos: el uruguayo Codesal y el argentino Brozzi. Por España acudió Juan Gardeazábal, que también lo hizo en 1962 y 1966. Estuvo seleccionado para el de 1970, pero poco antes sufrió un cáncer que le costó la vida. Para muchos, entre los que me cuento, fue el gran árbitro de la historia de España.

Partidos de este mundial se ofrecieron por televisión a 63 países, si bien no siempre en directo. No había satélite. Buena parte de Europa estaba conectada a la red de Eurovisión, pero a otros países se trasladaron los partidos en magneto y fueron ofrecidos en diferido. Respecto a la radio, treinta y tres compañías de veinticuatro países pagaron por los derechos de transmisión. El día de la final, la compañía Panamericam, de Brasil, empleó seis horas y media de línea, para rodear el partido de un previo y de comentarios posteriores y vestuarios. El total de espectadores fue de 868.363, con récord en el Brasil-URSS, en el que hubo incluso más que en la final: 50.928. La final, Brasil-Suecia, tuvo 49.737.

La lluvia dejó en casa a tres mil, pues todas las entradas estaban colocadas.

Los enviados especiales votaron el mejor equipo posible del torneo, que resultó ser este: Gregg (Irlanda del Norte); Bergmark (Suecia), Bellini (Brasil), Nilton Santos (Brasil); Blanchflower (Irlanda del Norte), Didí (Brasil); Garrincha (Brasil), Fontaine (Francia), Kopa (Francia), Pelé (Brasil) y Skoglund (Suecia). El equipo fuerza un poco la posición de Didí, que en Brasil jugó de interior derecho. El máximo goleador fue el francés Just Fontaine, con trece goles. Aún mantiene ese récord. Los treinta y cinco partidos dieron 126 goles, un promedio de 3,60, sensiblemente inferior al de Suiza (5,38).

Y es que los entrenadores empezaban a hacer ajustes...

Algunos equipos empezaron a abandonar la WM. Brasil, el campeón, jugó ya en este campeonato un mixto entre un 4-2-4 y un 4-3-3, con el medio defensivo convertido en la práctica en defensa, Zito y Didí en el medio con apoyo frecuente de Zagalo, el extremo izquierdo, que se retrasaba. Arriba, Garrincha, Vavá y Pelé. Todavía, no obstante, se recitaban las alineaciones en 1-3-2-5, aunque no respondieran ya estrictamente a la colocación en el campo.

Se jugaron 35 partidos, con 868.000 espectadores, 24.800 de media por encuentro.

Con Kubala y Di Stéfano nos quedamos fuera

*P*ara el Mundial de 1958 nos las prometíamos muy felices. Ya está contado que al del 30 no fuimos; en el del 34 chocamos, tras ganar a Brasil, con Italia, la selección local que luego sería campeona pero que para ganarnos necesitó de malas artes; en el del 50 fuimos cuartos; al del 54 no fuimos por una malhadada eliminatoria con Turquía resuelta de forma chusca y dolorosa.

Ahora, decía, nos las prometíamos felices. El fútbol español estaba en su plenitud. El Madrid había ganado las dos primeras

Copas de Europa, el Barça mandaba en la Copa de Ferias, y mientras, el Athletic, el Atlético, el Valencia y el Sevilla se les subían a las barbas en los campeonatos españoles. Además de muy buenos jugadores nacionales, entre los que despuntaban Suárez y Gento, teníamos dos superclases nacionalizados: Kubala y Di Stéfano. Kubala venía jugando en la Selección desde el verano de 1953, cuando debutó en Buenos Aires, en gira por América. Di Stéfano llevaba menos tiempo: se había nacionalizado español tras tres años de estancia en el Madrid, al comienzo de la temporada 56-57, facilitando así la entrada de Kopa, como nuevo extranjero, en el equipo.

Di Stéfano debutó en un partido contra Holanda, en Chamartín, el 30 de enero de 1957. El mismo día debutó Luis Suárez, genial interior del Barça, la última maravilla de nuestro fútbol. El seleccionador era Manolo Meana, que había sido gran medio centro del Sporting de Gijón y de la selección antes de la guerra. El partido se concertó en «homenaje a los exiliados húngaros», de los que había bastantes en nuestro fútbol, entre otros, Kubala, aunque aún no los Puskas, Kocsis y Czibor, que llegaron después. España ganó 5-1 a Holanda, con tres de Di Stéfano, en jornada feliz.

El sorteo nos había colocado en un grupo con Suiza y Escocia. Teníamos que empezar con Suiza, en Chamartín, mes y medio después de ese partido con Holanda, que había servido de preparación. Todo se veía fácil. Contra Suiza habíamos jugado a esas alturas siete veces, con seis victorias y un solo empate (3-3) en Zúrich, en 1948. En realidad, Suiza nunca fue gran cosa en el fútbol mundial. Con Escocia no habíamos jugado nunca, no había precedentes, pero se la consideraba una especie de segunda Inglaterra, e Inglaterra ya no asustaba. A decir verdad, España se veía no solo en Suecia, donde se disputaría la fase final, sino campeona o poco menos.

Pero el hombre propone y Dios dispone…

El 10 de marzo, festivo (aún no se había extendido la luz artificial), encapotado, con llenazo en Chamartín (110.000 espectadores) y el Invicto Caudillo en el palco, salen los dos equipos al campo. España ha cedido el rojo al visitante y viste de azul. Meana ha preparado este equipo:

Ramallets; Orúe, Heriberto Herrera, Canito; Maguregui,

Garay (capitán); Miguel, Kubala, Di Stéfano, Luis Suárez y Gento. La delantera es magnífica, sobre el papel. Sus cinco elementos son jugadores de calidad superior. Los que les respaldan son jugadores firmes y eficaces, muy buenos todos. El equipo mezcla Athletic (Orúe, Canito, Maguregui y Garay), Barça (Ramallets, Kubala y Suárez), Real Madrid (Di Stéfano y Gento) y Atlético de Madrid (Heriberto Herrera y Miguel).

Suiza sale con cinco defensas, tres medios y dos delanteros. Suiza fue el primer país que practicó el cerrojo, invención de Karl Rappan, austriaco, pero muchos años seleccionador suizo. Ya lo utilizó en fechas tan lejanas como el Mundial de 1934. País inferior en la fabricación de grandes futbolistas, recurrió antes que nadie a esta artimaña. A esa defensa tan poblada se enfrenta España con un ataque mal diseñado, porque los tres miembros de la tripleta central son jugadores para aparecer desde atrás. Ninguno es delantero centro. Meana decide que Luis Suárez haga esa función, que no es la suya.

La cosa empieza mal. En el primer contraataque, en el 6', el delantero centro, Hügi, marca en semifallo de Ramallets. 0-1. Suiza pone ya el autobús en el área chica y lo que sigue es un acoso plomizo, constante, sin brillo, con un delantero centro que no lo es y un público incómodo y nervioso. Pero, como se decía entonces, tanto va el cántaro a la fuente… En el 29', Luis Suárez empata. Al regreso del descanso, en el 48', Miguel marca el 2-1. Todo está, al menos, en su sitio. España persiste en el ataque, sin gracia ni mayor peligro. En eso, otra escapada de Suiza, un fallo de Canito y Hügi medio cayéndose, marca con la rodilla. Es el 67', es el 2-2. Vuelta a empezar. El público se impacienta, la selección también. Por pura insistencia se consigue sacarle tres grandes paradas al meta Parlier, que ha estado bien toda la tarde. El asunto acaba 2-2.

Un tropiezo, pero solo es eso. Decepción también, pero, ¿no hemos visto tantas veces a un equipo superior fallar en casa ante una defensa cerrada, en día de poco acierto y menos suerte?

Ahora toca ir a Escocia a «mojar». Al menos un empate. Entre uno y otro partido se juega un amistoso en Bélgica, con gran victoria por 0-5 y un gol de tacón de Di Stéfano, a pase de Miguel, que queda para la historia. No ha jugado Kubala, sino en su lugar Mateos, interior en punta, y la cosa resulta mejor.

Pero en Escocia es un desastre. Es el 8 de mayo, en el gigantesco Hampden Park y España se ve abrasada por el ritmo que los escoceses le meten al partido. La cosa acaba 4-2. Mudie, el delantero centro escocés, marca tres goles. Se ha comido a Campanal II. Meana será acusado de haberle alineado por razones de paisanaje. Marcelino Campanal jugaba en Sevilla, como había hecho su tío, pero era asturiano, también como él.

Ahora sí que las cuentas no salen solas. Hay que confiar en que Escocia tenga un tropiezo ante Suiza, pero eso no lo puede garantizar nadie. España cumple en lo que queda, ganando 4-1 a Escocia en Madrid y 1-4 a Suiza en Lausana. Pero Escocia, a su vez, ganó sus dos partidos contra Suiza, y se clasificó, con tres victorias y una derrota. Nosotros, con dos victorias, un empate y una derrota, nos quedamos fuera. Con Miguel, Kubala, Di Stéfano, Suárez y Gento, con Ramallets, con toda la corte de grandes medios y defensas que tenían el Barça y el Athletic, nos quedamos fuera.

En eso surgió una remota esperanza: todos los países asiáticos renunciaron a enfrentarse con Israel, hicieron *forfait*. Por no darle la plaza sin más, se decidió hacer un sorteo entre los nueve equipos ya eliminados para darle a uno de ellos la oportunidad de una repesca contra Israel. El sorteo tuvo lugar el 15 de diciembre y la mano inocente sacó el nombre de País de Gales.

Adiós a la última, remota esperanza. Adiós a Suecia.

Argentina vuelve, pero...

*A*rgentina, finalista derrotada en 1930, fue una gran ausencia en la copa en las ediciones de 1938, 1950 y 1954. Y casi podría decirse que también en la de 1934, en Italia, a la que acudió con un equipo menor, sin los jugadores de los clubes que se habían asociado en liga profesional, enfrentados a la federación. Viajó con jugadores de segunda línea, casi todos aficionados, y cayó a la primera, ante Suecia. En principio ni siquiera se había inscrito, luego pensó que si se apuntaba al menos haría méritos para ser designado organizador cuando la copa se volviera a disputar en América. Pero no lo consiguió.

Las causas de tan larga ausencia (de 1934 a 1958 median 24 años, bien que con el paréntesis de una guerra) son complejas. En 1938 no quiso cruzar el Atlántico, despechada porque en Europa se estaba cociendo todo, sin respetar la pretensión de alternancia de los americanos. En 1950, la elección de Brasil para el regreso a América sentó fatal. Argentina y Brasil ni se enfrentaban entonces. Se había producido entre ambas selecciones una tremenda trifulca en la final de la Copa América de 1946, cuando Jair le partió una pierna al argentino Salomón. El partido empezó a las tres de la tarde y no acabó hasta las diez. Argentina y Brasil estuvieron a partir de entonces evitándose. A la Copa América iba uno o iba otro. ¿Cómo ir, siendo así, a Brasil a jugar un mundial? ¿No era mayor el derecho de Argentina, que al menos había sido una vez subcampeona? Pero Brasil había viajado a Europa en el 34 y el 38, había dejado una buena sensación en este último mundial y se vio oportuno premiarla.

Perón amenazó incluso con sacar a Argentina de la FIFA. Claro, que sus ausencias de ese mundial, y del inmediato, el de 1954, podían tener un motivo más: Argentina había perdido a muchos de sus jugadores, fugados en masa a Colombia, a aquella liga pirata que se llevó entre otros a Di Stéfano. Y con él, a muchos más, hasta 57, entre ellos estrellas como Pedernera y Rossi, por citar solo a los más conocidos. Toda una generación de estrellas, que hubiera dejado a Argentina en condiciones precarias, algo así como lo que le pasó a Italia con la caída del avión del Torino. En un tanteo para arrebatarles a los vecinos Uruguay y Brasil el prestigio que (sobre todo Uruguay) estaban alcanzando gracias a la Copa del Mundo, Perón, informado de que nadie había ganado todavía a los ingleses en Wembley, instó a que se les desafiara. Los ingleses aceptaron y se jugó el partido, en mayo de 1951. Por poco le sale bien la jugada a Perón, porque a quince minutos del final ganaba Argentina. Finalmente, Inglaterra ganó 2-1. El héroe del partido fue el meta argentino Rugilo, al que desde entonces apodaron «el León de Wembley».

Para 1958 ya era demasiado aislamiento. La Copa del Mundo había resultado ser lo que Rimet imaginó en su día, y faltar reiteradamente a ella era como no estar en el fútbol. Además, Colombia se reintegró en la FIFA, se acabó la liga pirata y algunos jugadores, entre ellos Pipo Rossi, el medio centro, pilar de todo equipo en que jugara, volvieron. Otros, como Di Stéfano, buscaron destinos nuevos. Pero surgió otra generación, que en 1957 ganó la Copa América con su delantera de los «carasucias»: Corbatta, Maschio, Angelillo, Sívori y Cruz. Claro, que para desgracia argentina se marcharon inmediatamente varios para Europa: Rogelio Domínguez, al Real Madrid; Maschio, Angelillo y Sívori, a Italia, que los adoptará como *oriundi*. También se va Grillo, otro grande.

Pero quedaban jugadores y quedaba ánimo. Argentina se inscribió y el sorteo la metió en un grupo con Bolivia y Chile, y lo ganó bien, con tres victorias y una sola derrota, sufrida en la insufrible altitud de La Paz.

Así que Argentina cogió el avión y fue a Suecia, donde le correspondió un grupo de cierto nivel. Estaba Alemania Federal, campeona vigente, y en la que aparecía un nuevo delantero, Uwe Seeler, llamado a grandes cosas. Estaba Irlanda del Norte, con algunos jugadores notables, singularmente el meta Gregg, superviviente del accidente del Manchester, y Blanchflower. Y estaba Checoslovaquia, llamada a ser finalista cuatro años después, en Chile. Ya asomaban por ahí Masopust, Pluskal, Popluhar...

Argentina llega a Suecia con el tiempo justo y corta de preparación. Además, en un amistoso de camino, en Italia, se rompe una pierna uno de sus jugadores, Zárate, y hay que llamar de urgencia a un sustituto, el ya veterano Labruna. La presentación es el 8 de junio, en Malmö, ante Alemania, los campeones del mundo. La organización honra el retorno de Argentina y el rango del partido con la designación de un árbitro inglés, *mister* Leafe, uno de los grandes de la época. Argentina empieza fenomenal, con gol de Corbatta en el 3', pero luego le pesa el partido. La inflexible máquina alemana acaba por pasarles por encima, con dos goles de Rahn y uno del entonces joven Seeler, al que volveremos a ver en el 62, el 66 y el 70.

Bueno, eran los campeones del mundo, esto es Europa, alguna cosa se puede hacer mejor, los nervios del debut… Hay algunas explicaciones y propósito de enmienda, que se cumple. Tres días más tarde Argentina juega contra Irlanda del Norte. Stábile, el entrenador, ha cambiado a los dos interiores, Prado y Rojas, sobrepasados por el ritmo del partido el día de Alemania, por Avio y Labruna. Esta vez quien se adelanta rápido es Irlanda del Norte, pero quien se hace luego con el partido es Argentina, que marca tres goles. Otra vez 3-1, pero al revés.

Queda Checoslovaquia, en la que va a ser una jornada de terrible recuerdo. Es el 15 de junio, tercer partido en una semana. Checoslovaquia, mientras, ha perdido con Irlanda del Norte y empatado con Alemania. El grupo está abierto a todos cuando se juega la última jornada. Y Argentina, que repite el equipo del segundo día salvo Cruz por Boggio, se descose. No estaba para tres partidos en una semana, es evidente. Al descanso, pierde tres a cero, al final, 6-1. Corbatta ha salvado la honrilla con un gol de penalti. Carrizo, portero mítico, surgido junto a Di Stéfano en la misma hornada de la cantera del River, adelantado a su época, dominador no solo de la portería sino de toda el área, apodado «el Maestro», se convierte de la noche a la mañana en una especie de anticristo. Y todos, en general. River, que aportó seis jugadores por dos de Independiente, uno de Boca, uno de Racing y uno de Vélez, carga con las mayores culpas. Los titulares de prensa reflejan la irritación popular: «Aún rengos, los otros corrían más que nosotros», «Nosotros, caperucita; ellos, el lobo», «El fútbol argentino quedó atrás en el tiempo; vive en la prehistoria».

Los jugadores aterrizan en Ezeiza entre una multitud enfurecida. Las autoridades obligan a que les arrebaten los regalos que traían para las familias. Son recibidos entre una lluvia de monedas.

Pero la culpa no era de ellos. La culpa fue del aislamiento, que actuó contra Argentina en el 58 como había actuado contra Inglaterra en el 50. Vivir de espaldas al mundo es imposible.

Las cuatro selecciones británicas

Suecia tuvo una particularidad: acudieron, por primera y única vez a la Copa del Mundo, las cuatro selecciones británicas. Eso tiene su enjundia, porque los inventores aún mantienen (no digamos entonces) un papel distinguido en la organización del fútbol. En la International Board, organismo perteneciente a la FIFA y que es la única instancia en la que se pueden modificar las reglas del juego, siguen teniendo cuatro de los ocho votos. Los cuatro presidentes de las federaciones británicas son, por derecho propio, miembros con voto de International Board. Los demás miembros, cuatro con derecho a voto y otros ocho solo con voz, provienen del resto del mundo futbolístico. Cualquier modificación del reglamento exige mayoría, de modo que sin al menos uno de los cuatro presidentes británicos (que suelen estar de acuerdo en todo) no se puede modificar una regla. En la práctica, mantienen el control. Y tengo que decir que lo han hecho bien, sin casi excepciones.

Desde su regreso, tras la Segunda Guerra Mundial, los británicos habían tenido derecho a dos presencias en la Copa del Mundo, que se decidían en el propio Campeonato Británico. Se acordó que los años previos a una Copa del Mundo, los dos primeros del Campeonato Británico quedarían clasificados para disputarla. Así fue en el 50 y el 54, aunque Escocia renunció en el 50, porque fue segunda y no se sintió digna. O segura, vaya usted a saber. Pero en 1958 se estaba borrando el criterio geográfico (que al tiempo era criterio económico) y al tiempo no se veía justo que dos británicos fuesen porque sí y los otros dos porque no. Se decidió que se jugaran la clasificación como el resto, con lo que bien podría ocurrir que no se clasificase ninguno. O uno. O dos. O tres. O los cuatro. Y fue lo que ocurrió.

Inglaterra formó grupo con Irlanda (Eire) y Dinamarca y pasó con tres victorias y un solo empate, en Dublín. Escocia hizo grupo con España y Suiza. Se vio favorecida por el empate de Suiza en Chamartín, pero lo cierto es que ganó tres partidos y solo perdió uno, en su visita a España. Irlanda del Norte se lo disputó con Italia y Portugal, difícil grupo, y pasó con dos victorias y un empate. A Italia le mató su derrota en Portugal. Su ausencia, la de Uruguay y la de España fueron las más llamativas del torneo. En cuanto a Gales, quedó segunda en el grupo con Checoslovaquia, primera, y Alemania Oriental. Pero tuvo la suerte de que la cadena de deserciones en Asia y África por la negativa de enfrentarse a Israel le diera una oportunidad. Se sorteó una repesca entre los nueve segundos de los grupos europeos y le tocó a ella. Ganó fácilmente los dos partidos a Israel, ambos por 2-0, y cogió el tren por el tope del último vagón. Así que fueron las cuatro.

Pero esa alegría se empañó por otra catástrofe aérea que sacudió al fútbol tanto como la del Torino, nueve años antes. Esta vez la víctima fue el Manchester United, que en febrero del propio 1958 sufrió un terrible golpe en Múnich. Acababa de eliminar al Estrella Roja, con un 3-3 en Belgrado, en cuartos de final de la tercera Copa de Europa. De vuelta, el avión, un Elizabeth Class G-ALZU AS-57, bimotor que servía el vuelo 609 de la BEA, hizo escala técnica en Múnich. Al tratar de despegar, y tras dos intentos abortados, no se levantó lo suficiente y fue a estrellarse contra las copas de los árboles del bosque situado al final de la pista. De los 43 pasajeros mueren 23, entre ellos ocho titulares del Manchester: Roger Byrne, Geoff Bent, Eddie Colman, Mark Jones, David Pegg, Tommy Taylor, Billy Whelan y Duncan Edwards, este tras varios días de agonía que tuvieron en vela al país. Edwards era un prodigio que había debutado en la selección con dieciocho años y que entonces, con veintiuno, ya sumaba dieciocho partidos. Byrne, Pegg y Taylor también eran habituales con Inglaterra, así como Bobby Charlton, que viajó, pero solo fue suplente. Inglaterra quedó debilitada. Uno de los supervivientes, por cierto, fue Gregg, norirlandés, que sí jugaría el mundial y la crítica le elegiría (¿influencia del accidente?) mejor portero del campeonato, por delante del soviético Yashin.

Ya en Suecia, Inglaterra no hizo gran cosa. Empató sus tres

partidos en la fase de grupo, lo que la llevó a un desempate que perdió contra la URSS. Escocia, que había ido en nuestro lugar, no nos añadió ningún brillo, porque quedó última en su grupo, con un empate y dos derrotas. Mejor paradas saldrían las dos «hermanas pequeñas», Irlanda del Norte y Gales, que, desempate mediante, pasaron a cuartos, la primera a costa de Checoslovaquia y la segunda, de Hungría, que acudió con un equipo muy diferente al del 54, mermado por los años y por la fuga de Kocsis, Puskas y Czibor. Tanto desempate en la fase de grupos viene dado porque si el segundo y el tercero empataban a puntos se les enfrentaba en un desempate definitivo.

Esa clasificación *in extremis* de las que he llamado hermanas pequeñas compensó algo lo que en realidad fue un fracaso colectivo del fútbol británico en las liguillas, porque entre todos juntos sumaron una victoria, ocho empates y tres derrotas. Ya en cuartos, Irlanda del Norte fue pasto fácil para la victoria de Francia, aquella gran Francia de Kopa y Fontaine (4-0). Gales, a falta de su mejor jugador, John Charles, lesionado ante los húngaros, presentó más resistencia a Brasil. Perdió solo por 1-0, el primero de los catorce goles que marcaría Pelé entre sus cuatro Copas del Mundo, de las que Brasil sería campeona en tres.

En fin, el viejo y querido fútbol británico seguía sin tener gran cosa que enseñar al resto del mundo. Al menos, la cosa acabó en fiesta: al regreso de Inglaterra, su gran capitán, Billy Wright, primer jugador en la historia del fútbol que alcanzó las cien internacionalidades, contrajo matrimonio con una celebridad del mundo del espectáculo, Joy Beverley, una de las componentes del trío musical británico Beverley Sisters.

Garrincha y Pelé abruman a Yashin

De nuevo Brasil lo tomó en serio cuando fue a Suecia. La afrenta del Maracanazo seguía ahí, lo de Suiza reforzó el escozor. Brasil regresó convencida de que el arbitraje ante los húngaros había sido decisivo. De nuevo se echó el resto, con un fuerte equipo técnico, dirigido por el gordo Vicente Feola, hombre sabio, bonachón y al mismo tiempo innovador. En su *staff* incluyó un psicólogo, de nombre João Carvalhaes. Fue la primera aparición en el gran fútbol de esa figura y su presencia causó extrañeza y cierto revuelo. Feola lo consideró preciso para templar el ánimo de los jugadores, a los que en Suiza se había visto contagiados por una ansiedad que en realidad alcanzaba a toda la población. También llevaba un dentista, de nombre Mario Trigo de Loureiro, para cuidar las bocas de los jugadores.

Brasil se clasificó eliminando a Perú, 1-1 fuera y 1-0 en casa. Tenía grandes jugadores, entre los que destacaba sobre todo el interior Didí, del Botafogo. Un portento de inteligencia y de toque de balón. Su lanzamiento largo, cuarenta, cincuenta o más metros, tenía una precisión nunca vista antes. Además, estrenó en esa eliminatoria con Perú una nueva forma de lanzar los tiros libres, que se bautizó como «*folha seca*», hoja seca. Apoyándose en un defecto que le quedó tras una lesión mal curada, desarrolló una forma peculiar de darle a la pelota, con la parte exterior del pie, de modo que entraba en contacto con el balón la zona de bota que cubría los tres últimos dedos, por lo que algunos también la llamaron «trivela». El balón subía por encima de la barrera y cuando parecía que se iba a marchar muy alto bajaba bruscamente y sorprendía al portero al caer desde arriba, en una trayectoria imprevisible. Didí vendría en 1959 al Madrid, pero solo duró unos meses. Su juego lento no encajó en el vertiginoso y trabajador fútbol del gran grupo que encabezaba Di Stéfano.

Había muchos otros grandes jugadores, algunos veteranos ya de Suiza, como los dos laterales, Djalma y Nilton Santos. Y delanteros formidables, entre ellos un tal Mazzola, apodado así por su origen italiano y porque era rubio, como el gran interior italiano fallecido en Superga. Se llamaba Altafini, y con ese apellido haría carrera en Italia después de este mundial. En las alineaciones de Brasil de esos años suele aparecer frecuentemente como Mazzola, aunque a veces también como Altafini.

Entre el elenco de estrellas había dos fenómenos emergentes. Uno era joven y el otro jovencísimo. El joven era Garrincha, extremo derecha, un tipo singular. Tenía entonces 24 años y estaba cargado de defectos. En palabras de Galeano, era «un pobre resto del hambre y la poliomelitis...». Tenía la pierna izquierda seis centímetros más corta que la derecha y con la rodilla doblada hacia dentro. Y una mentalidad infantil, como de niño de diez años, que llevó al psicólogo a desaconsejar su inclusión en el grupo. Pero hacía ala con Didí en el Botafogo desde 1956, era muy bueno, y pese a que no se le consideraba del todo fiable por su mentalidad, se le incluyó. Garrincha era tan simple que cuando compró una flamante radio, por cien dólares, Américo le dijo que no le serviría en Brasil:

—Esa radio solo puede hablar en sueco. Pruébalo. ¿Lo ves? En Brasil no te sirve.

Comprobó que, en efecto, la radio solo hablaba en sueco. Y aceptó la oferta de Américo, que le pareció generosa, de recomprársela por cuarenta dólares.

El otro era Pelé, un prodigio precoz, hijo de un jugador de tono medio-bajo, al que las lesiones habían frenado pero del que su célebre hijo siempre resaltó con orgullo que una vez había conseguido cinco goles de cabeza en un solo partido. Pelé jugaba en el Santos. Había debutado en la selección un año antes, contra Argentina, en la Copa Roca, y le había hecho un gol al mítico Carrizo. Se esperaban de él maravillas, pero todavía tenía diecisiete años. Fue incluido, aunque en principio como suplente...

Feola llega a Suecia con la delantera decidida: Joel, Didí, Altafini, Dida y Zagalo. Joel y Dida, ambos del Flamengo, delanteros brillantes (Dida fue un soberbio goleador) pasaban por delante de Garrincha y Pelé. A Joel, gran extremo, le encontraríamos poco después en España, jugando para el Valencia. Para el primer partido, contra Austria, sale esa delantera y la cosa va bien porque Brasil gana 3-0. Dos goles de Altafini y uno en llegada desde atrás de Nilton Santos. Pero algo no ha convencido a Feola: no ha visto a Dida en la línea esperada, y para el segundo partido, contra Inglaterra, decide sustituirle por el impetuoso Vavá, del Vasco de Gama, un ariete de rompe y rasga al que también veremos después por aquí, en el Atlético. La delantera sale con Joel, Didí, Vavá, Altafini y Zagalo. Y no funciona. El partido sale espeso, acaba 0-0, no gusta. Brasil juega mal.

Queda el tercer partido del grupo, contra la URSS, que viene también de ganar a Austria y empatar con Inglaterra. Para Brasil, perderlo puede suponer quedarse fuera si a su vez Inglaterra gana a Austria. Feola escucha a unos y otros, sobre todo a Didí, y decide jugársela con el chueco medio retrasado mental y con el adolescente. El entrenamiento de la víspera del partido lo anuncia para la tarde. Pero cuando llegan informadores, espías y curiosos, no encuentran a nadie. Feola les ha hecho un regate. El entrenamiento ha sido por la mañana, no ha querido que nadie descubra su nuevo plan. El 15 de junio, sale Brasil al Nya Ullevi de Göteborg para jugar ante la URSS con esta delantera: Garrincha, Didí, Vavá, Pelé y Zagalo. Será el primer partido de Garrincha y Pelé en la Copa del Mundo.

Fue todo un hallazgo. El público sueco se entregó ante las maravillas que estaba viendo, y desde los cinco minutos de juego expresó su predilección por Garrincha y Pelé, con enormes ovaciones cada vez que cogían el balón. Garrincha, con su desconcertando regate, se iba una y otra vez y llegaba hasta la línea. Pelé hacía brujerías por todo el ataque. Brasil solo ganó por dos a cero, culpa de los palos y del gran meta ruso Yashin, que ese día consolidó un prestigio que ya tenía. Vavá hizo los dos goles. Al acabar el partido, el técnico ruso, Gavril Katchalin, declarará: «No puedo creer que lo que hemos visto esta tarde sea fútbol. Esto ha sido lo más hermoso que he visto en mi vida».

En cuartos, Brasil juega contra Gales. Garrincha y Pelé siguen en la delantera, en la que esta vez entra Altafini en lugar de Vavá, que no resulta igual de bien. Vavá, más primitivo e impetuoso, mezclaba mejor que Altafini con los nuevos. Brasil gana 1-0, que marca Pelé mediada la segunda parte. Un día me contó que se empezaba ya a poner nervioso, «pero Didí me decía: "Tranquilo garoto, que va a entrar…".Y tenía razón: entró.» Fue el propio Pelé quien lo marcó, a pase de Garrincha, y con una maniobra rápida electrizante.

La confirmación llegó en la semifinal ante Francia, la Francia de Wisnieski, Fontaine, Kopa, Piantoni y Vincent, que venía arrollando. Fue un partido glorioso, resuelto 5-2 a favor de Brasil con exhibición de Garrincha y tres goles de Pelé. El camino de la final quedaba despejado.

A esas alturas ya nadie dudaba de que una nueva época se estaba abriendo en el fútbol: la época de Brasil, que se sacudía por fin el fantasma del Maracanazo. La final, ante Suecia, terminaría de confirmarlo.

¡Brasil, campéon del mundo!

Es 29 de junio, día de san Pedro, y se va a jugar la final. Amanece el día lluvioso y los brasileños tuercen el gesto. A ellos no les vendrá bien un campo embarrado o pesado, y sí a los suecos, los otros finalistas, que además juegan en casa, ante su público. Hasta ahora, los dos mundiales jugados en América los han ganado selecciones americanas, los tres jugados en Europa los han ganado selecciones europeas.

Suecia ha llegado a la final con paso firme, si bien por un camino sin demasiadas dificultades. En el grupo ganó a México (3-0) y Hungría (2-1), y empató con Gales (0-0). Hungría, por supuesto, no era la del 54: los años de unos y la fuga de otros la habían rebajado mucho de nivel. En cuartos, los suecos se deshicieron bien de la URSS, si bien contaron con una ventaja: los soviéticos habían tenido que jugar dos días antes un duro desempate con Inglaterra, para dirimir quién sería segundo del grupo. Esa colocación de los desempates dos días antes del partido de cuartos se reveló como el gran fallo de concepción de este campeonato, por lo demás modélico. En la semifinal lo tuvo más difícil, ante Alemania Occidental, campeona vigente. Una semifinal emocionante y dura, desequilibrada solo a partir de la hora de juego cuando el húngaro Zsolt resolvió un rifirrafe entre el sueco Hamrin y el alemán Juskowiak mandando a este a la caseta. Juskowiak se puso tan fuera de sí que le intentó agredir, lo que impidieron sus compañeros. Entre eso y Fritz Walter lesionado, Suecia consiguió finalmente hacerse con la semifinal por 3-1.

Aquella Suecia era una mezcla de amateurs locales con profesionales emigrados a Italia y que necesitaron permiso de sus clubes para jugar el mundial, así eran las cosas entonces. Incluso esos permisos, gestionados un año antes, fueron condicionados a que si Suecia e Italia se enfrentaban no pudieran alinearse. Por fortuna, no se dio el caso, ya que Italia ni se clasificó para este mundial. Digo por fortuna porque la lista de «italianos» era grande: Hamrin, del Padua; Liedholm, del Milan; Gustavsson, del Atalanta; Skoglund, del Inter, Mellberg, del Genoa; y Selmosson y Löfgren, ambos de la Lazio. Eso además de Palmer, de la Juventus, y Lindskog, del Udinese, que no llegaron a entrar en la lista. Gren, en cuyo homenaje se le dio su nombre al balón del campeonato, ya de Adidas, había jugado también en el Milan, pero ya había regresado a Suecia. El calcio pescaba entonces preferentemente en aquel país báltico.

Los brasileños, a su vez, han pasado el grupo ganando a Austria (3-0) y la URSS (2-0) y empatando (0-0) con Inglaterra. En cuartos habían eliminado a Gales (1-0) y en semifinales a Francia (5-2), en el mejor partido de la competición. Ese día Pelé hizo tres goles seguidos en la segunda parte, elevando el marcador de 2-1 a 5-1 y terminó de encumbrarse. Para Francia, que tenía una gran selección, con el madridista Kopa como conductor del ataque y el fenomenal goleador Fontaine (terminaría el campeonato con trece goles, récord que aún subsiste) fue una gran decepción aquella goleada. L'Équipe había llegado a fletar un avión especial para las mujeres de los jugadores y aficionados distinguidos. La lesión de Jonquet, defensa central, que aguantó medio partido con el peroné roto, y la extraordinaria calidad de Brasil, sirvieron de consuelo.

El rey Gustavo de Suecia acude al partido y baja antes a saludar a los jugadores. Los equipos van a formar así:

Suecia: Svensson; Bergmark, Gustavsson, Axbom; Börjesson, Parling; Hamrin, Gren, Simonsson, Liedholm (capitán) y Skoglund.

Brasil: Gilmar; Djalma Santos, Bellini (capitán), Nilton Santos; Zito, Orlando; Garrincha, Didí, Vavá, Pelé y Zagalo.

(Doy las alineaciones al 3-2-5 porque todavía era habitual entonces, pero ya se jugaba un 4-2-4 en la mayoría de equipos).

Arbitra el francés Guigue. Uno de sus liniers es el español Gardeazábal, que ha arbitrado dos partidos en el campeonato, las victorias de Francia sobre Paraguay e Irlanda del Norte.

Se juega en el estadio Raasunde, de Solna, un arrabal de Estocolmo, ante 49.737 espectadores. Brasil juega de azul, abandona la *verdeamarela* porque Suecia viste de amarillo.

Ha escampado horas antes del partido, para felicidad de los brasileños. El campo está húmedo pero bien. El balón corre. El partido empieza con intercambio de ataques y pronto, en el 4', Gren enlaza con Liedholm, que recoge en el borde del área, hace dos regates sobrios y coloca, raso y duro, al hierro de la portería de Gilmar, que no llega. Estruendo en el Raasunde. Bellini, desesperado, remacha otra vez contra la red el balón según vuelve de la portería. El fantasma del Maracanazo se ha apoderado de él. Se diría que el trabajo del psicólogo no ha servido para nada. Didí le lanza un reproche con la mirada, entra en la portería, recoge el balón y se dirige calmoso hacia el centro del campo, con él bajo el brazo: «Ahora vamos a lloverles a estos gringos», les dice a los compañeros. Muchos verán en este gesto un reflejo del de Obdulio Varela en la final de Maracaná, ocho años antes. De todo se aprende.

Y, efectivamente, empieza a llover sobre los suecos. Llueven pases, regates, centros, remates. Garrincha hace un destrozo con Axbom, al que tiene que respaldar una y otra vez Parling, desajustando el eje de la defensa, donde Pelé también exige atención extra. Didí dirige la maniobra, mezclando juego en largo hacia Garrincha o Pelé con juego corto, en combinación con el seguro Zito, medio de ataque, o con Zagalo, extremo izquierda que «volantea», como dicen en Argentina. Zagalo se echa a menudo hacia atrás, en tareas de «extremo mentiroso», como se decía también, transforma a conveniencia el 4-2-4 en un 4-3-3, según el momento. Los suecos no saben del todo a qué atenerse. A la media hora ya ha dado la vuelta el marcador, con dos goles casi idénticos: Garrincha se ha escapado de sus dos vigilantes con su regate, siempre igual pero siempre indefendible, y le ha puesto sendos balones a Vavá al borde del área chica, que este solo ha tenido que empujar, uno con el pie derecho y el otro con el izquierdo. Solo en eso se distinguen los dos goles, en el pie con que los mete. El meta Svensson ha parado lo suyo y cuando no, le ha salvado la madera. O se han escapado remates por los pelos.

En la segunda mitad sigue el festival. En el 55', Pelé marca el 3-1 en una maniobra única, el mejor gol de la Copa del Mundo hasta el de Maradona en el 86, o incluso mejor que este: le llega un pase largo a la altura del pecho, lo golpea con el pectoral haciéndolo pasar sobre la cabeza de Börjesson, lo deja botar en el suelo e inmediatamente lo levanta con el pie sobre la cabeza de Gustavsson, que llega al quite, y entonces, ya solo ante Svensson, la clava de empeine, antes de que caiga, por abajo, a la derecha del meta. Un prodigio. Ahí se le entregó el estadio.

En el 68' Zagalo marca el 4-1, tras sacar un córner él mismo; tras dos rebotes, él, que entre tanto se ha acercado al pico del área, recoge el balón allí, se abre camino con dos regates entre la descolocada defensa y cruza, imparable. Brasil se relaja entonces y hace un fútbol de lucimiento que aprovechará Suecia para enmendar algo la figura. En el 80', Simonsson consigue de buen disparo el 4-2. Bernabéu, que asistió a este mundial, toma nota. Más adelante le fichará para el Madrid, aunque no cuajará. Jugó una temporada cedido en la Real. Finalmente, ya en el 90', un centro oblicuo de Zagalo desde la izquierda lo caza Pelé, con el parietal, y lo coloca con habilidad, en vaselina, en la escuadra contraria. Es el 5-2. No hay tiempo ni para sacar de centro, porque el partido se acaba justo ahí. Incluso existe cierta confusión sobre si el gol ha entrado en tiempo o no. El gran marcador electrónico, con reloj incorporado, no llega a reflejarlo. Luego Guigue aclarará que el gol llegó en tiempo. El resultado firme es 5-2. Pelé ha marcado dos goles, Garrincha ha dado los dos primeros. Raasunde entero, incluido el rey Gustavo, aplaude. Toda Suecia aplaude. Los 41 millones de europeos que han seguido el partido por televisión aplauden... Aplauden a Brasil y aplauden a esos dos genios, Garrincha y Pelé, que tienen reacciones diferentes. Pelé, consciente de lo que ha hecho, llora, roto por su emoción de chiquillo, en brazos de Gilmar. Es un niño sobrepasado por lo que ha ocurrido, por lo que él mismo ha hecho. Mientras, Garrincha se desconcierta por la explosión final de júbilo:

—¿Qué pasa, qué pasa?

—¿Qué pasa? ¡Que somos campeones del mundo!

—¿Ah...? ¿No hay segunda ronda?

¡Garrincha pensaba que había que jugar una segunda ronda con los mismos rivales!

Bellini, capitán, coge la Jules Rimet, la que Brasil perseguía desde que se la birlara ocho años antes Obdulio Varela en el mismo corazón del país, en Maracaná. Aquella copa que Jules Rimet entregó casi furtivamente al capitán uruguayo está ahora en manos de Bellini, el mismo hombre que, desesperado, lo ha visto todo oscuro cuando Suecia marcó en el minuto cuatro. Pero ya nadie tiene dudas: no hay fútbol como el de Brasil, nadie ha jugado antes al fútbol así. El propio rey Gustavo ha entregado la copa y el dentista de Brasil, Mario Trigo, transportado por la alegría o desconocedor de la etiqueta, se lo ha agradecido con un manotazo efusivo en la espalda que dará mucho que hablar.

En Brasil la locura produce seis muertos solo en Río de Janeiro ese mismo día. Por disparos de alegría, por accidentes, uno por un ataque al corazón…

A los campeones se les prepara un gran recibimiento. El propio avión presidencial acude a recogerles a Estocolmo para llevarles de regreso. Al llegar a Recife tienen que bajar y dar una vuelta por la ciudad, con toda la población en la calle, entre aclamaciones, a pesar de la tormenta. Luego el avión sigue hacia Río, donde antes de aterrizar le escoltarán dieciséis cazas de las fuerzas aéreas. El cortejo emplea veinte minutos en dar vueltas sobre la ciudad enloquecida. Al aeropuerto de Galeão se han acercado un millón de personas, que hace casi imposible la salida de los jugadores. Por fin son instalados en coches para recorrer los veinte kilómetros que separan el aeropuerto de la ciudad. Cada diez metros hay pancartas con la leyenda, hasta llegar al bulevar de Río Branco, donde se ha preparado un gran arco de triunfo. Les sigue un cortejo de dos mil coches. Tardan tres horas en hacer esos veinte kilómetros, sumergidos en una marea humana.

Cada jugador tendrá una casa, equipada entre otras cosas con un televisor, entonces todavía un lujo, y un reloj de oro. A Pelé, un industrial le regalará un *jeep* que él todavía no podía conducir…

CHILE 1962

El mundial de Carlos Dittborn

*E*n 1962, la Copa del Mundo regresó a América. La escogida fue Chile, en el congreso celebrado en Suecia en 1958. La explicación principal fue el descarte. En Uruguay y Brasil ya se había jugado la Copa del Mundo, Argentina seguía sin aceptar que el rumbo del fútbol se trazara desde Europa. Estaba a contrapié, atrapada entre su orgullo y su incapacidad para crear un modelo futbolístico creíble.

Así que la FIFA escogió Chile, un país sin mayor pedigrí futbolístico, poco conocido en la comunidad internacional, una cinta costera entre los Andes y el Pacífico, de casi 3.500 kilómetros de extremo a extremo, con muy poca anchura, pero cuya buena disposición convenció a la FIFA. La designación provocó una mirada escéptica en muchos países y el asunto fue a peor cuando el 21 de mayo de 1960, poco más dos años antes de la fecha señalada para el inicio del campeonato, un tremendo terremoto sacudió el país. El destrozo fue terrible. Más de dos millones de personas se vieron afectadas por una sacudida que despertó volcanes y provocó maremotos. Pero sobre esa calamidad se elevó Chile, a la invocación de Carlos Dittborn.

Carlos Dittborn fue el hombre providencial al que se debió el éxito del regreso de la Copa del Mundo a América, como se verá. Había nacido en Río de Janeiro, en 1924, hijo del cónsul general de Chile en Brasil, Friedrich Dittborn, de origen alemán. Amante del fútbol, Carlos Dittborn fue todavía muy joven presidente de la Universidad Católica de Chile en la primera mitad de los cincuenta, luego presidente de la Confederación Sudamericana de Fútbol y finalmente presidente del comité organizador del Mundial de Chile. Tras el terremoto, pronunció una frase que se haría célebre:

—Puesto que no tenemos nada, tendremos que hacerlo todo.
Aquella frase sirvió de inspiración a Chile y al fútbol. Chile
se aplicó a su reconstrucción con una fe sin igual y preparó un
espacio confortable para el regreso del fútbol al Nuevo Continente. Y el mundial resultó. El drama íntimo para la familia del
fútbol fue que Carlos Dittborn, el héroe de ese regreso del fútbol a América, falleció de una pancreatitis 32 días antes del inicio del campeonato, cuando solo tenía 38 años de edad.

Pero con terremoto y sin Dittborn, el campeonato salió
adelante. Hubo récord de inscripción: 56 países. Aquello ya no
había quien lo parara. Tras las correspondientes cribas, pasaron
diez equipos europeos y seis americanos. Ninguno del resto de
los otros continentes, en los que ya se iba jugando al fútbol,
pero sin el nivel de las viejas escuelas europea o americana. A
Marruecos, ganadora de la zona de África, y a Corea del Sur,
ganadora de la zona asiática, les tocó eliminarse a ida y vuelta
con España y Yugoslavia respectivamente, y quedaron fuera.

El mundial se jugó en cuatro grupos, otras tantas ciudades, otros tantos estadios: Santiago (Estadio Nacional), Rancagua (Braden Copper), Arica (Carlos Dittborn) y Viña del
Mar (Sausalito). Adidas estrenó un balón, con el nombre
Santiago y el reclamo de que al estar hecho con más piezas
que los anteriores (combinaba octógonos con pentágonos)
ofrecía una mayor esfericidad.

Se disputó según el modelo del anterior, en dos fases. Una
primera en liguillas de grupo, y luego eliminatorias directas.
Esta vez, en el sorteo, además de cabezas de serie se introdujo
una categoría de «cenicientas». Se atribuyó a cuatro selecciones una categoría menor, de modo que en cada grupo habría,
además de una cabeza de serie, una «cola de serie». Colombia,
Suiza, México y Bulgaria serían las deshonradas con esa designación.

Se jugó mayoritariamente en 4-2-4, aunque ya había equipos, entre ellos Brasil, que saldría campeón, cuyo modelo se in-
clinaba hacia el 4-3-3. Brasil repetía con la delantera de Suecia,
Garrincha, Didí, Vavá, Pelé y Zagalo, pero este volanteaba cada
vez más, lo que quiere decir que se desprendía para irse más
hacia la media y enlazar ahí con Zito y Didí, en busca de una
superioridad numérica en la zona.

En el arbitraje siguió mandando Europa, con catorce, por cuatro sudamericanos. Por España repitió Gardeazábal, al que se confió el partido para el tercer y cuarto puesto.

Se jugaron treinta y dos partidos, con 809 goles, promedio de 2,78 por partido. Segundo bajón fuerte de la media, que ocho años antes, en Suiza, alcanzó los 5,38 y en Suecia ya había retrocedido a 3,60. La asistencia fue de 776.000 espectadores, un promedio de 24.250 por partido.

El mejor jugador fue Garrincha. Para el puesto de máximo goleador hubo séxtuple empate entre Garrincha y Vavá, de Brasil, Jerkovic, yugoslavo, Ivanov, de la URSS, Leonel Sánchez, de Chile y el húngaro Albert, todos con cuatro goles.

Brasil deja a Di Stéfano sin jugar el mundial

*E*spaña fue a Chile, al Mundial de 1962, con grandes aspiraciones, avaladas por los resonantes éxitos europeos de sus clubes. Nos calificamos con Escartín como seleccionador, tras eliminar a Gales y a Marruecos. Escartín había anunciado que dejaría el puesto con la clasificación y así lo hizo. Para quien le sucediera, dejó un informe en la federación que, por razones nunca aclaradas del todo, apareció publicado en *Marca*. Una bomba. Un informe conciso, de unas seis u ocho líneas por jugador, juicios técnicos sencillos, pero en ciertos aspectos descarnados. A Araquistain le tachaba de nervioso; dudaba que Vicente estuviera curado de la lesión; de Carmelo decía que era menos valiente que los otros dos... También alababa sus virtudes, claro, pero lo jugoso para el aficionado era lo otro. De ahí en adelante, todo así, sin evitar comentarios sobre el peso y la edad de algunos grandes de la época, singularmente Santamaría, Eulogio Martínez, Di Stéfano y Puskas. Lo más polémico era lo de Gento y Collar: «Esta temporada está mejor Collar, y con muchas ganas. En Chamartín, contra Marruecos, le aplastó el apasionamiento del público. Gento ha perdido parte de su velocidad, que es su mejor arma, y tengo la impresión de que este chico no hace buena vida, y lo siento, porque es excelente. Los dos saldrán a jugar con ilusión, pero insisto en que Collar tiene en mis fichas una mayor línea de regularidad.» ¡La que se armó!

Y era llamativo y premonitorio el informe de Di Stéfano: «Si este jugador, que va a acabar destrozado al terminar la temporada, aprovecha bien las cinco semanas antes del mundial, es aún imprescindible y el mejor de todos a larga distancia. No puede jugar tres encuentros en ocho días. Conforme. Pero dos, sí. Es el hombre que más siente la responsabilidad, o uno de los que más. Y da cuanto puede. Ha perdido velocidad, es lógico; pero su intuición ante el gol, la forma en que liga y realiza, le hacen insustituible. Hombre inicialmente huraño en su carácter, cuando se entrena lo hace de verdad. Se fija en todo y hay que cuidar su clima moral». Di Stéfano estaba ya muy próximo a los treinta y seis años (cumple en julio) y era su última oportunidad de jugar el mundial. Al de 1950 no fue Argentina y además estaba fugado en Colombia. En el de 1954 ni era aún español ni España se clasificó; en 1958 nos quedamos fuera por un absurdo empate en Chamartín ante Suiza.

A Escartín le sucedió Hernández Coronado, de largo historial madridista. Hombre brillante con ribetes de extravagancia, muy popular y controvertido. Y con fama de gafe. Su primera decisión fue chocante: llamar junto a sí, como entrenador, a Helenio Herrera, más polémico y controvertido aún… si bien hubo sus dimes y diretes en torno al caso. No quedó claro para nadie si Hernández Coronado pidió a Helenio Herrera o si se lo impusieron. Tras triunfar aquí en varios equipos, el último de ellos el Barça, Helenio Herrera se había ido al Inter de Milán, dejando un rescoldo de enemigos. Para el Madrid fue un rival molesto, para el Barcelona, alguien que les había dejado abandonados, para la mayoría, un bocazas. La pareja parecía explosiva. La prensa motejó aquello de «Fórmula H3C».

Más lío: Di Stéfano se lesionó el 13 de mayo, en un amistoso en Atocha contra el Osnabrück. Un tirón en el bíceps femoral. La lista definitiva se cerró justo tras ese partido. Se le incluyó, porque, ¿cómo dejarlo fuera? Había liderado ese curso a un Real Madrid campeón de Liga y finalista de la Copa de Europa. Faltaría seguro al primer partido, pero con suerte podría jugar el segundo, y si no, el tercero.

Entre los siete descartados de última hora estuvo Amancio, estrella del Depor, que acababa de subir a Primera, y ya en trance de fichar por el Madrid. Era interior en punta, pero en los ensayos se le había probado como extremo y había deslumbrado en algún partido. A pesar de ser la única posibilidad para ese puesto, se cayó de la lista.

Llegó el primer partido, contra Checoslovaquia y Di Stéfano no estaba aún. Perdimos. Llegó el segundo, contra México, y Di Stéfano seguía sin estar. Ganamos apuradamente, con un gol *in extremis* de Peiró tras cabalgada de Gento. Pero supo a poco. A esas alturas, las críticas ya eran fuertes: no había extremo derecho, no había delantero centro, sobraban años y kilos, lo de Di Stéfano no se veía claro...

El dúo H3C, abrumado por las críticas, acometió una renovación ante el tercer partido, contra Brasil. Solo sobrevivían ya dos del primer día, los intocables Puskas y Gento, lo que dio idea del desconcierto vivido.

Brasil era la campeona vigente, pero le faltaba Pelé, desgarrado ante Checoslovaquia. Le sustituyó un entonces aún poco conocido Amarildo, del Botafogo, como Garrincha, Didí y Zagalo. Entre ellos cuatro, el delantero centro del Palmeiras, ex del Atlético, Vavá. Es el 6 de junio de 1962. El partido lo emite Radio Nacional a las ocho de la tarde. Luego, la cinta viajará en el primer vuelo de Iberia y el partido será emitido por la televisión (aún poco extendida) la tarde del día siguiente.

A la hora de la verdad, España lucha bien. Se nota más salud en el equipo. En el 35′, Puskas devuelve una buena pared a Adelardo y este marca, junto al palo. (Será lo único que haga Puskas, colocado como delantero centro, puesto para el que carecía de movilidad y juego de cabeza). Vamos al descanso ganando. Brasil pega, pero no juega bien. Entrada la segunda mitad, se produce una jugada que nos mata: Collar, pese a sus dificultades al jugar por la derecha, consigue por fin irse una vez con peligro de Nilton Santos, que le derriba ya dentro del área; el árbitro saca la falta fuera; el lanzamiento de Puskas es tocado por Mauro, le cae a Adelardo y este, en tijereta, marca. Pero el árbitro lo anula, no queda claro si por presunto juego peligroso (Adelardo no tenía nadie al lado) o si por presunto empujón previo a Mauro cuando este despejaba.

Esfumado ese gol, el partido empieza a pesarle a España. Brasil ha pegado mucho y aunque Adelardo sigue incansable, el otro interior, Peiró, empieza a renquear. Brasil encuentra una y otra vez a Garrincha, que hace pasar las de Caín a Gracia. Araquistain corta todos sus centros una y otra vez.

Bruscamente, la jugada viene por el otro lado. Vergés pierde un balón que se lleva Zagalo hasta los fotógrafos y su centro lo remata acrobáticamente Amarildo. Es el 72'. Empate... que no dura mucho. En el 80', Garrincha se va una vez más por su lado y centra por arriba, al segundo palo; Araquistain y Echeberría tropiezan y Amarildo cabecea. El sustituto de Pelé nos había sacado del mundial en un cuarto de hora.

España fue un clamor y se llenó de quejas y sospechas maliciosas: que los entrenamientos de Helenio Herrera perjudicaron adrede a Di Stéfano, porque no quería contar con él y se lo había impuesto en la lista Hernández Coronado; que Amancio no había ido porque el Madrid lo había impedido para que le costara menos el traspaso; que por qué no había ido Arieta, el nueve del Athletic, o el joven Marcelino, del Zaragoza; que por qué tantos años y tantos kilos; que lo que estaba pasando ya se veía venir desde la lista de Escartín... Que Helenio Herrera era un bocazas y Hernández Coronado un gafe, y que además no se habían entendido. ¡Uno del Barça y otro del Madrid! ¡A quién se le ocurre!

Cada cual contó la película a su manera. El caso es que Di Stéfano se retiró sin jugar un solo minuto en un mundial. Y a Amarildo le salió un contrato multimillonario en el Milan.

Por culpa de una crónica...

La mala suerte dispuso que Chile e Italia cayeran juntas en el Grupo II. Italia, que se había quedado sin clasificarse para el mundial anterior, había ido a este con buenas perspectivas, o eso pensaba. Tenía una hornada de buenos jugadores, en la que destacaban el portero Buffon, los defensas Salvadore y Maldini, el extremo Mora y el entonces jovencísimo interior Gianni Rivera, apodado «el Bambino de Oro». Y además cuatro nacionalizados de fuste, el brasileño Altafini, que había jugado en el mundial anterior con los campeones, su compatriota Sormani, más el extraordinario Sívori, Balón de Oro de 1961, y Maschio, nacidos argentinos ambos. Con ellos y con otros notables jugadores esperaba llegar lejos. De hecho, el empate en el primer partido con Alemania Occidental (0-0) le daba razones para sentirse esperanzada.

Pero ya en ese partido habían notado un ambiente muy hostil que a los jugadores les extrañó. Luego, según se fue acercando el partido contra Chile, supieron la causa. Y la causa era una crónica que pocas semanas antes del mundial había enviado un periodista italiano, de nombre Corrado Pizzinelli, a un diario de Bolonia, *Il resto del Carlino*. El título era: «Santiago, el confín del mundo». El subtítulo: «La infinita tristeza de la capital chilena». Y estos los sumarios: «En ningún otro lugar uno se siente tan lejano, perdido y solo como en la ciudad huésped del campeonato mundial de fútbol», «Para los extranjeros es imposible huir de la nostalgia», «Los jugadores se resentirán de este clima depresivo».

La crónica fue rebotada a Chile por las agencias y recogida por *El Mercurio*, entonces y hoy principal periódico chileno. El texto levantó oleadas de indignación, y se entiende bien por qué al leerlo. Este es un extracto de la crónica:

«Desde que estoy en Chile tengo la curiosa sensación de llevar el mundo sobre las espaldas. Se le siente encima igual que la tristeza de los habitantes, y ello provoca un malestar curioso que se agrava por los enormes saltos de la temperatura. Ayer en la mañana el termómetro marcaba cuatro grados; a las catorce horas, más de veintinueve. La sangre se torna torpe y parece faltar en las venas. Y después de permanecer algún tiempo en Chile uno se siente extraño a todo y a todos. El virus de la lejanía más abandonada, más solitaria, más anónima, se mete en el ánimo de todos y creo que ello incidirá en el estado anímico de los atletas. Es por algo que las federaciones futbolísticas de algunos países han enviado expertos para estudiar ese problema sicológico y descubrir qué puede hacerse para poner a los jugadores a cubierto de él.

La presencia de los connacionales, las fiestas, los cócteles, las ceremonias y las reuniones servirán de muy poco, pues la melancolía y la soledad están en todas partes. Desde que estoy en Chile me parece estar condenado a vivir en esa tierra triste y fantástica en la que se desenvuelve la acción de ese libro no olvidado, premio Goncourt, de Julien Crack, *Las orillas del mar Muerto*.

La tristeza que flota en cada una de las conversaciones, como una doliente espera y resignación, no demora en apoderarse del ánimo del europeo más activo y más lleno de buen humor. (…) Esta capital, que es el símbolo triste de uno de los países subdesarrollados del mundo y afligido por todos los males posibles: desnutrición, prostitución, analfabetismo, alcoholismo, miseria… Bajo estos aspectos, Chile es terrible, y Santiago, su más doliente expresión, tan doliente que pierde en ello sus características de ciudad anónima. Barrios enteros practican la prostitución al aire libre: un espectáculo desolador y terrible, que se desarrolla a la vista de las «callampas», un cinturón de casuchas que circundan las ya pobres de la periferia y habitadas por la más doliente humanidad. (…) Que se entienda bien: no son de origen indio. El 98 ó 99 por ciento de la población chilena es de origen europeo, lo que nos hace decir y pensar que Chile, en el problema del subdesarrollo, no tiene que colocarse a un mismo nivel que los países de Asia y África, porque aquí, por la formación de su población, la degeneración es mucho más grave que en los casos citados. Los habitantes de esos continentes no progresan, los de Chile se retrasan.

Santiago es un campeón de los problemas más terribles de América Latina y es necesario señalar que, si la actual clase dirigente, organizando el actual campeonato del mundo, buscaba para sí buena propaganda para las próximas elecciones, (…) no cabe duda de que ha cometido el más craso error. Todo lo que Santiago muestra, aún las casas populares construidas deprisa para algunas decenas de millares de personas, son solo un pálido esfuerzo, que a nadie convence (…) Hay la huelga de médicos, que se niegan a prestar atención a quien quiera que la solicite; está la extraña lucha por las aguas del Lauca, que Bolivia reivindica para sí; existe la situación del campesinado, donde hay trabajadores agrícolas que por doce horas de trabajo ganan cuarenta de nuestras liras; están los problemas de la luz eléctrica y del agua potable de Santiago. No es en absoluto una ciudad fascinante, sin grandes monumentos ni recuerdos históricos, sin palacios que se destaquen.

Y todo esto se da en Santiago, tal vez por símbolo de todos los problemas de Chile, de esta estrecha franja entre mar y montaña que tiene 3.500 kilómetros de largo, que comienza en el norte con el desierto y termina en el sur con los hielos del Polo, con el océano al oeste y la cordillera de los Andes al este, que la separan, al igual que el Polo y el desierto, del resto del mundo (…)».

Se puede entender el efecto que la crónica provocó en un país volcado en un mundial que aspiraba a que le sirviera como carta de presentación ante el mundo como el espacio más desarrollado de América Latina. Un país que había superado un terremoto terrible para sacar el campeonato adelante. La reacción fue de escándalo. Y en vísperas del partido Chile-Italia, la crónica apareció por aquí y por allá y la gente fue al estadio en un comprensible trance de patriótica indignación.

Varios jugadores italianos, entre ellos Sívori, pero no solo él, se borraron del partido. Del primero, contra Alemania, a este, hubo seis cambios, en realidad seis deserciones. El partido se jugó el 6 de junio, en el Estadio Nacional de Santiago de Chile. Lo arbitró el inglés Aston, al que la situación le desbordó. Robert Vergne, en su *Le livre d'or de la Coupe du Monde* lo describe así: «El partido Chile-Italia permanecerá en los anales y en la memoria de aquellos que lo vieron como el ejemplo-tipo de partido afrentoso, horroroso, incluso insoportable: los incidentes, agarrones, golpes prohibidos, constituyeron lo esencial del partido, bajo la mirada de un lamentable árbitro inglés, *mister* Aston».

Italia se empotró en su área, con ocho defensas, confiando el ataque al veloz Menichelli (que tuvo un hermano medalla olímpica en gimnasia) y a Altafini. Por supuesto, Italia sacó a los más bravos, a los que estaban prontos para la pelea que se esperaba. Por Chile todos eran bravos y tenían una ofensa nacional que vengar. Así que aquello fue tremendo. Aston fue más severo con los italianos. Expulsó ya en el 7' a Ferrini y en el 41' a David. A este le había propinado Leonel Sánchez un puñetazo en las mismas barbas de Aston, que miró para otro lado. Un par de jugadas después, David se resarció con una patada en la cabeza de su rival y fue expulsado.

Con todo, Italia mantuvo el empate hasta el 73', cuando

marcó Ramírez. En el 88', Toro, un atacante bravísimo, hizo el 2-0. El público celebró el triunfo como una venganza sobre aquella infamante crónica, pero el fútbol en general y el campeonato en particular sufrieron un serio bochorno.

Italia ganaría el tercer partido a Suiza, 3-0, pero no le serviría. Ahí acabó su mundial. Recogió los bártulos y regresó, renegando de la crónica de marras.

A falta de Pelé, Amarildo

*B*rasil, campeona del mundo, tenía todas las bazas para ganar el mundial. En su continente, mantenía casi íntegro el grupo de Suecia (nueve hombres de la final del 58 repetirán en el primer equipo titular) y se ha echado el resto en la preparación. En los cuatro años entre una y otra copa, el equipo ha jugado veintidós partidos, ganando dieciocho, empatando dos y perdiendo solo dos. Se trabaja a fondo. Los veintidós jugadores seleccionados van a ser concentrados durante un mes en las modélicas instalaciones del hospital Santa Casa de la Misericordia, examinados hasta la última célula de su cuerpo por veintiséis médicos.

Pero, sobre todo, está Pelé. Un Pelé con veintiún años, en la cima de su gloria. Hasta España han llegado incluso noticias de que el fútbol en Brasil está perdiendo interés, porque siempre gana el Santos, gracias a él. El Santos no tiene rival en ese tiempo, gracias sobre todo a él. Le apodan «la Perla Negra», ha sido portada en el *Time* de Estados Unidos, es un jugador fabuloso. Nadie puede pararle.

Brasil cae en el grupo de Viña del Mar, con México, Checoslovaquia y España. Se estrena el 30 de junio, frente a México, con gran asistencia de público. Hay ambiente en Viña del Mar, ciudad turística, porque el grupo es muy atractivo. México se presenta muy mejorado. Buenos marcajes a Garrincha y Pelé, aunque sin excesos antideportivos, y despliegue de fútbol por todo el campo. Pero se impone la lógica, se imponé Pelé: en el

56', filtra un perfecto pase para Zagalo, que aparece de atrás y marca. 1-0. En el 77', él mismo se abre camino en una arrancada irrefrenable, deja atrás a tres rivales y marca el 2-0. Pelé ha resuelto el partido, como no podía ser menos.

El segundo partido es contra Checoslovaquia, que a priori no dice gran cosa. Nadie puede pensar a esas alturas que el partido que se está viendo se repetirá en la final. Checoslovaquia viene de dar la campanada al ganar a España 1-0, pero en España faltó Di Stéfano, Checoslovaquia fue dominada, se salvó por su portero Schroif, y alcanzó un gol afortunado a última hora. No, la gente no va a ver a Checoslovaquia, sino a Brasil. A Pelé. Pero Pelé va a durar solo media hora. En el 26', hace una de sus grandes maniobras y suelta un chutazo que se estrella en la madera; en la misma acción, sufre un desgarro. Intenta mantenerse en el campo, primero como extremo derecha, luego como extremo izquierda. Pero no está para nada. No se puede mover. Ya no habrá más Pelé en todo el mundial. El partido acabará 0-0.

El grupo se cierra con el partido contra España, que llega con la derrota contra Checoslovaquia y una apurada victoria sobre Carbajal. Brasil tiene una victoria y un empate. Pelé no va a estar y esa noticia llega, se festeja en España como una lotería que le hubiera tocado a todo el país. ¿Quién jugará en su lugar? ¡Da lo mismo! El que sea, valdrá como mucho la décima parte que Pelé.

«El que sea» es Amarildo, interior-extremo del Botafogo, donde comparte vestuario con Didí y Garrincha. El mulato Amarildo es un jugador artístico, díscolo, poco consistente. Uno de tantos que cuando los dioses le inspiran te la lía, pero que en muchas ocasiones no hace nada. Esa forma de ser había hecho que los juveniles del Flamengo decidieran prescindir de él. Estaba en el Ejército cuando un jugador de la época, Paulistinha, le convenció para que hiciera una prueba con el Botafogo, que se lo quedó y acertó.

Vicente Feola se decidió por él para el comprometido partido contra España. Sacó la delantera de siempre con Amarildo de remiendo: Garrincha, Didí, Vavá, Amarildo y Zagalo. En realidad, era la delantera completa del Botafogo a excepción de Vavá, que tras su paso por el Atlético de Madrid había regresado a Brasil y jugaba en el Palmeiras. Amarildo se enteró de que iba a jugar por el propio Pelé: «Rildo, mañana juegas tú....»

Dichoso Amarildo. Ese día íbamos a saber bien quién era. Con España ganando 1-0, lo que nos hubiera dado la clasificación, nos marcó dos goles, en el 72' y el 86'. El primero, en colada de Zagalo, rematando con un extraño escorzo; el segundo, en gran jugada de Garrincha por su banda, resuelta por él con un cabezazo claro apareciendo por el segundo palo. Amarildo nos había dejado fuera del mundial. Acabado el partido, cuando está en la ducha, Pelé entra, vestido y todo, y le abraza. Todo Brasil había pasado miedo ante la ausencia de Pelé, y más cuando se había visto por detrás en el marcador, con el partido ya muy avanzado. Amarildo fue el hombre providencial.

Luego, si bien Garrincha fue decisivo en los cuartos ante Inglaterra y la semifinal ante Chile, Amarildo volvió a ser el hombre de la final, marcando un gol inverosímil y dando otro.

Aquel mundial le hizo rico. Un año más tarde le fichó el Milan, flamante campeón de Europa. Italia era el gran fútbol comprador de la época, y no solo de *oriundi* argentinos o brasileños, lo que venía de antiguo. Durante los cincuenta había extenuado el fútbol sueco. En los primeros 60 se llevó, entre otros, a los tres mejores españoles del momento, Luis Suárez, Luis del Sol y Joaquín Peiró. Así que estaba cantado que Amarildo saltaría al calcio. Allí lució su regate eléctrico, pero también sufrió a causa de su temperamento nervioso y su incapacidad para adaptarse a las formalidades tácticas que el fútbol italiano ya exigía. Tenía choques con los árbitros, los entrenadores, los compañeros, la prensa... Tras sus cinco años en el Milan, donde solo ganó una Copa de Italia, jugó tres en la Fiorentina y uno finalmente en la Roma, con Helenio Herrera. Cuando regresó a Brasil, donde se retiró en el Vasco da Gama, se pudo hacer balance de su paso por el calcio: 202 partidos, con 48 goles... ¡y 41 partidos suspendido! Amarildo tenía un temperamento parecido a nuestro entrañable y desaparecido Juanito.

Yashin se come un gol olímpico

*T*odo gran portero tiene alguna mala tarde. La peor de las de Yashin, el gran meta ruso a caballo de los cincuenta y los sesenta, quizá fuera la del 3 de junio de 1962, en el Estadio Carlos Dittborn de Arica. Ese día encajó tres goles en ocho minutos que le costaron a la URSS pasar de un 4-1 a un 4-4. Y, lo peor, el primero de esos goles fue olímpico. Cobrado directamente desde el lanzamiento de esquina.

Lev Yashin ya era entonces un portero de fama mundial. Alto, elástico, vestido de negro («la Araña Negra», le apodaron), de enorme personalidad, ya había llamado la atención de la crítica mundial en los JJ.OO. de Melbourne, que ganó su equipo. Luego estuvo en el Mundial'58, donde se habló mucho de su estilo innovador. Yashin, que había empezado como portero de hockey sobre hielo en el equipo de su fábrica de herramientas y había sido requerido casualmente para el de fútbol por una lesión del que ocupaba el puesto, resultó ser no solo un prodigio físico, sino un inquieto investigador. En 1952 vio al meta de la selección búlgara, Sokolov, cuyo nombre se ha llevado la historia, y le llamó la atención la frecuencia con que abandonaba el marco para cortar centros sobre el área, y también la precisión de su saque con la mano, largo y poderoso, con el que iniciaba los ataques de su equipo. Imitó ese estilo, lo desarrolló, y afianzó así un nuevo modelo en tiempos todavía de porteros siempre entre los palos y que indefectiblemente sacaban de voleón hacia el otro campo, y que la cogiese el que pudiera.

Para 1962 era ya una estrella. La URSS había ganado la Eurocopa de 1960, la primera que se disputó, con él en el marco. La URSS se presentó en Chile como uno de los equipos de referencia y en el primer partido despachó a Yugoslavia (2-0) en un partido durísimo. El segundo partido, ante Colombia, se presentaba casi como un balneario. Entrenada por el mítico Pedernera, fugado quince años antes de Argentina (con Di Stéfano y otros muchos, sin mediar traspasos), Colombia se daba por feliz con haberse clasificado. Era su primera experiencia en la Copa del Mundo y se sentía contenta porque el primer partido lo había perdido con Uruguay por 2-1, derrota dignísima.

A nadie extrañó que a los 12′ ya ganara la URSS por 3-0. En el 21′ descontó Colombia, en el 66′ Ponedelnik restableció la ventaja de tres para los soviéticos. Todo en orden. Pero en el 78′ se produce un ataque de Héctor *Zipa* González por la izquierda que termina en córner. Lo lanza Marcos Coll, el número quince. Con la derecha, a pie cambiado, rareza en la época. Le pega fuerte, a media altura «porque los rusos eran muy altos», explicará luego. El balón bota justo al llegar al área chica, pasa entre dos defensas, Yashin se queda clavado y entra. Posiblemente botó en una irregularidad del suelo. El caso es que entró, dejando muy deslucido a Yashin.

Acababa de encajar el primero y aún hoy único gol olímpico en la historia de la Copa del Mundo.

Aquel gol tan tonto desconcertó a los soviéticos tanto como elevó a los colombianos, que se vinieron arriba. En siete minutos la URSS encajó dos goles más, con Coll siempre andando por ahí; el 4-3, porque tras una jugada personal metió un pase a Rada, que marcó; el 4-4, porque vino en un fuerte tiro suyo, mal rechazado por Yashin, que remachó Klinger. Al final, 4-4. Yashin enmendó algo la tarde con una gran parada, sobre la hora, a tirazo de Coll, siempre Coll. Pero ese día al gran meta soviético le salió una seria mancha en el traje.

Colombia festejó aquello como un título. ¡Empatar con los rusos, campeones de Europa! La euforia sobrevivió incluso a la dura goleada que encajó el equipo en el tercer partido, 5-0 ante Yugoslavia. Crecidos, los colombianos se habían sentido capaces de todo, jugaron al ataque y los yugoslavos lo aprovecharon. Pero igualmente fueron recibidos como héroes al regreso, por ese 4-4 ante la URSS, por esos cuatro goles a Yashin. Coll aún es recordado en Colombia como «el Olímpico», en atención a aquel gol. Y eso que fue franco en sus declaraciones. «Yo nunca pretendí marcar gol en ese saque; eso fue obra de Dios. Pero ese gol sirvió para que se conociera en el mundo un país llamado Colombia.»

(Un paréntesis. El gol olímpico se llama así porque en 1924, concretamente el 2 de octubre, al poco de autorizar la FIFA que se contabilizaran los goles conseguidos de esta manera, el argentino Cesáreo Onzari le marcó uno a Uruguay, en partido amistoso. Uruguay era reciente campeona olímpica, de ahí que en Argentina, con un punto de ironía, se bautizara esa suerte como «gol olímpico»).

En cuanto a Yashin, lo pasó mal. Aunque la URSS ganó el tercer partido (2-1) sobre Uruguay, en el que estuvo bien, en cuartos ante Chile, los abucheos del público local le pusieron nervioso. Encajó dos goles. El primero, en un golpe franco al que reaccionó tarde. El segundo, en un tiro de Rojas de treinta metros ante el que hizo la estatua.

Un personaje de la federación, que le tenía inquina, y que enviaba las crónicas a Tass (la agencia soviética de noticias), se cebó con él, llegándole a cargar con insinuaciones infamantes. El de 1963 fue un mal año para él, rodeado de desconfianza en su propio país. Pero en octubre de ese mismo año sería elegido para jugar en la selección mundial, contra Inglaterra, en Wembley, conmemoración del centenario de la creación del fútbol. Estuvo cumbre. Ese mismo año, en diciembre, le dieron el Balón de Oro. Aún es el único portero que lo tiene.

Luego, volvería al Mundial'66 (semifinalista) y al del 70 (cuartos de final). Se retiró a los cuarenta y dos años, con 78 partidos en su selección y considerado un héroe nacional. Murió prematuramente, en 1990, de un cáncer de estómago. El mundo del fútbol le recuerda con devoción.

Brasil repite título

El 17 de junio de 1962 hay 68.974 personas en el Estadio Nacional de Chile, entre ellas el presidente de la República, Jorge Alessandri. Hay buen ambiente con el mundial, ha resultado todo bien y en la víspera Chile ha alcanzado el tercer puesto, al ganar 1-0 a Yugoslavia, partido arbitrado por el bilbaíno Juan Gardeazábal. La afición local no aspiraba a más. Sigue siendo, con diferencia, el mayor logro de Chile en un mundial. La victoria en cuartos (2-1) sobre la URSS ha sido todo un acontecimiento nacional.

Checoslovaquia ha llegado ahí tras salir segunda del grupo que compartió con Brasil, en el que obtuvo una victoria sobre España (1-0), un empate con Brasil (0-0, el día que se lesionó Pelé) y una derrota con México (3-1). En cuartos ganó a Hungría (1-0) y en semifinales a Yugoslavia (3-1). Había mostrado poco, la verdad. Un gran medio, Masopust (jugador del Dukla de Praga, que sería Balón de Oro ese año), firme defensa y el mejor portero del campeonato, Schroif.

Brasil pasó el grupo con 2-0 sobre México, 2-1 sobre España y el citado 0-0 con su reencontrado oponente. En cuartos ganó a Inglaterra (3-1), con dos de Garrincha, convertido en el nuevo «O Rei». Y en la semifinal, apasionante, contra Chile, había ganado 4-2. Por cierto, la organización había alterado el diseño inicial de los cruces previstos, a fin de que en una coincidieran los dos europeos y en la otra, los dos americanos. Así se aseguraba una final Europa-América. Una golfadilla...

Y otra golfadilla: en el partido de semifinales, fueron expulsados Garrincha y Landa. El chileno, por desconsideración al árbitro; el brasileño, por una patada, muy cerca del final del partido, a Rojas, réplica airada a las muchas entradas que había sufrido durante el partido. Landa fue suspendido para el partido del tercer y cuarto puesto, a Garrincha se le permitió jugar la final.

La explicación de la diferencia resultó abstrusa. Landa hizo después una declaración poco brillante, hay que admitirlo. El árbitro había sido el peruano Yamasaki. Landa dijo, entre bromas y veras, que con ese apellido había pensado que sería japonés y que pensaba que no iba a entender lo que le estaba diciendo, que no fue nada bonito. Por eso le suspendieron. En cuanto a Garrincha, Yamasaki no había visto la patada de Garrincha a Rojas, que se produjo cuando el balón no estaba ahí. Le había avisado su linier de ese lado, el uruguayo Marino. Así lo puso en el acta. La Comisión de Disciplina leyó el acta y decidió que para sancionar habría que consultar a Marino. Pero cuando se quiso buscar a este, ya había emprendido viaje de regreso a su tierra y no se pudo dar con él. Así que se decidió hacer la vista gorda y dejar que jugara Garrincha, al fin y al cabo, y a falta de Pelé, el gran atractivo del encuentro. Garrincha había hecho un mundial enorme. Y Checoslovaquia pesaba tan poco...

Con día soleado, salen al campo los dos equipos.

Brasil: Gilmar; Djalma Santos, Mauro, Nilton Santos; Zito, Zózimo; Garrincha, Didí, Vavá, Amarildo y Zagalo. Esta vez, sí, esta vez Brasil viste la *verdeamarela*. Ocho son campeones del 58, todos menos Mauro, Zózimo y Amarildo. A cambio, el equipo está cargado de años. Una gran mayoría ha pasado los treinta hace ya tiempo.

Checoslovaquia: Schroif; Tichy, Popluhar, Novak; Pluskal, Masopust; Pospichal, Scherer, Kadraba, Kvasniak y Jelinek. Un equipo fuerte, más bien obrero, con dos extremos brillantes y un grande en el centro del campo: Masopust. Viste con sus colores: camiseta blanca y pantalón rojo.

Arbitra Latychev, de la URSS. Un poquito de coba al bloque del Este, al que por fin se había conseguido incorporar de pleno a la causa, superando al menos en esto la Guerra Fría.

El partido empieza con alternancia, con una Checoslovaquia que no se encierra, sino que se despliega por todo el campo. Y marca pronto. En el 15′, hay una buena combinación en el centro del campo entre los centroeuropeos de la que de repente sale un pase profundo para Masopust, que se desprende de su posición de medio, se planta ante Gilmar y se la coloca suavemente por bajo. 0-1. Sorpresa. Pero la ventaja checoslovaca no llega ni a secarse. Solo dos minutos después, en el 17', Amarildo hace una diablura: se escapa por la línea de fondo y cuando Schroif espera el centro le suelta un zambombazo, entre él y el palo, que se cuela como una exhalación hasta rebotar en la red lateral del otro extremo de la portería. Ha sido visto y no visto. Un gol de genio.

Así se va a llegar al descanso, en un partido vistoso en el que Garrincha se ve vigiladísimo por dos y hasta tres hombres. Pero no tanto Amarildo, que alterna posición con Zagalo, entre interiores y extremos ambos. En el 67', Zito hace un pase a Amarildo, que encara y gana otra vez a su marcador, Tichy; Vavá corre en diagonal al primer palo, arrastrando defensas, pero Amarildo escoge el segundo, por donde ha aparecido por sorpresa Zito que, libre de marca, cabecea a puerta vacía, asegurando. 2-1. Y en el 78', Didí entrega a Garrincha que, con los caminos cerrados una vez más, retrasa a Djalma Santos: este envía un centro fácil para Schroif que salta, pero el sol le deslumbra y el balón se le escurre absurdamente junto a la bota de Vavá, que no tiene más que empujar. Es el 3-1, es el título. Schroif, el mejor portero del campeonato, ha estado mal en el primer gol y garrafal en el tercero. Hay un gran apretón final de Checoslovaquia, pero Gilmar resuelve muy bien. Final y 3-1.

Stanley Rous (todavía no es *sir*) le entrega la estatuilla de Abel Lafleur a Mauro, capitán. En Río vuelve a desatarse un carnaval. Esta vez la palabra clave es «Bi». Brasil es la bi, es bicampeona. Como Uruguay. El Maracanazo va quedando atrás…

INGLATERRA 1966

En la tierra de los inventores

*E*l congreso de la FIFA celebrado en Roma en 1960, con ocasión de los Juegos Olímpicos, decidió conceder el campeonato de 1966 a Inglaterra. Alemania Occidental también presentó su candidatura, esgrimiendo su buen papel en los mundiales del 54 (campeona), 58 (semifinalista) y 62 (cuartofinalista). Además, tenía magníficos estadios. Estaba entonces en proyecto la creación de la Bundesliga (que nació en 1963, sustituyendo el obsoleto modelo de campeonatos locales, con una fase final) y tenía su fútbol en pleno desarrollo, como un elemento más de lo que entonces se llamó «el Milagro Alemán». Pero Inglaterra esgrimía su condición de inventora del fútbol, en años en los que se celebraba el centenario. El fútbol había nacido en una taberna inglesa en 1863 y los ingleses se sentían con derecho a organizar el mundial que lo celebrara. Y sí, obtuvieron la organización, aunque con menos claridad de la que hubieran esperado: 34 votos contra 27 para Alemania y seis abstenciones. Inglaterra tenía de qué presumir en ese tiempo, fútbol aparte, porque era vanguardia cultural, con los Beatles y la minifalda, revolucionaria creación de Mary Quant.

Participaron dieciséis selecciones en la fase final. Inglaterra y Brasil estaban clasificadas de oficio. Aparte de ellas, se inscribieron 31 equipos europeos, nueve de Sudamérica, doce de la Concacaf, diecisiete de África, cinco de Asia y Australia. Todos los africanos se retiraron, en protesta porque para ellos solo había una plaza. En el grupo de Asia hubo también una cadena de bajas y todo lo de aquella zona quedó reducido a una eliminatoria entre Corea del Norte y Australia, ganada por Corea del Norte. México tuvo la única plaza de la Concacaf. En Sudamérica se clasificaron Argentina,

Uruguay y Chile, a las que se uniría, claro, Brasil. Europa se reservó diez plazas. Junto a Inglaterra, participaron, previa clasificación, Bélgica, Alemania Occidental, Francia, Portugal, Suiza, Hungría, la URSS, Italia y España. Entre los árbitros, que llevan capítulo propio, repitió de nuevo Juan Gardeazábal, que arbitraba su tercer mundial.

El mundial se celebró en siete ciudades, con dos estadios distintos en Londres, Wembley y White City. Las otras sedes fueron: Birmingham, Sunderland, Liverpool, Manchester, Middlesbrough y Sheffield. Se jugó del 11 al 30 de julio. Este fue el primer mundial en el que hubo mascota, un leoncito vestido de futbolista, con la Union Jack en el pecho y un aire simpático. El balón fue sobrio, sin nombre ni patrocinio, en su forma clásica, hecho de doce tiras rectangulares.

La mayoría de los equipos jugaron el 4-3-3, y leer las alineaciones de la época resulta difícil, porque aunque en algunas ocasiones se describían ya de acuerdo a ese criterio (portero; cuatro defensas; tres medios; tres delanteros) en otras aún se exponen al 1-3-2-5 (o incluso al 1-2-3-5, que aún se usaba en Italia e Inglaterra) sin que corresponda a la verdadera posición de los jugadores. Leer bien alineaciones de esos años es tarea de conocedores.

Fue el primer mundial televisado por satélite, de modo que sus partidos pudieron ser contemplados en directo en veintinueve países, entre ellos España. Fue el primer mundial visto en directo aquí. Los partidos de Chile'62 viajaban en avión de Iberia, ya locutados, y eran pasados el día siguiente a primera hora de la tarde. La final Inglaterra-Alemania Occidental del Mundial del 66 fue vista en directo por cuatrocientos millones de personas.

Se jugó, de nuevo, en dos fases. Primero, liguillas de cuatro, formadas según un criterio de reparto geográfico. Las cabezas de serie fueron Inglaterra, Brasil, Alemania Occidental y la URSS. Luego se forzó el sorteo para que en cada uno de los grupos que no encabezaba Brasil fuera un equipo sudamericano, que Hungría no fuese con la URSS, que los cuatro países latinos fuéramos a grupos distintos... Nada que objetar salvo cuando se hizo el sorteo y se comprobó que Inglaterra se reservaba los mejores descansos y los menores desplazamientos. Brasil, Uruguay, Argentina, Italia y Hungría se sintieron muy perjudicadas. Árbitros, cuatro americanos, uno de Israel, uno de Siria y diecinueve europeos, de los que cuatro fueron ingleses.

Hubo por primera vez partido inaugural, adelantado a la primera jornada. Lo disputaron Inglaterra y Uruguay, tras una inauguración con mucho fasto: desfiles, discurso de Rous y saludo de la reina Isabel II a los veintidós jugadores, a pie de campo. Luego el partido en sí resultó un aburrimiento. Finalizó 0-0.

El máximo goleador de la competición fue Eusebio, portugués, con nueve tantos. En esta edición jugó el meta Carbajal su quinta Copa del Mundo, récord que aún nadie ha batido, aunque igualaría más adelante el alemán Matthäus. Carbajal apareció en 1950 y siguió en 1954, 1958 y 1962, siempre como titular. (En España se hizo muy conocido por sus gestos de dolor en Chile, tras encajar a última hora el gol de Peiró tras gran escapada de Gento). A 1966 ya fue como suplente, pero le dieron el tercer partido, que México empató 0-0 con Uruguay. Para entonces tenía los treinta y siete años cumplidos.

Se jugaron treinta y dos partidos, con 89 goles, 2,78 por partido. La asistencia dio un salto con respecto a Chile: 1.614.677 espectadores, 50.454 por partido.

El heroico perrito *Pickles*

Casi puede decirse que la mayor noticia de la Copa del Mundo de Inglaterra se produjo antes de que empezara. Fue la sensacional desaparición de la copa, el 20 de marzo, cuando aún quedaban tres meses largos para que comenzara el campeonato.

La copa, que ya había sido utilizada con un propósito comercial en Suiza, donde una sastrería de caballeros la alquiló para colocarla en el escaparate y llamar así la atención de los viandantes, fue esta vez requerida por una firma inglesa especializada en filatelia. La firma, de nombre Stanley Gibbons, organizó una exposición de sellos raros en Westminster's Central Hall, en el corazón de Londres. Sellos raros, piezas únicas diríamos. ¿Y qué pieza más única, como reclamo, que la estatuilla dorada que diseñó Abel Lafleur tantos años atrás y que premiaba al campeón del mundo de fútbol. Esa estatuilla era el gran objetivo de Inglaterra, que había obtenido (se había reservado, podríamos decir) la organización del primer campeonato tras el centenario del fútbol, que se cumplió en 1963. Aquella copa era el objeto más deseado por todos los ingleses. La Stanley Gibbons tuvo, pues, una buena idea. Esa pieza única sería lo que más podría atraer público a su exposición de piezas únicas de la filatelia.

La exposición se inauguró el domingo 19 de marzo, con gran éxito de asistencia. Sí, había sido una buena idea. ¡Pero un día después desapareció! Los encargados de abrir la sala por la mañana del 21 la echaron a faltar. ¡Había sido robada! Después de todo, quizá no hubiera sido tan buena idea, sino una tremenda imprudencia.

La noticia trasciende enseguida y provoca polvareda en todo el mundo. Scotland Yard se despliega y no encuentra ninguna pista. Ha sido una sustracción limpia, obra de algún ladrón de guante blanco que desdeñó una colección de sellos que valía tres millones de libras y se había apoderado de la Copa. Se investiga toda una larga lista de sospechosos, pero sin fruto. En la segunda mañana llega una carta a Scotland Yard, solicitando un rescate de 15.000 libras, en billetes usados de una y cinco libras, de numeración no correlativa. Mientras se está dando vueltas al asunto, llega una segunda carta, firmada por un tal Jackson, que rectifica la carta anterior e indica que el rescate no debe ser en billetes de una y cinco libras, sino de cinco y diez. Habría pensado que con los billetes de libra el rescate hubiera ocupado mucho sitio. La segunda carta permite a Scotland Yard seguir la pista hasta el tal Jackson, un trabajador de los muelles, de cuarenta y siete años y con malos antecedentes. Se le detiene y la noticia produce júbilo general.

Pero hay decepción. Tras los interrogatorios, se llega a la conclusión de que Jackson ni tiene la copa ni la ha tenido nunca. Lo único que tiene son deudas. Simplemente, es un caradura que ha querido aprovecharse y sacar 15.000 libras por la cara. Hay dolor y desconcierto. Scotland Yard ofrece ahora 6.000 libras a quien dé una pista fiable que conduzca a la recuperación de la copa.

Llegan pistas y avisos en tal cantidad que abruman a la policía. Entre tanto, se recuerda que la primera FA Cup, la Copa de Inglaterra original, había desaparecido de las oficinas de su ganador, el Aston Villa, en fecha tan lejana como 1895, y que nunca volvió a aparecer. Mucho tiempo más tarde de la desaparición de aquella otra copa, apodada en su día «*The Little Tin Idol*», ('el viejo ídolo de latón'), un vagabundo borrachín dijo haber sido quien la robó. Pero no apareció. O la había perdido luego a su vez, o no era verdad. Era un anciano enloquecido por el alcohol que pasaba el tiempo a la intemperie. Aquella copa no apareció. Y sigue sin aparecer.

El precedente hizo temblar a todos.

A los nueve días, un vecino de Beuhall Hill, al sur de Londres, saca como cada mañana y cada tarde a pasear a su perrillo, de nombre *Pickles*. Es un simpático chucho, sin raza definida, terciadito de tamaño, más bien lanudo, de color blanco y manchas negras. David Corbett, que así se llamaba el propietario, nota que su perro se entretiene con algo que hay bajo el seto. Tira de él, pero el perro insiste en olisquear aquello. Después de dos o tres intentos de apartarle, decide mirar qué es lo que llama tanto la atención de su fiel *Pickles*. Ve algo envuelto en papel de periódico, lo coge y nota que asoma por un lado algo así como un frío trozo de mármol. Tira de ello con una mano, desliza con la otra mano el papel hacia el lado contrario y aparece la Jules Rimet. Se quedó desconcertado por un momento. Pronto reaccionó y fue al puesto más próximo de Scotland Yard, donde entregó la copa. Era el 29 de marzo. El trofeo había estado desaparecido diez días.

Corbett tuvo sus 6.000 libras, pero no fue solo eso. *Pickles* fue condecorado por la Liga de Defensa de los Animales y una marca de comidas para perros le proveyó de comida gratis para el resto de sus días. Se hizo extremadamente popular. Su foto apareció en todos los diarios del mundo, se le vio en todas las televisiones, borró de un plumazo a sus dos congéneres mediáticos, la perrita rusa *Laika* (que viajó al espacio) y el espectacular *Rin-Tin-Tín*, héroe del celuloide. El propio *Pickles* rodó una película, titulada *El espía de la nariz fría*.

Tres meses más tarde, Bobby Moore levantaba la copa en Wembley. *Pickles* fue invitado, con su amo, a la cena de celebración final, en la que al perro le dejaron lamer los platos. Scotland Yard, que había quedado en mal lugar, investigó durante algún tiempo y discretamente a Corbett, pensando que él mismo podría haber sido el autor, pero acabó por descartarlo.

Pickles murió un año después, en 1967, estrangulado con su propia correa mientras perseguía a un gato, y las agencias rebotaron la noticia al mundo. Apareció como un pequeño suelto en muchos periódicos del día siguiente. David Corbett lo enterró en su propio jardín.

El ladrón no apareció nunca.

España se lleva otro chasco

*P*ara el Mundial de 1966, España podía presentar argumentos a favor del optimismo. Ya no era el equipo cargado de años y veteranos nacionalizados de hacia cuatro años. Era un equipo renovado, que había ganado la Eurocopa de 1964, venciendo a la URSS en la final. Además, ese mismo 1966 el Madrid había recuperado la Copa de Europa, con un equipo íntegramente formado por jugadores españoles. Incluso hubo quien apostó porque fueran esos mismos once los que nos representaran en el mundial…

Sin embargo, la clasificación costó más de la cuenta. Hubo que eliminarse con Irlanda, a ida y vuelta. El seleccionador seguía siendo José Villalonga, el mismo de la Eurocopa. Militar de carrera, había introducido en nuestro fútbol serias mejoras (para la época) en la preparación física. Había sido el entrenador del Madrid en las dos primeras Copas de Europa. Luego había ganado la Recopa con el Atlético. Y la Eurocopa, como queda dicho.

El partido de Irlanda sale mal: se pierde 1-0 con un increíble fallo de Iríbar: le llega un centro bombeado y, temeroso del balón escurridizo, decide empujarlo con ambas manos por encima del larguero. Pero mide mal, y se lo mete él mismo. Eso le daría a Iríbar por un tiempo una fama exagerada de regalar goles tontos. De hecho, este gol le cuesta el puesto para los dos siguientes partidos con Irlanda, que juega Betancort. Y hubo dos porque el 4-1 de vuelta, en Sevilla (tres de Pereda) no basta. Contaban puntos, no diferencia de goles. Fue preciso desempatar en París, de nuevo con Betancort. Ese día se erigió en salvador el extremo Ufarte, un pontevedrés emigrado de niño con su familia a Brasil donde triunfó con el nombre de «Espanhol». Tal fue su éxito que quisieron nacionalizarle para que jugara en la plaza del ya decadente Garrincha. Pero le repatrió el Atlético, y en ese desempate, en París, marcará el solitario gol, en el 82'.

Antes del mundial, España se concentra durante cuarenta días en el hostal Peregrino, de Santiago. Los jugadores lo acabarán llamando «el arca de Noé», porque llovió durante cuarenta días y cuarenta años. Tras una primera lista de cuarenta, se concentran veintiséis, de los que finalmente quedarán descartados cuatro: Violeta, Villa, Zaldúa y Rifé. Dos del Zaragoza y dos del Barça.

Hay una serie de partidos amistosos ante equipos de clubes extranjeros y en ellos salta una sorpresa que mueve al pesimismo: la derrota con el Ajax, entonces desconocido club holandés. Ya asomaba un Cruyff aún adolescente, se estaba gestando algo grande, pero para entonces Ajax no sonaba en España más que a jabón de lavadora anunciadísimo en la televisión. Aquella derrota olió mal. Luego, un empate (1-1) con Uruguay, televisado, tampoco tranquilizó.

Villalonga distribuyó los números primero en lo que se concebía como el equipo titular (el que jugó contra Uruguay) y luego los restantes. (En Chile se dieron los tres números a los porteros, y luego por orden alfabético, lo que produjo efectos extraños como ver a Collar con el número 4 a la espalda, Di Stéfano con el 6 y Gento con el 9.

Según la numeración, el equipo sería: Iríbar; Sanchís, Zoco, Glaría, Eladio; Del Sol, Suárez; Ufarte, Amancio, Marcelino y Gento. También iban Betancort, Reina (porteros), Rivilla, Reija, Olivella, Gallego, Pirri, Fusté, Peiró, Adelardo y Lapetra. Del Sol, Suárez y Peiró jugaban en Italia, donde eran figuras.

Los jugadores llegan a Birmingham y hay sol y calor. ¡Y se había escogido Galicia para la concentración por la proximidad de clima con Inglaterra! El debut es el 13 de julio, contra Argentina. En España se han empezado a difundir masivamente los televisores (mucha gente hizo el esfuerzo por este mundial) así que este es el primer partido mundialista de España con seguimiento masivo. El rival es Argentina, que tiene un buen equipo cuya alineación rematan tres celebridades: Artime, Onega y Mas. A Villalonga se le notan las dudas y sobre la alineación que anunciaban los números hace cuatro cambios: Gallego por Glaría, Reija por Eladio, Pirri por Amancio y Peiró por Marcelino. O sea: Iríbar; Sanchís, Gallego, Zoco, Eladio; Pirri, Suárez, Del Sol; Ufarte, Peiró y Gento (capitán). Y no es un 4-2-4, sino un 4-3-3, con Pirri, Del Sol y Suárez en la media. No resulta, se juega fatal. En el descanso, baja al vestuario Elola Olaso, Delegado Nacional de Deportes, que les exhorta a jugar mejor. «Salga usted, a ver si lo hace mejor», dice desde el fondo de la sala alguien a quien nunca se llega a identificar. El ambiente es malo.

En el 65' marca Artime. En el 72', empata España, en un centro cerrado al área chica en el que Pirri arrolla a Roma, que se mete él mismo el balón. A mi juicio fue falta. Se le suele dar el gol a Pirri, pero ni toca el balón. En el 79', otra vez el certero Artime, uno de los grandes goleadores de la historia de Argentina, hace el 2-1.

Hemos perdido merecidamente. Al menos, el segundo partido es contra Suiza, rival menor, que viene de ser goleado por los alemanes. Este se juega en Sheffield, en el Hillsborough. Salen los mismos, salvo Ufarte, que cae a favor de Amancio, y Eladio, que deja el sitio a Reija. El equipo, pues, es: Iríbar; Sanchís, Gallego, Zoco, Reija; Pirri, Suárez, Del Sol; Amancio, Peiró y Gento (capitán). Volvemos a jugar mal. Se adelantan los suizos, en el 29', por medio de Quentin. Así se llega al descanso. A España no se le ve nada. En el 57', una jugada heroica de Sanchís, llegando de atrás con regates la culmina él mismo sobre la salida de Elsener: un gol heroico, rabioso, en jugada individual, que le hará extremadamente popular. En el 75', por fin una jugada de Gento, la única que hizo en el mundial, centro al área y cabezazo en plancha de Amancio. 2-1. España gana, pero no ha jugado un pimiento. Queda jugar con Alemania, que les ha metido cinco a esos mismos...

Villalonga da el vuelco. Admite que ha dado marcha atrás, que el equipo que él mismo renovó para el 64 lo ha cargado ahora de años, con los retornos de Del Sol, Peiró y Gento, junto a Suárez, que a su vez va avanzando por la treintena. Ante Alemania, de vuelta en el Villa Park, donde abrimos frente a Argentina, el equipo cambia mucho por delante: Iríbar; Sanchís, Gallego, Zoco (capitán), Reija; Adelardo, Glaría, Fusté; Amancio, Marcelino y Lapetra. Un equipo mucho más parecido al del 64.

Esta vez, sí, se juega bien. Incluso España se adelanta por Fusté en el 24'. Pero en el 34', un entradón de Schnellinger a Adelardo va a dejar a este casi inútil para el resto del partido. En el 39', en un saque de banda rápido, Sanchís descuida a Emmerich, que recibe adelantado, se va y sin ángulo suelta un zambombazo que se cuela por la primera escuadra. España sigue mandando, juega mejor, pero el gol no llega. Y en el 83', el inevitable Uwe Seeler marca el 2-1. Así acaba. Estamos fuera.

Curiosamente, la aventura tiene una perfecta simetría con lo del 62: mal primer partido con rival fuerte, y derrota. Mal segundo partido, ganado por la fragilidad del rival. Renovación con jóvenes para el tercer partido, contra el otro rival fuerte del grupo y derrota inmerecida, con buen juego.

Hacía solo dos años de la Eurocopa, pero la falta de perseverancia de Villalonga en aquel equipo, su idea de que en el mundial sería conveniente la experiencia de los veteranos, le confundió. O esa fue al menos la impresión general.

Pak Doo Ik y el drama de Italia

*D*espués de sus dos títulos antes de la guerra, Italia no había vuelto a hacer nada destacable en la Copa del Mundo. En las del 50, 54 y 62 no pasaron de la fase de grupo. Para la del 58 ni siquiera se clasificaron. El rico, importador y arrogante fútbol italiano sufría en su amor propio. Para 1966 se sentía seguro: el Milan había ganado la Copa de Europa de 1963, el Inter las de 1964 y 1965. Con algunos extranjeros en ambos casos, pero con gran mayoría de estupendos jugadores locales.

Italia se clasificó con autoridad, frente a Escocia, Polonia y Finlandia, y fue a Inglaterra rodeada de optimismo. El sorteo la colocó en un grupo en el que ser al menos segundo no podía resultar difícil, con la URSS, Chile y Corea del Norte. La URSS era un hueso, había eliminado a Italia dos años antes en la Eurocopa del 64. Pero Chile, fuera de su ambiente, no podía ser gran cosa y además Italia podía aprovechar para devolverles la afrenta de cuatro años atrás, en aquel partido terrible de Santiago. Y de Corea del Norte no hacía falta ni preocuparse. Corea del Norte era la cenicienta del campeonato. Se había clasificado sin lucha, por una serie de abandonos en Asia y no había tenido que enfrentarse más que a Australia.

El debut es bueno, ante Chile, con 2-0. Venganza cumplida. El segundo partido es el hueso, contra la URSS. Italia pierde 1-0, pero eso cabía dentro de lo previsible. Crea cierta incomodidad, pero solo eso. Queda por delante el sencillo partido contra Corea, dos puntos seguros que darán la clasificación. Luego, Dios dirá.

El 19 de julio saltan al Ayresome Park de Middlesbrough los dos equipos. Italia, de color *azzurro*. Los coreanos, de rojo y pantalón blanco. Pequeños, morenos, indistinguibles entre sí a nuestros ojos. Han perdido 3-0 con la URSS, paro han conseguido empatar (1-1) con Chile, lo que ha provocado una sorpresa eterna. Son aficionados, o falsos aficionados. Kim Il Sung (abuelo del actual dictador del país) les ha retirado de sus trabajos y les ha hecho comandantes del ejército a todos. Antes de ir a Inglaterra han pasado una larga concentración en la Unión Soviética, preparándose con los métodos más modernos. Kim Il Sung les ha pedido que al menos consigan una victoria, y les ha exhortado a «correr infatigablemente y disparar con potencia y precisión».

En los dos partidos jugados antes de Italia se han ganado fama de incansables. Su fútbol no ha dicho nada, pero sí su agobiante forma de correr. El árbitro español Juan Gardeazábal, que ha tenido a su cargo el URSS-Corea, hace un comentario-broma que entonces cabía, pero que hoy sería considerado seguramente racista:

—Son tan incansables que llegué a pensar que en la segunda mitad habían salido once distintos. ¡Como todos son iguales!

Ferruccio Valcareggi, segundo entrenador de Italia, que ha visto sus partidos, compara sus movimientos con los del celuloide rancio, esas películas de primera hora en la que la gente parece moverse muy rápidamente. Edmondo Fabbri, el seleccionador italiano, cambia el equipo. Siete de los que jugaron ante la URSS se caen de la alineación. Alguno, por mal rendimiento, la mayoría para tener un descanso que vendrá bien para los cuartos de final y lo que haya menester más adelante. Además, bueno es aliviar la ansiedad de unos cuantos de los que aún no han jugado. Eso siempre es bueno para el grupo. Curiosamente, sin embargo, no da descanso a Bugarelli, que anda con una rodilla en problemas.

No obstante, nadie crea que lo que sale es un grupo de desconocidos. Ahí están entre otros Albertosi, Facchetti, Mazzola y Rivera, nada menos. Los desconocidos son los coreanos, aunque uno se hará famosísimo ese día.

Porque Corea gana, con un gol de Pak Doo Ik, perfecta entrada por el callejón del ocho y tiro cruzado sobre la salida de Albertosi, en el 41'. Rivera había perdido el balón tontamente, por descuidarse ante el acoso de un rival. Nada raro, porque hasta entonces Italia estaba haciendo un partido perezoso, lastrado además porque la rodilla de Bulgarelli había ido a peor y en el 34' había tenido que ser retirado. En el descanso hay reconvención de Fabbri a los suyos y propósito de enmienda de estos. E Italia se echa al ataque, un ataque progresivamente servido por más y más hombres. Pero los coreanos se rebaten una y otra vez sobre el delantero que les desborda, se ayudan unos a otros, acuden como enjambres hacia donde va el balón. De cuando en cuando Italia filtra entre esa nube de coreanos algún disparo peligroso, pero el agilísimo meta Lee Chan Myung se crece, salta, bloca, despeja. Es pequeño y delgado, parece poca cosa, pero se agiganta. Alguna vez le salva el palo. Italia llega a sacar hasta dieciséis córners, pero no consigue marcar. Acaba el partido con el solitario gol de Pak Doo Ik, convertido de la noche a la mañana en celebridad mundial. Italia, sin más puntos que los de su victoria ante Chile, queda eliminada. Corea pasa con esta victoria y su empate ante Chile. ¡A los italianos les hubiera bastado empatar el partido para pasar!

La reacción en Italia es tremenda. Los titulares hablan por sí solos: «*Vergogna nazionale!*», «*Grottesco, battuti dai coreani!*», «*Il nostro calcio é morto*», «*L'Italia ha pagato caro lunghi anni di errori*», «*La pagina più nera del calcio italiano*». Los jugadores vuelven por Génova en lugar de por Roma, como se había anunciado, y de noche, pero el regate es descubierto y les recibe una multitud que se despacha contra ellos con insultos, monedas y tomates. Fabbri ensuciará aún más el escenario al dejar caer culpas sobre el médico del grupo, el doctor Fin, del que dice que en lugar de un estimulante dio un calmante a los jugadores. El epílogo es horroroso.

La sorpresa de Corea es mayúscula incluso para ellos. No tenían previsto seguir más allá de la fase de grupo, ni siquiera dinero para sostenerse, y en Liverpool, donde han de jugar los cuartos, se alojan en una institución religiosa, que les ofrece techo y comida.

Aún están a punto de dar otra sorpresa en cuartos. ¡En 24 minutos se ponen 3-0 ante Portugal! Pero Eusebio se desencadena, marca cuatro goles, dos de penalti, y José Augusto hará el quinto.

Corea se había hundido y a los oídos de Kim Il Sung llega

una infidencia: la misma noche del partido contra Italia, los jugadores han aceptado la invitación a una discoteca donde se han corrido una juergaza en condiciones. Normal: eran los héroes del día y la discoteca les utilizó como propaganda. El que en su país había sido conocido como el «*Chollima team*» (*chollima* es en la mitología oriental un caballo alado) se convierte, por la acusación del dictador, en un grupo burgués, contaminado por los vicios del capitalismo. Sufren castigo en el duro gulag de Yodok, donde morirá uno de los héroes del Ayresome Park. Los demás salen a los diez años. Pak Doo Ik se ha salvado, porque una gastroenteritis le impidió ir a la juerga, y aun así fue desterrado a la provincia de Deapyong, lejos de su Pyongyang natal. Allí será leñador durante diez años. Un historiador francés, Pierre Rigoulot, reconstruyó años después esos hechos en conversaciones con uno de los protagonistas, recogidas en *El último Gulag*.

Ahora, Pak Doo Ik, rehabilitado, tiene una casa de dos pisos y un coche en Pyongyang, donde vive tranquilo y feliz. Dos periodistas ingleses, Dan Gordon y Nicholas Bonner, consiguieron reunir, de acuerdo con el gobierno coreano, a ocho supervivientes de aquel equipo, a los que llevaron a Middlesbrough, donde rodaron un documental titulado *El partido de nuestras vidas*. Ayresome Park ya no existía, pero se rodó en la zona que ocupó. Fue entonces cuando se aclaró un equívoco que corrió entonces: Pak Doo Ik nunca fue dentista, como siempre se dijo y creyó. Antes de ser seleccionado y por ello nombrado comandante del ejército, había sido tipógrafo.

El día que América y Europa se pelearon

«Stanley Rous fue un gran presidente de la FIFA, pero en el Mundial de 1966 se olvidó que era presidente de la FIFA y barrió demasiado para Inglaterra.» Esta reflexión me la hizo Pedro Escartín, célebre personaje del fútbol español durante el siglo pasado. Fue árbitro internacional de fama y más adelante seleccionador español en más de una ocasión. Durante años fue miembro de la Comisión de Arbitraje de la FIFA, a la que pertenecía durante el Mundial de 1966. Fue célebre en España por sus sucesivas ediciones del *Reglamento de Fútbol Comentado*, con el que hizo una continuada divulgación de las reglas para un par de generaciones. Y por sus libros sobre varios sucesivos mundiales.

Stanley Rous había sido también árbitro. Y a él se debía la última y definitiva redacción de las reglas del fútbol, en 1925, dando orden y sencillez al conjunto de variaciones que, aconsejadas por la práctica, se habían ido introduciendo desde la redacción de los pioneros, en la Freemason's Tavern, allá por 1863. Esa ordenación y redacción, tan inteligible y sencilla, fue considerada por la posteridad como el gran secreto del éxito universal del fútbol y el mérito, en justicia, se le atribuye a él. Y eso fue lo que le permitió ser elevado a la presidencia de la FIFA, en 1962, desde el puesto de Secretario General de la FA (la federación inglesa) que ocupaba entonces. Stanley Rous fue, pues, presidente de la FIFA durante el centenario de la creación del fútbol. Organizó el partido Inglaterra-Resto del Mundo (que capitaneó Di Stéfano) y estuvo al frente del máximo organismo hasta 1974. En 1966, en pleno entusiasmo aún por el centenario, Inglaterra organizó el mundial. Y lo ganó.

La forma en que lo ganó despertó enorme irritación en Sudamérica, por la parcialidad manifiesta con que Rous manejó el tema arbitral.

Para empezar, se guisó él solo, junto a su asesor directo en temas arbitrales, el recién retirado árbitro inglés Aston, las designaciones para la fase de grupos. Lo anunció en una reunión del comité de arbitraje y de todos los árbitros participantes. Tras hacerles algunas observaciones sobre la conveniencia de la diagonal (escapando siempre del linier de ese medio campo), sobre la responsabilidad de intervenir en el primer mundial televisado en directo por satélite y algunas recomendaciones para ser «enérgicos pero diplomáticos» anunció las designaciones, sin más consulta. Y, por cierto, se había anunciado que cada país organizador aportaría dos árbitros. (Los españoles fueron Gardeazábal y Ortiz de Mendíbil). Los ingleses serían

Finney y Howley, este como linier. Pero a la hora de la verdad aparecieron otros: McCabe y Dagnall, que arbitraron, y Taylor, Clements y Crawford, que hicieron de liniers. Además del irlandés Adair, el escocés Phillips, y el linier galés Callaghan...

A Brasil, campeón en 1958 y 1962 y la mayor amenaza para Inglaterra, le correspondió árbitro alemán para el primer partido (con dos asistentes ingleses) y árbitros ingleses para los otros dos. La gran estrella era Pelé, que llegaba con veinticinco años, en plenitud. En el partido de Bulgaria marcó un gol de tiro libre, pero fue tan golpeado por Jetchev que acabó el partido inútil. Aún así, Brasil ganó 2-0. Para el segundo partido, ante Hungría, Pelé no pudo jugar y Brasil, en campo muy embarrado, perdió 3-1, su primera derrota en doce años de mundiales, con actuación gloriosa de Florian Albert. Le quedaba el partido contra Portugal, en el que reapareció Pelé, aunque algo mermado. Con la pasividad del árbitro inglés McCabe, Morais termina la tarea de demolición de Pelé que había empezado Jetchev. Es fácil ver en Internet la tremenda patada que le termina de liquidar, por la que el propio Eusebio recrimina a Morais. Pelé acabó de extremo, totalmente cojo e inútil y Portugal gana. Brasil está fuera. Un problema menos.

Pero lo más estrepitoso llegará en los cuartos de final. Los emparejamientos son Inglaterra-Argentina, Uruguay-República Federal de Alemania, URSS-Hungría y Portugal-Corea del Norte. Corea del Norte se había clasificado a costa de Italia, en la mayor sorpresa ocurrida en la Copa del Mundo jamás. Luego llegaría a ponerse 0-3 con Portugal, hasta caer por 5-3, con cuatro goles de Eusebio.

Pero vuelvo a los arbitrajes. Tras el revuelo de las designaciones de la fase de grupos, se estableció el compromiso de que las de cuartos de final se harían en reunión del Comité de Arbitraje. Pero... La fase de grupos terminó el día 20 de julio. A Escartín le había correspondido asistir en Sunderland al Chile-URSS. En la misma ciudad se hallaba otro miembro del Comité, el ruso Latychev, delegado permanente en el grupo. Otro miembro del Comité, el sueco Lindeberg, estaba en Sheffield. A las diez de la noche, fueron avisados de que la reunión para designar los árbitros de cuartos debía hacerse la mañana siguiente a las nueve, inaplazablemente. No había trenes de noche, los de la mañana siguiente no llegarían hasta las once al menos. Así que la reunión se redujo a Rous, su fiel Aston y el malayo Ko. Para el Inglaterra-Argentina pusieron a un alemán, Kreitlein. Y para el Uruguay-RFA, un inglés, Finney.

El 23 de julio de 1966 se jugaron ambos partidos. Fue, en cierto modo, el día de la infamia.

Fue el día de la expulsión de Rattin, por protestar insistentemente al árbitro alemán. Rattin entendía que este era muy severo con las faltas de los argentinos, y muy permisivo con las de Nobby Stiles, el durísimo del campeonato, que tiraba al suelo al cerebro sudamericano, Ermindo Onega, cada vez que tocaba el balón. Cuando Kreitlein expulsó a Rattin, este se negó a marcharse, esgrimiendo el brazalete de capitán. Tardó quince minutos en salir. Luego se mantuvo un rato sentado desafiante sobre la alfombra roja que conducía al palco («en el corazón podrido del Imperio Británico», publicaría un periodista argentino) y finalmente se marchó al vestuario, cuya bocana estaba en uno de los fondos. Al pasar por el córner, retorció el banderín, que llevaba los colores de la bandera británica.

Menos recordados, pero igualmente decisivos, fueron los acontecimientos del Ururguay-Alemania Occidental, en la misma fecha. Todo empezó con la mano de Schnellinger en la raya de gol. Más que mano, puño, a remate de Rocha a la salida de un córner, aún con cero a cero. Un puñetazo al balón más que visible, indisimulable, que el inglés Finney, en perfecta línea de vista, como demuestra la foto, transformó en córner, como si el balón le hubiese rebotado en la cabeza, dos palmos por encima de la cual estaba el puño. La jugada se recuerda menos, por el estruendo que se organizó con Rattin, pero fue igualmente decisiva. Uruguay había empezado bien, con un remate de Rocha al larguero, pero el arbitraje la fue desquiciando. Dos jugadores uruguayos, Troche y Silva, fueron expulsados al inicio de la segunda parte. Aún así, en el 70' el partido aún estaba 1-0. Entonces Uruguay se desmoronó y llegaron otros tres goles alemanes.

Kreitlein y Finney habían cumplido. Ya no quedaba ningún representante sudamericano. La indignación al otro lado del Atlántico fue tremenda. «El segundo robo» fue un titular muy utilizado, en referencia a la desaparición, poco antes del mundial, de la Copa Jules Rimet. Aún habrá más: en la prórroga de la final, el suizo Dienst le otorgaría a Inglaterra un gol que no entró, tras consulta con el linier ruso Bakhramov. Inglaterra y Stanley Rous tuvieron su Copa, pero a costa del desprestigio del fútbol y de provocar una irritación, aún no curada, en Sudamérica, la segunda pata del fútbol.

La final del gol fantasma

*E*s 30 de julio y durante la mañana no paran de llegar aviones alemanes a Heathrow. Hasta treinta y cinco, que fueron depositando en Londres a centenares de hinchas alemanes. Esa tarde, a las tres, en el sagrado Wembley, se va a disputar la final de la Copa del Mundo, que enfrentará a Inglaterra y Alemania Occidental.

Inglaterra ha llegado a la final por un camino poco a poco más convincente, aunque entre acusaciones serias de haber gozado del favoritismo de la organización, cosa que en efecto ocurrió. Salió campeona de su grupo con un empate (0-0) ante Uruguay y sendas victorias idénticas (2-0) sobre México y Francia. Luego, Alf Ramsey toma una decisión polémica: apartar al interior goleador Greaves, gran ídolo nacional junto a Bobby Charlton, y poner en su lugar al joven Hurst, que le va a hacer un trabajo más de su gusto. En cuartos elimina (1-0) a Argentina, la tarde de la polémica expulsión de Rattin, y en semifinales a Portugal (2-1, los dos de Bobby Charlton), que se quejará del arbitraje. En cada partido se le consintieron al medio Stiles durezas intolerables.

Alemania Occidental, que llegó al mundial tras dejar fuera a Suecia y Chipre, ha pasado la primera la fase de grupo, tras ganar a Suiza (5-0), empatar con Argentina (0-0) y ganar el partido decisivo a España (2-1). En cuartos ha goleado a Uruguay (4-0), si bien con un arbitraje que encolerizó a los sudamericanos y dio lugar a dos expulsiones. En semifinales venció bien (2-1) a la URSS, un gran equipo aquellos años. En ese mundial los alemanes presentaron en sociedad a un magnífico medio de ataque, Beckenbauer, que armaba un gran medio campo con los interiores Haller y Overath. Llamó la atención desde el primer día, por su elegancia, casi empalagosa, y la sabiduría y la precisión de su juego. Con el tiempo pasaría a funciones de líbero.

Flamean en lo alto las dieciséis banderas de los países participantes... Bueno, todas menos una: la de Alemania se ha enroscado en su mástil, extraño presagio.

Como las dos selecciones visten de blanco y pantalón negro, se hace un sorteo antes del partido y lo ganan los alemanes. Los ingleses deberán jugar de rojo y pantalón blanco. Cuando los dos equipos salen al campo, en desfile solemne desde uno de los fondos de Wembley, la masa compacta de hinchas ingleses canta el *When the Saints...* que popularizó Louis Armstrong, pero mutando la letra del inicio por un *When the Reds...* Preside el partido la reina, Isabel II, junto a su esposo, el duque de Edimburgo, y Harold Wilson, el *premier* inglés.

Los equipos forman así:

Inglaterra: Banks; Cohen, Jackie Charlton, Moore (capitán), Wilson; Stiles, Bobby Charlton; Ball, Hunt, Hurst y Peters.

Alemania: Tilkowski; Höttges, Schulz, Weber, Schnellinger; Haller, Beckenbauer, Overath; Held, Uwe Seeler (capitán) y Emmerich.

Arbitra el suizo Dienst.

Y a jugar. Beckenbauer y Charlton se marcan mutuamente y es una lástima, porque ninguno de los dos lucirá. Los alemanes juegan un 4-3-3, los ingleses se mueven con una especie de diseño de geometría variable: un 4-2-4 cuando atacan y un 4-4-2 cuando esperan, con sacrificio de los extremos, Ball y Peters, que se retrasan para consolidar el medio campo y luego se reincorporan al ataque.

Tras los primeros minutos de tanteo de un partido que empieza sin gracia, ocurre algo que justifica aquel dicho de «al tercer bostezo, gol de Alemania». En el 12', Cohen rechaza mal un ataque alemán, recoge Held y envía a Haller, que sacude las mallas con un zambombazo al que el gran Banks no puede responder. 0-1.

Entonces empieza el partido de verdad, un largo y fogoso partido, disputado bajo los cánticos ingleses y buen desempeño general. El empate no tarda en llegar: es el 18' cuando Overath comete una falta cerca de su área; la saca Bobby Charlton con precisión de geómetra sobre la frente de Hurst, que cabecea increíblemente solo en la frontal del área chica. 1-1. El partido sigue con intensidad por ambas partes, apretando y metiendo todos ellos y los dos porteros parando bien. El estadio resuena de palmas rítmicas, cortadas regularmente con el grito de «¡England!». Se llega 1-1 al descanso. Los jugadores reaparecen tras el tiempo de rigor bajo una lluvia muy futbolera y británica que seguro agradecen todos. Sigue la misma tónica de partido honrado y ataques alternos hasta que en el 78' Peters resuelve un barullo en el área alemana con un tiro de cerca: 2-1.

Entonces los alemanes desatan una de esas furiosas reacciones que han caracterizado su historia. Lo que queda del partido va a ser suyo. Inglaterra, con la natural prudencia, se parapeta. En el 89' sigue el 2-1. Entonces hay una falta de Jackie Charlton que lanza Emmerich, el balón pega en la barrera, hay un par de rebotes y finalmente un centro raso, cruzado por delante de la meta de Banks que Weber, en el otro palo, alcanza con un esfuerzo desesperado, pies por delante, para marcar el 2-2. Al poco de sacar de centro, Dienst pita el final. Habrá prórroga.

Y en ella se va a producir el gol más polémico de la historia de la Copa del Mundo. Llega en el 101', premio al mejor juego inglés. Un remate de media vuelta de Hurst pega en el larguero, bota en el suelo y vuelve al campo. Weber lo despeja de un frentazo a córner. Los ingleses piden gol. Dienst duda, acude al linier de ese lado, el soviético Bakhramov, y este le hace visibles signos de afirmación con la cabeza. Dienst da el gol, entre el enfado de los alemanes.

Tiempo más tarde, Bakhramov confesó que no vio entrar la pelota, y que le había resultado molesto que Dienst descargara la difícil decisión sobre él. La imagen más precisa, tomada en perfecta línea con la línea de puerta, demuestra que el balón no entró. Tras el bote, bajó hasta la raya, en trayectoria vertical, exactamente paralela al poste. Luego bota y sale hacia fuera. Esa imagen tardó tiempo en aparecer, lo que hace sospechar que fue ocultada deliberadamente. El balón, de color entre cuero y naranja, salió despedido hacia arriba con un manchón de cal, prueba de que había botado sobre la raya.

Ya en el 119′, y después de que un pitido del árbitro haya hecho pensar a muchos, espectadores (algunos estaban saltando al terreno de juego) y jugadores, que el partido había terminado, Hurst se escapa en veloz carrera y remacha el 4-2. Un gol también de legitimidad discutible, pero que en cierto modo vino bien. Arropó, por así decirlo, el gol fantasma y dio más credibilidad al triunfo inglés.

Los inventores tenían la copa. El capitán Moore la tomó de las manos de la reina. Él y el goleador Hurst (tres goles en la final) habían nacido en los túneles del metro, en plena guerra, cuando los londinenses tenían que refugiarse cada poco de los bombardeos alemanes. En esas circunstancias dieron a luz sus madres. Aquel equipo tenía algo del espíritu de Winston Churchill.

MÉXICO 1970

En México llega la modernidad

$\mathcal{M}$éxico'70 fue un mundial de verdad hermoso. La FIFA concedió el mundial a este país en el Congreso que celebró durante los Juegos Olímpicos de 1964, en Tokio. La UEFA había cogido ese ritmo: fijar sede seis años antes, para dar tiempo. México ya tenía adjudicados los JJ.OO. de 1968, de modo que se contaba con un importante empujón en infraestructuras (no solo estadios, también aeropuertos y autopistas). Su rival en la elección fue Argentina, una vez establecido por fin el criterio de alternancia entre continentes. Criterio que costó, dicho sea de paso. México ganó 56 a 32 a Argentina gracias sobre todo a que llevaba tiempo haciendo campaña. En Chile'62 ya estuvo Guillermo Cañedo al frente de una delegación que instaló un *stand* en el hotel Carrera, donde México mostró su proyecto, que incluía una espectacular maqueta del Estadio Azteca. Y durante los dos años siguientes tuvo a mucha gente viajando por el mundo. Así que mereció la designación. Argentina se esforzó menos. Y no solo se quedaría sin organizar el mundial, sino sin jugarlo. Perú la dejó en el camino. Perú tenía un gran equipo, con los Chumpitaz, Cubillas, Sotil y Perico León. Pero es que además Argentina tuvo cuatro seleccionadores en los dos años previos al mundial: Cesarini, Minella, Maschio y Pedernera.

Se inscribieron setenta países para catorce plazas. Inglaterra y México estaban clasificadas de oficio. Europa tuvo nueve plazas, incluida la de Inglaterra, que fueron para Bélgica, Bulgaria, Checoslovaquia, Alemania Occidental, Italia (campeona de la Eurocopa), Rumanía, Suecia y la URSS. Sudamérica tiene tres plazas, que ganan Brasil, Uruguay (campeona de América) y Perú. Por la Concacaf va El Salvador, tras una guerra que luego se narrará. Marruecos se lleva la plaza de África e Israel la de la zona Asia-Oceanía. Será la única participación hasta ahora de Israel en la Copa del Mundo, y no hará tan mal papel. En un grupo muy parejo, perderá contra Uruguay (2-0) y empatará con Suecia (1-1) e Italia (0-0).

Fue la primera Copa de Mundo televisada en color. El balón cambió: apareció uno formado por más piezas, también con hexágonos y pentágonos, del que se alabó que tenía más esfericidad. Tuvo nombre de satélite televisivo, *Telstar*, y muy visible el rótulo de Adidas. Se mantuvo de nuevo la fórmula que ya se había hecho clásica: cuatro grupos de cuatro, con liguilla, y los dos primeros de cada grupo a cuartos, para irse eliminando hasta la final.

Hubo mascota, *Juanito*, un niño futbolista con sombrero mexicano y vestido de futbolista con los colores de la selección local. Se jugó en cinco ciudades: México D.F., Toluca, León, Puebla y Guadalajara. El Azteca, de reciente construcción, impresionó con sus 114.000 plazas, perfecta visibilidad y toques de vanguardia.

En este mundial aparecieron las tarjetas y los cambios. Las tarjetas, como las conocemos aún hoy: amarilla (a la segunda, expulsión) y roja (expulsión directa). Los cambios, dos por equipo, sin necesidad de que mediara lesión.

La primera tarjeta amarilla llegó ya en el primer partido, el Unión Soviética-México, y se la mostró Tschenscher, árbitro alemán, al soviético Asatiani, en el 27′, por una dura entrada sobre el local Velarde. Asatiani, por cierto, tendría un final trágico. Con cincuenta y cinco años murió ametrallado en Tbilisi, donde se dedicaba a diversos negocios, no todos claros, después de haber sido director de Deportes de Georgia. El primer cambio se produjo en ese mismo partido, que fue el inaugural del campeonato y se jugó el 31 de mayo. Correspondió también a un soviético, Serebryanikov, reemplazado tras el descanso por Puzach.

El arbitraje se repartió más que en anteriores ediciones. Solo veinte de los treinta y seis partidos fueron arbitrados por europeos, entre los que se contó al español Ortiz de Mendíbil, llamado a última hora por enfermedad (con final trágico y rápido) de Juan Gardeazábal, que estaba designado por cuarta vez para la Copa del Mundo. Hubo árbitros de cinco países americanos (incluyendo uno de Estados Unidos, que no participó), uno de Israel, uno de Egipto y otro de Etiopía. El arbitraje mandaba señales de la creciente universalidad del fútbol.

El campeonato empezó ese 31 de mayo y concluyó el 21 de junio. Y fue, en términos generales, una preciosidad. Dejó muchos grandes momentos en un periodo bisagra del fútbol, en el que el rigor táctico aún no era tanto como para ahogar las individualidades, que las hubo, y muy buenas. Las tarjetas (que no venían a ser sino un instrumento para empujar a los árbitros a hacer lo que ya podían haber hecho antes, porque el reglamento les facultaba) vinieron bien. No hubo las carnicerías del 66, no hubo ningún Nobby Stiles.

El máximo goleador fue Gerd *Torpedo* Müller, alemán, con diez tantos. Una fiera, pese a su físico poco aparente, porque era corto de estatura a pesar de su cuello largo, culibajo, con piernas muy musculadas y arqueadas, un aire en general un poco contrahecho. Pero era inteligente, con gran instinto del gol y certero.

Se jugaron treinta y dos partidos con 95 goles, lo que da 2,97 por partido. La asistencia fue magnífica: 1.673.975 espectadores, lo que da 52.313 por partido.

Honduras-El Salvador, la guerra del fútbol

*L*a fatalidad quiso que en el curso de la fase de clasificación de la zona Concacaf se enfrentaran Honduras y El Salvador. Ambas ganaron su grupo de tres y luego tuvieron que jugar entre sí. Digo fatalidad porque esos dos países, que comparten 419 kilómetros de fronteras estaban entonces en relaciones de mala vecindad. O pésima. Muchos salvadoreños pasaban la frontera ilegalmente para contratarse como peones en tierra hondureña. Soportaban sueldos y abusos de los terratenientes que los peones hondureños no querían tolerar. Eso hizo que entre las clases trabajadoras de Honduras se fuera creando una inquina contra los salvadoreños, que estimaban les estaban quitando el trabajo, o dando argumentos para que los terratenientes les ofrecieran míseras condiciones. Se calculaba que había unos cien mil salvadoreños en Honduras, lo que refleja la escala del conflicto.

Así estaban las cosas cuando se enfrentaron. Como es lógico, los partidos calentaron el asunto. En Honduras ganó Honduras (1-0). En El Salvador ganó El Salvador (3-0). En ambos casos se acusó de un lado a otro de «encerrona». Como contaban puntos, no goles, hubo que jugar un desempate, que se celebró en suelo mexicano. Ganó El Salvador, el 26 de junio de 1969, por 3-2. La alegría de los salvadoreños en tierra hondureña fue tomada como una provocación insoportable y eso terminó de hacer que estallara la violencia. Por Honduras corrió repentinamente un dicho que se hizo muy popular: «Hondureño, toma un leño y mata a un salvadoreño». Fueron muchos los que lo siguieron al pie de la letra. La policía hondureña se vio desbordada, o en algunos casos hizo la vista gorda. Y en las zonas rurales la situación se hizo incontrolable.

El Salvador desplegó sus fuerzas en la frontera, dispuesto a invadir el país para proteger a sus conciudadanos y bombardeó el aeropuerto de Tegucigalpa. Naturalmente, eso no hizo más que incrementar las matanzas. Comenzó una guerra en toda regla, que afortunadamente la Organización de Estados Americanos consiguió detener en cuatro días, con un saldo de 6.000 muertos y 20.000 heridos.

El Salvador aún tuvo que pasar otra ronda, ante Haití, y también se impuso, de nuevo con desempate, así que fue al mundial. Le tocó el grupo I, donde tuvo como enemigos a Bélgica, México y URSS. Jugó los tres partidos en el monumental Estadio Azteca, con los marcadores respectivos de 3-0, 4-0 y 2-0. Fue la primera selección que se iba de una Copa del Mundo sin marcar un solo gol.

En Flandes se ha puesto el sol

Aquellos eran años oscuros para la selección, años en los que empezaba a incubarse un pesimismo que duró prácticamente hasta la Eurocopa de Viena, la de Luis, la Roja y el tiqui-taca. Tras ganar la Eurocopa de 1964, habíamos pinchado en el Mundial de 1966 (dos derrotas y una victoria en la fase de grupo) y habíamos caído eliminados por Inglaterra, en el camino hacia la fase final de la Eurocopa de 1968. Ahora se trataba de ir al Mundial de 1970, en México y, la verdad, no había un gran ánimo. La federación había nombrado como seleccionador a un desconocido, Eduardo Toba, doctor en Medicina, gallego, sin currículum apenas en España. Había entrenado algo al Depor, sin mayor gloria. Su aval era que había obtenido buenos resultados como seleccionador de Costa Rica. Pero eso, ¿qué emoción podía provocar en España? Era además un hombre plano, cuya propuesta tampoco emocionaba. Planteaba un 4-4-2. Le gustaban mucho los defensas y los centrocampistas, y poco los delanteros, sobre todo si eran extremos.

Ni siquiera el estupendo resultado de su primer partido, 1-3 en Francia, levantó los ánimos. Francia estaba decadente en ese tiempo y además el juego no gustó. Y así afrontamos el grupo de clasificación para México'70, en el que teníamos como rivales a Bélgica, Yugoslavia y Finlandia.

En aquel tiempo, las jornadas no iban acompasadas, como ocurre hoy. Los equipos iban concertando sus partidos en fechas a conveniencia de las dos partes en juego. Y así ocurrió que Bélgica fue más madrugadora. Jugó tres partidos antes de que nosotros jugáramos el primero. Y los ganó los tres: el 19 de junio, 1-2 en Finlandia; el 9 de octubre, 6-1 a Finlandia en casa; y el 16 de ese mismo mes, 3-0 a Yugoslavia. Así que cuando vino a visitarnos, el 11 de diciembre, ya tenía seis puntos (se daban dos por victoria). Nosotros, mientras, solo habíamos jugado un partido, un 0-0 en Yugoslavia, buen resultado si se mira, pero con un juego desesperadamente aburrido. A nadie complacía aquella selección. Más que los hombres, que también, se discutía el cicatero estilo de juego. Se pensaba que había jugadores para más. Eduardo Toba empezaba a ser considerado algo así como el enemigo público número uno. Nadie le quería.

En esas estábamos cuando el 11 de diciembre nos visitó Bélgica. Su cuarto partido, el segundo para nosotros. Ellos, seis puntos, nosotros, uno. Se jugó en el Bernabéu, en una noche fría y en un ambiente desangelado, casi desolador. Once mil personas en el estadio, que entonces tenía capacidad para más de cien mil. España sale con Sadurní; Torres, Tonono (Gallego, 45′), Zabalza, Eladio; Claramunt, Pirri, Grosso, Germán (Marcial, 45′); Amancio y Gárate. El partido es malo, el delantero centro Devrindt (muy bueno) adelantó a los belgas en la primera parte, y gracias a que Gárate empató a trece minutos del final no nos quedamos fuera esa misma noche. Pero aumentó el pesimismo.

Nuestro tercer partido, de los seis del grupo, es la devolución de visita a los belgas y se juega el 23 de febrero de 1969 en el Estado Schlessin de Lieja. Se televisa en directo para España, a primera hora de la tarde. Echando cuentas en las vísperas, descubrimos con horror que perdiendo el partido estamos eliminados, y que aún empatándolo tendremos un techo de ocho puntos, los mismos con los que quedaría Bélgica con el empate. Así que había que ganar.

España sale con Iríbar; Martín II (Torres, 34′), Gallego, Zoco, Eladio; Claramunt (Asensi, 69′), Glaría, Velázquez, Grosso; Amancio y Vavá. En el equipo titular solo repiten cuatro de los once de la noche del Bernabéu, lo que da idea del desconcierto. Por el contrario, en Bélgica se aprecia una continuidad, desde el meta Trappeniers al extremo izquierda Puis, pasando por todos los artistas de la compañía, los Van Moer, Polleunis, Van Himst y Devrindt, sobre todo este. Un delantero matador, con un físico como el de nuestro Negredo de ahora, y movedizo y preciso como él. Se convertirá en nuestra pesadilla futbolística, con dos goles en este partido, que sumar al que ya nos metió en Madrid. Asensi marca el 2-1, pero no llega. El partido es feo y duro, el árbitro danés Tage Sörensen consiente mucho a los belgas, y en un momento determinado, cuando Velázquez ha sido pateado en el suelo, Eladio sale hecho una furia para defenderle. Se forma un alboroto, el árbitro le expulsa, él no quiere irse. Interviene la policía, que le saca con las peores maneras. En casa contemplamos indignados la escena. Gallego, Zoco y varios más se meten en el barullo.

Al acabar el partido, hay nuevos forcejeos en el túnel. La policía intenta llevarse detenidos a Gallego y Eladio, por «resistencia a la autoridad». Desde casa vemos ofendidos, humillados y dolidos el maltrato de la policía a nuestros jugadores. La delegación consigue por fin que no se les detenga, pero ambos serán declarados *persona non grata* en el país, al que tendrán vetada la entrada durante un año a partir de la fecha.

El caso es que tras haber jugado solo tres partidos y a falta de los otros tres, entre ellos los dos con la cenicienta del grupo, nos hemos quedado ya sin mundial. Eduardo Toba salta y, con el ánimo de terminar el grupo decentemente, la federación nombra un trío seleccionador formado por Muñoz, Artigas y Molowny, entrenadores de los tres grandes equipos del momento: Madrid, Barça y Las Palmas. Con ellos se recibe a Yugoslavia en el Camp Nou y se gana, 2-1, con Amancio y Rexach como extremos y Bustillo de delantero centro. El partido supone un cierto alivio. Pero luego, la visita a Finlandia nos llenará de oprobio. Fue el 25 de junio, ya terminada la temporada oficial, con los jugadores cuyos clubes no han prosperado en la Copa ya parados desde hacía muchos días. Se viaja allí sin ganas, sin objetivo, y se pierde 2-0 lo que produce el mayor de los escándalos. El trío seleccionador se disuelve discretamente durante las vacaciones.

Para el último partido, la devolución de visita de Finlandia, entra Kubala como seleccionador. El partido se disputa el 15 de octubre, tres días después de la fiesta nacional, el día 12, que entonces se conocía como «el día de la raza». Se aprovecha para hacer una exaltación patriótica frente a Gibraltar. Se juega en

La Línea de la Concepción, donde se estrena el Estadio José Antonio Primo de Rivera. España gana por 6-0, Gento se despide de la selección ese día, el mismo del estreno de Kubala como seleccionador.

Moore, encarcelado en Bogotá

*I*nglaterra viajó al Mundial de México como campeona del mundo. Lo había sido cuatro años antes, en su casa, en condiciones muy discutidas. Y aquel mundial había servido, por desgracia, para abrir una brecha fuerte entre el fútbol europeo y el americano. La forma en que Stanley Rous manejó los arbitrajes, y que lleva su episodio, irritó sobremanera en América. Toda América esperaba a Inglaterra de uñas.

En esas condiciones viajó Inglaterra a México, donde se concentró. Antes del campeonato, programó dos partidos de adaptación a la altura, uno en Bogotá y otro en Quito, los días 20 y 24 de mayo. Antes del primer partido, el día 18 se produjo un incidente en el hotel de los ingleses, el hotel Tequenmada. Dentro del mismo había una joyería, llamada Fuego Verde. Moore y Bobby Charlton la visitaron a las seis y media de la tarde. Charlton buscaba un regalo para su mujer. Cuando se marcharon se echó a faltar un valioso brazalete de oro, de cincuenta gramos de peso, y con doce esmeraldas y otros tantos diamantes engastados. Su precio era de más de dos mil dólares. La empleada, llamada Clara Padilla, declararía luego que le había parecido sospechosa una maniobra de Bobby Moore. Moore era el capitán de Inglaterra, justo el hombre que había cogido de manos de la Reina la Jules Rimet en Wembley. Él y Charlton se ofrecen a ser cacheados, la policía les interroga y el incidente se da por saldado, tras ofrecerles excusas. El partido se juega con normalidad y se establece un acuerdo de buena fe de no extender el incidente a la prensa.

Tras el partido, que ganaron 0-4 a Colombia, volaron a Quito, para un segundo amistoso. También allí ganaron, 0-2. A continuación regresaron a Bogotá, en escala hacia México. Alguien sugirió cambiar los billetes y hacer el regreso por Panamá, para evitar problemas, pero al seleccionador, Ramsey, y a Moore eso les pareció indigno, y se mantuvo la programación inicial. Regresaron al Tequenmada, se registraron y se fueron al cine. Pero allí apareció la policía, enviada por el juez Pedro Dorado, titular del Juzgado 18 de Instrucción Criminal, para detener a Moore. En el intervalo, un nuevo testimonio, de Álvaro Suárez, encargado de la joyería que habría visto la maniobra desde la ventanilla de la trastienda, acusaba a Bobby Moore. El revuelo fue tremendo. Los ingleses no habían dado ninguna credibilidad a la acusación y ahora veían detenido y encarcelado a su capitán, que proclamaba su inocencia. Todo se desenvolvía entre crispación y recelos entre las comunidades inglesa y colombiana. O americana, porque toda ella estaba irritada por la actitud inglesa en el mundial anterior y por aquello de «*animals*» que lanzó el seleccionador Ramsey a los argentinos, pero que se interiorizó como un insulto a toda América Latina. Tampoco contribuyó a poner paz en esta ocasión Alf Ramsey, cuya declaración sonó a una soberbia insoportable. «¿Para qué iba a robar Bobby el brazalete, si tiene dinero para haberse comprado el hotel entero?».

El caso es que Bobby Moore fue encarcelado, entre un escándalo mundial, e Inglaterra voló a México sin su capitán. Pasó un interrogatorio de cuatro horas y una noche en la cárcel, mientras se desarrollaba un intenso contacto entre los cancilleres inglés y colombiano. El embajador inglés llamaba a todas las puertas. Alfonso Senior, presidente del Millonarios (el hombre que trajo al Madrid a Di Stéfano), de la Federación Colombiana y relevante figura de la FIFA, consiguió que Bobby Moore saliera del calabozo y que se trasladara a su casa, bajo su propia custodia, en condición de arresto domiciliario, para lo que hubo que forzar no solo voluntades, sino también la maquinaria legal. Consiguió incluso que le fuera permitido acudir a entrenarse con el Millonarios, a fin de mantener la forma.

Por fin, tras hacer entrega el gobierno inglés de una fuerte fianza y con intervención directa del primer ministro, Harold Wilson, se le permitió viajar a México el día 28. Llega a tiempo para capitanear a los suyos en el primer partido, ante Rumanía, que ganarán 1-0. Inglaterra llegará a cuartos, donde caerá en un emocionantísimo partido, en prórroga, ante la RFA. Moore jugó todos los partidos, y jugó muy bien. Al término del Brasil-Inglaterra, de la primera fase, Pelé le escogerá para cambiar las camisetas y declarará que era el jugador que mejor le había marcado en la vida. Técnico, limpio, elegante dentro y fuera del campo, era difícil imaginarle de ratero.

Con el tiempo se supo la verdad. Fue el propio encargado, Álvaro Suárez, quien había autorrobado la joya, y había obligado a la empleada a acusar a Bobby Moore. La fianza le fue devuelta a Inglaterra, y el falsario pasó un tiempo en prisión. Para entonces, Clara Padilla ya se había ido a vivir a Estados Unidos. Pero todo eso fue mucho más tarde y la noticia no tuvo el alcance de la primera. En aquel entonces, Moore ya se había retirado, con 108 partidos en la selección inglesa, 90 de ellos como capitán. Falleció a los 51 años, de cáncer de colon. No robó aquel brazalete.

La delantera de los cinco dieces

*B*rasil se clasificó arrolladoramente para el mundial. Le tocó el único grupo de cuatro en la clasificación de la zona sudamericana, con Paraguay, Colombia y Venezuela, y ganó los seis partidos, con veintitrés goles a favor y dos en contra. Pelé ha marcado seis de esos goles, cuatro de ellos en los partidos contra Venezuela, la cenicienta del grupo. Tostão, que juega por su zona, parece más en forma. Pelé está aún en los veintinueve años, pero se le ha explotado tanto que parece en franca decadencia. Durante su carrera había jugado demasiados partidos y había sido golpeadísimo. Recordemos que las tarjetas, que sirvieron de protección, no aparecerían hasta el mundial que estaba justamente en puertas. Hay otros dos grandes interiores izquierda, Gerson, cerebral armador del medio campo, y el activo Rivelino, poseedor de un tiro fenomenal.

El seleccionador, João Saldanha, empieza a preguntarse si ha llegado la hora de prescindir de Pelé. El 26 de abril, en el curso de una tanda de amistosos concertados para preparar el mundial, Brasil recibe a Bulgaria en São Paulo. Saldanha deja en el banco a Pelé, que saldrá en el segundo tiempo, con el 13 a la espalda. El partido acaba 0-0 y Saldanha sale inmediatamente eyectado del banquillo. La CBF, ante el estruendo, nombra seleccionador a Zagalo, el compañero de ala de Pelé en los mundiales victoriosos de 1958 y 1962.

Zagalo debutó como seleccionador a los tres días, en partido contra Austria, en Río. En la misma mañana, consciente de lo difícil que es armar el equipo con tantos dieces, pide a los propios jugadores que resuelvan el problema. En el hotel Palmeiras, en la habitación de Pelé y el mismo día del partido se reúnen los mandamases del grupo: Clodoaldo, que es el de más personalidad de todos, Gerson, Tostão, Rivelino y el propio Pelé. De ahí sale el acuerdo de crear la «delantera de los cinco dieces», que formarán Jairzinho (Botafogo), Gerson (São Paulo), Tostão (Cruzeiro), Pelé (Santos) y Rivelino (Corinthians). Lo de los cinco dieces, como ha pasado a la historia, no es exacto, aunque sí bonito. Jairzinho jugó de 10 muy en sus inicios, y volvería a hacerlo, ya mayor, cuando perdió velocidad. Pero en aquellas fechas era un extremo puro. Los otros cuatro sí eran dieces en sus equipos, jugadores de media punta, acostumbrados a moverse cerca del delantero de referencia.

La delantera será una maravilla. Brasil ganará sus partidos contundentemente, con un total de diecinueve goles marcados. Jairzinho se convertirá en el segundo jugador que marca en todos y cada uno de los partidos de una fase final de la Copa del Mundo. Ya lo había hecho Fontaine en 1958. Jairzinho jugó seis partidos y marcó en todos, en uno de ellos por partida doble, con lo que sumará siete goles. Pelé hará cuatro y dejará para la historia algunas de las imágenes más bellas para la historia del fútbol, como su regate sin tocar el balón a Mazurkiewicz o su tiro desde el medio campo a Viktor. Esos dos goles no entraron, se fueron al limbo, pero quedaron como jugadas inolvidables. Rivelino hizo tres, Tostão dos y los tres restantes se los repartieron entre Gerson, Clodoaldo y Carlos Alberto.

Aquella delantera de cinco estrellas de distintos equipos funcionó a la perfección y quedó para la historia como un argumento definitivo a favor del talento de los jugadores, por encima de cálculos de conveniencia táctica.

La parada de la historia: Banks a Pelé

Quizá las tres imágenes más impactantes del Mundial'70 las produjera Pelé. Una de ellas, con aquel lanzamiento desde el círculo central, cuando vio adelantado a Viktor, el meta checoslovaco, y conectó un tiro por sorpresa que salió rozando la escuadra. No entró, pero aquella jugada, intentada desde entonces, a veces con éxito, a veces no, por muchos otros jugadores, sigue llamándose «el gol de Pelé», a desprecio de que no entrara. Otra fue, ya en semifinales, su regate al meta uruguayo Mazurkiewicz. Le enviaron un pase diagonal desde la izquierda, corrió hacia el balón, perpendicularmente al marco; en la dirección contraria, arrancó Mazurkiewicz, esperando llegar antes al balón; atacante, portero y balón coincidieron prácticamente en la media luna y entonces Pelé, en lugar de tocar el balón, saltó sobre él y se desplazó a la izquierda, pasando por la derecha de Mazurkiewicz que, sorprendido por la maniobra, se giró hacia él y dejó que el balón le cruzara por delante. Pelé, a su vez, giró a la derecha, rodeó al portero por detrás y disparó a puerta vacía, pero el remate se le fue demasiado cruzado y salió fuera por centímetros. Otro gran gol que se le escapó.

Pero tan comentada o más que estos dos goles al limbo fue la parada que Banks le hizo a Pelé el día que se enfrentaron Brasil e Inglaterra, 7 de junio, en el Estadio Jalisco, en Guadalajara, segunda jornada del grupo 3. Los dos habían ganado el primer partido. Se entendía que el que ganara este sería campeón. Ganaría Brasil, con gol de Jairzinho, pero la jugada más recordada no fue aquel gol, con ser bueno, sino la parada de Gordon Banks. Fue en una escapada por la derecha precisamente de Jairzinho, que se fue de Cooper, llegó hasta el fondo, hasta los fotógrafos, como mandan los cánones, y lanzó un centro preciso hacia la llegada de Pelé, que apareció volando, con todas las ventajas, y cabeceó con plenitud, picando el balón, para que botara antes de la raya, lo que hace más difícil detenerlo. Banks, que regresaba del primer palo, adivinó el remate, se lanzó y alcanzó apenas a desviar un poco el balón, modificando su trayectoria lo justo para hacerla más vertical y conseguir que saliese por encima del larguero, a córner. Pelé se quedó estupefacto: «Yo marqué un gol ese día —contaría después Pelé—, pero Gordon Banks lo paró».

Gordon Banks, apodado «el Chino» por sus ojos algo oblicuos, fue un grande. Repartió su carrera entre el Leicester y el Stoke City, pero sobre todo fue el portero de Inglaterra en los mejores años de esta, en la que estuvo desde 1963 a 1972. Fue portero de su selección cuando esta se proclamó campeona del mundo, en el 66. En este mundial, tardó 442 minutos en encajar el primer gol, que no llegaría hasta la semifinal, marcado por el portugués Eusebio de penalti. Alto, ágil, extremadamente sobrio, fue considerado el mejor del mundo con posterioridad a Yashin.

Inglaterra se clasificó segunda de grupo y en cuartos se cruzará con la República Federal Alemana. Banks tuvo una indisposición por una cerveza en mal estado y no pudo jugar ese partido: «De todos los jugadores que podríamos haber perdido, hemos tenido que quedarnos sin él», se lamentó Ramsey. Inglaterra perdió 3-2, en la prórroga, y Bonetti, su sustituto, tuvo algo que ver en ello.

Banks perdió su puesto en la selección en 1972, tras un accidente de automóvil que le afectó la vista del ojo derecho. Aun así, en 1977 fichó por el Fort Lauderdale, como un atractivo más en la NASL, que esos años buscaba impactos.

Fue un grande, que sabe que su nombre quedó ligado a esa parada, más que a toda su luminosa trayectoria: «La gente no se acordará de mí porque gané un mundial, sino por aquella parada. Nadie me habla nunca de otra cosa que no sea eso». Y es que fue la mejor parada de la historia.

¿Quién nos manda jugar contra Pelé...?

*E*l 21 de junio de 1970 saltan al Estadio Azteca las selecciones de Brasil e Italia. Está en juego la Copa Jules Rimet, pero esta vez va muy de verdad. En las bases de la competición se estableció en su día que quien la ganara tres veces se la quedaría en propiedad, y hasta ahora Italia la ha ganado dos veces (en 1934 y 1938) y Brasil otras dos (en 1958 y 1962). Uno de los dos finalistas se va a quedar la copa en propiedad. Al frente de las dos filas sale el árbitro Rudolf Glöckner, de la Alemania Oriental.

El ambiente es magnífico, inigualable. El Azteca lo llenan 110.000 personas, con un colorido sin igual. Ha llovido fuerte hasta media hora antes del partido, pero este se juega con un ambiente luminoso, en un estadio fulgente, con enorme mayoría de los colores de Brasil frente a los de Italia. También el público local *tuerce* por Brasil. Su juego ha enamorado y además es americano. Siempre en la Copa del Mundo late la rivalidad Europa-América.

Brasil llega por un camino magnífico. Ganó sus seis partidos en el grupo de clasificación americano, ha ganado ahora los tres de la fase de grupo (a Checoslovaquia, 4-1, Inglaterra, campeona vigente 1-0, y a Rumanía, 3-2) para luego en cuartos batir a Perú (4-2) en un partido bellísimo, y en semifinales a Uruguay (3-1) en una lucha espesa e intensa. Italia ha hecho un grupo más rácano: 1-0 a Suecia y sendos 0-0 con Uruguay e Israel. Pero luego ha ido a más: 4-1 a México en cuartos y 4-3 a Alemania Occidental en semifinales, en la prórroga gloriosa que se trata en capítulo aparte. Italia tiene un gran goleador, el extremo Riva, pero al tiempo vive torturada por las dudas entre Mazzola o Rivera, dos grandes a los que es difícil sacar partido si juegan juntos. Uno del Inter, el otro del Milan, siempre hay polémica, juegue el que juegue.

Brasil juega con estos: Félix; Carlos Alberto, Brito, Piazza, Everaldo; Clodoaldo, Gerson, Rivelino; Jairzinho, Tostão y Pelé.

Italia va con: Albertosi; Burgnich, Cera, Rosato, Facchetti; Bertini, Mazzola, De Sisti; Domenghini, Boninsegna y Riva. Rivera se queda fuera, a pesar de que ha sido el autor del *gol vincente* en la gran semifinal.

Glöckner da el pitido, y a jugar. Italia sale animosa, no se cierra. El partido tiene un aire bello, hay mucho jugador de gran técnica ahí abajo. Todavía no ha roto cuando en el 18′ hay una falta en el medio campo que defiende Italia, cerca de la banda izquierda. Clodoaldo la saca para Rivelino, adelantado, que envía un centro estupendo por alto hacia el segundo palo. Allí aparece Pelé, en enorme salto, ganando a Burgnich para pegar un frentazo imparable. 1-0.

Italia no se amilana y le mete ritmo al partido. Brasil juega con más pausa, confiando en su técnica. Italia juega con verdadera pasión. En el 37′ llega el empate: una llegada rápida al área, una salida imprudente de Félix y el balón queda para Boninsegna, que desde el borde del área dispara a la portería vacía. 1-1. Así se llegará al descanso.

Italia ha hecho más esfuerzo, es visible. Ha tenido que suplir con entrega la desventaja técnica y en el segundo tiempo se nota. Cuando baja su ritmo, emerge en plenitud el juego de Brasil, que se adueña de la situación. Gerson es ya el amo del medio campo, distribuye, dispara... La defensa italiana sufre ante las genialidades de los fabulosos delanteros brasileños. Se masca el gol. Y llega en el 66′, con un trallazo tremendo de Gerson desde más de veinte metros, cruzado, raso, al hierro. 2-1. En el 71′, es Jairzinho el que llegando de atrás fusila con facilidad a Albertosi. 3-1. Es su séptimo gol en seis partidos, ha marcado en todos ellos. Se hará célebre su imagen de rodillas, santiguándose y rezando después de cada gol. Valcareggi trata de frenar la hemorragia con cambios. Entra primero Juliano por Bertini, luego Rivera por Boninsegna. Pero no hay nada que hacer. En el 87′, Pelé concentra la atención de la defensa italiana y abre el balón a la derecha, por donde ha subido con velocidad el excelente lateral Carlos Alberto, que cruza un disparo homicida. Es el 4-1, que eleva el resultado a goleada.

Termina la final más hermosa vista nunca, termina el mundial más hermoso visto nunca. Carlos Alberto recoge la copa de manos de sir Stanley Rous. Brasil y Pelé han salvado el fútbol, tras un mundial, el de Inglaterra, feo, en el que se impusieron la dureza y las tácticas. Este ha sido un mundial luminoso, bello, colorido (las publicaciones en color se multiplicaban por aquellos años y la televisión empezaba a verse así), ganado por el que mejor fútbol hizo. Pelé besa la copa, doce años después de aquella primer conquista suya, es la imagen del renacimiento del fútbol. Cerca tiene a Zagalo, el entrenador, con el que hizo ala en el 58 y en el 62. Ellos dos han ganado con Brasil los tres títulos. La copa les pertenece más a ellos que a nadie.

Pelé es elevado a hombros, como los grandes toreros. Alguien coloca sobre su cabeza un enorme sombrero mexicano. El país le ha adoptado, el mundo entero le ha adoptado. Pelé, el fútbol y la Copa del Mundo eran desde esos momentos una misma cosa.

ALEMANIA 1974

La mayoría de edad

*E*n el mismo congreso de Tokio de 1964 en el que se concedió a México el mundial de 1970 se concedió a Alemania Occidental el de 1974. Se repetiría, pues, la experiencia de que el país que dos años antes había organizado los JJ.OO. (México tuvo los del 68 y la RFA, los del 72) alojara el mundial inmediato. Se aprovechaba así el tirón de infraestructuras.

La mascota fueron dos niños futbolistas, *Tip* y *Tap*, uno pequeño y moreno, con un balón bajo el brazo, y el otro más alto y rubio, que le cogía por el hombro. *Tip* llevaba en el pecho «WM» y *Tap*, «74». El balón apenas tuvo modificación con respecto al anterior. De nuevo hecho de pentágonos y hexágonos, de nuevo Adidas *Telstar*. Aunque se hizo una segunda versión, impermeabilizado, llamado *Apolo*.

Y se estrenaba copa. La que se llamó *Victoria* antes de la guerra y *Jules Rimet*, en homenaje al creador después de ella, quedó en propiedad de Brasil, por sus tres victorias, como establecían las bases del trofeo. La FIFA declaró un concurso de ideas para crear una nueva, y el 5 de abril de 1971 el comité creado *ex profeso* eligió el diseño del escultor italiano Silvio Gazzaniga, hincha milanista. Es la copa que aún vemos hoy, en la que dos atletas de figura estilizada sostienen sobre sus cabezas un globo terráqueo. Es mayor que la anterior, mide 36 centímetros (la Jules Rimet medía doce) y pesa 4,97 kilos. Está hecha de oro de dieciocho kilates. Tiene dos anillos de piedras de malaquita como adorno en la base. Esta no se entrega a la selección ganadora sino simbólicamente, al final del partido. Luego se reemplaza por una copia, que la federación ganadora guarda en propiedad, y la original vuelve a quedar depositada en la FIFA.

Este fue el mundial de la mayoría de edad del fútbol. Superadas todas las vacilaciones de los inicios, aceptada la alternancia como algo ya definitivo, con la televisión extendida ya a toda la tierra como formidable elemento de difusión y el clamor que despertó el gran Mundial de México, con Pelé a la cabeza, el fútbol era ya el indiscutido rey mundial del espectáculo. Y su práctica ya no tenía barreras.

Se inscribieron 92 equipos, que habría que reducir a dieciséis. Tres hicieron *forfait*: Madagascar, Venezuela y Jamaica, que a la hora de la verdad se echaron para atrás. Y también la URSS, que no quiso jugar su partido de vuelta de desempate en Chile, cuestión que tiene su propio capítulo. España también quedó fuera, y también se cuenta aparte. Inglaterra se quedará fuera, primera víctima de Polonia, que sería la gran revelación del torneo, con sus Lato, Gadocha, Szarmach, Tomaszewski, Deyna y demás, desconocidos hasta entonces. Argentina sí se clasificó, admitiendo por primera vez hacer uso para la clasificación de los jugadores salidos al exterior, entre los que estaban algunos tan notables como Carnevali, Perfumo, Heredia, Bargas, Ayala y Yazalde. Brasil y la RFA, campeón y organizador, se clasificaron de oficio.

Novedad absoluta en este mundial fue la presencia de la otra Alemania, Alemania Oriental o RDA, que se clasificó ganando un grupo con Rumanía, Finlandia y Albania. El sorteo la emparejará con sus hermanos de Occidente, provocando un choque entre capitalistas y comunistas cargado de morbo, que se cuenta en su apartado. Hubo por primera vez presencia del África negra, a cargo de Zaire. Haití puso la otra nota exótica y dejó para el recuerdo el gol de su delantero Sanon (el mejor jugador de su historia) que acabó con 1.143 minutos de imbatibilidad del meta italiano, Dino Zoff. Australia representó a Oceanía y Asia, dejando fuera a Corea del Sur en la finalísima de la zona mixta. Nueve plazas fueron para Europa, y las cuatro restantes, para Sudamérica.

El sistema se cambió, para dar lugar a más partidos. Tras los cuatro grupos de cuatro equipos de la primera fase (hasta aquí igual que en todos los mundiales desde el de 1954), los dos primeros de cada grupo no pasaban a eliminatorias directas, sino que jugaban una segunda fase de liguilla, con dos grupos de cuatro. Los campeones de esta segunda fase jugarían la final. Los subcampeones, por el tercer y cuarto puesto. No hubo, pues, semifinales. Con este sistema se pasaba de los 32 partidos de la fórmula anterior a 38. Se jugó en nueve ciudades. Múnich, Berlín, Stuttgart, Düsseldorf, Hamburgo, Fránkfurt, Dortmund, Hannover y Gelsenkirchen. Empezó el 13 de junio y acabó el 7 de julio.

Se jugó el 4-4-2 o el 4-3-3, y las alineaciones de la época ya aparecen con esa disposición. Se ha dejado de hablar ya de delanteras de cinco. Van desapareciendo los extremos. Algunos equipos juegan solo con uno, otros con los dos delanteros alternando posiciones, por fuera o por dentro, y con gente que llega desde atrás por las alas. Tras el fútbol más técnico de México, volvió al primer plano el fútbol-fuerza. El que no ponía velocidad, movilidad y disciplina a su juego, no pasaba adelante. Hubo grandes jugadores, pero siempre dentro de sistemas enérgicos. Mandó Europa, en suma.

Hubo ocho árbitros americanos, dos africanos, dos asiáticos y uno australiano. Solo uno de ellos, el uruguayo, repitió, así que entre los trece cubrieron catorce partidos. Los otros veinticuatro fueron arbitrados por los catorce europeos. En el partido inaugural (RFA-Chile) se vio la primera tarjeta roja (en México no llegó a enseñarse ninguna, aunque ya existían). La vio Caszely, de forma rigurosa, mostrada por Babacan, turco, tristemente célebre en nuestro país por haber expulsado poco antes a tres jugadores del Atlético en Glasgow, en un partido de Copa de Europa. No fue la primera expulsión en un mundial, pero sí la primera vez que se vio una tarjeta roja. El primer expulsado en un mundial había sido Galindo, capitán de Perú en 1930, en el Rumanía-Perú (3-1).

Hubo catorce árbitros europeos, seis de Sudamérica, dos de la zona Concacaf, dos africanos y otros dos asiáticos. Por España estuvo Sánchez Ibáñez.

El máximo goleador fue el polaco Lato, con siete goles en otros tantos partidos. Se jugaron treinta y ocho partidos, con 98 goles, a 2,55 por partido. La asistencia fue de 1.774.022 espectadores, una media de 46.685.

Pero quedó para el recuerdo como el mundial de la seguridad. Dos años antes, en los JJ.OO., un grupo terrorista palestino había asaltado la Villa Olímpica, matado a algunos miembros de la delegación israelí y secuestrado al resto. El episodio finalizó en matanza en el aeropuerto. Ese día el deporte comprendió que ya no podría seguir viviendo en su Arcadia feliz. Dos años después, para el mundial, jugadores, aficionados y periodistas tuvieron que moverse incómodos entre una red de medidas de seguridad. Ya para siempre sería así. La selección de Escocia, único equipo británico clasificado, se movió entre protección extrema a consecuencia de una amenaza de acción terrorista del IRA, posiblemente falsa.

Triste simulacro en Santiago

*L*a fase de clasificación para Alemania'74 ofreció una singularidad: se decidió organizar una repesca entre el campeón de uno de los grupos sudamericanos y el de uno de los grupos europeos. Se trataba de abrir una plaza más para el tercer mundo futbolístico, y se decidió que lo justo sería repartir el riesgo de perderla entre los dos grandes continentes futbolísticos. Así que se estableció que los ganadores de grupo de uno y otro lado del Atlántico que hubieran alcanzado esa plaza con menor suficiencia debían enfrentarse. Y la china les cayó a Chile y a la URSS. Chile se había clasificado en su grupo contra Perú y Venezuela, si bien ya había tenido que pasar un desempate, en Montevideo, con los peruanos para dilucidar definitivamente al ganador. La URSS, a su vez, había vencido en su grupo por delante de Francia y Eire. Ahora, ambas selecciones tenían que enfrentarse: sería el 26 de septiembre en Moscú y el 21 de noviembre en Santiago de Chile.

Pero estábamos justamente en los días más turbulentos en la historia de Chile. Augusto Pinochet dio un golpe de estado el 11 de septiembre, atacando incluso con la aviación el palacio presidencial, la Casa de la Moneda. El presidente, el izquierdista Salvador Allende, se suicida. Lo que sigue es una criminal persecución de izquierdistas por todo el país, una orgía de detenciones incontroladas y desapariciones. Hubo vuelos de la muerte para lanzar a detenidos al mar. El mundo entero recibe espantado esas noticias. El Estadio Nacional de Chile es utilizado como cárcel gigante y campo de torturas. Entre las víctimas mortales de ese encierro en el Estadio Nacional se contó el célebre cantautor, profesor y director de teatro Víctor Jara.

Cuando los jugadores chilenos vuelan a Moscú, el estadio aún es un centro de detención. La URSS ha roto relaciones diplomáticas con Chile. El viaje de los chilenos es incómodo, pasan largos trámites en la aduana, donde hay muchas dificultades para que se admita la entrada del delantero Caszely (que luego triunfaría en España, en el Levante y el Espanyol) por dudas en la identificación de su foto. El partido se juega por fin en la fecha prevista, el día 26, quince días después del golpe, en Moscú, y termina con empate a cero. El de vuelta tiene como fecha designada el 21 de noviembre, y como escenario, el Estadio Nacional. Pero la URSS se niega a jugar ese partido en ese escenario, le parece un escarnio. El gobierno de Pinochet argumenta que el coliseo deportivo ha recobrado la normalidad y que está en condiciones para el partido. La FIFA intenta mediar entre las dos federaciones y nombra una comisión de cuatro personas para desplazarse a Chile y comprobar si el estadio está en condiciones. Dos de los designados se niegan en redondo a hacer el viaje: son Helmut Riedel, de Alemania Oriental, y Sándor Barcs, húngaro. La comisión se reduce a dos personas, el brasileño Abilio d'Almeida y Helmut Käser, suizo, secretario de la FIFA. Tras su inspección, informan que se puede jugar. Que el país y el Estadio Nacional reúnen las condiciones precisas. Así que se conmina a la URSS a jugar. Pero esta se niega. Chile exigirá 300.000 dólares en compensación por la pérdida de la taquilla del partido de vuelta.

Y el día 21 se produce una escena bufa en el estadio que dos meses antes ha sido espacio para canalladas y sufrimiento. Chile, correctamente uniformada, comparece en el campo, y también un árbitro, Juan Hormazábal, chileno. La FIFA no ha enviado árbitro, se ha dado el partido por suspendido. A la hora fijada Hormazábal señala el inicio. El estadio acoge 36.000 espectadores, convocados a un acto de exaltación patriótica, Los chilenos sacan de centro, su delantera se adentra en el medio campo sin rival, alternándose la posesión de la pelota y finalmente Francisco *Chamaco* Valdés marca a puerta vacía el gol más absurdo de la historia. Para los jugadores no es plato de gusto. Entre los detenidos y torturados está el doctor Álvaro Reyes, médico de la selección hasta el día del golpe. Pero, ¿se les podía pedir que hicieran otra cosa? La FIFA fijará el resultado del partido en 2-0, por incomparecencia del rival.

Después de esa especie de saque-gol se juega un partido completo, un amistoso contra el Santos, que ha sido invitado al efecto. El Santos ganará 0-5 a Chile, ante una multitud que salió del campo con sensaciones equívocas.

Ya en Alemania, Chile hará un mundial discreto tirando a mediocre. Perdió el partido inaugural, con Alemania Occidental, y luego empatará con Alemania Oriental y Australia. No pasará de la fase de grupo. Al acabar el último partido, el de Australia, un grupo de opositores a Pinochet saltó al campo, con una bandera de Chile, pidiendo la libertad para su país.

El tiempo devolverá al doctor Reyes al fútbol, como médico del Colo-Colo. Y Caszely, el hombre que tantos problemas tuvo para entrar en Moscú y que triunfó en España, se convertiría más adelante en un serio crítico de Pinochet, al que hizo algunos desaires muy comentados.

El estadio de aquellas infamias fue rebautizado en 2003, treinta años después de los siniestros hechos y una vez recobrada la democracia, como Estadio Víctor Jara, homenajeando en su nombre a todos los torturados. Una placa reproduce su último poema, escrito allí en sus últimos y aterradores días:

> Somos cinco mil
> en esta pequeña parte de la ciudad.
> Somos cinco mil.
> ¿Cuántos seremos en total?
> Solo aquí
> diez mil manos siembran
> y hacen andar las fábricas.
> ¡Cuánta humanidad
> con hambre, frío, pánico, dolor,
> presión moral, terror y locura!

Maldito gol de Katalinski...

*E*l de 1974 fue el último mundial al que faltó España. El sexto al que faltó, para ser precisos. Y si bien al de 1930, el primero, no nos apuntamos, y el de 1938 nos pilló en guerra civil, a los de 1954, 1958, 1970 y 1974 no fuimos porque nos eliminaron en el camino. Esta última vez que no fuimos la culpa la tuvo el gol de un tal Katalinski, cuyo nombre quedó para siempre en el depósito de desdichas de nuestro fútbol, en aquella época en que tanto abundaron.

Ladislao Kubala era el seleccionador. Optimista, expansivo, líder, creó un gran ambiente, los jugadores le querían porque era avanzado en métodos, cariñoso con ellos, les daba gran información... La prensa le respaldaba y la afición también. Pero ganó más batallas que guerras. Entró cuando ya estábamos eliminados para el Mundial'70 y tras elevar el ánimo y ganar importantes amistosos no consiguió meternos en la Eurocopa de 1972. Nos eliminó la URSS: 2-1 allí y 0-0 en Sevilla. Primera decepción.

El siguiente objetivo era el Mundial de Alemania, en 1974. El sorteo nos mete en un grupo con Yugoslavia y Grecia. Empezamos con pinchazo, un 2-2 con Yugoslavia en Las Palmas, y eso gracias a un gol de Asensi en el segundo minuto del descuento. La decepción es enorme, llueven las críticas y Kubala habla entonces del *pecado latino*, que consiste, en sus palabras, en «presentar antes del partido a la selección como un dragón de dos cabezas y cuatro colas, y echarla por tierra después si no gana». Y tenía razón. Luego mejoramos, ganando 2-3 a Grecia en Atenas y 3-1 en Málaga. Queda la visita a Yugoslavia, donde nos jugamos el bigote: 0-0 en Zagreb, jugando bien, muy bien, con un tiro al palo que luego tendremos que lamentar. Dos victorias, dos empates. No está mal, después de todo. A Yugoslavia le queda visitar Grecia y la situación, contados puntos y goles, está así: España irá al mundial si Yugoslavia pierde, empata o gana por un gol de diferencia. Yugoslavia irá al mundial si gana por tres o más goles. Y si gana por dos, habrá que desempatar.

El Grecia-Yugoslavia se televisa en directo en España, coincide con la hora de comer. Empieza ganando Yugoslavia 0-2 y a nosotros se nos hacen los dedos huéspedes pensando en un tongo. Al descanso se llega 2-2. Luego, 2-3 y en el 90, cuando ya nos veíamos en el mundial, 2-4, lo que desata la ira nacional contra el portero griego, Kelesidis, distinto del que había jugado los dos partidos contra nosotros, Konstandinou.

Hay que desempatar. Se fija el 13 de febrero, en Fráncfort, la misma ciudad en la que se ha de jugar el partido inaugural del mundial otro día 13, el de junio, y que enfrentará a Brasil, campeón de 1970, precisamente con el ganador de ese desempate.

Las vísperas son solemnes. Se suspende una jornada de Liga y Kubala concentra en Eurovillas, a las afueras de Madrid, a 22 jugadores, como si fuera un mundial. La prensa, la radio y la tele se vuelcan en esta concentración, que culmina con un amistoso en el Calderón, ante el Atlético, a puerta cerrada, de noche y con el Atlético vestido de Yugoslavia: pantalón blanco y camiseta azul. Que no faltara un detalle. A la hora de la verdad, de puerta cerrada, nada. Hay mucho aficionado ávido en las puertas, y como tenían pase muchos enchufados se formó un motín y hubo que abrir. Entraron 20.000 personas, lo que da idea del interés que había. La megafonía pide una y otra vez silencio, y más o menos se cumple. Solo se rompe con aplausos. En la primera mitad salen los mismos que jugarán en Fráncfort: Iríbar; Sol, Benito, Jesús Martínez, Uría; Juan Carlos, Claramunt, Asensi; Amancio, Gárate y Valdez. Amancio marca tres golazos y España se va al descanso 3-1. Luego salen los suplentes y el partido acaba 5-3. Buenas impresiones. Se confía mucho en Amancio, que a sus treinta y cuatro años todavía brilla, y eso que el Madrid está en crisis: esa temporada cayó Miguel Muñoz.

Kubala da la lista final de dieciséis. Caen Reina (de segundo portero viaja Deusto), Costas, Gallego, Pirri, Galán y Chechu Rojo. Los descartes provocan la consiguiente polémica, en particular por el de Pirri, que dice no tener ninguna molestia.

Llegamos a Fráncfort entre clamores en el aeropuerto. Acuden grupos de españoles (Alemania y Suiza estaban llenas de emigrantes), con pancartas que revelan sus orígenes: Gandía, Écija, Puentedeume... La organización ha facilitado 17.000 entradas a la Federación y están todas colocadas. Vamos a tener ambiente. El Hotel Air Port, rodeado de un bosque, gusta a todos. Pero los aficionados que llegan a Fráncfort se van encontrando malas sorpresas: la ciudad está toda levantada por las obras del metro, hay huelga de empleados públicos, que afecta a los transportes (y que puede afectar a la transmisión de televisión, lo que nos espanta a quienes lo vamos a seguir desde España) y además se sabe que hay 12.000 entradas falsificadas, indistinguibles de las reales. ¡Un desdoro en un país que va a organizar el mundial en pocos meses! La organización avisa de que se pondrá una pantalla gigante fuera del campo, para que el que encuentre su sitio ocupado pueda al menos verlo desde fuera. Pero, ¿y si no se televisa?

Otro mal augurio: la víspera, cuando el grupo va al cine a ver *Papillon* (la historia real de un célebre aventurero, fugado de un penal francés en el Caribe), el veterano masajista Ángel Mur sufre una angina de pecho que da un gran susto. Se repondrá, pero las piernas de nuestros chicos las tendrá que tratar el masajista de la selección alemana, Eich Denser. No es lo mismo.

Empieza el partido, con lluvia. El Waldstadion está a reventar y toda España ante el televisor. Los yugoslavos son más altos, más fuertes y vuelcan el juego por su ala derecha, donde está Uría, extremo izquierda del Oviedo al que Kubala ha decidido convertir en lateral. Nadie está convencido de que eso funcione, aunque lo cierto es que más adelante Uría fichará por el Madrid... para jugar de lateral. En el 13' hay una falta en ese lado, una obstrucción de Uría a Petkovic. Lanza el lateral Buljan, largo, al segundo palo, bastante cerrado; Iríbar inicia el movimiento de salida pero el pie le resbala, no le agarra en el suelo, recupera la raya... y aparece Katalinski, el fenomenal líbero, que cabecea a placer, sin marca. Los defensas han pensado que el balón era de Iríbar; este rechaza como puede, pero el rebote vuelve a Katalinski, que en una acrobacia remacha con el pie. Es el 1-0...

Y así acabará. España se agarrota, juega muy mal, Yugoslavia se siente segura, es firme, juega y pega (hará 31 faltas, por 11 de España), Kubala se bloquea y no toca el equipo hasta el 73', cuando quita a Amancio, lo que creará más polémica, y a Juan Carlos, para dar entrada a Quini y Marcial, que no tienen ni tiempo de hacerse al juego. En las casas apagamos la tele con una sensación lúgubre. Nuestro último Mundial, el de 1966, empieza a quedar tan lejos...

Katalinski sacaría buen partido a aquello. El mundial le abriría la puerta para fichar por el Niza, ya con treinta años y después de diez temporadas en el Zeljeznicar de Sarajevo, y hacer unos ahorros. Ya retirado, siguió conectado al fútbol hasta que le atrapó un cáncer. Falleció en 2011, en su ciudad de siempre, Sarajevo. Allí sigue estando muy presente su nombre, como lo está en una generación de aficionados españoles, que sufrimos aquel gol suyo como un drama.

Cuatro días después, el Barça gana 0-5 al Madrid en el Bernabéu, con Cruyff de estrella. Para reconstruirse, Bernabéu fichará a Miljan Miljanic, técnico de esa Yugoslavia que nos dejó sin mundial.

Un mundial cargado de singularidades

*E*ste fue un mundial cargado de singularidades, propio de un mundo que estaba en un momento de cambio. El modelo salido de la Segunda Guerra Mundial empezaba a hacer crisis. La nueva generación rompía moldes, en fondo y en forma. Vivíamos a la estela del *swinging London*, del París del 68, del movimiento hippy y de la revolución sexual. El viejo orden casi castrense del fútbol daba paso a otro modelo, que representó más que nadie la selección de Holanda, «la Naranja Mecánica», con base en el triunfal Ajax de esos tiempos, campeón de la Copa de Europa en 1971, 72 y 73. Jugadores melenudos, delgados, desenvueltos, practicantes de un fútbol nuevo, un torbellino en el que los jugadores no guardaban la posición, sino que aparecían por cualquier lado. Un fútbol nuevo, envuelto en camisetas naranjas que, aunque era la vestimenta clásica de Holanda, incorporaban por su singularidad un aire muy apropiado, una estética sicodélica, a aquel fútbol luminoso. Al frente de todo, Johan Cruyff, el mejor jugador del momento, por el que el Barça había pagado un año antes la cifra récord de un millón de dólares.

Aquel equipo viajó con las mujeres o novias, y si lo de viajar con las mujeres ya era entonces una transgresión, lo de las novias resultaba profundamente desconcertante a la vista de España, donde el sexo sin matrimonio seguía siendo algo socialmente reprobado. Holanda rompía un viejo tabú, según el cual la práctica del sexo debilitaba al deportista, que solo podría llegar a su máximo rendimiento practicando rigurosa abstinencia en la proximidad temporal de la alta competición. Aquellos jugadores no convivieron cada día con sus parejas, sino que ellas se alojaban en un hotel próximo y había descansos y encuentros permitidos entre partido y partido. Rinus Michels pensó que era mejor eso que tener a los jugadores enjaulados durante largo tiempo y maquinando cómo escaparse furtivamente en busca de desahogo sexual, a deshoras y por menos de nada con alcohol, que era la mala consecuencia histórica de aquel tabú. Lo que hizo Holanda entonces se convirtió poco a poco en práctica general en todas las selecciones.

Aún así, no se pudo evitar uno de esos clásicos episodios futbolísticos, que provocó gran conmoción en Holanda. La noche del 2 de julio, víspera del partido de la liguilla semifinal contra Brasil, los holandeses estaban concentrados, sin sus parejas, en el Wandhotel de Hiltrup, cerca de Dortmund, la ciudad donde se disputaría el partido. La vida les sonreía. Estaban considerados el mejor equipo del campeonato, se les admiraba por todo, y tenían la liguilla semifinal muy bien encaminada. Habían ganado ya a Argentina (4-0) y la RDA (2-0). Les quedaba Brasil, campeona vigente aún, sí, pero ya sin los Pelé, Gerson y Tostao, y ni rastro en su juego de la excelencia del 70.

Habían ganado también a los dos mismos rivales pero por la mínima. Los holandeses se sentían seguros.

En el tedio de la concentración, corrió una noticia bomba: en la piscina del hotel había unas chicas desnudas. Los gemelos Van de Kerkhof, que formaban parte del equipo, lo contarían años más tarde, en detalle, en su biografía: «Al final, éramos unos quince o dieciséis jugadores en la piscina. Durante dos horas lo pasamos fenomenal». Pero nadie advirtió que la escena fue contemplada por un periodista, y el día siguiente, el *Bild Zeitung*, diario popular, sensacionalista, amante de los escándalos y de la máxima tirada en Alemania, tituló su primera, a toda página: «Cruyff, champán, chicas desnudas y un baño fresco». Aquello fue un terremoto. Para los jugadores, el menor problema pasó a ser el partido contra Brasil, que ganaron, 2-0, aquel día que Luis Pereira fue expulsado por patadón a Cruyff. El mayor problema fue darles explicaciones a sus parejas formales.

El que peor lo pasó fue Cruyff, según contaron los propios Van de Kerkhof en su poco discreta biografía publicada años después de los hechos. Otros pudieron decir que ellos no estuvieron, pero Cruyff apareció en el titular, lo que significó una extrema humillación para su mujer. Según muchas fuentes, esa fue la causa de que Cruyff no jugara el siguiente Mundial, el de 1978, en Argentina. Su mujer le habría arrancado la promesa de esa renuncia a cambio de su perdón. No quería verse otra vez sometida a ese riesgo.

Aparece el África negra

Aparte de la novedad que supuso Holanda con sus aires tan diferentes, hubo otra casi tan notable: la aparición de Zaire, primer país del África negra (subsahariana, decimos ahora) en la Copa del Mundo. Zaire llegó tras eliminar sucesivamente a Togo, Camerún y Ghana, lo que le sirvió para entrar en el grupo de tres supervivientes, con Zambia y Marruecos, del que salió ganador. No sin polémica. Marruecos sintió que el arbitraje que sufrió en Zaire, donde perdió 3-0, había sido tan parcial, que exigió que se repitiera el partido. Como no se le concedió esa petición, renunció a recibir a los zaireños en su suelo. Zaire estaba entrenada por el yugoslavo Blagoje Vidinic, exportero de la selección yugoslava, con la que había sido campeón olímpico en 1960. Era un clásico trotamundos del fútbol, que tras jugar en Yugoslavia lo había hecho en Suiza y Estados Unidos. Como entrenador, Vidinic ya había clasificado precisamente a Marruecos para el Mundial'70; por ese mérito había sido contratado por Zaire. Y con él, los zaireños no solo se clasificaron, sino que ganaron la Copa de África de aquel año.

Se esperaba con intriga lo que pudiera hacer Zaire. Hacía tiempo que algunos aventuraban que el futuro del fútbol sería África, productora de un tipo natural de jugador físicamente privilegiado, por potencia y elasticidad. Por Europa, particularmente por Francia, comenzaban a aparecer fenómenos procedentes del África negra, singularmente Salif Keita, que había impresionado en Francia, en el Saint-Etiènne y más adelante ficharía por el Valencia.

Pero al tiempo, la aparición de Zaire fue rodeada de todo tipo de comentarios prejuiciosos. Que si habían traído carne de mono para comer, que si se acompañaban de hechiceros que hacían mal de ojo a los jugadores rivales, que si hacían extraños sortilegios para potenciar a los suyos... Pareció comprobado que el seleccionador, el yugoslavo Blagoje Vidinic, alejó a unos hechiceros de la concentración, que tenían pretensiones de trabajar con el grupo, y ellos le acusaron de trabajar para Yugoslavia, su país de nacimiento, contra quien luego Zaire perdería 9-0. Ese día Vidinic lo pasó mal. A los 18′ su guardameta titular, Kazadi, había encajado ya tres goles; entonces el delegado del gobierno, que le acompañaba, le exigió que le sustituyera por el suplente, Dimbi Tubilandu, que era el favorito del dictador del país, el tristemente célebre Mobutu Sese Seko. Tubilandu se comería seis goles más. Zaire, que había dado mejor imagen el primer día, ante Escocia (2-0), se descosió del todo.

Les quedaba el partido contra Brasil, ante el que Mobutu

les amenazó. Les dijo que si perdían por más de cuatro goles no volvieran al país. Perdieron solo por 3-0. Pero el partido se recuerda por una situación hilarante. Con ocasión de un golpe franco contra la puerta de Zaire, Jairzinho y Rivelino discutieron con el árbitro sobre la distancia de la barrera. Cuando estuvo bien colocada, Rainea pitó, para autorizar el saque. Y antes de que ninguno de los dos brasileños se dirigiera al balón, arrancó como una centella de la barrera el defensa derecho, Ilunga Mwepu, y le pegó un patadón al balón que lo mandó al otro campo. Pensó que el balón era para el primero que lo jugara. Hasta ese punto desconocía Mwepu el reglamento.

Eso le hizo popular en todo el mundo, y aún se pueden comprar camisas con su nombre y su cara en Internet. Muchos años más tarde accedió a acudir al programa humorístico de la ITV, de David Braddel y Frank Skinner, a hablar del asunto. Explicó que conocía de sobra la norma y que lo hizo como una forma de protesta contra el gobierno de Mobutu, que les había prometido una casa y un coche por clasificarse para el mundial, pero que no había cumplido. No coló.

El gol de Sparwasser

El capricho del sorteo hizo que las dos Alemanias quedaran emparejadas en el Grupo I de la primera fase, que compartían con Chile y Australia. Alemania, como es sabido, quedó dividida tras la guerra mundial en dos mitades. La occidental o República Federal de Alemania, fue dividida en tres zonas de ocupación, confiadas a Inglaterra, Estados Unidos y Francia. La Oriental quedó bajo la órbita soviética. La primera tuvo un rápido desarrollo en el seno del mundo capitalista. La segunda siguió la marcha lenta de los países de lo que se conoció como «bloque del este». En la zona correspondiente a la zona comunista estaba la antigua capital, Berlín, que a su vez se dividió en las mismas zonas. En 1961, en plena guerra fría, un muro impermeabilizó las dos partes de Berlín, para impedir el paso libre de un lado a otro. Aquello contribuyó más a crear distancia sicológica entre los dos mundos. Para cuando llegó este mundial, la RFA ya no tenía fuerzas de ocupación de los países aliados en su suelo, se había convertido en pieza clave de la alianza militar occidental (la OTAN) y tenía la economía más próspera de Europa. Alemania Oriental se estaba retrasando. Tras una generación ya separados, con el conflicto permanente del muro, se miraban con recelo.

El partido fue el último del grupo. La RFA llegaba con cuatro puntos: había batido a Chile (1-0) y a Australia (3-0). La RDA, con tres: había ganado a Australia (2-0) y empatado con Chile (1-1). Chile tenía un punto, Australia, ninguno. Australia no contaba, pero si Chile la ganaba tendría tres y amenazaría la posición de la RDA. La RFA, con cuatro puntos, era inalcanzable. La RDA aseguraría la clasificación con un empate en «el duelo fratricida» o «el partido de la Guerra Fría». El choque despertó enorme curiosidad en todo el mundo, parecía dirimirse algo más que un partido, parecía dirimirse quién tenía la razón, si el mundo capitalista o el comunista.

La RFA tenía por aquel entonces un equipo formidable, ganador de la Eurocopa del 72. Estaba en plenitud la gran generación del Bayern, los Maier, Breitner, Beckenbauer, Höness y Müller, a los que se juntaban las estrellas del Borussia Mönchengladbach y algunas piezas más. Los jugadores de la RDA eran poco conocidos. Ese año, sí, el Magdeburgo había ganado la Recopa a un Milan de entreguerras. Cuatro de sus jugadores, Pommerenke, Seguin, Hoffmann y Sparwasser, están en la lista de la RDA, pero solo los dos últimos juegan el partido que va a enfrentar a las dos Alemanias. Sus nombres significan poco para la afición del mundo, que sí conoce, sin embargo, a los del otro lado.

El choque es en Hamburgo, el sábado 22 de junio. Lo arbitra el uruguayo Barreto, hombre de máxima confianza de la FIFA, y las medidas de seguridad son imponentes. Tiradores de élite ocupan las terrazas de los edificios próximos y las zonas altas del estadio. Dos helicópteros lo sobrevuelan durante el encuentro.

El partido defrauda. La RFA juega como nerviosa, sin inspiración. Overath, el cerebro del equipo, no se hace con los hilos del juego, y tampoco el ya entonces madridista Netzer, que entra a reemplazarle en el 69'. La RDA, con un juego mecánico y vigoroso, anula a las estrellas occidentales. El partido parece encaminarse hacia el 0-0 final cuando en el 78' llega el gol. El lateral Kurbjuweit se adelanta hacia la media y prolonga hacia Kische, que envía el balón, alto, hacia la frontal del área; allí aparece Sparwasser, que se adelanta a Höness, pica el balón de cabeza para llevárselo y cuando sale Maier llega un instante antes y marca. Ya no habrá más goles. La RDA gana el partido y el grupo, con cinco puntos, por cuatro de la RFA.

Jürgen Sparwasser, nacido en Halberstadt el 4 de junio de 1948, se convierte en una celebridad mundial. Aún hoy resuena su nombre como autor de uno de los goles más comentados de la historia. Su vida no cambió mucho. Regresó al Magdeburgo, donde rechazó una oferta del Bayern de Múnich que tampoco está claro que le hubieran permitido aceptar. (Los jugadores de la Europa del Este solo obtenían permiso para salir, y con muchas dificultades, a partir de una edad alta, cuando ya apenas se les consideraba útiles para la selección). Él tenía entonces veintiséis años. Jugó hasta los treinta y uno, cuando le retiró una lesión. Entonces llevaba cincuenta y tres partidos en la selección. Después trabajó en las secciones inferiores del Magdeburgo. En 1988 aprovechó un partido de veteranos para fugarse y quedarse en Alemania Occidental, donde encontraría trabajo en el Eintracht de Fráncfort y más adelante en el SV Darmstadt. Ya era inminente la reunificación. Cuando esta se produjo y le empezaron a solicitar reportajes de todas partes, descubrió con sorpresa cuán célebre era en el resto del mundo, más de lo que había sido en su propia tierra.

«Cuando muera, bastará que en mi lápida ponga "Hamburgo, 1974", para que todo el mundo sepa quién está enterrado ahí», declaró un día con humor, en uno de los tantísimos reportajes que concedió a medios occidentales.

Alemania, veinte años después

Esta es la primera final que no se juega en la capital del país organizador, que en este caso hubiera sido Bonn. Pero Bonn era una capital administrativa, en cierto modo artificial, escogida para la RFA una vez que Berlín quedó del otro lado. El partido inaugural se había jugado en la parte occidental de Berlín, pero la final fue reservada para Múnich, para su sensacional Estadio Olímpico, creado *ex profeso* para los JJ.OO. de dos años antes. Allí jugaba además el Bayern de Múnich, base de la selección, y que ese año había ganado la primera de sus tres Copas de Europa consecutivas. Las tres anteriores las había ganado el Ajax. Bayern y Ajax, RFA y Holanda... Eran los más grandes. Había mucho que dirimir.

La RFA llegaba con una mancha en la primera fase, en la que tras ganar a Chile (1-0) y Australia (3-0) había perdido con la RDA (0-1, con el famoso gol de Sparwasser). En la segunda fase, o fase semifinal, se había desenvuelto mejor, ganando a Yugoslavia (2-0), Suecia (4-2) y Polonia (1-0). Estos dos últimos partidos habían sido magníficos. Once goles marcados y tres encajados.

Holanda, por su parte, llegaba como un avión. Se había clasificado para el mundial (cosa de la que la RFA, anfitrión, no tuvo necesidad), dominando en su grupo con Bélgica, Noruega e Islandia, con cuatro victorias, dos empates, 24 goles marcados y dos encajados. Ya en Alemania, ganó su grupo venciendo a Uruguay (2-0), empatando con Suecia (0-0) y barriendo a Bulgaria (4-1). En la fase semifinal, 4-0 a Argentina, 2-0 a la RDA y 2-0 a Brasil. Había laminado lo mejor del fútbol sudamericano y se presentaba en la final con cinco victorias y un empate, 14 goles marcados y uno encajado. Impresionante.

Pese al factor campo y al poderío de la RFA, se da en general como favorita a Holanda, que despierta fervor. El campo revienta, el palco de honor, más todavía. Están el Presidente, Walter Schell y el canciller, Helmut Schmidt, el príncipe Bernardo de Holanda, Henry Kissinger, los príncipes de Mónaco, el príncipe Faisal de Arabia Saudí, el príncipe Gholan Rezza, hermano del Sha de Persia. Y los presidentes saliente y entrante de la FIFA, Stanley Rous y Joao Havelange.

Arbitra el inglés Taylor y los equipos forman así:

RFA: Maier; Vogts, Schwarzenbeck, Beckenbauer (capitán), Breitner; Höness, Bonhof, Overath; Grabowski, Müller y Hölzenbein.

Holanda: Jongbloed; Suurbier, Haan, Rijsbergen, Krol; Janssen, Neeskens, Van Hanegem; Rep, Cruyff (capitán) y Rensenbrink.

Tarde reluciente, libre del régimen de lluvias que ha acosado al campeonato. Saca de centro Holanda, que entretiene el balón, toca con calma, mientras Alemania espera, sin demasiada inquietud. Uno, dos, tres, quince toques, de acá para allá; en eso el balón llega a Cruyff, en el callejón del diez. Acelera, perseguido por Vogts, que no consigue arrebatarle el balón, llega al área y justo al entrar le barre Höness. En una primera visión, parece que el penalti es de Vogts, pero no, es de Höness, que como todo delantero metido en su área es un pez fuera del agua. El penalti lo transforma Neeskens. Van exactamente 87 segundos de partido y gana Holanda 0-1. Neeskens va a ser jugador del Barça en la temporada entrante. Cruyff ya lo era.

Pero luego decepciona, no va a por nuevos goles, especula. Cruyff se echa atrás, a la media, perseguido por Vogts, que no le da tregua donde vaya. Alemania va a más minuto a minuto, se hace dueña del campo y del balón. Ataca por los lados, con Grabowski y Hölzenbein, y por el centro con las llegadas de Höness, con su velocidad y su fácil regate. Overath, zurdo inteligente que se mantiene titular pese al empuje del madridista Netzer, dirige la maniobra. Torpedo Müller es una amenaza en el área. En el 25', Hölzenbein se mete en el área con sucesivos regates y Jansen le cruza imprudentemente y le voltea. Es penalti. Los mandamases del equipo se miran entre sí, miran al banquillo. Nadie se decide a tirarlo, porque todos tienen fallos recientes en esa suerte. No hay nada hablado, nada decidido. La vacilación dura poco, pero a Breitner, el joven lateral izquierdo del Bayern, le parece una eternidad. Le da tanta vergüenza que, ya que nadie se decide, se adelanta y coge el balón. Höness le dice:

—¿Dónde vas?

—¿Dónde voy? ¡A tirar el penalti!

Lo tira con precisión y marca. 1-1. Pero Alemania sigue en su ataque, lanzada por la inercia. Holanda sigue aparentando una confianza que parece no tener tanta base. En el 43′ es Grabowski el que se cuela por su lado, la derecha, envía a Müller, algo retrasado, pero este se las apaña para hacerse con el balón con un control difícil y con un remate forzado, casi a media vuelta, cruza al palo contrario, para sorpresa de Jongbloed. 2-1. Alemania ya está por delante.

En la segunda mitad, Holanda se echa más hacia arriba, Cruyff también se echa más hacia arriba, pero siempre perseguido por Vogts, de cuyas faltas se queja. Holanda se descubre, la segunda mitad es emocionante. Hay ocasiones de gol en ambas partes, pero el tanto no llega. Maier hace algunas paradas de mérito. Llega el 90′ y Alemania es campeona. Veinte años después de aquella generación de los Turek, Rahn y Fritz Walter vuelve a conquistar el título. La nueva copa la coge Franz Beckenbauer, el exquisito líbero, que juega su tercer mundial. El animoso y elegante medio de ataque de Inglaterra'66 se ha convertido en un líbero imponente, impecable de colocación, firme en el corte, seguro en la entrega, preciso lanzador desde atrás. Su juego resulta en ocasiones hasta empalagoso, de pura perfección.

La mañana siguiente, después de la correspondiente juerga, Breitner se despierta tarde en su habitación. Pone la tele y están repitiendo el partido. Pronto llega la escena del penalti a favor de Alemania. Cuando se ve a sí mismo coger el balón y disponerse a lanzarlo tiene un ataque de pánico, apaga la tele, se levanta a toda prisa, se ducha y sale a pasear. No consigue dominar el pánico en varias horas. Se considera a sí mismo un loco por haber tomado ese riesgo. Todavía algo se le remueve cuando evoca esa escena.

ARGENTINA 1978

En plena dictadura

Argentina había andado detrás de organizar la copa desde antes de la guerra. Había confiado tenerla en el 38, se lo habían medio comprometido para el 42, el que no se celebró por la guerra, se decepcionó mucho cuando Brasil obtuvo el Mundial del 50, en el regreso a América después de la guerra y no quiso participar ni en ese ni en el del 54. Nuevas decepciones cuando el campeonato volvió a cruzar América dos veces más, a Chile en el 62 y a México en el 70, otorgado este en el congreso del 64. Al fin, en el congreso de 1966, durante el Mundial de Inglaterra, obtuvo la designación para 1978 cuando, respetando el principio de alternancia, la copa volvería a América.

Y llegó en mal momento. En la primavera del 76, un golpe militar dio lugar a una época sucia y criminal, a lo que los militares llamaron una «guerra civil clandestina». A imitación de los de Pinochet en Chile, la dictadura militar persiguió izquierdistas por todo el país, en una oleada de detenciones sin orden judicial, secuestros en la práctica, torturas y asesinatos. Opositores, amigos de opositores o simples ciudadanos que aparecían en un listín eran «chupados» de universidades, trabajos, cafés, teatros, domicilios. Hasta treinta mil personas desaparecieron por este sistema.

Todo, a dos años de la Copa del Mundo. Cuando se acercaba esta, hubo fuertes movimientos en determinados países para que no se celebrara. Bélgica y Holanda se ofrecieron a acogerla. Pero la FIFA se mantuvo en su idea y la dictadura argentina lo aprovechó para lavar su imagen ante el mundo. La final y algunos de los principales partidos se jugaron en el Estadio Monumental, el del River Plate, situado en el barrio de Núñez, a muy pocas manzanas de la Escuela Superior de

Mecánica de la Armada, el principal y más siniestro centro de detenciones y torturas.

Se inscribieron 104 naciones, de las que renunciarían nueve. Corea del Norte fue expulsada de la FIFA por su renuncia. Argentina y Alemania entraban de oficio. Se clasificaron catorce para completar los dieciséis finalistas, que jugarían de acuerdo al mismo modelo que en Alemania cuatro años antes, en dos liguillas sucesivas: cuatro grupos de cuatro primero y dos grupos de cuatro después. Los ganadores de estos dos grupos jugarían la final, los segundos clasificados, la final de vencidos. Diez finalistas fueron europeos (volvió España, tras dos ausencias), cuatro americanos, uno asiático, Irán, y uno africano, Túnez, que tendría el honor de conseguir la primera victoria africana en un mundial, al ganar a México (3-1) en la primera fase de grupo.

Se jugó en cinco ciudades: Buenos Aires (con dos estadios, el de Ríver y el de Vélez), Rosario, Córdoba, Mendoza y Mar del Plata, y se extendió del 1 al 25 de junio. La mascota se llamó *Gauchito* y era un niño vestido con los colores de Argentina y el pañuelo rojo al cuello y el sombrero propio de los gauchos. El balón, llamado *Tango*, se hizo muy popular. En su diseño de las dos últimas ediciones, de hexágonos y pentágonos, introdujo la novedad de unos trazos negros sobre el fondo blanco, unas triadas, como triángulos de lados curvos que reforzaban la impresión de esfericidad. Siempre Adidas, por supuesto. Participaron 32 árbitros, de los que 19 fueron europeos, siete americanos, tres asiáticos y tres africanos. España estuvo representada en este apartado por Franco Martínez.

La seguridad fue asfixiante, como había ocurrido en Alemania. Pese a ello, se detectó una bomba en la sala de prensa poco antes de la ceremonia inaugural. Un policía resultó muerto cuando trataba de trasladarla para desactivarla.

Kempes fue el máximo goleador, con seis tantos, logrados todos a partir de la segunda fase. Los 38 partidos jugados dejaron 102 goles, a 2,68 por partido. La asistencia fue de 1.610.215 espectadores, 42.375 por partido.

La Martona y el no-gol de Cardeñosa

$\mathcal{A}$l Mundial de 1978 sí fuimos, por fin. Habíamos faltado a los del 70 y 74. Seguía de seleccionador Kubala, con el que no habíamos conseguido clasificarnos para el del 74. Ni para las fases finales de la Eurocopa del 72 y del 76. Kubala era animoso, los jugadores le querían, creaba buen ambiente en la selección, ganaba muchos partidos, pero fallaba en las instancias decisivas. Se dijo de él que «ganaba batallas, pero no guerras».

Pero esta vez lo logró, por fin. Para clasificarnos hubo que salir primero adelante en un grupo con Rumanía y Yugoslavia. ¡Otra vez Yugoslavia, la que nos había dejado sin ir a Alemania! Empezamos ganándoles en casa con apuros (1-0), luego fuimos a Rumanía y perdimos (1-0 también) en un campo pequeño y en partido con cierto carácter de encerrona. Después Rumanía ganó en Yugoslavia (0-2). Luego, ganamos a Rumanía en Madrid (2-0). Rumanía y España estaban empatadas a puntos, pero ellos tenían que recibir a Yugoslavia y nosotros al revés: visitarla. Era para tener miedo. Pero, sorpresa, Yugoslavia ganó en Rumanía ¡4-6! Eso nos colocaba relativamente bien ante nuestro último partido, la visita a Yugoslavia. Nos clasificábamos ganando, empatando o incluso perdiendo por un gol. Yugoslavia se clasificaba si ganaba por dos o más goles.

Fue un partido durísimo y dramático. En Yugoslavia se calentaron las vísperas por la presencia de Rubén Cano, argentino de nacimiento, pero oriundo español, en nuestras filas. Yugoslavia discutía que pudiera jugar. En un ambiente caldeadísimo en el Estadio del Estrella Roja, al que llamaban «el Pequeño Maracaná», Pirri fue lesionado al poco de comenzar el partido por una entrada alevosa de Kustudic. Le reemplazará Olmo, que estuvo imponente. Yugoslavia apretó mucho, estrelló dos tiros en los palos y sacó grandes paradas de Miguel Ángel, que había empezado a entrar en la selección no mucho antes como relevo del mítico Iríbar. España lo pasa mal hasta el 70', cuando Juanito le mete un pase profundo a Cardeñosa, que llega hasta los fotógrafos, centra atrás y Rubén Cano, pegándole medio con la tibia, marca uno de los goles más célebres del fútbol español. 0-1. Quedan veinte minutos y harían falta tres goles yugoslavos para eliminarnos. Kubala cambia a Juanito por Dani en el 76'. Cuando el madridista se retira, hace un gesto al público con el pulgar hacia abajo y la respuesta es un botellazo en la cabeza que le deja inconsciente. Sale en camilla. Pero ya no habrá más goles y España vuelve al mundial, del que falta desde 1966. La jornada ha sido épica.

El sorteo nos coloca en el grupo con Austria, Brasil y Suecia. No es un buen grupo. Hay que salir al menos segundos. Brasil es una potencia, siempre lo fue. Austria está en una buena época, con jugadores muy notables, particularmente el centrocampista Prohaska y el delantero Krankl, que el curso siguiente jugaría en el Barça. Suecia está en su acostumbrado nivel mediano tirando a bueno, del que rara vez se ha apartado, por arriba o por abajo.

La lista de Kubala fue discutida, como todas, sobre todo por la presencia de Guzmán, del Rayo Vallecano, mediocampista de gran trabajo pero escaso juego. Sorprendió que quedara fuera Chechu Rojo, el gran extremo del Athletic. Camacho, excelente lateral del Madrid, no pudo ir, por lesión. La lista quedó así:

Porteros; Miguel Ángel (Madrid), Arconada (Real Sociedad) y Urruti (Español).

Defensas: De la Cruz (Barça), Marcelino (Atlético), Migueli (Barça), Olmo (Barça), Biosca (Betis), Uría (Spórting) y San José (Madrid).

Medios: Guzmán (Rayo Vallecano), Pirri (Madrid), Cardeñosa (Betis), Asensi (Barça) y Leal (Atlético).

Delanteros: Juanito (Madrid), Dani (Athletic), Quini (Spórting), Santillana (Madrid), Rubén Cano (Atlético), Rexach (Barça) y Marañón (Espanyol).

Hubo partidos de preparación con buen tono en los que se ganó a Italia, Noruega y México y se empató con Uruguay, en el Centenario de Montevideo. Eso alimentó cierta esperanza. Pero en cuanto llegamos a Argentina llegaron noticias inquietantes: el lugar de concentración, una finca llamada La Martona, era una calamidad. Se trataba de una mansión campestre, a treinta kilómetros de Buenos Aires, rodeada de la nada. Había once habitaciones dobles (para los veintidós jugadores) y cinco individuales, para seleccionador, ayudante, médico, masajista y utillero. Solo diez cuartos de baño, y fuera de las habitaciones. No había calefacción y el frío era constante. Los jugadores dormían con el chándal puesto y colocaban sobre la cama toda la ropa de abrigo que tenían. Cerraban las rendijas de las ventanas con lo que podían, porque si no por ellas entraban continuos cuchillos de aire frío. La comida fue espaguetis y carne, carne y espaguetis. El chico de la cocina no sabía hacer otra cosa. Cuando recibían visitas de familiares, les pedían que trajeran fruta o verdura.

Cómo se pudo escoger un sitio tan malo fue un misterio. Se trataba de un espacio quizá agradable para el verano, un lugar para celebrar fiestas gaucheras y montar a caballo por los alrededores, pero en invierno era inhabitable. Y extremadamente aburrido. A los jugadores les produjo el ánimo lúgubre de una prisión. Vivían además protegidos por 300 militares, lo que contribuía a esa sensación. No podían hacer nada, sino sentarse en el comedor a charlar y darse calor. Los más animosos hicieron amistad con los soldados y se iban a cazar patos con metralleta, furtivamente. Tampoco había campo de fútbol para entrenar allí. Había que coger el autobús y recorrer cuatro kilómetros hasta un modestísimo campo, que pertenecía al SMATA, Sindicato de Mecánicos y Afines del Transporte Automotor. Un campo mal cuidado, generalmente con el suelo helado.

Salir de allí para los partidos era una liberación, pero ni por esas. El primer partido fue el 3 de junio, en el José Amalfitani de Buenos Aires, campo del Vélez Sarsfield.

Kubala sale con: Miguel Ángel; Marcelino, Migueli, Pirri (capitán), De la Cruz; San José, Asensi, Cardeñosa (Leal, 46'); Dani, Rubén Cano y Rexach (Quini, 60'). Esa alineación ya refleja muchas dudas, porque al dar la numeración fija para todo el campeonato, Kubala había dado dorsales del 1 al 11 a un grupo con seis jugadores distintos a los que salen ese primer día.

El partido se pierde. Marca Schachner en el 10', empata Dani en el 21', remacha Krankl en el 77'. Hemos jugado mal.

La foto del partido es un paradón fabuloso de Miguel Ángel. Cunde el pesimismo. Hay mal humor.

Al menos, el segundo partido es en Mar del Plata, así que por tres días se podrá abandonar La Martona, dichosa Martona. Entre partido y partido solo se habló de eso. Ahora el contrario es Brasil, que cuenta entre los favoritos, como en cada mundial, pero ha empatado el primer partido, 1-1 con Suecia, si bien le han quitado un gol en circunstancias extraordinarias.

Kubala hace cambios. Elimina cinco del primer día, entre ellos el ataque completo, Dani-Rubén Cano-Rexach. España juega con estos: Miguel Ángel; Marcelino, Migueli (Biosca, 51'), Olmo, Uría (Guzmán, 79'); San José, Cardeñosa, Leal, Asensi (capitán); Juanito y Santillana. El campo está muy blando, con el césped mal asentado. El partido es malo. A Brasil el campo le va muy mal, España juega con muchas precauciones. Pero llegamos a tener la victoria muy a mano, en una jugada que marcará a Cardeñosa, inteligente y menudo jugador, para los restos. Fue un centro de Uría desde la derecha, al área, pasado, hacia la zona del callejón del diez. Leão salió quizá con demasiado riesgo, midió mal, y Santillana le ganó con uno de sus prodigiosos saltos y dejó el balón muerto a pies de Cardeñosa, solo, y con la portería vacía. Pero Cardeñosa no quiso rematar de primera, sino que controló para asegurar, el suelo engrudoso le hizo tardar una décima de más en el control y cuando remató por fin, el líbero Amaral se había colocado bajo los palos. Cardeñosa tiró justamente hacia donde él estaba, como atraído por una fuerza fatal. Amaral despejó. Era el 77', España se había salvado de un balón al palo, Miguel Ángel había hecho una parada enorme, Dirceu había fallado una ocasión clara, había pasado lo peor. Ese gol hubiera podido darnos el partido, Cardeñosa sería un héroe, protagonista nada menos que de una victoria ante Brasil. Pero se le escapó y su nombre quedó marcado por eso. «Eres más malo que Cardeñosa», o «Fallas más que Cardeñosa», fueron frases utilizadas durante muchos años.

Y no, no era malo. Era muy bueno. Pequeño, muy delgado, con una excelente zurda y gran inteligencia. Empezó en el Valladolid, pasó al Betis, donde estaba, y llegó a existir acuerdo con el Barcelona, pero el Betis se echó para atrás cuando cantidades enormes de socios enviaron sus carnés al club con aviso de baja si se le vendía.

En fin, 0-0 final y Cardeñosa en el imaginario doloroso de la selección. «Si hubiera marcado ese gol no sería tan famoso», comenta a veces con ironía. Pero no estoy seguro. Marcar ese gol quizá le hubiera reportado también gran notoriedad.

Y a nosotros un punto más, que nos hubiera valido. Porque mientras, Austria ha ganado a Suecia (1-0) y ante la última jornada (Brasil-Austria y España-Suecia), la cosa está así: Austria, cuatro puntos, Brasil, dos, España y Suecia, uno. Necesitamos ganar a Suecia, y que Brasil pierda con Austria. O que empate y luego echar cuentas con el *goal-average*.

Es el 11 de junio cuando regresamos al José Amalfitani, con la remota esperanza de que pase todo lo que nos conviene. Kubala repite casi íntegramente la alineación del segundo partido, que le ha convencido: Miguel Ángel; Marcelino, Biosca, Olmo (Pirri, 46′), Uría; San José, Cardeñosa, Leal, Asensi (capitán); Juanito y Santillana. Esta vez sí, ganamos, 1-0, gol de Asensi en el 78′. Pero no nos vale. Brasil ha ganado, también 1-0, a Austria, con gol de Roberto Dinamita, que más adelante fichará por el Barça. Tenemos tres puntos, Brasil cuatro, Austria cuatro. Somos terceros, nos volvemos.

La increíble perspicacia Thomas

*E*s el 3 de junio, primera jornada en el Grupo C, el de España, Austria, Suecia y Brasil. El mismo día que nosotros perdemos con Austria, Brasil y Suecia juegan entre sí. Brasil tiene un equipo desigual, con un Zico emergente, un Rivelino declinante y jugadores no tan buenos como se esperaría de Brasil en según qué posiciones. Con todo, era Brasil y Brasil siempre es Brasil. Se había clasificado en su zona americana con seis victorias, dos empates y ninguna derrota, diecisiete goles marcados y ninguno encajado. Para Argentina, es el enemigo natural, el rival que conviene alejar del camino.

Se adelantan los suecos, por el barbudo Sjöberg, en el 38'. Empata Brasil, con Reinaldo, en el 45'. No ha sido una buena primera parte. Llueve, el terreno está blando y la hierba, muy reciente y no asentada, se levanta, como pasará otra vez cuando jueguen ahí Brasil y España. La segunda parte es un duelo entre la voluntariosa inoperancia de Brasil y el conformismo de Suecia, para la que un empate con Brasil es una medalla. Brasil insiste. En el 90', hay un córner final contra la portería sueca. Lo lanza Dirceu desde la derecha, con su zurda precisa, y el balón va cerrándose en su trayectoria hasta que encuentra a Zico, que cabecea limpiamente a la red. Pero Clive Thomas no da el gol, da tres pitidos y señala el final del encuentro. Final, sí, pero ¿vale el gol? Dice que no. Luego explicará que el tiempo se había cumplido mientras el balón volaba entre la bota de Dirceu y la cabeza de Zico, y que se estaba llevando el pito a la boca cuando este cabeceó. En conciencia, para él estaba cumplido el tiempo, por eso no dio el gol.

Los brasileños se marcharon enfurecidos por esta decisión arbitral, quizá la más extravagante de la historia de la Copa del Mundo.

Ese gol no concedido le impedirá a Brasil ser campeón de grupo, lo que en teoría debería haberle apartado del camino de Argentina en la segunda fase, en la que se reunirían en una de las liguillas semifinales los campeones de los grupos A y C y los subcampeones de los B y D. Argentina estaba en el grupo A, del que se la esperaba campeona. Pero Argentina perdió el último partido de su grupo, contra Italia. Fue una sorpresa. Italia llevaba varios campeonatos quedando mal, pero ya estaba gestando un gran equipo, el mismo, en puridad, que iba a ganar cuatro años después la Copa del Mundo en España. En el partido contra Argentina jugó muy bien y ganó con un recordado gol de Bettega.

El caso es que resultó que por esa derrota Argentina también fue segunda de grupo. Y eso rompió las previsiones. En la liguilla semifinal tuvo que vérselas con los campeones del B y el D y el subcampeón del C. O sea, Brasil se le cruzaba en el camino.

Lo que ocurrió en esta segunda liguilla, con Argentina, Brasil, Perú y Polonia (por el otro lado irían Austria, RFA, Holanda e Italia) merece capítulo aparte.

El Atlético Kimberley debuta en el mundial

*E*l grupo A de este mundial dejó para la tercera fecha un partido inútil: Francia-Hungría. Ambas habían perdido los dos primeros encuentros, tenían cero puntos. Argentina e Italia eran inalcanzables para ellos. Estas dos se jugaban en su tercer partido la cabeza del grupo, que no es poco (ganó Italia), pero entre Hungría y Francia no se jugaban más que la honrilla. Francia estaba empezando a armar un equipo estupendo, que luciría en el siguiente mundial, en España. Ahí estaba ya Platini. Hungría, como siempre, seguía soñando con reedificar su vieja gloria de los cincuenta.

Francia-Hungría, pues, sin nada en juego. En Mar del Plata. La FIFA solicita a Hungría que lleve camiseta blanca, en lugar de roja. Por entonces aún existían muchos televisores en blanco y negro en uso en el mundo, y preocupaba que al enfrentarse un equipo de camiseta roja y otro de camiseta azul, no se distinguieran. Hungría obedeció, dejó las coloradas en el punto de concentración y viajó con las blancas. Lo malo es que por su parte Francia, sin recibir indicación alguna, tuvo la ocurrencia de hacer lo mismo. Al ver que se enfrentaba con una selección que vestía de rojo, tomó la precaución, sin consulta previa, de viajar con su segundo color, también blanco. Y también dejó las azules en el lugar de concentración.

La coincidencia se descubrió ya en el estadio, el José María Minella, de Mar del Plata. Era el 10 de junio y el partido estaba fijado para las 13:45, hora local. El árbitro, el brasileño Coelho, culpó con razón a los franceses. Ellos se habían equivocado, ellos mismos tenían que arreglarlo. Y Francia tuvo que arreglarlo. Después de algunas gestiones para hacerse con una equipación de Boca Juniors, que no resultaron por estar cerrado el almacén (al fin y al cabo en la camiseta de Boca predomina el azul) se consiguió una equipación del modesto Kimberley, cuya camiseta es de franjas verticales verdes y blancas. Entre gestiones, idas y venidas, el comienzo se retrasó hasta las 14:30, tres cuartos de hora.

El salto de los equipos a la cancha, con Francia vestida a rayas verdes y blancas, pantalón azul y medias rojas, resultó chocante. Corrió el rumor de que Francia se había planteado negarse a jugar, corrió el rumor de que se había negado a vestir como Francia porque entendía que contra Argentina le habían robado el partido. Nada de eso fue cierto, se trató solo de un despiste que produjo una de las imágenes más chocantes de la historia del fútbol. A la extravagante combinación de colores hubo que añadir que la numeración de la espalda de los franceses no coincidía con la de sus pantalones, donde llevaban su número permanente para el mundial. Las de Kimberley se las colocaron en orden correlativo. No había hasta el 22 y prefirieron la numeración clásica.

Al menos, Francia ganó el partido, 3-1, y pudo regresar decentemente. Y el Club Atlético Kimberley, un modesto fundado en Mar del Plata en 1921, habitante habitual de la Serie B de Argentina, se hizo súbitamente célebre en todo el mundo. En cierto modo, puede decirse que ese día Kimberley jugó el mundial de alguna manera. Y aquello le dio suerte: ese 1978, Kimberley ganaría la Liga Marplatense y en 1979 jugaría en la Liga Nacional.

Argentina-Perú, la noche de la sospecha

*E*stamos en el grupo 2, en la liguilla semifinal. Participan Polonia y Perú, campeones de los grupos B y D de la primera fase, más Argentina y Brasil, subcampeones del A y el C. Brasil ha empatado a puntos con Austria, con la misma diferencia de goles, pero es segundo por haber marcado un gol menos que Austria en el grupo (2-1 frente a 3-2). Este era un criterio que se había establecido antes del torneo, para sustituir el sorteo en casos de empate. El campeón de la liguilla irá a la final, contra el campeón del grupo 1, que reúne a Holanda, Italia, RFA y Austria. Los subcampeones se enfrentarán entre sí por el tercer y cuarto puesto.

Primera jornada, 14 de junio. En Mendoza (esta liguilla se juega fuera de Buenos Aires) Brasil gana 3-0 a Perú y Argentina, 2-0 a Polonia. Perú había gustado mucho hasta entonces, pero se aflige ante Brasil. Dirceu (pronto será del Atlético de Madrid) marca en el 15' y el 28'. Zico remacha, de penalti, en el 73'. Final, 3-0. Por su parte, Argentina gana 2-0 en Rosario a Polonia en la primera gran noche de Kempes. Hasta ese día, Kempes aún no ha marcado ningún gol en el mundial. Algo extraño, porque es un interior demoledor, con una llegada implacable. Tanto que en Argentina se decía: «No diga Gol, diga Kempes». Menotti, el seleccionador, le ha pedido que se afeite el bigote, a ver si es eso. Y funciona. Marca en el 16' y en el 71' y aún le sobra fuerza para hacer una gran estirada bajo su portería, con Fillol batido, y evitar un gol que entraba. En la época eso no representaba expulsión, solo penalti. Y el penalti se lo detuvo Fillol a Deyna. Así que puede decirse que esa noche Kempes hizo un *hat-trick*, entre los dos que hizo y el que evitó. Ya era por entonces jugador del Valencia, que había exigido a la federación argentina 50.000 dólares para dejarle viajar con antelación a la concentración del mundial. Si no, amenazó, solo lo cedería desde tres días antes del primer partido. Entonces aquellas cosas no estaban tan reguladas como ahora. Kempes era, de todo el equipo argentino, el único que jugaba en Europa.

En la segunda jornada, Polonia gana a Perú en Mendoza por 1-0, gol de Szarmach en el 65', en un partido al que apenas se presta atención fuera de sus países. Porque ese mismo día, 18 de junio, Argentina y Brasil se enfrentan en Rosario. Una rivalidad infernal, que viene de la noche de los tiempos (estuvieron años sin jugar entre sí, renunciando uno de los dos a la Copa América, desde la fractura de pierna de Salomón en el torneo de 1946, en partido que tardó siete horas en completarse, por las broncas) y que se agita especialmente en esas vísperas. Se recuerdan toda clase de incidencias históricas, salen a relucir años y años de agravios. Brasil protesta por tener que viajar a Rosario, dejando Mendoza, donde tuvo sus otros dos partidos del grupo. Argentina jugará los tres en Rosario.

Al fin llega el partido y es un petardo, entre precauciones y dureza. No pasa nada más que protestas, malos modos, reclamaciones al árbitro, pérdidas de tiempo e irrupciones de los masajistas. Rodrigues Neto resulta lesionado de gravedad. Ardiles sale en camilla y se perderá el tercer partido del grupo, pero estará para la final, una semana más tarde.

El resultado de todo esto es 0-0. Un partido para borrar de la historia de los mundiales.

Llega la tercera jornada, uno de los días de la infamia en la Copa del Mundo. Llegan a esa tercera jornada empatados a tres puntos Argentina y Brasil, con una victoria y un empate. Si ambos ganan, empatarán a cinco puntos. Se decidirá el finalista por diferencia entre goles marcados y encajados o, si la diferencia no resuelve, pasará el que más goles haya marcado. Brasil llega con más tres, Argentina, con más dos. Argentina necesitará ganar por dos goles más que Brasil. Y se hace una maniobra inicua: se coloca el partido de Brasil antes que el de Argentina, contra los usos ya establecidos de tiempo atrás de hacer simultáneos los partidos cuyos resultados tengan influencia mutua.

Brasil juega primero, en Mendoza, y gana 3-1, en un bello partido, con goles de Nelinho (13'), Lato (45') y dos de Roberto Dinamita (57' y 63'). Brasil, cinco puntos y una diferencia en goles de 6-1, más cinco.

Cuando sale a jugar contra Perú, Argentina ya sabe, pues, que necesita ganar, y por al menos cuatro goles de diferencia, para acabar con más seis. Juega con esa ventaja. Y para más inri y por esas travesuras del fútbol, el meta peruano, Quiroga, es un argentino nacionalizado. Y de Rosario, por más señas. Había empezado en el Rosario Central, de donde pasó al Sporting Cristal, de Perú, donde jugó muchos años, con un paréntesis en el Independiente. En el 78 estaba en el Sporting de Cristal. En ese tiempo Perú tenía un buen equipo pero andaba flojo de porteros. De ahí que le ofrecieran ser internacional y que él aceptara. Para jugar con Argentina, donde estaban Fillol y Gatti, entre otros, no le alcanzaba.

Ganó Argentina por 6-0, con dos de Kempes, dos de Luque y uno por cabeza de Tarantini y Houseman. Al descanso iba 2-0. En el descanso hay gritos incesantes de «¡Ar-gen-tiná!» Los de Menotti salen como fieras y en cinco minutos hay una oleada de siete ataques que rentan dos goles. En el 50' ya estaba en el marcador la diferencia de cuatro, que daba la clasificación. Luego caerían dos más.

Quedó una sensación extraña, que el tiempo ha agrandado con rumores de tongo. El partido empezó con un tiro del peruano Muñante al palo. A Quiroga no se le puede achacar ninguno de los goles, aunque no cabe duda de que su situación era delicada. Era argentino, de la ciudad donde se jugaba el partido, su familia vivía allí y, como confesó el jugador años después, hasta su propio padre, que acudió al partido, quería que Perú perdiera. Claro que lo mismo pasó, dijo en la misma entrevista, cuando fue con Independiente a jugar contra Rosario Central, el equipo de su progenitor. En Perú unos le cargaron de culpas, otros las dividieron entre el resto de compañeros.

Argentina jugó muy bien, fue un vendaval y Kempes era un poderoso goleador. Desde ese punto de vista, la goleada no tuvo nada que se alejara de los patrones del fútbol. Pero hubo dudas respecto a la resistencia que opuso Perú. Las dudas las resucitó el propio Quiroga en una entrevista publicada en el diario bonaerense *La Nación* el 8 de octubre de 1998, insinuando que algunos se habrían vendido e incluso hablando de una especie de castigo enviado contra ellos desde el más allá, como les ocurrió a los profanadores de la tumba de Tutankhamon:

«De los que habrán agarrado la guita varios murieron y otros murieron para el fútbol, ¿te das cuenta? En ese partido jugó (Roberto) Rojas, un tipo que nunca había jugado. Él se murió en un accidente. Y a mí me explotó una bomba en un estadio y no me he muerto, ¿te das cuenta? Marcos Calderón (el técnico) se cayó en un avión y se murió. Y nosotros le dijimos muchas cosas en el entretiempo…».

Quiroga lo pasó mal, claro, al regreso a Perú, aunque siguió jugando en el Sporting Cristal. Cinco años después se fue a Ecuador, al Barcelona de Guayaquil, pero aún volvería en 1983 para rematar su carrera allí. No pudo ser muy profunda, pues, la convicción de los peruanos de que se había dejado vencer seis veces sin oposición por Argentina. Pero quizá sí le provocó aquello un fondo de incomodidad que salió a relucir tiempo después en aquellas declaraciones.

Difícil saber lo que hubo de verdad y de artificialmente alterado en aquel resultado. De lo que no cabe duda es de que Argentina contó con la ventaja, sobre Brasil, de salir al campo sabiendo por cuánto tenía que ganar. Y que eso, que en sí es impresentable, creó una sicosis colectiva y condicionó para siempre la mirada sobre ese partido.

Argentina gana su mundial

*E*s 25 de junio de 1978 y salen al campo Argentina y Holanda. El aire se llena de papelitos, según la costumbre argentina. Los dos equipos desfilan, con el árbitro a la cabeza, mientras un hombre delgado y elegante fuma. Es César Luis Menotti, el hombre del momento. Él ha sabido conjuntar un buen equipo que ahora se pone a prueba ante Holanda, que juega su segunda final de Copa del Mundo consecutiva ante el local. Perdió la de hace cuatro años, ante la RFA. Ahora insiste, y eso que no está Cruyff.

En el palco, el general Videla, mascarón de proa de la Junta Militar que secuestra y tortura. No lejos del Monumental de River, donde se juega, está la Escuela de Mecánica de la Armada, escenario de las peores fechorías. Pero el fútbol ha mirado para otro lado. También Menotti, un hombre de izquierdas, cuyo grupo de jugadores va a contribuir, aunque no sea esa su intención, a darle un grado de legitimidad a la Junta Militar.

Argentina ha pasado la primera fase como segunda de su grupo, ganando a Hungría (2-1) y a Francia (2-1) y perdiendo con Italia (1-0). En la segunda fase, gana el grupo por batir a Polonia (2-0), empatar con Brasil (0-0) y golear a Perú (6-0) en noche polémica que lleva su capítulo.

Holanda se clasificó para el mundial arrasando en su zona europea a Bélgica, Irlanda del Norte e Islandia (cinco victorias y un empate, 11-3 en goles). Ya en Argentina, su primera fase no es tan buena. Ha pasado también como segunda, tras Perú. Ganó a Irán (3-0), empató con Perú (0-0) y perdió con Escocia (3-2), el día que Gemmill marcó un golazo. Pasa por los pelos, gracias a un inesperado empate (1-1) de Escocia con Irán. Mejora en la segunda fase, barriendo a Austria (5-1), empatando con la RFA (2-2) y sobre todo ganando a Italia en el tercer y decisivo partido (2-1) un día que Zoff sufrió dos tremendos disparos lejanos de Brandts (el que estuvo en el sorteo del último mundial) y Haan. Campeona de grupo, pues. Y a la final. Las dos subcampeonas, Brasil e Italia, jugaron por el tercer y cuarto puesto. Ganó Brasil (2-1). Del partido se recuerda el tirazo de Nelinho que fue uno de los goles brasileños. Italia, que había batido a Argentina en la primera fase, ya dejó sensación de estar gestando un gran equipo para España.

Brasil no había perdido ningún partido. Empató tres y ganó cuatro, pero fue tercera.

Pero estábamos en la final. Los equipos forman así:

Argentina: Fillol; Olguín, Galván, Passarella (capitán), Tarantini; Ardiles, Gallego, Kempes; Bertoni, Luque y Ortiz.

Holanda: Jongbloed; Poorvliet, Krol (capitán), Brandts, Jansen; Neeskens, Haan, René van de Kerkhof, Willy van de Kerkhof; Rep y Rensenbrink.

Arbitra el italiano Gonella.

En el saludo entre capitanes, Passarella advierte a Gonella de que René Van de Kerkhof (con un hermano gemelo, Willy, también en el equipo, caso único este de dos gemelos en una final) pretendía jugar con una escayola en la mano derecha. Gonella comprueba que la escayola es dura. Los holandeses pretenden que juegue así, pero Passarella y Gonella son inflexibles y tienen razón. Neeskens se enfada mucho, pero René tiene que retirarse y cambiar la escayola por una venda de color carne. Vuelve por fin, al cabo de diez minutos, y tras alguna duda sobre si sería conveniente que jugara otro en su lugar.

El partido es emocionante y bueno. Los dos equipos dan su mejor versión. Hay alguna parada de mérito de Fillol antes de que en el 38' Kempes reciba de Luque, regatee y coloque el balón para el 1-0 entre el delirio general. La segunda parte trae el cambio de Rep por Nanninga en el 59', al que responde Menotti colocando a Larrosa por Ardiles (66'). El partido es bravo y bueno. En el 73' entra Suurbier por Jansen; en el 75', Houseman por Ortiz. Holanda presiona en busca del gol y por fin lo encuentra en el 82', en una jugada en la que Larrosa se queda enganchado cuando sale la defensa argentina y eso permite a Nanninga cabecear a placer. 1-1. Quedan ocho minutos.

Ahora es Argentina la que presiona y Holanda se defiende. Con el tiempo cumplido, suelta un contraataque que culmina Rensenbrink con un remate al palo. Rensenbrink, el mejor jugador de Holanda en ausencia de Cruyff, lo ha tenido. Pero no ha podido ser. Se pasa a la prórroga.

Menotti arenga a los suyos con unas palabras que nunca olvidarán. «Pasarán años, perderán pelo, perderán quizá la plata, les podrán salir mal los negocios, podrán incluso fracasar con la familia. Pero nadie les quitará la gloria de ser campeones del mundo. Pasarán años y aún verán la foto de este equipo colgada en los boliches de toda Argentina. Denle esta alegría al pueblo, la necesita. El pueblo se lo sabrá agradecer».

Después de haber visto el balón en el palo, los argentinos se han sentido aliviados. Al revés que a Holanda, a la que ese recuerdo le corroe el alma. ¡Ha estado tan cerca! A punto del descanso de la prórroga Kempes marca otra vez, en una de esas llegadas suyas al área, arrasando con todo; hay regates, rebotes y finalmente consigue marcar con la plancha. Es el 105', es el 2-1. En el 115', cuando Holanda empezaba a desesperarse, Bertoni culmina una jugada de Argentina con un tiro cruzado. 3-1. El delirio local.

Era el triunfo de Menotti, bajo cuya mano la selección argentina había sido por fin, y por primera vez, una cosa seria. Había tomado el cargo el 1 de octubre de 1974, había manejado más de cien jugadores. Prescindió de todos los que jugaban fuera, excepto de Kempes. Tomó la dura decisión de prescindir a última hora de Maradona, entonces jovencísimo, pero ya figura, y al que tuvo en el grupo hasta el final.

Aquel equipo tuvo el viento a favor propio de toda selección local, pero jugó muy bien. Apostó por la zona, defendió bien, elaboró bien y remató bien, con Kempes. Fue un digno campeón del mundo, aunque este mundial se celebrara en un clima de indignidad.

ESPAÑA 1982

España, con los cinco continentes

*D*espués de Argentina, España. Se regresaba a Europa. La concesión a España se acordó en el congreso de Tokio, en 1964, con ratificación dos años después en Londres, durante el mundial. España, con su amplia afición al fútbol y sus numerosos estadios, fue vista como un país muy válido para organizar la Copa del Mundo. Y llegada la hora, se aprovechó este campeonato para incrementar el número de equipos de los dieciséis que venían participando hasta ese momento, a veinticuatro. De esa forma tendrían acogida, por primera vez, los cinco continentes. El fútbol crecía y el presidente de la FIFA, Joao Havelange, era partidario de abrir el campeonato cada vez más al tercer mundo futbolístico. Se reservó una plaza para España como organizadora y otra para Argentina, como campeona. Las restantes veintidós se repartían así: trece para Europa, tres para Sudamérica, dos para la Concacaf, dos para África y dos para Asia-Oceanía. Cambió también el modelo de competición, atendiendo al nuevo número de equipos. Para la primera fase hicieron seis grupos de cuatro, de los que primero y segundo pasaban a una segunda fase. Esta se disputaba en cuatro liguillas de tres, cuyos ganadores pasarían a semifinales. Eso elevaba el campeonato de 38 a 52 partidos.

España hizo un esfuerzo. El campeonato se jugó en catorce ciudades y diecisiete estadios. Las ciudades fueron Madrid (dos campos), Barcelona (dos campos), Sevilla (dos también), Valencia, Bilbao, Zaragoza, Málaga, Gijón, Oviedo, La Coruña, Vigo, Elche, Alicante y Málaga. El entusiasmo del mundial gigante y para todos llevó a la ampliación o remodelación de todos los estadios, y hasta a la construcción de uno nuevo, en Elche. Se hicieron tiradas de sellos, monedas y sorteos especiales para financiar el campeonato, pero a la larga aquello dejó una pella colectiva, que los clubes propietarios de los estadios arrastraron durante mucho tiempo, e incluso utilizaron como pretexto para desvaríos posteriores, cuyas pérdidas siempre se emborronaban en la deuda del mundial. El campeonato dejó para España, según las estimaciones de la época, una pérdida de 638 millones de pesetas.

Y dejó una víctima seria, Raimundo Saporta, cerebro en la sombra del Madrid de Bernabéu durante la gran época del club. Había dejado el club cuando murió Bernabéu, cuatro años antes. Fue designado presidente del comité organizador, pero posteriormente se le fueron recortando y fiscalizando las funciones por parte de la Administración, lo que coincidió con, o provocó, según las fuentes consultadas, una degeneración visible de sus facultades mentales. Se sintió ninguneado, perseguido e injuriado, y posiblemente tuvo razón al percibirse así. Salió del proceso convertido en otro hombre, un resto de lo que había sido.

Hubo un árbitro por cada país participante, excepto Honduras, El Salvador, Nueva Zelanda, Kuwait y Camerún, donde se entendió que no había ninguno suficientemente capacitado y fueron sustituidos por otros de sus zonas. En total hubo catorce europeos (Lamo Castillo por parte de España), cuatro sudamericanos, dos de la Concacaf, dos de África, dos de Asia y un australiano.

El campeonato empezó el 13 de junio y terminó el 11 de julio. Resultó bien organizado, y si en España dejó un mal sabor de boca fue por el mal papel de la selección anfitriona, pero puede decirse que, con sus incidencias, el campeonato discurrió con éxito. En el curso del mismo se produjo la que todavía es la mayor goleada en la historia de la Copa del Mundo, un 10-1 de Hungría a El Salvador, el 15 de junio, en Elche. En aquel equipo de El Salvador jugaba Mágico González, un genio indolente que fichó por el Cádiz y se hizo leyenda en la ciudad.

Paolo Rossi fue el máximo goleador, con seis tantos, marcados en los tres últimos de los siete partidos que jugó. Los cincuenta y dos partidos disputados dejaron 146 goles, 2,81 por partido. Asistieron en total 2.407.431 espectadores, lógico récord, pues aumentó el número de partidos. La asistencia media fue de 46.297 espectadores por partido.

En nuestro mundial dimos el cante

$\mathcal{K}$ubala dejó el puesto de seleccionador nacional, en el que se mantuvo durante once años y sesenta y siete partidos, tras la Eurocopa de 1980, en Italia. Allí caímos en la fase de grupo, con un primer empate esperanzador ante Italia y sendas derrotas ante Bélgica e Inglaterra. Se cerraba un largo ciclo, el más largo hasta la fecha en tiempo.

Para el Mundial de España, Pablo Porta, presidente de la federación, eligió a José Emilio Santamaría. Nacido en Uruguay, hijo de gallegos, había fichado por el Real Madrid en 1957. Ya entonces tenía doble nacionalidad. Formó parte del Madrid más glorioso, del que fue defensa central. Retirado, se hizo entrenador. Destacaron sus campañas con el Español (rozó un título de Liga) y luego fue encargado de las categorías inferiores de la selección. No extrañó su nombramiento, pues. Parecía una elección lógica.

Y no se puede decir que no se preparara el mundial a fondo. Como al ser organizadores del campeonato no teníamos que pasar eliminatoria alguna, se preparó un amplio plan de amistosos, que incluyó una gira por Iberoamérica al término de la temporada 80-81. Al llegar el campeonato España había jugado diecinueve partidos en dos temporadas, los últimos en el Luis Casanova de Valencia, donde habríamos de jugar la primera fase. En aquel lote de amistosos entró una celebradísima victoria en Wembley, la primera de nuestra historia, más jubilosa aún porque ese mismo día Quini fue liberado de sus secuestradores. En total, fueron nueve victorias, seis empates y cuatro derrotas. Muchos partidos se jugaron fuera de casa y en general los resultados fueron a mejor. La sensación no era mala.

El sorteo nos proporcionó un grupo que no daba miedo. Yugoslavia, Irlanda del Norte y Honduras.

Pero algo no anduvo del todo bien. A Santamaría se le fue viendo más bien hosco, como excesivamente responsabilizado. Nunca fue un hombre alegre y dicharachero, pero sí exquisito y educado. Pero pronto se le vio incómodo.

La lista no tuvo demasiadas críticas. Eran años grandes de la Real y el Spórting, sobre todo de la Real y el grupo final tuvo mucho de ambos, más del Madrid y el Barça, que siempre pesan. Con dos incrustaciones del Valencia más los laterales Urkiaga y Gordillo, del Athletic y el Betis. El grupo final de veintidós fue:

Porteros: Arconada (Real), Miguel Ángel (Madrid) y Urruti (Barça).

Defensas: Urkiaga (Athletic), Camacho (Madrid), Tendillo (Valencia), Alexanko (Barça), Jiménez (Spórting), Maceda (Spórting) y Gordillo (Betis).

Centrocampistas: Alonso (Real), Joaquín (Spórting), Zamora (Real), Saura (Valencia), Sánchez (Barça) y Gallego (Madrid).

Delanteros: Juanito (Madrid), Satrústegui (Real), Santillana (Madrid), Quini (Barça), Uralde (Real) y López Ufarte (Real).

Seis de la Real, cinco del Madrid, cuatro del Barça, tres del Spórting, dos del Valencia, uno del Athletic y uno del Betis. Se discutió la exclusión a última hora del Atlético Quique, que había estado en una primera lista de 23 y fue baja porque entonces solo se aceptaban 22 y Santamaría prefirió ir con tres porteros y un jugador de campo menos. Quique era la única presencia del Atlético y su salida produjo algún alboroto. Además, se justificó mal. El doctor Guillén, de la Federación, dijo que estaba lesionado, cosa que negó el médico del Atlético, doctor Ibáñez.

Pero más que en la lista, las discusiones solían estar en el equipo titular. Eran años de gran rivalidad entre la Real y el Madrid y eso llevaba a frecuentes discusiones. No había dudas sobre Arconada (gran favorito de toda la afición española en esos años) y Miguel Ángel, pero sí, y muchas, en el caso de Santillana y Satrústegui. Por otra parte, en San Sebastián se repudiaba a Juanito y en Madrid y en otras partes de España se miraba con el mayor interés si los de la Real dejaban o no bien visible el dobladillo de la media, con los colores de España. Eran años duros de la ETA y parte de la afición desconfiaba del interés de algunos jugadores de la Real por cumplir en la selección. Eso emponzoñaba el ambiente. Aquel debate feo quizá fuera causa última del malhumor de Santamaría.

Hubo concentración en dos fases, para romper la monotonía: primero en los Pirineos, en la estación de La Molina, para oxigenar, y luego en El Saler, junto a Valencia. Pero siempre se desprendió un perceptible aire como de cierto hastío o convivencia no tan buena como fuera deseable. Nada estrepitoso, pero algo perceptible.

España, 1 - Honduras, 1

Al fin llegó el día. Es el 16 de junio y el Luis Casanova, nombre entonces de Mestalla, revienta, en una magnífica respuesta del público valenciano, que fue lo mejor (casi lo único bueno) que mostró España en todo el campeonato. La rival era Honduras, la cenicienta del grupo. Había sido campeona de la zona Concacaf, cierto, en la que no había conseguido clasificarse México, pero el otro equipo clasificado de aquella región, El Salvador, había sido arrasado (10-1) por Hungría la víspera. Así que el partido se contemplaba a priori como otra goleada.

Santamaría sale con este equipo: Arconada (capitán); Camacho, Tendillo, Alexanko, Gordillo; Joaquín, Alonso, Zamora; Juanito, Satrústegui y López Ufarte. Coincide exactamente con los once primeros en la numeración, lo que da idea de que hasta entonces Santamaría tenía la idea clara.

Pero el partido es un espanto. España no conecta, juega agarrotada, muy por debajo del valor de sus jugadores. Para sorpresa de todos, se adelanta Honduras, en el 7', con gol de Zelaya. España no juega ni a las tabas. En el descanso Sánchez sustituye a Joaquín y Saura a Juanito. En el 66' hay un penalti a Saura, un poco de esos que se le pitan al de casa y al de fuera no. Lo transforma López Ufarte. Se supone que ahora España mejorará, pero nada de eso. Al final, 1-1 y sensación de oprobio.

(Ese empate y otro posterior, ante Irlanda del Norte, abrirán las puertas de España a varios jugadores hondureños. El meta Arzu y el medio Maradiaga ficharán por el Racing, el líbero Costly, por el Málaga, el medio o líbero Gilberto Yearwood, por el Valladolid, y el delantero Figueroa, por el Murcia).

Los días entre partido y partido son tremendos. Que si Satrústegui, que si Juanito, que si las medias, que si por qué Camacho (zurdo) en la derecha, que si este, que si el otro.

España, 2 - Yugoslavia, 1

El 20 de junio la afición valenciana renueva su presencia y su entusiasmo en el Luis Casanova. Ahora toca Yugoslavia. Santamaría repite equipo, salvo Sánchez por Joaquín en la media. O sea, salen estos: Arconada (capitán); Camacho, Tendillo, Alexanko, Gordillo; Sánchez, Alonso, Zamora; Juanito, Satrústegui y López Ufarte. Enfrente, Yugoslavia, que en el primer partido ha empatado (0-0) con Irlanda del Norte, el día en que el jovencísimo Norman Whiteside debutaba en el mundial con diecisiete años y cuarenta días, superando el récord de precocidad de Pelé, que databa de Suecia'58. No ha parecido la Yugoslavia temible de otros tiempos.

Pero la cosa empieza mal. A los 10', Gudelj marca el 0-1. En socorro de España llega pronto el árbitro, el danés Lund-Sorensen, que pita un penalti por derribo a Alonso un metro fuera del área. Muy escandaloso incluso para los hábitos caseros de los mundiales. Lo lanza López Ufarte fuera, pero Lund-Sorensen lo hace repetir, porque el meta Pantelic se ha movido antes, como pasa en casi todos los penaltis. Cuando López Ufarte va a repetir el lanzamiento, Juanito le quita el balón de las manos, en un gesto que será muy comentado. Lo lanza, y marca el 1-1. Queda una sensación de bochorno. Daba la impresión de que si Juanito también hubiese fallado lo habría acabado tirando el árbitro.

Luego, España juega mal de nuevo. Con interés, pero mal. En el 62', hay doble cambio: Saura por Sánchez y Quini por Satrústegui. España juega con desesperación y en el 66' un córner lanzado por López Ufarte lo cabecea Quini, que gana el salto; el balón va demasiado cruzado, fuera, pero aparece providencialmente Saura y marca el 2-1. El partido acaba así. Al menos España ha ganado, aunque sin juego y con un penalti que mejor olvidar. De sus tres goles, dos han sido de penalti, uno casero, el otro inexistente. Saura ha sido el hombre providencial las dos veces, Valencia lo reclama como titular; en San Sebastián se critica el gesto de Juanito, en Madrid se critica a Satrústegui, que cierra el paso a Santillana. Toda España está aturdida.

España, 0 - Irlanda del Norte, 1

Llegamos al tercer día (25 de junio) con un empate y una victoria, después de todo. No está tan mal. Toca cerrar con Irlanda del Norte, que llega con dos empates. Esta vez, Santamaría mete al local Saura, en sacrificio de Zamora. Y repite con Sánchez en lugar de Joaquín: Arconada (capitán); Camacho, Tendillo, Alexanko, Gordillo; Sánchez, Alonso, Saura; Juanito, Satrústegui y López Ufarte.

La afición, que ha intentado ver la botella medio llena (estamos clasificados aun perdiendo por un gol de diferencia, la víspera han jugado Yugoslavia y Honduras (1-0) y eso nos permite esa tranquilidad, llena otra vez el Luis Casanova y sufre otra decepción. Porque esta vez España pierde. Vuelve a jugar fatal y en el 48' Armstrong marca, aprovechando un mal rechace de Arconada hacia el punto de penalti, al interceptar un centro raso que venía de un costado. Santamaría cambia entonces a Satrústegui por Quini, en cuyo empuje para fases desesperadas confía más. En el 78' entra Gallego por López Ufarte. Pero no pasa nada. España pierde. Pasa, pero como segunda de grupo, lo que le mandará a un grupo indeseado, por fuera de la trayectoria prevista.

El fallo de Arconada provoca discusiones asfixiantes. Sobre todo por las medias. Arconada no se ponía las medias de la selección. Jugaba siempre con medias blancas. También en la Real, incluso cuando esta se ponía medias azules porque cambiaba su uniforme para jugar contra equipos de blanco, por ejemplo el Madrid. Para Arconada era una especie de cábala, pero eso daba lugar a una incesante comidilla que crecía cada

TANTOS MUNDIALES, TANTAS HISTORIAS

vez que tenía un fallo con la Selección cosa que, dicho sea en su honor, pasó rarísimas veces.

En resumen, la segunda fase de grupo nos reúne con la RFA e Inglaterra, en lugar de Francia y Austria, que hicieron grupo con Irlanda del Norte, campeona. Este segundo grupo, que debió ser el nuestro, se jugó en el Calderón; el segundo, en el Bernabéu. Eran grupos de tres, con dos campeones del grupo previo y un subcampeón. Ganar el nuestro nos hubiera llevado al camino fácil de dos segundos, Francia y Austria. Quedar segundos cambió el trayecto tan bien preparado por el sorteo. En esta segunda fase, los campeones pasaban directamente a semifinales. Los otros dos quedaban fuera. Por supuesto, fuimos los terceros del grupo.

España, 1 - RFA, 2

Abrieron Inglaterra y la RFA, con empate a cero. El 2 de julio el Bernabéu se llena para ver el RFA-España. Nunca hay que perder la ilusión, piensa el aficionado. Santamaría retoca el equipo. Sale Urkiaga, lateral derecho nato, y Camacho se va a la media. Caen Satrústegui y López Ufarte, a favor de Santillana y Quini. Salen estos once: Arconada (capitán); Urkiaga, Tendillo, Alexanko, Gordillo; Camacho, Alonso, Zamora; Juanito, Santillana y Quini. Enfrente, la Alemania del madridista Stielike, de Breitner, que lo fue, del poderoso Briegel, el fantástico Rummenigge y el antipático meta Schumacher.

España ataca con brío en la primera parte, pero no hace daño. En el 45', López Ufarte sale por Juanito, lo que no hace feliz al público local. En el 60', Littbarski sienta a Arconada en una jugada rápida y marca. 0-1. En el 65' sale Sánchez por Quini, que se está estorbando con Santillana. En el 75', la RFA, que ya es claramente superior, marca por medio de Fischer. 0-2. Al menos, en el 82' Zamora marca el gol de la honrilla, con un cabezazo perfecto. 1-2. Final. Alemania tiene tres puntos, nosotros cero. Estamos eliminados antes de jugar el último día, contra Inglaterra. Solo nos queda ser jueces en ese partido. Si Inglaterra nos gana por dos goles de diferencia, o por uno, pero marcando tres o más, pasará Inglaterra. Si no, los alemanes estarán en la semifinal.

España, 0 - Inglaterra, 0

Santamaría prescinde esta vez de Juanito y López Ufarte y sale sin extremos, con Santillana y Satrústegui arriba. El equipo es este: Arconada (capitán); Urkiaga, Tendillo, Alexanko, Gordillo; Saura, Alonso, Zamora, Camacho; Santillana y Satrústegui. La sensación es triste, el partido pasa y pasa sin que suceda apenas nada. España no está mal esta vez, pero tampoco bien. Hay algo de fúnebre en el ambiente. No se mueve el marcador. Nos vamos a casa con una sensación de vacío. El mundial va a seguir sin nosotros. Y sin Brasil, que nos había enamorado, y que a su vez cayó en Barcelona ante Italia.

No, no fue lo que esperábamos. Con el tiempo he hablado con bastantes de los protagonistas de aquello. La idea de que los vascos jugaron deliberadamente mal por orden de ETA es descabellada. Y lo de las medias de Arconada y todo eso. Pero sí es cierto que todos vivieron incómodos por la amenaza de ETA, rodeados de escoltas armados. En los días libres, eran acompañados por vigilancia policial cuando iban a casa, y no solo los vascos. Camacho, por ejemplo, me contó que si en los días libres se desplazaba de localidad tenía que avisar al cuartelillo de la Guardia Civil correspondiente de que iba o venía. Por otra parte, la impresión de todos es que la preparación física no fue buena. Demasiada carga de trabajo, no se sintieron veloces. Esa sensación fue común. Eso les produjo un agarrotamiento y una pérdida de confianza que fueron a más. Por eso el único partido de verdad decente que hicieron fue el último, cuando ya estaban eliminados. Ya no les podía pasar nada malo.

El Corte Inglés había establecido un voto para el mejor jugador español de la competición. Lo tenían que votar periodistas. Gordillo reunió cinco votos, pero todos de Sevilla. Se decidió declararlo desierto.

El tongo de los germánicos

Viernes, 25 de junio de 1982, Gijón. El fútbol pasó vergüenza. Era la tercera jornada del grupo B en la primera fase. Aún no se había establecido con rigor que en la última jornada de grupo se jugaran los partidos simultáneamente, como se hará a partir de entonces. En este caso, como en el del Argentina-Perú, cuatro años antes, se dará ventaja, implacable coincidencia, a los favoritos en cada caso de la organización. Aquí la ventaja será para los alemanes y los austriacos, frente a argelinos. Fue un día de infamia.

El grupo B, jugado a caballo entre Oviedo y Gijón, había empezado con una sorprendente y brillante victoria de Argelia (2-1) sobre Alemania, el 16 de junio. El 17 (las jornadas iban desparejadas) Austria ganó a Chile por 1-0. Segunda jornada, Alemania gana a Chile (4-1) el 20 y Argelia pierde con Austria (0-2) el 21. En la tercera, juegan primero Argelia y Chile, el 24, y los africanos ganan 3-2. Cuando el 25 saltan a El Molinón Alemania y Austria, la cosa está así: Austria y Argelia tienen cuatro puntos, Alemania, dos y Chile, ninguno. Austria tiene +3 en diferencia de goles, Argelia, cero, con cinco marcados y cinco en contra. Si Austria gana, será campeona de grupo, con seis, seguida de Argelia, con cuatro; Alemania se quedaría con dos. Si Alemania y Austria empatan, Austria será campeona de grupo con cinco, Argelia segunda, con cuatro, Alemania tercera, con tres. Si gana Alemania, habrá un triple empate a cuatro, que decidirá la diferencia de goles. Si Alemania gana por tres o más, el segundo será Argelia. Si gana por dos o uno, el segundo será Austria. Ya al acabar su partido contra Chile, la víspera del Alemania-Austria, el seleccionador argelino, Khalef, que se teme algo, hace un llamamiento a la deportividad.

El día 25, el ambiente en El Molinón es magnífico. Las 41.007 localidades del estadio están ocupadas. («Nunca antes se reunieron tantos para tan poco», iniciaría luego su indignada crónica en *El País* Juan Comas). Asturias ha vivido este grupo con pasión, se ha exhortado a la gente a acudir y a despedir el partido con pañuelos blancos, en señal de gratitud al mundial. Y sí, saldrán, pero en otro sentido.

Porque el partido empieza con un aire sereno que en principio no preocupa mucho. Son los clásicos minutos de tanteo que se dan en todos los partidos. Hasta que en el 11' marca el gigantón Hrubesch, un delantero centro enorme, muy de la antigua escuela. Ha sido una jugada rápida, con pase de Littbarski. Y entonces el partido se desploma. Julio Maldonado (Maldini como firma periodística) me comentó tiempo después que repasando el partido observó que nada más llegar ese gol Schumacher, el meta alemán, se puso una gorra blanca, lo que cabría haber interpretado como bandera de paz. El caso es que allí no se movió apenas nadie más.

En el descanso empezó a bullir la indignación. Los menos avisados, ese público de grandes acontecimientos que había acudido al partido sin mayores conocimientos anteriores, se fue informando por los más espabilados de las cuentas en juego. Cuando los equipos salieron en la segunda mitad, la predisposición del público a la irritación ya era máxima. Y los jugadores no hicieron nada por disimularlo, al revés, cayeron en un descaro ofensivo.

El segundo tiempo se jugó al borde del incidente de orden público. Un puñado de aficionados argelinos hizo amago de saltar al campo, la policía les reprimió con dureza y el público local, indignado, se puso del lado de los argelinos. Los gritos de «¡Argelia, Argelia!» tronaban, ante la descarada indiferencia de los jugadores, que entretenían el rato pasándose o perdiendo el balón. El público aclamó e hizo saludar al presidente de la federación argelina, presente en el campo. Parte de los asistentes se marchó, el resto agitó sus pañuelos, en protesta por lo que ocurría. El partido acabó así. Ganó Alemania, 1-0. Alemania quedaba campeona de grupo, Austria, segunda, Argelia estaba fuera. Las tres con cuatro puntos.

Luego hay quejas inútiles de Argelia, que protesta a la

FIFA. A los jugadores de Alemania les lanzan tomates y huevos a su llegada al hotel, dos horas después. Quienes lo hacen son aficionados asturianos, indignados por el hecho. A la noche habrá manifestación ante el hotel de los alemanes y Schumacher lanzará agua y basura a los manifestantes.

Las quejas se perdieron en el vacío. Argelia se tuvo que marchar, irritada y humillada. Austria caería en la siguiente fase, Alemania llegaría a la final, tras eliminar a Francia en las semifinales de forma también muy poco ejemplar.

Veinticinco años después, Briegel, que jugó ese partido, tuvo la debilidad, o la sinceridad, de confesar la verdad en *Al Ittihal*, diario árabe: «Tomamos la decisión entre todos, ellos y nosotros, de no estorbarnos demasiado...», confesó. Eso resucitó la polémica. Madjer, estrella de aquel equipo argelino, declara. «Sentí rabia y vergüenza, el tongo fue descarado». Schumacher, siempre fiel al detestable papel de hombre malo que desempeñó durante aquel mundial, dice cínicamente: «Quizá Briegel se tomó una copa de más». El austriaco Schachner fue más explícito que nadie: «Yo quería jugar, pedía el balón para marcar gol, pero los demás me abroncaban. Briegel me decía. "¿Por qué corres tanto? ¡Párate!". Y desde el banquillo me hacían señas para que parara. Solo claudiqué al final, cuando vi que todo era inútil y que, sí, el 1-0 nos valía.»

El gol que anuló un jeque

Kuwait fue la gran nota exótica del Mundial de España. Era la segunda vez que aparecía un equipo del Golfo Pérsico (Irán ya participó en 1978), hacia donde ya miraba el mundo por el petróleo, aunque no tanto como ahora. Kuwait ganó en la zona de Asia, tras superar con solvencia dos grupos. La entrenaba el brasileño Carlos Alberto. (No confundir con el capitán del 70, era otro). Tenía algunos jugadores estimables. Y un presidente de Federación llamado Fahad al-Sabah, hermano del emir de Kuwait. Se haría famoso.

Kuwait quedó encuadrado en el grupo D, que repartió sus encuentros entre Bilbao y Valladolid. Empezó empatando (1-1) con Checoslovaquia, lo que señalaba un buen nivel. En esa Checoslovaquia jugaba Panenka. Los kuwaitíes se quejaron de que de no ser por el árbitro, el ghanés Dwomoh, hubieran podido ganar. Su segundo partido, en Valladolid como el primero, fue contra Francia, que venía de haber perdido el primero, ante Inglaterra, en Bilbao.

Francia tenía un equipo precioso, que empezaba a fraguarse, con un joven Platini al mando. Y fue superior. 1-0, 2-0, descanso, 3-0… En el 75', Kuwait descuenta. El partido está 3-1 cuando se va a producir la escena más grotesca de la historia de los mundiales. Avanza Francia, un gracioso pita desde la grada, algunos kuwaitíes paran, pero Francia completa la jugada con gol de Platini, que sería el 4-1. Los kuwaitíes protestan, pero el árbitro ruso Stupar dice que él no ha pitado y concede el gol. Ellos se enfadan, se revuelven, discuten, van a su banquillo.

Entonces se levanta desde el palco Fahad al-Sabah, el presidente de la federación hermano del emir, y hace gestos inequívocos de que se retiren. Junto a él están Don Juan de Borbón y todas las autoridades locales. Carlos Alberto, el entrenador, templa gaitas. Fahad al-Sabah baja entonces las escaleras, con su llamativo atavío árabe, y se presenta en el césped, donde los guardias que protegen el campo le dejan pasar. Discute, hace gestos y entonces, de forma increíble, el ruso Stupar accede a su petición y anula el gol. Ahora son los franceses los que se rebotan y hacen amago de irse, pero se quedan. El que se marcha y ya no presenciará el final será su entrenador, Michel Hidalgo, famoso por sus malas pulgas.

El partido sigue, pues, 3-1, tras una interrupción de ocho minutos. Quedan diez por jugar. Fahad al-Sabah se reintegra al palco, del que hacen discreto mutis por el foro Don Juan y las autoridades locales. Quedan diez minutos por jugar. Francia marca en el 89' el 4-1, por medio de Bossis. Esta vez sí que vale.

Luego, Al-Sabah dará explicaciones contradictorias con sus gestos. Dirá que había bajado al campo a calmar a sus jugadores, a los que veía muy excitados, y que sus gestos desde el palco de retirada habían sido malinterpretados: «Cuando dos personas se dan la mano, puede ser que se estén encontrando o que se estén despidiendo», dijo con filosofía oriental. «Nunca hay que juzgar por la apariencia de un gesto». Pero sí criticó duramente a la FIFA, de la que dijo estar dispuesta a ayudar a unos equipos en detrimento de otros, y citó, junto al Checoslo-vaquia-Kuwait, el España-Yugoslavia, y hay que decir que en este último punto tenía más razón que un santo.

El bochorno fue grande. Nunca antes ni después un señor había bajado del palco al campo para anular un gol. La FIFA tuvo que intervenir y el día siguiente emitió una nota de cinco puntos:

1. Se ratifica el resultado de 4-1 a favor de Francia.

2. La asociación de fútbol de Kuwait ha sido sancionada con una multa de 25.000 francos suizos por la conducta antideportiva de su selección nacional.

3. El presidente de la asociación de Kuwait ha sido amonestado por conducta antideportiva.

4. La organización del estadio de Valladolid recibió también una amonestación por su falta de orden y control.

5. El árbitro del encuentro ha sido suspendido hasta la próxima sesión de la comisión de árbitros.

Kuwait jugó su tercer partido en Bilbao, donde perdió 1-0 con Inglaterra. Se fue con un empate y dos derrotas, dio mejor tono de lo esperado, pero para el recuerdo de su paso solo quedó la extravagante actitud del presidente de su federación y el increíble provecho que obtuvo de ella: la anulación de un gol ya concedido.

Sucesos extraordinarios en Sarriá

Sarriá, zona de Barcelona, campo del Español, escenario de las proezas de Ricardo Zamora en los lejanos años veinte, cuando se construyó, sobre los viejos terrenos de Can Rabia. Allí se disputó, de forma más bien imprevista el nudo del campeonato del Mundo. Allí coincidió en la segunda fase un grupo de tres: Brasil, Argentina e Italia. No fue culpa de Brasil, no. En ese grupo se tenían que enfrentar un campeón de grupo y dos sub-campeones. Solo el primero de ese triangular seguiría adelante, iría a semifinales.

El hombre propone y Dios dispone. Nadie hubiera pensado que esas tres selecciones se disputasen un puesto entre sí, y menos que los partidos se jugaran en Sarriá, en lugar del Camp Nou. Cumplió Brasil, que fue campeona de grupo, pero fallaron Italia y, sobre todo, Argentina, segundas en sus respectivas zonas. Argentina había empezado el campeonato con una derrota ante Bélgica, en el partido inaugural del campeonato. Argentina era la campeona y se le concedió el honor de abrir plaza. Traía a Maradona, con 21 años, recién fichado por el Barcelona. El equipo argentino era casi íntegramente el que ganó el mundial cuatro años antes, más Maradona. Era favorito. Pero perdió su primer partido, ante Bélgica, y se descolocó. Maradona, quejoso del marcaje, no quiso darse la mano con los belgas al final del partido ni cambiarse la camiseta con Gerets. Por esa derrota, Argentina saldría segunda del grupo. Luego ganaría sus dos partidos, sí, a Hungría y El Salvador (Menotti dejó de un lado el lirismo y exigió a sus jugadores «morir con las botas puestas»), pero no pasaría del segundo puesto.

Por su parte, Italia tuvo una primera fase bastante cochambrosa, en la que empató los tres partidos. Se coló como segunda, empatada a tres empates con Camerún, por la ventaja menor del 2-2 acumulado frente al 1-1 de Camerún. Misma diferencia de goles, pero con un gol marcado más.

Así que la estrella en aquel grupo era Brasil, que venía de cumplir como se esperaba. Había jugado en Sevilla, ciudad que le iba. Había ganado los tres partidos, a la URSS, Escocia y Nueva Zelanda. Ante la URSS, el árbitro, el español Lamo Castillo, había dado un empujoncito a los brasileños cuando más lo necesitaban, pero en España nadie lo reprochó. En España todos íbamos con Brasil. Brasil jugó de maravilla esos partidos. Marcó diez goles entre las tres noches. Tenía un rombo en el medio campo formado por Toninho Cerezo, Falcao, Sócrates y Zico que era una maravilla. Sus dos laterales, Leandro y Júnior, eran jugadores de nivel para jugar como interiores de cons-

TANTOS MUNDIALES, TANTAS HISTORIAS

trucción en cualquier gran equipo español, y no excluyo el Madrid o el Barça. El extremo Eder tenía una pegada gloriosa con la izquierda. De aquel equipo solo quedaban por debajo de la excelencia el delantero centro, Serginho, un grandullón muy torpe, y el portero Valdir Peres, calvo, una rareza en su puesto. Bien es verdad que esas posiciones definen...

El caso fue que en Sarriá se reunió mucho fútbol. Casi demasiado. Hubo hasta cierto movimiento para cambiar ese grupo al Camp Nou, y a cambio jugar en Sarriá el de Polonia, la URSS y Bélgica. Pero no se hizo. El grupo del Camp Nou carecía de la gracia futbolística del de Sarriá, pero alterar el programa sobre la marcha tampoco se podía hacer. Allí la intriga fue política. Los dos ganaron a Bélgica y jugaron el tercer partido. Eran los años de las sacudidas de Lech Walesa en los muelles de Danzig. Estaba detenido. Algunos polacos sacaron una pancarta en el Camp Nou exigiendo la libertad para él. La policía la retiró, en medio de un gran abucheo. Tras los tirones de Hungría, en el 56, y Checoslovaquia, en el 1968, el sistema granítico de la URSS estaba sufriendo una tercera grieta, que iba a ser la definitiva. Pero eso entonces no se sabía, Polonia y la URSS empataron el tercer partido, 0-0, y pasó Polonia por haberle marcado más goles a Bélgica.

Pero lo grande, claro, estuvo en el otro grupo, en el de Sarriá. Italia empezó ganándole a Argentina por 2-1. Todo el partido de Italia fue magnífico, pero hubo un punto para la discusión: el marcaje de Gentile a Maradona. Le hizo veinte faltas, unas mayores que otras, y se fue sin ninguna amonestación. A Maradona aquello le irritó. Maradona y Gentile aparte, Italia fue más que Argentina y ganó. Un palo para Argentina, que se jugaba el todo por el todo el segundo día: tenía que ganar, confiar en que los brasileños derrotaran luego a Italia y después echar cuentas de goles. Pero Brasil ganó a Argentina con la mayor solvencia. 1-0, 2-0, 3-0... Solo a un minuto del final marcó Ramón Díaz para Argentina. Ya hacía rato que Maradona había sido expulsado por el árbitro, el mexicano Rubio. Fue una expulsión indiscutible, respuesta a una rabieta de Maradona que, perdido el balón, pegó un planchazo en el abdomen a Batista.

El tercer partido, el 5 de julio, fue seguramente el más recordado del mundial. Los dos habían ganado a Argentina. Brasil por 3-1, Italia, por 2-1. Quiérese decir que a Brasil le bastaba el empate, Italia necesitaba ganar. E Italia ganó: 1-0, 1-1, 2-1, 2-2, 3-2. Fue una maravilla de partido, que se recuerda quizás equivocadamente como el triunfo del modelo egoísta y defensivo de Italia sobre la generosidad brasileña. Pero no fue tal. Italia jugó muy bien, jugó con plenitud, arriba y abajo. Brasil fue buena arriba, por eso hizo dos goles y le sacó varias paradas al cuarentón Zoff, pero fue insegura atrás. Por eso encajó tres goles, los tres de Rossi, nada de contraataque: un mal pase entre los defensas, un córner, una jugada de ataque larga... Así marcó Italia los tres goles.

Se fueron Argentina y Brasil. Argentina entonó el *mea culpa*, en la voz de Maradona: «Llegamos a España con la idea de que habíamos ganado el mundial, solo que nos olvidamos de que para ganarlo había que jugarlo primero...». Más que la caída de Maradona, dolió la de Brasil. Ese país siempre fue el favorito de la afición española, hasta tiempos recientes. La alegría y felicidad que había mostrado en Sevilla nos habían cautivado a todos: su juego, su música, sus *torcedores* bailantes, sus *garotas* de caderas incesantes... Aquellos partidos eran otra cosa. Se vieron maniobras excelentes, imposibles, mientras una cometa subía y bajaba, sacudida con espasmos al son de la samba. El fútbol-felicidad, la perfección. Italia, un gran equipo, una vieja escuela, cercenó eso. Brasil se marchó, pero quedó para siempre en el recuerdo.

Italia, con Sandro Pertini

*E*s el 11 de julio de 1982 y el Bernabéu va a recibir la final de la Copa del Mundo. Entre la afición española ha habido doble decepción, por el desastre de España y la caída de Brasil, la otra gran favorita del público. Pero a la final llegan dos clásicos: Italia, que ha jugado muy bien, de menos a más, y la RFA, siempre tan dura de pelar.

Italia llegó al mundial como segunda de un grupo de clasificación, tras Yugoslavia; por detrás quedaron Dinamarca, Grecia y Luxemburgo. No era una hazaña. Ya en suelo español, cayó en el Grupo A, con Polonia, Camerún y Perú. Empató sus tres partidos, 0-0, 1-1 y 1-1 respectivamente. Con tres puntos se clasificó como segunda; Camerún, también con tres empates, quedó tercera, por un gol menos en el total: Italia tenía 2-2 y Camerún, 1-1. La prensa y la afición italiana echaba fuego contra los *azzurri*. Pero en la segunda fase, se enmendaron. Con Argentina (ya con Maradona) y Brasil jugaron muy bien y ganaron respectivamente 2-1 y 3-2. El primer día, con marcaje severísimo de Gentile a Maradona, favorecido por un árbitro consentidor, el rumano Rainea. El segundo, con Rossi desatado, marcando sus tres primeros goles en la competición. Hasta entonces no había conseguido ninguno. Rossi venía de una suspensión, envuelto en un escandaloso caso de amaño de partidos que incluyó a buena parte de lo más florido del calcio. Ese día se encumbró. En la semifinal, 2-0 sobre Polonia, de nuevo dos de Rossi.

La RFA había arrasado en su grupo de clasificación: ocho victorias en ocho partidos, 33-3 en goles, frente a Austria, Bulgaria, Albania y Finlandia. En su grupo perdió con Argelia (2-1) y ganó a Chile (4-1) y a Austria (1-0), partido este que resultó un tongo y que lleva su capítulo. En la segunda fase, empató con Inglaterra (0-0) y ganó a España (2-1). En semifinal batió a Francia en Sevilla, en un partido tremendo. 1-1, prórroga, Francia que se pone 3-1 muy pronto y luego reacción, con intervención providencial de Rummenigge, afectado de una lesión muscular. Solo entró en la prórroga, ya con el 2-1. Hizo el 3-2 y provocó la reacción que acabó en el 3-3. Luego, en los penaltis, de los que hubo necesidad de seis por cada lado, pasó la RFA (5-4).

Aquella fue la noche del desagradable, peligrosísimo e impune caderazo de Schumacher a Battiston, que mereció expulsión. Corver, el árbitro holandés, se hizo el despistado. Por un momento pareció que Battiston había sufrido una desgracia. La actitud chulesca de Schumacher mientras le atendían y sus declaraciones posteriores («Si necesita una dentadura nueva estoy dispuesto a pagársela») colmaron de irritación a todo el que no fuera alemán. Y avergonzaron a los que sí lo eran.

Italia había eliminado a los favoritos de la afición, Brasil, y arrastraba de forma injusta la fama defensiva del fútbol de su país, pero estaba jugando bien desde el Mundial de Argentina. Así que el público local se decantó más por ella que por la RFA, tan arrogante, con su tongazo en Gijón y con la execrable actitud de Schumacher en la semifinal.

Italia: Zoff (capitán); Bergomi, Collovatti, Scirea, Cabrini; Gentile, Tardelli, Oriali; Conti, Rossi y Graziani. Falta el bello Antognoni, el *fantasista* del medio campo, lesionado de un planchazo en la semifinal. Gentile pasa a la media y repite el jovencísimo Bergomi, que ya estuvo en la semifinal.

RFA: Schumacher; Kaltz, Stielike, K.H. Förster, B. Förster; Dremmler, Breitner, Briegel; Rummenigge, Fischer y Littbarski.

Arbitra el brasileño Coelho.

La primera mitad es contenida, sin riesgos, mucho juego de medio campo, pero siempre dando los italianos aire de mayor solvencia. En el 8' tuvo que entrar Altobelli por Graziani, lesionado en un hombro. Cabrini falló un penalti. Le pegó mordido al balón y se marchó fuera. A pesar de eso, Italia no se resintió. En el 57', hay una falta de Rummenigge a Oriali, que este saca rápidamente hacia Gentile, que cruza un centro al área; el balón pasa fugaz entre delanteros y defensas hasta que alcanza la frente de Rossi, que lo percute a la red. 1-0. Sexto gol de Rossi en los tres últimos partidos. Italia sigue mejor, Alemania, que mete a Hrubesch en el 63' por Dremmler, no se recompone bien, y en el 69' Tardelli corona una gran jugada colectiva, con ocho pases entre *azzurri* en ataque, con un tirazo cruzado ante el que Schumacher hace la estatua. 2-0. Tardelli lo canta desatado, como pocas veces se ha visto cantar un gol.

Los alemanes meten ahora (69') a Hansi Müller, el ordenado zurdo, por Rummenigge, que ha jugado mermado. Se vuelcan. Italia aguanta sin agobios y en el 81' hay un contraataque muy bien llevado por Conti, que cede a Altobelli; este le pega un recorte seco a Schumacher y marca, a pesar del esfuerzo final de Stielike por alcanzar el balón. Es el 3-0, es el título. Dos minutos después, en el 83', Breitner marca desde el borde del área el gol de la honrilla. La final acabará así, 3-1. Breitner al menos se lleva el consuelo de haber marcado en las dos finales que jugó: la del 74 y esta.

Mientras, ha estado siendo noticia en las televisiones de todo el mundo el menudo y agitado presidente de Italia, Sandro Pertini. Había comido con el rey Juan Carlos, que presidía el partido. Y estaba sentado a la derecha de él. En cada gol se levantó jubiloso, abandonando el rígido protocolo a que obligan los palcos. Se ponía de pie, reía como un niño, saludaba a los suyos. Juan Carlos y toda España, y me figuro que todo el mundo menos Alemania, vio con simpatía esta transgresión de la etiqueta, tanto más por el personaje de que se trataba. Un anciano venerable, viejo luchador antifascista, encorvado ya por los años, pulcro en su terno impecable y convertido en niño por mor del fútbol.

Zoff cogió la copa. Tenía entonces cuarenta años, muchos para mantenerse en el primer plano, incluso considerada la mayor longevidad de los porteros. Cuatro años antes, dos tiros de lejos de Holanda habían dejado a Italia sin ir a la final y no dejó de haber quien le culpara. En este campeonato estuvo bien, sobre todo con algunas intervenciones decisivas ante Brasil, el día crucial. Fue el hombre de más edad en levantar la copa.

La noche de verano de Madrid se llenó de banderas italianas ondeando en coches que hacían sonar los claxons. Los madrileños les jaleábamos eso. Pero el alcalde, Tierno, tuvo un feo detalle que nunca comprendí: ordenó vaciar las fuentes, para que los italianos no se bañaran en ellas, como suelen hacer en su país en las noches de calor o festejo.

No parecieron tomárnoslo en cuenta. Los años siguientes se notó un gran ascenso en la afluencia de turistas italianos a nuestro país.

MÉXICO 1986

El misterioso robo de la Jules Rimet

$\mathcal{A}$ntes de la Copa del Mundo de 1986 el mundial sufrió una pérdida: la de la Copa Jules Rimet, que había sido solemnemente depositada en las instalaciones de la Confederación Brasileña de Fútbol (CBF). Se creó entonces otra, más grande, la que vemos ahora.

La CBF hizo una chapuza: la instaló en una urna de cristal antibalas que por el fondo estaba simplemente pegada a la pared con cinta aislante. La noche del 19 de diciembre de 1983 unos cacos se la llevaron. Habían entrado por la tarde, como visitantes. Se escondieron en un baño cuando acabó la jornada. Intimidaron al guarda de noche, al que maniataron y escondieron. Luego, despegaron la cinta aislante, levantaron la pesada urna y se llevaron la Jules Rimet. Y a la mañana siguiente, cuando se abrió de nuevo, salieron con su botín.

La policía organizó un gran despliegue. Se interrogó a varios sospechosos y la pista la dio un tal Antonio Setta, conocido especialista en forzar cajas fuertes. Él recordaba que a mediados de año un tal Sergio Pereyra Ayres le había querido contratar para robar la copa. Setta se había negado por razones sentimentales: su hermano había muerto el día de la final del 70, por un ataque al corazón justo cuando Gerson marcaba el segundo gol de Brasil. No quiso prestarse a eso.

La policía siguió sus indagaciones y concluyó, tras varias pesquisas en el bar Santo Cristo, el tugurio de los bajos fondos en el que Pereyra había abordado a Setta, que Sergio Pereyra Ayres era el autor intelectual del robo, y que los autores materiales habían sido Luiz Viera da Silva, alias *Bigode* y Francisco José Rocha Rivrera, alias *Barbudo*. Los tres fueron juzgados y condenados en ausencia, a penas de tres a nueve años.

Pero, ¿qué había sido de la copa?

Bigode apareció muerto en el 89, en un ajuste de cuentas de los bajos fondos. Pereyra y Barbudo fueron por fin detenidos y encarcelados en el 94 y el 95, respectivamente. Declararon que la copa había sido vendida y entregada a un traficante en oro, un argentino llamado Juan Carlos Hernández afincado en Río, que la habría troceado y fundido para hacer lingotes. Se buscó a Juan Carlos Hernández, pero para entonces estaba preso en Francia, por tráfico de drogas. Cuando regresó fue capturado e interrogado. Siempre negó su participación. No obstante, se le culpó, a raíz de un truco del policía que le interrogaba, Murilo Miguel, que viendo que no le podía sacar nada comentó con un compañero:

—Nosotros, los brasileños, tuvimos que ganar la copa tres veces para tenerla, y ahora viene un argentino y la derrite…

La sonrisa de sorna de Juan Carlos Hernández se tomó como prueba de que, en efecto, la había fundido.

Pero no todo el mundo quedó convencido. No es el destino habitual de las obras de arte, y la copa podía ser considerada como tal. Muchos pensaban que alguien la había hecho robar para disfrutarla en solitario, y que la policía simplemente había forzado unas confesiones para dar el caso por concluido. Pero, en paralelo, y en seguimiento de la otra tesis, llegó a sospecharse seriamente de Giulite Coutinho, expresidente de la CBF, cuya casa fue registrada sin éxito.

El cineasta Jota Eme llegó a rodar un documental para O Globo titulado *El argentino que derritió la Copa Rimet*, en el que expresaba sus dudas sobre la tesis policial. Aún hoy son muchos los que piensan que la copa existe y que cualquier día aparecerá. El único de los encausados que sigue vivo es Juan Carlos Hernández, que sigue insistiendo en que él no fundió la copa.

Colombia dijo no

México organizó el Mundial de 1986, repitiendo dieciséis años después, por una circunstancia excepcional: renunció Colombia. El de Colombia fue el primer y hasta ahora único caso de país al que se le concedió la organización y posteriormente renunció a ella. México sería el primero en repetir.

Colombia había sido designada en junio de 1974, en el congreso de la FIFA que coincidía con el Mundial de Alemania. Dentro de la alternancia de continentes, tocaba volver a América y un importantísimo personaje del fútbol colombiano, Alfonso Senior (el presidente del Millonarios que traspasó a Di Stéfano al Madrid), hombre de gran influencia en la FIFA, movió bien sus bazas y ganó. El país contempló feliz esa posibilidad. Senior había sido el fundador del Millonarios e impulsor de la célebre DiMayor, la liga pirata de Colombia que contrató jugadores de distintos países sin pagar traspaso, lo que dio lugar a que Colombia fuera expulsada de la FIFA. Pero también fue hombre clave para cerrar después aquel cisma y devolver a Colombia al organismo internacional. Durante aquellos años fue presidente de la Federación Colombiana y vicepresidente de la FIFA, en muchas de cuyas comisiones figuraba. Fue uno de los grandes personajes del fútbol en la segunda mitad del siglo pasado.

Pero más adelante, el Comité Ejecutivo de la FIFA, a la vista del volumen que iba tomando el mundial, decidió emitir una carta oficial con nuevas exigencias a cumplir por el Comité Organizador local del evento. Las condiciones eran estas:

* Doce estadios con capacidad mínima de 40.000 espectadores para la primera fase.

* Cuatro estadios con capacidad mínima de 60.000 para la segunda fase.
* Dos estadios con capacidad mínima de 80.000 para el partido inaugural y la final.
* Instalación de una torre de comunicación en Bogotá.
* Congelación de las tarifas hoteleras para los miembros de la FIFA desde el 1 de enero de 1986.
* Emisión de un decreto que legalizara la libre circulación de divisas internacionales en el país.
* Una flota de limusinas a disposición de los directivos de la FIFA.
* Red de trenes que comunicara las sedes.
* Aeropuertos con capacidad para acoger los más modernos jets en todas las sedes.
* Red de carreteras suficiente y rápida para conectar bien las sedes entre sí.

Las condiciones se consideraron draconianas. Ahora hace tiempo que se ven como normales, o nadie repara en ellas, pero en aquel momento el Gobierno de Colombia las vio como una imposición inaceptable e inasumible. El país estaba ya en problemas con la guerrilla y meterse en esos gastos para la organización de la Copa del Mundo de fútbol no le pareció responsable a Belisario Betancur, presidente del país. Se organizó un fuerte debate. El gran *lobby* financiero del país, Grancolombia, cuya figura principal era Jaime Miquelsen, era partidario del mundial, en el que veía un beneficio directo para sus intereses. Por supuesto, la mayoría de la población también era partidaria de la celebración del campeonato, desde esa idea de que siempre habrá dónde encontrar el dinero, tan propia de las buenas gentes despreocupadas.

Finalmente, después de mucho debate y para disgusto de Senior y de gran parte de la población, la cuestión se votó en el parlamento y la decisión fue rechazar el campeonato. El 25 de octubre de 1982, el país renunciaba. El coste era excesivo y las condiciones de seguridad del país, malas, tampoco animaban. Betancur pensó, seguramente de forma acertada, que el mundial no iba a contribuir a mejorar la imagen del país, sino quizá lo contrario, y además el coste se había disparado.

Se ofrecieron entonces cuatro candidatos, Canadá, Brasil, Estados Unidos y México, y la FIFA optó por México, que también tenía un buen padrino en las cumbres del fútbol, Guillermo Cañedo, vicepresidente de Televisa y a su vez de la FIFA. Él ya había sido el factótum de la celebración en México del Mundial de 1970 (que dejó un magnífico recuerdo) y lo volvería a ser de este. Cañedo ganó el mundial para México nada menos que frente a Henry Kissinger, que lo quería para Estados Unidos. Por aquellos años se estaba perdiendo el impulso del gran Cosmos, y Kissinger esperaba que una Copa del Mundo celebrada en suelo norteamericano podría revivir allí el fútbol, deporte que le apasionaba. Él mismo había cooperado a convencer, tiempo atrás, a Pelé para que fichara por el Cosmos. Kissinger declararía años después: «Los enredos y las conspiraciones para la organización de la Copa del Mundo me hicieron nostálgico de las conversaciones de paz de Oriente Medio.»

Y, dicho sea de paso, en Colombia siempre se sospechó que fue Guillermo Cañedo el principal instigador del documento draconiano. Él sabía que México podía cumplir esas condiciones, y que Colombia posiblemente no. Pero el tiempo hizo que la decisión resultara razonable. En 1986, cuando se jugó el mundial, estaba claro que Colombia no controlaba la guerrilla, que en ese año culminó varios atentados sonados. Entre otros, murieron un coronel, dos jueces y el director del periódico *El Espectador*.

México, por segunda vez

*L*a Copa del Mundo de 1986 se jugó en México por renuncia de Colombia, como se ha detallado anteriormente. La concesión se decidió el 20 de mayo de 1983. Fue el primer país que repetía organización de la Copa del Mundo. Atendió a las nuevas exigencias de la FIFA, que habían echado atrás a Colombia, en cuanto a número y capacidad de estadios, comunicaciones entre sedes, hoteles y demás detalles.

Se dispuso que se disputara en nueve ciudades: México D.F., Guadalajara, Irapuato, León, Monterrey, Nezahualcóyotl, Puebla, Querétaro y Toluca. No se repitió la mascota del 70, un simpático charro llamado *Juanito*, sino que se creó una nueva figura, llamada *Pique*, un chile (pimientito verde picante) dotado de bigote y sombrero mexicano. El balón se llamó *Azteca* y seguía la inspiración y el dibujo del *Tango*, utilizado en las dos copas anteriores, pero con trazados aztecas en las zonas pintadas en negro.

El 19 de septiembre de 1985, a menos de un año para empezar el campeonato, México D.F. sufrió un terremoto de 8,1 grados en la escala Richter. Fallecieron 6.800 personas y cayeron muchos edificios. Pero eso no frenó la decisión de los organizadores. El campeonato empezó en la fecha prevista, el 31 de mayo, y finalizó el 29 de junio.

Hubo diecinueve árbitros europeos, diez americanos (seis de Sudamérica y cuatro de la Concacaf), cuatro de África, seis de Asia y uno de Oceanía. Por España fue Sánchez Arminio. Se jugó bajo un intensísimo calor, en horarios convenientes a las televisiones europeas, lo que reportó grandes incomodidades a los futbolistas, que en el futuro intentarían agruparse, sin éxito, para enfrentarse a la FIFA en este y otros aspectos.

Para este campeonato se suspendió la segunda fase de grupos, que se venía utilizando desde 1974. Se decidió que tras la primera fase, en liguillas de cuatro, se pasara a un sistema de eliminatorias, desde octavos de final, con prórroga y penaltis en caso de empate. Se jugaron en total cincuenta y dos partidos, con 2,54 goles por partido. Los equipos oscilaron entre el 4-4-2 y el 4-3-3, con pocas excepciones, y según esta ordenación aparecen en las alineaciones de la época. Bilardo empezó a utilizar con Argentina, que ganó, un modelo 4-2-3-1, que con el tiempo haría fortuna. El máximo goleador fue Gary Lineker, con seis tantos.

El mundial de la Quinta del Buitre

$\mathcal{T}$ras el fiasco del Mundial de España, Santamaría dejó la selección y casi desapareció de la circulación. En mucho tiempo no se le vio. El fracaso (de la selección, no del mundial, que resultó bien) acabó por llevarse por delante al presidente de la federación, Pablo Porta, cesado por un decreto de quita y pon del gobierno de Felipe González, (a instancias de un periodista muy influyente en la época, José María García), que impedía a los presidentes de federación presentarse a un tercer mandato. En 1984 a Pablo Porta le sucedió el aragonés José Luis Roca.

Antes, nada más acabar el mundial, Porta había designado a Miguel Muñoz seleccionador. Madrileño, había sido, como Santamaría, jugador del Madrid de las Copas de Europa, su capitán en las dos primeras, su entrenador en la quinta y en la sexta. Se mantuvo como entrenador del Madrid catorce años. Luego había entrenado a otros equipos y parecía indicado para el cargo, por su edad y cachaza. Era un hombre inalterable.

Las cosas salieron bien. Clasificó a España para la Eurocopa'84, en Francia, tras un espectacular 12-1 a Malta en jornada feliz en Sevilla. Había que ganar por once goles, se consiguió y ese partido marcó a una generación entera. Luego, en la Eurocopa, llegó a la final, tras batir a la RFA en la fase de grupo y a Dinamarca, gran selección en aquella época, en semifinales. Perdió la final con Francia, 2-0. El primer gol fue muy comentado por la forma en que se le escurrió el balón bajo el cuerpo a Arconada. El segundo llegó en los últimos instantes. España perdió dignamente esa final.

El grupo de clasificación para el mundial no fue fácil. Nos batimos con Escocia, Gales e Islandia. Escocia y Gales tenían entonces equipos fuertes. En Escocia destacaban Souness y Cooper; en Gales, la pareja de ataque, Rush-Hughes (luego del Barça) era formidable. España perdió las dos salidas a Gran Bretaña, pero ganó el resto de partidos. El último partido fue en Sevilla, ante Islandia, en el campo del Betis y Gordillo marcó el gol decisivo ante su parroquia. En el curso de esta clasificación se produjo el relevo de Arconada por Zubizarreta, que se instalaría en la selección por mucho tiempo. La derrota en Gales 3-0 fue el último partido de Arconada, que dejaba atrás una gloriosa carrera de 68 partidos con la selección.

Eran los años grandes de la Quinta del Buitre, que en ese tiempo ganó cinco ligas consecutivas y dos Copas de la UEFA, con llamativas goleadas en el Bernabéu. Aquel grupo fue la base de la selección, aunque le faltaría uno, el central Sanchís, lesionado, y bien que se echaría en falta. Más todavía porque su pareja en el Madrid, Maceda, fue a México mal curado de una lesión; en el Madrid le hicieron reaparecer prematuramente para la final de la Copa de la UEFA ante el Colonia.

Muñoz cometió un error grave en la lista: solo llevó dos centrales, el citado Maceda, que se resentiría, y el bilbaíno Goikoetxea. Formaban una pareja soberbia, impecable, pero ante la eventual baja de alguno de ellos no había suplentes específicos. Gallego, centrocampista, podía hacer de libre, sí, pero eso era todo.

La lista para México fue esta:

Porteros: Zubizarreta (Barça), Ablanedo (Sporting) y Urruti (Barça).

Defensas: Tomás (Atlético), Chendo (Madrid), Goikoetxea (Athletic), Maceda (Madrid), Camacho (Madrid) y Julio Alberto (Barça).

Centrocampistas: Michel (Madrid), Víctor (Barça), Señor (Zaragoza), Quique Setién (Atlético), Gallego (Madrid), Francisco (Sevilla), Calderé (Barça) y Gordillo (Madrid).

Delanteros: Eloy (Sporting), Butragueño (Madrid), Julio Salinas (Athletic), Rincón (Betis) y Carrasco (Barça).

Como se ve, muchos centrocampistas, pocos defensas y solo dos centrales específicos. Muy poco relevo para una zona donde suelen caer tarjetas. Y encima sobrevendría la lesión de Maceda.

Brasil, 1 - España, 0

El grupo hace una concentración en México, a la espera de que empiece el grupo, en el que se encontrará sucesivamente con Brasil, Irlanda del Norte y Argelia. El estreno es con Brasil, en Guadalajara, el 1 de junio. Para este primer partido, Muñoz alinea este grupo: Zubizarreta; Tomás, Maceda, Goikoetxea, Camacho (capitán); Michel, Víctor, Francisco, Julio Alberto; Butragueño y Julio Salinas. Brasil está bastante cambiada desde que la vimos en España. Ahí sigue Sócrates, el elegante centrocampista de pie pequeño y mentalidad izquierdista, pero su entorno es otro. Ya no es tan gran equipo. Pero es Brasil.

El partido es entretenido, España juega bien, Brasil es una amenaza. El primer tiempo se desarrolla sobre todo en el centro del campo, con grandes precauciones de ambos. En la segunda mitad, ambos se atreven más. Buscan la victoria. En el 52', Michel recoge en el borde del área el lanzamiento de un córner, controla con el pecho, deja caer el balón y pega una perfecta volea que percute en la parte baja del travesaño, bota tras la raya y sube, saliendo por el efecto inverso que le había dado el golpe en el larguero fuera de la portería. Las fotos mostrarán inequívocamente que la pelota entró, pero el árbitro australiano, Bambridge, no lo concedió. No sería la única que nos jugara: en el 63', hay un remate brasileño al larguero de Zubizarreta que le queda franco a Sócrates, en fuera de juego cuando se produjo el disparo, y cabecea a la red. Bambridge concede el gol. Es el 1-0. Muñoz meterá a Señor en el 83', por Francisco, España apretará, pero el partido queda así: 1-0. Es una derrota, pero no desespera. El equipo no ha jugado mal ante Brasil, la derrota se le puede cargar con justicia al árbitro y los rivales que quedan, Irlanda del Norte y Argelia, son abordables. *Interviú* publica una foto inequívoca que muestra que el tiro de Michel entró. El debate se va por ahí.

España, 2 - Irlanda del Norte, 1

El 7 de junio jugamos el segundo partido, también en Guadalajara, aunque no en el estadio Jalisco, donde perdimos con Brasil, sino en el Tres de Marzo. Enfrente está Irlanda del

Norte, con su buen y prestigioso meta Jennings. Muñoz hace un cambio obligado: Maceda se ha resentido de la rodilla, su lugar lo va a ocupar el madridista Gallego. Sobre la marcha entrará Calderé, jugador de maduración tardía, que apareció en el Barça con veintiséis años y que tuvo momentos espléndidos. No pudo jugar el primer encuentro, contra Brasil, por una imprudencia: en un día libre, en una salida, ha tomado algo (quizá simple hielo con un refresco) que le ha producido el llamado «mal de Moctezuma», una descomposición intestinal que afecta con frecuencia a los turistas en México, y contra la que los locales están inmunizados. Ahora ya se ha recuperado y puede jugar. Miguel Muñoz saca este equipo: Zubizarreta; Tomás, Gallego, Goikoetxea, Camacho (capitán); Michel, Víctor, Francisco, Gordillo; Butragueño y Julio Salinas.

Irlanda del Norte ha empatado el primer partido con Argelia, dato que no asusta. El encuentro empieza muy bien y continúa mejor todavía. En el 2', Butragueño marca su primer gol en un mundial del que saldrá encumbrado. 1-0. En el 18', Julio Salinas hace el 2-0. España controla toda la primera parte. Nada más empezar la segunda, en el 48', los irlandeses hacen el 2-1, por medio de Clarke, pero la victoria de España no peligrará. En el 54' entra Calderé por Gordillo; en el 78', Señor por Julio Salinas. El partido acaba plácidamente para España. Hay calma en el grupo. La derrota ante Brasil queda lejos, ganando a Argelia pasamos seguro. Como icono del partido queda una foto de Camacho con la frente vendada tras hacerse una brecha, muy en su papel de capitán indesmayable, de hombre bravo de todas las canchas del mundo.

España, 3 - Argelia, 0

El 12 de junio completamos el grupo, en Monterrey. Argelia nos es desconocida en trazos generales, aunque ahí están Belloumi y Madjer, grandes jugadores, y un tal Zidane, menos conocido, cuyo sobrino será célebre. Muñoz coloca ya a Calderé de titular, pero mantiene estabilidad en el resto del equipo: Zubizarreta; Tomás, Gallego, Goikoetxea, Camacho (capitán); Michel, Víctor, Francisco, Calderé; Butragueño y Julio Salinas. El partido es plácido. España es mejor. En el 17', marca Calderé, definitivamente recuperado de su dolencia. 1-0. En el 46' entra Eloy por Butragueño. En el 68' repite Calderé. 2-0. En el 71', marca Eloy. 3-0. En el 84' entra Señor por Michel. El partido acaba 3-0, España está clasificada con cuatro puntos, segunda de grupo. Primera es Brasil, con seis. Irlanda del Norte y Argelia se reparten un punto cada una. En España reinaría el optimismo si no fuese porque en el cruce de octavos aparece Dinamarca, convertida en una potencia...

España, 5 - Dinamarca, 1

Porque en el grupo E, Dinamarca ha arrasado. Un grupo duro. Ha ganado sucesivamente a Escocia, Uruguay y la RFA. Ha acumulado nueve goles a favor por uno en contra. Tiene un perfecto funcionamiento, está hecho de jugadores fuertes, altos, potentes y técnicos. La orquesta la dirige Laudrup, pero el que de verdad da miedo es Elkjaer-Larsen, un atacante pleno. Está también Lerby, cerebral zurdo que ordena el medio campo. Salta el recuerdo del timo que nos pegó Bambridge ante Brasil. Los brasileños, campeones de nuestro grupo, se cruzan con Polonia, más fácil. Dinamarca da verdadero miedo.

Pero a la hora de la verdad, se vivirá una de las jornadas plenas de júbilo en torno a la selección. Será el 18 de junio, en Querétaro, ciudad que quedará impresa para siempre en el imaginario del aficionado español. Muñoz mantiene su línea y repite modelo y casi los hombres, uno por uno: Zubizarreta; Tomás, Gallego, Goikoetxea, Camacho (capitán); Michel, Víctor, Calderé, Julio Alberto; Butragueño y Julio Salinas.

España empieza medrosa. Impone Dinamarca, que se nos echa encima con todo su poder. Lo pasamos mal. En el 33', penalti, que transforma Olsen. 0-1. Se teme la goleada. Cuando estamos pensando en tener al menos una despedida honorable, Butragueño caza en el 43' un pase horizontal entre defensas daneses, gana el balón y marca con un toque preciso. 1-1. Nos vamos al descanso algo aliviados. Al regreso comparece Eloy por Julio Salinas, que no hizo un buen mundial.

En la segunda mitad, ataca Dinamarca. En la primera salida de España, córner. Camacho, que ha subido, cabecea desviado pero aparece por el segundo palo Butragueño y marca. Es el 56'.

2-1. Vuelve a atacar Dinamarca. En el 69', España tiene otra salida y Butragueño le hace un regate descatalogado a Nielsen, que le derriba. Penalti. Goikoetxea transforma. 3-1. Sigue la ofensiva danesa, siguen los contraataques. España ya está a gusto, Dinamarca se ofusca. Tomás está cumbre frente a Elkjaer-Larsen. En el 80', otra escapada de España, Eloy se va solo y cede a Butragueño, que marca a puerta vacía. 4-1. En el 84' sale Francisco por Michel. Y en el 90', nuevo penalti a Butragueño, que transforma él mismo. 5-1. ¡Los goleados han sido los daneses!

En España estalla el júbilo, particularmente en Madrid, por la exaltación de Butragueño, el entrañable Buitre, a las alturas. El partido se jugó por la tarde en México, la noche en Madrid. Estaban en plena boga las terrazas de verano por la Castellana, en el centro de la capital, donde se reunía mucha gente a tomar copas y a disfrutar de las tibias noches madrileñas. La noticia de la goleada corrió por allí como la pólvora. Era periodo electoral y surgió un grito espontáneo. «¡Oa, oa, oa, el Buitre a la Moncloa!». Alguien se metió en la fuente de Cibeles a refrescarse, al estilo italiano. Luego otro, y otro, y otro más y muchos más todavía. Algunos treparon sobre la diosa, con banderas de España. De ese día data la costumbre de los madridistas de celebrar en Cibeles.

El día siguiente tuve la suerte de desayunar con Michel y Butragueño. Estábamos en el mismo hotel, periodistas y jugadores. Butragueño parecía abrumado por lo ocurrido. Su súbita elevación parecía aturdirle. Quitaba mérito a los cuatro goles. Me los narró con sencillez y lo vi tan fácil que me pareció que podría haberlo hecho cualquiera.

Ese mismo día, en el Telediario de TVE-1 se produce un desliz llamativo. Sobre la imagen de los goles repetidos de Butragueño, aparece por unos instantes la mosca del PSOE. Estábamos en periodo electoral y aquello levantó polémica. TVE lo justificó como un error de grafismo…

España, 1 - Bélgica, 1 (4-5 en penaltis)

Un serio contratiempo ante el partido de cuartos frente a Bélgica: Goikoetxea no puede jugar, por tarjetas. Maceda sigue sin recuperarse. Hay una incómoda polémica los días anteriores.

Está claro que los médicos no han detectado el serio riesgo que corría Maceda de recaer, está igualmente claro que, con riesgo o sin él, Muñoz debería haber llevado más centrales. Pero ya no hay remedio. Enfrente va a estar Bélgica, un equipo sólido y duro, con un juego espeso, algo marrullero, y jugadores de gran tono: Gerets, Scifo, Vercauteren, el delantero Ceulemans... Y Pfaff, el meta, uno de los grandes del momento. Venían de ganar en octavos a la URSS, 4-3, tras prórroga. Pero han jugado el 15, tres días antes que nosotros. El agotamiento les queda a una semana de distancia.

La cita es en Puebla, estadio Cuauhtémoc, el 22 de junio. El público ha estado por España en todos los partidos, en este aún más, porque en el Puebla han jugado Pirri y Asensi, una vez abandonados el Madrid y el Barça, y han dejado buen sabor de boca. Muñoz compone la defensa con Chendo, lateral del Madrid, como *stopper*. Gallego repite de libre. La lesión de Maceda le ha convertido en el libre titular del mundial. Así empezó en el Madrid, pero para entonces jugaba siempre en la media. La pareja de centrales del Madrid la formaban Sanchís y Maceda.

Muñoz sale con estos once: Zubizarreta; Tomás, Gallego, Chendo, Camacho (capitán); Michel, Víctor, Calderé, Julio Alberto; Butragueño y Julio Salinas. España domina porque Bélgica prefiere esperar. España hace todo el gasto. Los belgas dejan suelto a Tomás, el voluntarioso lateral atlético. Buen defensa, pero flojo atacante. El balón va una y otra vez hacia él, que lo sube y lo pierde, lo sube y lo pierde... En el 34', un ataque belga justo por su lado le coge la espalda y el centro al área lo cabecea Ceulemans, que gana con su estatura y su salto poderoso a Chendo. 0-1. El gol nos ha llegado por el talón de Aquiles del grupo, el centro de la defensa. Chendo, lateral, no tenía recursos para enfrentarse al cabeceo de un verdadero gran especialista internacional, como era el caso de Ceulemans.

Bélgica ya se encierra sin rubor. Tras el segundo tiempo comparece Señor por Tomás. Muñoz desbarata así el plan belga de permitir que todos los balones suban por ese lado mientras protege el resto del campo. España hará un buen segundo tiempo, insistiendo frente a una defensa muy ordenada y poblada. Cuesta. En el 63', entra Eloy por Julio Salinas, una vez más. Los minutos pasan. Todos miramos al Buitre, pero está ahogado entre defensas contrarios. El equipo hace un esfuerzo noble. Al fin, en el 85', un tirazo seco desde el borde del área de Señor, recogiendo un rebote tras el enésimo córner, se cuela entre un bosque de piernas y vale el 1-1.

En la prórroga se nota cierto agotamiento en los dos y el tiempo discurre con naturalidad como por un tobogán hasta la tanda de penaltis, que saldrá mal. Marcan Señor, Chendo, Butragueño y Víctor, pero Eloy falla el segundo de la tanda. Los belgas serán impecables ante Zubizarreta, que siempre dio sensación de vulnerabilidad excesiva en los penaltis, casi de pasividad. Resultaba deprimente verle caer blandamente, casi como un saco que se vence hacia un costado, una y otra vez al lado contrario del que iba el balón.

España se volvió con un sabor agridulce. Lo de Querétaro fue grandioso, caer en cuartos en los penaltis ante Bélgica resultó un chasco. En semifinales esperaba la Argentina de Maradona, un partido precioso.

Un día me dijo Valdano que en Argentina suspiraron aliviados al ver que Bélgica pasaba. Nos tenían miedo. Pero…

Maradona marca con la mano de Dios

*C*uatro años antes de este mundial, justo mientras se desarrollaba el de España, hubo guerra entre Argentina e Inglaterra. La guerra de las Malvinas. Las Falkland, para los ingleses. Tal guerra se desarrolló entre el 2 de abril de 1982, fecha en la que tropas argentinas ocuparon las islas, situadas frente al sur de la costa del país sudamericano, y el 14 de junio de ese mismo año, cuando la reacción británica, instigada por la inexorable Margaret Thatcher, «la Dama de Hierro», restituyó ese territorio al Reino Unido. Aquella guerra se saldó con la muerte de 649 militares argentinos, 255 británicos y tres civiles.

No fue una broma. Provocó la caída de la dictadura argentina y se sintió en el país sudamericano como una humillación. Felizmente, durante el Mundial de España, que pilló de pleno el conflicto y en el que intervinieron las dos selecciones, no tuvieron que enfrentarse. Pero el caso sí se dio cuatro años después, en México. Vencedores respectivos en octavos de Uruguay (1-0) y Paraguay (3-0), Argentina e Inglaterra se cruzaron en cuartos de final en esta Copa del Mundo de 1986. Fue el 22 de junio, en el Estadio Azteca de México, Distrito Federal. Fue un partido para la historia. Ese partido elevó a Maradona a la leyenda.

Antes del choque Valdano había advertido, ante el morbo general: «Lo que está en juego en este encuentro es exclusivamente el prestigio futbolístico de los dos países, ninguna otra cosa». Y era así, pero del mismo modo resultaba inevitable que bullera en todos los espectadores del partido (¿cuántos serían, por televisión, en todo el planeta?) el recuerdo de la Guerra de las Malvinas. Un conflicto Norte-Sur. Un conflicto Imperio-Nación. También un conflicto Democracia-Dictadura. Una cuestión enrevesada.

Resultó ser uno de los partidos grandes de toda la historia de la Copa del Mundo. La solemnidad de las vísperas fue correspondida luego en el encuentro, jugado con intensidad y arrojo por los dos equipos. Al descanso se llegó con 0-0. Era partido de mata-mata, el que ganara, seguiría. En el descanso se dividían las apuestas. Había mucha cautela por ambas partes. Inglaterra controlaba bien a Maradona.

Vuelven del vestuario. En el 51', hay un ataque argentino, cortando una salida de Inglaterra. Un toque de Valdano es interrumpido por Hodge, cuyo rebote sale alto hacia su propia portería. Shilton va al balón, pero Maradona, rápido como la luz, se cuela y remata a gol. Shilton y un par de ingleses más, protestan. Los que estamos en el estadio no sabemos por qué. Luego lo veremos, pero al final, y en la televisión. En el campo no advertimos nada raro.

Solo tres minutos más tarde, en el 54', Maradona recibe un balón en el medio campo, pase de Enrique, y va limpiando ingleses, uno tras otro. Catorce toques con la izquierda, seis rivales en el camino, hasta llegar frente a Shilton al que burla para colocar el balón en la red. Ha sido una maniobra relampagueante, la mejor vista jamás en la Copa del Mundo. Víctor Hugo Morales, relator de la radio argentina (uruguayo, no obstante), dejó para la historia la narración del gol. Ahí va:

«Balón para Diego, ahí la tiene Maradona. Le marcan dos. Pisa la pelota Maradona. Arranca por la derecha el genio del fútbol mundial. Inicia el contraataque. Intenta contactar con Burruchaga. ¡Siempre Maradona! ¡Genio, genio, genio! Ta, ta, ta, ta... ¡Gol y goool! ¡Qué golazooooo! ¡Dios Santo! ¡Viva el fútbol! ¡Golazo! ¡Diegol Maradona! Estoy llorando, perdónenme. Maradona, en un recorrido memorable, en la jugada de todos los tiempos... Barrilete cósmico, ¿de qué planeta viniste para dejar en el camino a tanto inglés, para que el país sea un puño apretado gritando por Argentina? Argentina dos, Inglaterra cero. Diegoool, Diegoool, Diego Armando Maradona. Gracias, Dios, por el fútbol, por estas lágrimas y por este Argentina dos, Inglaterra cero...».

Ese fue el relato de Víctor Hugo Morales, que quedó para la historia. Hay algo que exige explicación: barrilete, en Argentina, equivale a cometa en España. Menotti había tildado a Maradona de barrilete en el sentido de cometa, o más bien veleta en el uso español, achacándole gran facilidad para cambiar de opinión según sople el viento o lo que es lo mismo, según las últimas influencias que recibiera. De ahí lo de «barrilete cósmico». En España se ha tendido con frecuencia a pensar que lo de barrilete aplicado a Maradona era por su tendencia a engordar.

Dos a cero, en fin, en el 54'. En adelante Inglaterra va a desplegar una ofensiva feroz, sobre todo a partir de que en el 76' entrara Barnes, jamaicano nacionalizado inglés, del que no me expliqué, viendo lo que hizo, cómo no entró antes. En todas sus jugadas por la izquierda desbordó, amargó a Giusti y creó el pánico en la defensa argentina. Con ese arreón llegó un gol de Lineker y media docena de ocasiones más. La forma en que Olarticoechea sacó un balón con la chepa en el segundo palo en una de las jugadas de Barnes aún la tengo como una de las escenas imposibles del fútbol.

Pese al glorioso cuarto de hora de Barnes, ganó Argentina, aunque lo pasó mal. Cuando bajamos todos a la conferencia de prensa descubrimos en la repetición que el primer gol de Maradona había sido inequívocamente con la mano. El segundo había sido una maravilla, valdría por cuatro, si eso fuera posible, pero el primero había sido con la mano. Era preciso preguntárselo, en la conferencia de prensa. Alguien lo hizo:

—El primer gol, ¿lo marcó con la cabeza o con la mano?

—Lo marqué con la cabeza de Maradona y la mano de Dios.

El penalti lioso del Brasil-Francia

*E*l Brasil-Francia de cuartos de final de este campeonato fue una maravilla. Para algunos, el mejor partido de la historia de la Copa del Mundo. No sé si tanto, pero yo lo vi en directo y me pareció una maravilla. Y eso que se jugó bajo un sol de plomo, con una temperatura de más de cuarenta grados, en atención a los televidentes europeos. Francia era campeona de Europa, con la excelente generación de los Platini, Giresse, Tigana, Fernández, Rocheteau y demás. Brasil había deslumbrado en el campeonato de España, y aunque bastante renovada, mantenía algunas de sus señas de identidad. Y era, junto a México, la favorita del público.

Un partido hermoso, de ida y vuelta, cargado de estrellas, de grandes maniobras, de voluntad ofensiva, de ocasiones. A poco del final, con 1-1, Zico dispuso de un penalti, pero lo paró Bats. Fue necesaria la prórroga, que transcurrió con nuevos sobresaltos pero sin goles. Hubo que ir a los penaltis, entre sensaciones contradictorias de los aficionados. Era una lástima que un partido tan grandioso finalizara así, a los penaltis. Pero, por otra parte, de esa forma se apuraba más la duración de ese partido mágico, que nadie quería que terminara; y ninguno de los dos había merecido perder.

Lanza el primero Sócrates, el elegante y magnífico Sócrates; tira… y para Bats. Sócrates tenía ya 32 años, era consciente de que ese podía ser su último acto en la Copa del Mundo y regresa con una dignidad que impresiona. 0-0. Por

Francia va Stopyra, cuyo tiro homicida sacude la red. Un lanzamiento por bando 1-0 para Francia. Luego van Alemão y Amorós, que convierten ambos, aunque con apuros. Dos lanzamientos por lado, 2-1 para Francia. Tercer turno. Zico marca con seguridad. Regresa con cara de rabia. Sabe que ese penalti vale la quinta parte del que falló. Ahora va Bellone y lo que sucede dará lugar a debates casi teológicos en torno al reglamento: lanza, el balón da en el palo, vuelve hacia el campo, pega en el cuello del meta Carlos y se mete. Edinho reclama, pero el árbitro da el gol.

La reclamación de Edinho tiene su base en la redacción de la época del reglamento del fútbol para los lanzamientos de penalti fuera de hora (el árbitro debe dejar que se tire un penalti aunque la hora se haya cumplido), norma que es igual que para los lanzamientos de las tandas. En esos penaltis, no hay rebote: el lanzador no puede rematar si el portero rechaza y lo deja a su alcance; igualmente, la regla disponía que el lanzamiento estaba concluido en el momento en que el balón pegara en el palo y volviera al campo... Si pegaba en el palo, y rebotaba sobre la raya de gol y después pegaba en el portero, sí debía darse gol.

No era el caso, el balón volvía al campo, oblicuamente, pegó en Óscar y entró. Edinho reclamaba la letra del texto, el juez, el rumano Igna, aplicó el criterio de que se trataba de una misma acción y dio el tanto. Es 3-2 para Francia.

En el cuarto viaje, marca Branco y falla Platini, que da una nueva ocasión a Brasil, porque la cosa queda 3-3. Pero en el quinto turno Julio César estrella su lanzamiento en el poste. Ahora le toca a Luis Fernández, que marca. Francia pasa a semifinales, 4-3. Tres de esos cuatro cuartos de final se resolvieron de esa forma, desde el punto de penalti. Así nos dejó fuera Bélgica a nosotros y así dejó fuera la RFA a México.

Brasil protestó. La protesta se desoyó. Se dio por bueno el criterio de Igna de que se trataba de una misma acción, pero al tiempo se pulió el texto, para evitar nuevos equívocos. En la redacción rehecha, lo de Bellone era gol. Pero en ese momento no estaba tan claro que lo fuera.

Detrás de Maradona había un equipo

*E*n el Azteca de México el sol cae a plomo cuando los equipos salen al campo. Es el 29 de junio y un tinglado de megafonía suspendido con largos cables proyecta su sombra sobre el círculo central. Argentina y la RFA salen al campo. No hay objeciones a los finalistas. Han sido los mejores. Argentina exhibe a un Maradona deslumbrante. La RFA, su poder de siempre. Argentina, campeona ocho años antes en su propio país, había pinchado cuatro antes en España. Ahora Bilardo había sustituido a Menotti, el entrenador de los dos últimos mundiales. Nunca pudo haber dos hombres más distintos. Uno predicaba lo bello, el otro lo útil.

Argentina ha llegado aquí ganando en su zona clasificatoria frente a Perú, Colombia y Venezuela. Luego ganó su grupo ante Corea del Sur (3-1), Italia (1-1) y Bulgaria (2-0). En octavos, 1-0 ante Uruguay. En cuartos, 2-1 ante Inglaterra, el día de los dos goles mágicos de Maradona, uno con la mano, el otro volcando un autobús de ingleses. En semifinales, 2-0 ante Bélgica. Argentina era favorita por el estado mágico de Maradona.

La RFA, finalista de la anterior copa, ganó su zona ante Portugal, Suecia, Checoslovaquia y Malta. En México, en la fase de grupo, no estuvo a la altura esperada: empató con Uruguay (1-1), ganó a Escocia (2-1) y perdió con Dinamarca (2-0). Pasó como segunda, y con un gol encajado más que los marcados. En octavos se enfrentó a Marruecos y ganó 1-0, en el 87', con gol de Matthäus. En cuartos, más apuros. Empate a cero ante México, no resuelto ni en prórroga, y victoria en la tanda de penaltis. En semifinal, algo mejor: ganaron a Francia, 2-0. (También cuatro años antes había ganado la RFA la semifinal a Francia, en el Mundial de España).

Los equipos forman así:

Argentina: Pumpido; Cuciuffo, Brown, Ruggeri, Olarti-coechea; Giusti, Batista, Enrique; Burruchaga, Maradona y Valdano.

RFA: Schumacher; Berthold, Karl Heinz Förster, Jakobs, Briegel; Brehme, Matthäus, Magath, Eder; Rummenigge y Klaus Allofs.

Arbitra Arppi Filho, brasileño.

El partido es tenso, como corresponde. Los dos equipos meten la pierna fuerte. Bilardo ha hecho una Argentina combativa, destinada a poner pegas al rival y exhibir el talento de Maradona. Son jugadores fuertes. No son alemanes, pero son fuertes. Una muestra de lo que pretendía del equipo me la dio Valdano, hablando de esta final, años más tarde:

«La noche anterior al partido, me cogió aparte Bilardo. Me dijo: "Mire Jorge. Mañana se jugarán dos partidos, Argentina contra Alemania y Valdano contra Briegel. Y el resultado va a depender del segundo. Yo solo quiero que usted se ocupe de Briegel, que lo corra por todas partes, que no le deje jugar. Si usted le gana a Briegel, ganaremos la final. Porque lo demás será empate". ¡Yo no podía imaginar eso! ¡Desde niño soñé con jugar una final de la Copa del Mundo, y la noche anterior me decían que me olvidara de jugar, que me dedicara a perseguir a un tipo que era como un Volvo!».

Pero Valdano cumplió la instrucción. Persiguió a Briegel por todo el campo, lo anuló. «En un momento tuve una curiosidad científica. No fue debilidad, fue curiosidad científica. Le desatendí en una jugada y casi nos meten gol. ¡Ahí vi que Bilardo tenía razón!».

El caso es que el partido fue apretado, pero dejó resquicios. En el 21', una falta desde la derecha sacada por Burruchaga sobrevuela al antipático Schumacher, que sale mal, y Brown cabecea a la red. 1-0. Así vamos al descanso. Alemania regresa con Völler, delantero más rompedor, en lugar de Klaus Allofs. En el 56', cuando los alemanes aprietan, Argentina intercepta un balón en la zona del lateral derecho, por donde anda Valdano, que sale en diagonal, combinando con un par de compañeros, hasta alcanzar la zona del extremo izquierda, donde recibe un último pase y cuando encara a

Schumacher golpea, suave y colocado, con el interior del pie derecho, al segundo palo. 2-0.

Entonces los alemanes desatan su tormenta. Es el clásico suban-pisen-estrujen-bajen del fútbol alemán. Los argentinos aguantan en su área como pueden, rechazando balones. En el 63' entra Dieter Höness, un tanque, por el zurdo Magath, armador del medio campo. Alemania ha decidido mandar balones a la olla. En el 74', Rummenigge hace el 1-2, en un córner mal defendido por los argentinos. Los alemanes se crecen aún más, la pesadilla sigue. En el 82', otro córner sobre el área argentina y cabezazo de Völler que vale el 2-2.

Quedan ocho minutos y los alemanes ven sangre. Siguen volcados, son un trueno. Se descuidan quizá en exceso. O, mejor, solo cuidan a Maradona. Pero este alcanza un rebote en medio campo y, sin más, mete un pase profundo para Burruchaga, que se va solo. A su izquierda corre Valdano, desmarcado. Era gol de uno o de otro. Burruchaga decide hacerlo él y, con la izquierda, lo coloca a la salida de Schumacher. Es el 88', Argentina gana 3-2. Bilardo hace salir a Trobbiani por Burruchaga, para que tenga la satisfacción de formar parte de la fiesta. Aún hay dos cargas de los alemanes, mientras los argentinos piden impacientemente al trío arbitral, latino, que dé el final, que se les hace eterno. Hasta que por fin llega. Argentina gana su título.

Esta vez no ha marcado Maradona, aunque ha dado un gol, el decisivo. Esta vez se ha demostrado que Argentina no era solo Maradona, que detrás de Maradona había un equipo.

ITALIA 1990

Italia, con todos sentados

*E*n 1990 el mundial regresaba a Italia, una Italia muy distinta de la de 1934, claro. La FIFA decidió que este debería ser el mundial del *fair play* y dictó instrucciones muy severas a los árbitros para el uso de tarjetas. El resultado fue que ningún jugador resultó lesionado por un contrario y que se batieron los récords de amarillas y expulsiones. Italia hizo una fuerte inversión para remodelar estadios y mejorar infraestructuras. Por primera vez se jugó un mundial con todos los espectadores sentados. La experiencia había comprobado que las zonas de pie son vivero de nerviosismo, y que con todos los espectadores sentados los partidos sufrían menos incidentes. Fue una línea que se adoptó poco a poco, con Inglaterra por delante, tras el desastre de Heysel.

Se jugó en doce ciudades, diez en la bota y dos en Sicilia y Cerdeña. Las ciudades elegidas fueron Roma, Milán, Turín, Nápoles, Génova, Florencia, Bolonia, Udine, Verona, Bari, Palermo y Cagliari. Jugaron quince europeos (Italia entre ellos, clasificada de oficio), cuatro sudamericanos (Colombia, tras repesca con Israel), dos de la Concacaf, dos de África y uno de Asia. Este fue el último mundial para selecciones clásicas que se desintegrarían en esa época, al compás del hundimiento del bloque comunista. Hablo de Yugoslavia, Checoslovaquia y la URSS. Era inminente también la reunificación de Alemania. Regresaron selecciones que hacía mucho que no acudían: Egipto (1930), Estados Unidos (1950), Colombia (1962), Rumanía (1970) y Holanda y Suecia (1978). Aunque parezca difícil de creer, Holanda, campeona sin corona en los setenta, derrotada en dos finales en el campo del anfitrión, no había vuelto a una fase final.

Hubo diecinueve árbitros europeos, siete sudamericanos, tres de cada de Asia, África y Concacaf y uno de Oceanía. Por España fue Soriano Aladrén.

El sorteo de los grupos, el 9 de diciembre de 1989, en el Palazzetto dello Sport, fue espectacular, con Sofía Loren como copresentadora y Luciano Pavarotti en una exhibición de *bel canto*. Antes del sorteo se habían configurado los cabezas de serie, y España se vio pospuesta en favor de Inglaterra. Realmente, los resultados anteriores de España eran mejores. La explicación extraoficial, y sin duda buena, es que se colocó a Inglaterra como cabeza de serie para instalarla en la sede de Cagliari, donde a sus *hooligans* les costaría más llegar y estarían más recogidos. Había miedo a los *hooligans* en esos años, y mucho.

La mascota se llamó *Ciao* y era un muñeco articulado, formado por cubos, con un baloncito por cabeza. El balón, siempre Adidas, se llamó *Etrusco*, muy próximo al *Tango*, pero con una cabeza de león etrusco en las triadas.

Se jugaría en seis grupos de cuatro, para clasificar los dos primeros y los cuatro mejores terceros. Luego, se continuaría por eliminación directa. Las dos semifinales se resolvieron en las tandas de penaltis. Empezó el 8 de junio y terminó el 8 de julio. Por primera vez tuvo una duración de un mes y un día.

Se jugaron cincuenta y dos partidos, con una asistencia de 2.517.348 espectadores, 48.411 de media. Esos cincuenta y dos encuentros dejaron 115 goles, un pobre promedio de 2,21, el peor hasta entonces.

Mejor jugador fue proclamado Lothar Matthäus. El máximo goleador, con seis tantos, fue el italiano Salvatore Schillaci, un caso raro de maduración tardía. Había jugado en el Messina, en las series B y C, hasta que en el 89 le fichó la Juve, ya con veinticinco años. Jugador de ímpetu y poco estilo, podía marcar goles si estaba en racha. No parecía gran cosa. Azeglio Vicini lo llevó al mundial como último suplente del ataque, pero el flojo estado de forma de Carnevale y Vialli le dio la oportunidad de jugar, que aprovechó largamente. Entró en el 75' del primer partido, ante Austria, y a los tres minutos marcó de cabeza. Volvió a entrar como reemplazante de Carnevale en el segundo partido, ante EE.UU., y en el tercero, con Checoslovaquia, ya fue titular y marcó en todos los partidos hasta la semifinal incluida, que Italia perdió en los penaltis con Argentina. Se hizo una celebridad mundial, por su espíritu optimista y su constante lucha.

Luego, su carrera no daría tanto de sí. Duró poco en la Juve, pasó al Inter y de ahí se fue a Japón, al Jubilo Iwata. Aquello fue un fugaz estado de fabulosa forma, que no alcanzó ya más ni antes ni después. Pero en ese mes no tenía igual ante un gol. Roberto Baggio comentó en esos días: «Está en un momento impresionante. Podría curar a un enfermo solo con tocarlo».

Rojas, suspendido a perpetuidad

*M*eses antes de la Copa del Mundo de 1990, concretamente el 25 de octubre de 1989, la FIFA tomó una cadena de decisiones durísimas contra Chile: suspendía a perpetuidad a su portero y capitán Roberto Rojas; al seleccionador, Aravena, le suspendió por cinco años; al segundo capitán, Astengo, por cinco partidos. Además descalificaba a Chile para participar en las series eliminatorias del mundial siguiente, el del 94, y prohibía al médico de la selección chilena intervenir de por vida en el fútbol internacional.

¿Qué había pasado?

Había pasado que el 3 de septiembre de ese mismo año habían jugado en Maracaná Brasil y Chile en partido clasificatorio. Para Chile era vida o muerte. A Brasil le bastaba empatar. Careca adelantó a los locales en el 49'. Veinte minutos más tarde, la transmisión abandona el juego y se fija en Roberto Rojas, que está caído en el área; a su lado hay una bengala humeante. La impresión es que la bengala le ha impactado. Saltan el masajista y el médico, le retiran, al rato se ve que tiene la cara sangrando. Hay discusiones, Chile se retira. El árbitro da el partido por concluido, en vista de la firmeza de los chilenos, a la espera de resolución.

Pero al día siguiente aparece la toma de una cámara que no

estaba siguiendo el juego y que muestra con claridad que la bengala no alcanza al meta chileno, sino que cayó a tres metros del jugador, sin rozarle. ¿Y la sangre? La sangre, descubrió la correspondiente investigación, se la había provocado él mismo con una cuchilla que llevaba escondida entre las vendas de la muñeca. En la investigación hasta intervino un perito para demostrar que el impacto de una bengala como la que le fue lanzada (cuyo nombre era curiosamente Cóndor, el apodo con el que era conocido el portero) nunca podría producir un corte así.

La sanción cayó como una bomba en Chile. *El Cóndor* Rojas, meta que alcanzó fama y gloria en el Colo-Colo (en alguna ocasión se habló del interés del Madrid por contratarle) era un héroe nacional. Las reacciones se dividieron entre el bochorno y la indignación. El asunto se complicó más porque en esas fechas era portero del São Paulo, de Brasil. El partido, claro, se dio por perdido por abandono del campo y además en el siguiente mundial no habría derecho ni a participar en la fase de clasificación.

Rojas tuvo primero una mala reacción, arropándose en la bandera: «Me sancionan porque soy chileno, si fuera brasileño no me sancionarían». Pero más adelante confesó, en busca de una posible disminución de la pena. Explicó que ante lo difícil que estaba la situación, Astengo y él habían pensado montar algún serio alboroto si la ocasión se presentaba, y se presentó con la bengala.

Pero la FIFA fue inflexible. Lo más que consiguió el Cóndor fue un indulto, ya en el año 2000, demasiado tarde para él. Después de aquellos hechos solo jugaría veinte minutos más, cuando, ya cuarentón, Zamorano le invitó a jugar en su homenaje, en un equipo de estrellas mundiales. El estadio en pie le ovacionó.

Rojas fue la cruz de aquel suceso. La cara fue Rosenery Mello do Nascimento, una chica que entonces tenía veinticuatro años y que fue identificada después como la lanzadora de la bengala. Paradójicamente, se convirtió en una heroína local. La apodaron «*la Fogueteira do Maracaná*» y llegó hasta a posar para *Playboy*, por lo que obtuvo 40.000 dólares. Cosas veredes, Nicomedes.

¡Me lo merezco!

$\mathcal{M}$iguel Muñoz siguió dos años más tras el Mundial de México, hasta la Eurocopa de Alemania'88. España se clasificó para la fase final, pero de allí regresamos con una nueva victoria sobre Dinamarca pero con dos derrotas ante Italia y Alemania. Hubo elecciones a la federación que ganó Ángel María Villar, que ahí sigue. Exjugador del Athletic y de la selección. Nombró nuevo seleccionador a Luis Suárez.

Luis Suárez aún es el único jugador español que ha ganado el Balón de Oro. Lo consiguió en 1960, jugando para el Barcelona. Había empezado en el Depor, del Barça pasó al Inter, donde ganó dos veces la Copa de Europa y otras dos la Intercontinental. Interior organizador, remató su carrera, ya mayor, con 36 años, en la Sampdoria, como líbero. Luego entrenó a diversos equipos en Italia (Genoa, Inter, Ferrara, Como y Cagliari) y regresó a España, a entrenar al Depor de sus orígenes. Luego fue seleccionador sub-21, ganando con este equipo el Campeonato de Europa de la especialidad en 1986.

Su salto a la primera selección se consideró natural, tras ese éxito con los sub-21. El mundial iba a ser en Italia, su tierra de adopción. El grupo de clasificación nos enfrenta a Eire, Hungría, Irlanda del Norte y Malta. Pasamos bien, con seis victorias, un empate y una derrota, en Dublín. Eire apretó hasta el final (sólo hizo un punto menos que nosotros), pero España coronó la clasificación con una goleada final en Sevilla a Hungría, a las tres de la tarde, para coincidir en hora con el Malta-Eire. En aquel tiempo España jugaba todos sus partidos oficiales en Sevilla, que daba un respaldo infalible. Seguía vigente la Quinta del Buitre, sobre la que Suárez nucleaba el equipo.

El grupo de seleccionados para ir a Italia fue este:

Porteros: Zubizarreta (Barça), Ablanedo (Sporting) y Ochotorena (Valencia).

Defensas: Chendo (Madrid), Quique Flores (Valencia), Sanchís (Madrid), Andrinúa (Athletic), Alkorta (Athletic), Górriz (Real), Hierro (Madrid) y Jiménez (Sevilla).

Centrocampistas: Michel (Madrid), Rafa Paz (Sevilla), Fernando (Valencia), Martín Vázquez (Madrid), Roberto (Barça) y Villarroya (Zaragoza, en tránsito al Madrid).

Delanteros: Pardeza (Zaragoza), Manolo (Atlético), Butragueño (Madrid), Julio Salinas (Barça) y Bakero (Barça).

El sorteo nos colocó en un grupo que llamamos aquí «de los tres continentes». Los enemigos iban a ser Uruguay, Corea del Sur y Bélgica. No se toma mal el sorteo. Hay ganas de revancha con Bélgica. Pero a medida que se acercaba el mundial empezó a percibirse cierto nerviosismo. En el Green Club Rivera de Magnano, muy cerca de Udine, donde se concentró España, el ambiente fue malo. Muchos dimes y diretes. Corrió la bolilla de que la Quinta del Buitre imponía condiciones e incluso decidía sobre las alineaciones. No era ningún secreto que Buyo no había ido en el grupo (tenía un gran nivel en esos años, incluso pudo haberle discutido la titularidad durante todo el ciclo a Zubizarreta) porque tenía mala relación con sus compañeros de equipo.

Luis Suárez se italianizó una vez llegados allí. Hizo el equipo más defensivo que antes y atendió muchos más compromisos con la prensa italiana que con la española, lo que no contribuyó a calmar el ambiente.

España, 0 - Uruguay, 0

Debutamos el 13 de junio en Udine, ante Uruguay, que tiene a Francescoli y a Rubén *el Principito* Sosa como referentes. España sale con estos: Zubizarreta; Chendo, Andrinúa, Sanchís, Jiménez; Michel, Roberto, Martín Vázquez, Villarroya; Butragueño (capitán) y Manolo. El partido es un horror. Un plomo de principio a fin. Los dos equipos juegan contenidos, con precauciones, y además juegan mal. El único momento de emoción se produce en el 72', cuando Villarroya para con la mano en la raya un cabezazo de Herrera que entraba. El austriaco Kohl señala el correspondiente penalti, que Rubén Sosa lanza a las nubes mientras Zubizarreta inicia su clásica maniobra de desplome lateral. Ha pasado el susto. Tragamos saliva. Luego sigue el aburrimiento hasta el final. En el 79' entran Rafa Paz por Villarroya y Górriz por Manolo. El equipo termina con una configuración muy defensiva. Las críticas serán severas.

España, 3 - Corea del Sur, 1

Día 17 de junio, de nuevo en Udine. Ahora tocan los coreanos, que nos son desconocidos, con sus nombres imposibles de retener en la memoria. Luis Suárez retoca el equipo. Jiménez y Manolo pagan los platos rotos del primer día y se caen del equipo. La alineación inicial, que ya se mantendrá inalterable para los siguientes partidos, es esta: Zubizarreta; Chendo, Sanchís, Andrinúa, Górriz, Villarroya; Michel, Roberto, Martín Vázquez; Butragueño (capitán) y Julio Salinas. Cinco defensas para un rival menor. No gusta.

Pero resulta, en gran tarde de Michel. En el 23', empalma un centro de Villarroya y hace el 1-0. En el 42', Hwang Bokwan hace el 1-1, lo que despierta recelo e inquietud. Las tertulias echan humo durante el descanso. Michel lo iba a resolver, en su día triunfal. En el 56' coloca el 2-1 en un gran tiro libre. Fernando entra por Butragueño en el 77', un medio por un delantero, más precauciones. En el 81' cierra el partido con una jugada personal que corona él mismo con el 3-1. Corre feliz hacia la zona de la prensa, cantando su revancha: «¡Me lo merezco, me lo merezco!», grita mientras amonesta a los críticos con el dedo índice. Con el gol, entra Bakero por Roberto.

España, 2 - Bélgica, 1

Dos partidos, tres puntos. Está bien, a pesar de la atmósfera incómoda que se vive. Hay críticas al modelo defensivo, hay rumores de mangoneo de la Quinta, jugadores excluidos se quejan en voz baja, pero sus denuncias trascienden. El 21 de junio hay que rematar el grupo, ante Bélgica, en Verona. Ahí siguen

Scifo y Ceulemans, entre otros de los que nos echaron de México. Se habla, claro, de revancha. Luis Suárez repite el cauteloso once que ganó a Corea: Zubizarreta; Chendo, Sanchís, Andrinúa, Górriz, Villarroya; Michel, Roberto, Martín Vázquez; Butragueño (capitán) y Julio Salinas.

Partido sin gracia y esforzado. En el 14', Scifo estrella en el larguero un penalti con el que nos ha sancionado el argentino Loustau. Es el segundo golpe de suerte que tenemos en el grupo. En el 20', derribo del meta Preud'homme a Julio Salinas. Michel transforma el penalti en el 1-0. Es su cuarto gol en este mundial. En el 28', Vervoort consigue el 1-1. Todavía antes del descanso, en el 37', un buen centro de Michel lo cabecea Górriz para el 2-1. El segundo tiempo es espeso y sin más goles. Termina así, 2-1. ¡Campeones de grupo!

Pero no hay felicidad. No gusta el juego defensivo, siguen las comidillas, se echan cuentas y se llega a la conclusión de que si nos llegan a meter los dos penaltis fallados estaríamos eliminados. Hemos pasado por suerte, dicen muchos. Lo único bueno ha sido Michel. De lo demás no funciona nada. Ni Butragueño ni Julio Salinas han marcado gol. ¿Culpa de ellos o de nuestra táctica miedosa?

España, 1 - Yugoslavia, 2

Los octavos de final nos cruzan con Yugoslavia, que viene de ser segunda del grupo de la RFA, en el que han caído Colombia y Emiratos Árabes. La sólida Yugoslavia de siempre, con un artista especial, Stojkovic. También están Spasic, que pronto vendrá al Madrid, y el bético Hadzibegic. Y Savicevic, figura internacional, que no sale de inicio, pero sí durante el partido.

Es el 26 de junio, en Verona otra vez. Luis Suárez repite por tercer partido consecutivo alineación: Zubizarreta; Chendo, Sanchís, Andrinúa, Górriz, Villarroya; Michel, Roberto, Martín Vázquez; Butragueño y Julio Salinas. Y España juega su primer buen partido en el campeonato, pero sin suerte. En el 8', a Butragueño se le escapa un gol increíble. No mucho más tarde, Julio Salinas estrella un balón a bocajarro en el rostro del meta Ivkovic, que queda aturdido, sin saber lo que ha pasado. Y lo que ha pasado es que ha evitado un gol sin saberlo. A la media hora, Julio Salinas es víctima de un penalti claro que el alemán Schmidhuber no señala. Al descanso estamos ilusionados.

La segunda mitad sigue igual. Luis Suárez quita en el 49' un central, Andrinúa, y entra Jiménez, empujando a Villarroya hacia adelante. España ya no defiende con cinco, sino con cuatro. La afición lo agradece. Pero hay un peligro suelto, que se llama Stojkovic. Jugador genial, consentido, de los de a mi al pie y los demás a correr, rebajado de tareas de presión, melena bella, el diez en la espalda, calidad exquisita. Un Guti diestro en lugar de zurdo. Se mueve libre, de banda a banda. En el 77' nos cuela un rosco imparable. 1-0. Luis Suárez ordena el cambio de Butragueño por Rafa Paz, y al tiempo resulta expulsado por algo que le dice al árbitro. Está visiblemente nervioso, no se quiere ir, le tienen que acompañar los carabineros, que le tratan con respeto, porque allí es figura. Por fin entra Rafa Paz por Butragueño en el 80'. España se vuelca y por fin, en el 83', Julio Salinas alcanza su primer gol del campeonato. 1-1. Vamos a la prórroga. Hemos merecido ganar, no es justo, pero al menos no hemos perdido.

Y la catástrofe sobreviene en el segundo minuto de la prórroga. Falta en la frontal del área española. Se forma la correspondiente barrera de cinco hombres. El guía, el que cubre el extremo más alejado de la zona que cubre Zubizarreta, es Michel. Stojkovic coloca el balón. Lanza. Michel se encoge, vuelve la cara y el balón pasa como una exhalación por el lugar que debería estar ocupando su cara y se cuela en la escuadra. La repetición de televisión y las fotos le delatan: al arrugarse ha dejado el hueco mortal. El tiro no ha ido sobre la barrera, sino justo por donde cubría su cabeza.

Ya no hay más goles. El tiro de Stojkovic nos deja fuera y ensombrece el gran mundial de Michel, que tiró de España en los partidos anteriores. Pero ahora tendrá que escuchar lo suyo, en respuesta a aquel «me lo merezco» gritado el día de Corea. El grupo vuelve desunido y desacreditado. Para la Quinta del Buitre ha sido un golpe. Butragueño ha estado particularmente mal. Así como en México fue un héroe, en Italia dejó una extraña sensación de decadencia prematura.

Por el horizonte aparecía Clemente…

Branço bebió del bidón malo

*B*ilardo, seleccionador argentino en los Mundiales del 86 (que ganó) era de armas tomar. No se paraba en barras. Se había criado en la escuela de Estudiantes de la Plata, donde todo valía para ganar. Desde las mejoras tácticas (córners a pie cambiado y al primer palo, jugadas de pizarra para tiros libres, trampa del fuera de juego) hasta pérdidas de tiempo y así siguiendo hasta las cosas más viles. Llevar un clavo disimulado en la media o en una venda, para pinchar a rivales, o untarse los dedos con una pomada urticante y pasarlos por la cara del rival. O hacerse con información sensible (la dirección de la novia) para irritar a un rival. Era el lugarteniente sobre el campo del entrenador, Osvaldo Zubeldía, y muchas tretas se le ocurrían a él mismo. Una vez, en un partido de Copa Libertadores, en Ecuador, que se debía jugar en simultáneo con otro, se hizo explotar él mismo una bomba casera en el ascensor, al salir para el campo. Con el revuelo, consiguió que se aplazara dos horas el partido. Cuando jugaron, ya sabía que les bastaba empatar. Y cuando les bastaba empatar, seguro que empataban, porque no había partido. Ese día empataron, claro. Bilardo se quemó las manos y la cara con el petardo, pero empataron.

En el Mundial de México planteó a sus jugadores un plan en el partido contra Italia: habría dos tipos de botellas para el agua, distinguibles por el color del tapón. Solo debían beber de las de un color, porque esa era el agua buena. Las botellas con el otro tapón se debían dejar distraídamente al alcance de los rivales, porque el agua llevaba Rohypnol, un somnífero. Valdano se negó en redondo y varios le secundaron.

Pero en el Mundial de Italia ya no estaba Valdano. Y el día de Brasil lo hizo. Branco se dio cuenta. Salió Galíndez, el masajista argentino, a atender a Troglio, y dejó distraídamente una cestilla metálica con tentadoras botellas de agua, unas de tapón amarillo y otras de azul. Branco tomó una de las de tapón amarillo y bebió de ella. Le extrañó que uno de sus rivales avisara urgentemente a otro, que también iba a beber de una botella también de tapón amarillo: «De esa, no, de la otra...». Al poco se encontró mal. Anduvo zombi el resto del partido. Atando cabos, llegó a la conclusión acertada: le habían drogado. Brasil pidió una investigación que nunca se llevó a cabo.

Como es imposible guardar un secreto, los propios jugadores argentinos lo acabaron contando, como una avivada divertida de Bilardo. El mismo Maradona llegó a confesarlo en un programa de televisión llamado *Mar de fondo*, cuando le preguntaron por ello y le apretaron: «Bueno, alguien picó un Rohypnol y se pudrió todo. Branco no volvió a hablarme».

Algún tiempo después pasó un apuro en su propio programa de televisión, conocido como *La noche del diez*. Invitó a Pelé, que le puso en un aprieto cuando le preguntó por eso: «Quiero hacerte una pregunta y espero que seas sincero: ¿pusieron un somnífero en el agua de Branco?» Maradona divagó. O quedaba como mentiroso o daba una baza a Pelé ante su propia audiencia. Después de balbucear, «Algo hubo de eso... yo no fui... se dice el pecado, pero no el pecador...», dio con la respuesta adecuada: «¡Yo nunca necesité dormir a un rival para ganar un partido!». Y se ganó el aplauso del público.

Camerún rozó la semifinal

Cuando llegó el Mundial de 1990, hacía años que se hablaba de que el futuro del fútbol estaba en el África negra, por la condición física privilegiada de sus gentes. Pero nunca hasta que apareció Camerún en Italia se vio la amenaza como de verdad próxima. Ganó a Argentina en el partido inaugural, a Colombia en octavos y llevó a Inglaterra en cuartos a la prórroga, y solo cayó por dos penaltis que transformó Lineker.

Aquella fue una gran historia. Camerún había llegado allí tras ganar muy bien su grupo, con Nigeria, Gabón y Angola. Aún tuvo que eliminarse, a doble partido, con Túnez, ganando los dos. Nada extraño, pues habían ganado la Copa de África de 1988. Con todo, no se esperaba de ellos apenas nada en Italia. Mucha fuerza, brillanteces técnicas de algunos, despistes... ¿O sería por fin el tantas veces anunciado *boom* del fútbol africano? Ocho años antes, este mismo equipo había pasado en España dejando una buena estela, pero solo eso. Camerún había jugado en el grupo de Italia, había empatado los tres partidos, como esta, pero había quedado fuera porque terminó con 1-1 en goles, Italia con 2-2. Por ese gol más, Italia siguió y fue campeona. Camerún se quejó de los arbitrajes, pero nadie le hizo demasiado caso.

El grupo que les tocó no era fácil: Argentina, URSS y Rumanía, la Rumanía de Hagi, Lacatus y Raducioiu. A Camerún le toca abrir plaza, el 8 de junio, ante Argentina. Y da la campanada. A las dos horas, un nombre da la vuelta al mundo: Omam Biyik, que ha marcado de cabeza, en el 67', el único gol del partido. Jugaba en el Laval, en Francia, pero nadie en el fútbol europeo le tenía muy presente, salvo los hinchas de ese equipo. Esa noche se acostó convertido en celebridad. No jugó Camerún lo que se dice bien, eso vendría después, pero supo oponer su fuerza y su dureza al fútbol argentino. Demasiada fuerza y demasiada dureza. Le fueron expulsados Kana (61') y Massing (88'). A pesar de eso, Argentina no pudo marcarle ningún gol al gigante N'Kono, que jugaba en el Espanyol. No solo Biyik y él jugaban en Europa. Otros cinco estaban en la liga francesa y uno más en la suiza. El resto jugaba en Camerún.

Al poco del gol de Biyik salió Roger Milla, un hombre del que se había oído antes del mundial, porque se dijo que lo había impuesto el presidente del país en la lista final. Según otros, fue el entrenador, el ruso Valeri Nepomnyaschi, quien tomó la decisión. Lo relevante es que el jugador tenía ya 38 años y estaba retirado. Atacante espectacular en sus inicios en Camerún, con el Eclair, los Leopards y el Cannon de Yaoundé, luego hizo una larga carrera en Francia, rodando por Valenciennes, Mónaco, Bastia, Saint-Étienne y Montpellier. Una carrera discreta, con claroscuros. Donde realmente triunfó fue en el Bastia, en los demás equipos dejó estela de genio discontinuo. Volvió al Tonerre de Yaoundé y estaba casi retirado cuando llegó el mundial. Jugaba en el Saint Perroise, en la Isla Reunión. Se le llevó un poco como hermano mayor de todos, para poner calma en el grupo y para ratos sueltos. El día de Argentina hizo eso: dar algo de pausa al juego. Y también alguna patada.

El segundo partido fue contra Rumanía. Estaba 0-0 cuando salió Milla, en el 61'. En el 76' y en el 86' marcó sendos golazos. Luego descontó Balint para Rumanía, ya en el 88'. Camerún, con dos victorias, estaba matemáticamente clasificada. Entonces sí, entonces fue un *boom* y todos empezamos a hablar de Milla, de su carrera, de si fue el presidente o el entrenador, de que se llamaba Roger Miller, pero cambió el Miller por Milla para sonar más africano.

Tercer partido, ya clasificados y victoria 4-0 de la URSS. Para cuando sale Milla, ya va el partido 2-0. Aun con eso, Camerún sale campeón de grupo. Con más goles encajados que marcados, pero campeón de grupo.

En octavos se cruza con Colombia, que viene eufórica, clasificada por un empate ante la RFA, conseguido aquel día que un locutor transportado por el entusiasmo gritó aquello de «¡Dios es colombiano!». Milla tampoco es titular, sale en el 60'. Y este día va a elevarse aún más arriba. El partido desemboca en prórroga y en el 106', Milla acosa a un defensa colombiano, que cede a Higuita, situado fuera del área; conocedor del gusto de Higuita por el juego con el pie, avanza hacia él; Higuita trata de regatearle, pero Milla ha adivinado la maniobra del rival, no le compra el engaño, se lleva la pelota, avanza unos metros y marca a puerta vacía, mientras Higuita se lanzaba desde atrás, con los dos pies, a cazarle. En el 109', dirige un contraataque en el que se entiende con Mabdeah, que le devuelve una pared para que marque. Otros dos goles de Milla, como ante Rumanía. Jugando ratos de partidos ha marcado cuatro goles, pero sobre todo ha lucido un juego lúcido, que contrasta con las carreras y saltos de sus impetuosos compañeros. Milla no es alto y ya no es joven. La fulminante velocidad de su juventud ha dejado paso a una lenta lucidez, parece marcar con parsimonia, dominando tiempo y espacios mucho mejor que nadie. En ese momento era el jugador del mundial, por encima de Schillaci y Maradona.

Los cuartos de final son con Inglaterra, nada menos. Milla es otra vez suplente y al descanso gana Inglaterra, con gol de Platt. En la segunda parte sale Milla y en torno a él se organiza el juego de Camerún, que marca primero con un penalti de Kundé (63') que le hicieron al propio Milla, y luego por Ekeké (63') a pase de Milla. Todos nos preguntamos desde nuestras casas cómo puede jugar así de bien en un mundial un futbolista de 38 años, retirado en la práctica, y que tampoco en sus mejores años había sido una celebridad. Camerún arrincona con el 2-1 a Inglaterra, que lo pasa mal hasta que en un contraataque Camerún hace un penalti ingenuo que Lineker transforma, en el 83'. En la prórroga, otro penalti ingenuo, transformado por Lineker, y por fin pasa Inglaterra. Camerún se va con la cabeza alta y Milla se queda para siempre en el corazón de todos los aficionados del mundo.

Todavía le llevaría Henri Michel, el siguiente seleccionador, a EE.UU.'94, como símbolo nacional. Camerún perdió dos partidos y empató uno. Solo jugó dos tramos, pero se dio el gusto de marcarle un gol a la URSS, con cuarenta y dos años. Nunca alguien con tanta edad había marcado antes en la Copa del Mundo, ni ha sucedido después.

Aún estamos esperando que algún equipo del África negra llegue a la semifinal. Camerún estuvo a punto, ninguno luego ha llegado tan cerca. Pero es que ningún otro ha tenido una carta secreta como la de Milla.

Alemania bate a Maradona

*E*s el 8 de julio del 90 y se van a enfrentar en el Olímpico de Roma las selecciones de Alemania (reunificada) y de Argentina. Hay cierto aire de solemnidad antes del partido, porque se reúnen dos hechos extraordinarios. Por un lado, Alemania está en proceso de reunificación. El 9 de noviembre de 1989 ha caído el muro de Berlín. Para este mundial, aún han luchado por separado la RDA y la RFA. La RDA quedó cuarta en un grupo de cinco, en el que estaban la URSS, Austria, Turquía e Islandia, única que quedó por detrás. La RFA, a su vez, se clasificó al salir segunda de grupo, tras Holanda, y por delante de Finlandia y Gales. Ya metidos en la fase final, salió campeona de grupo, con dos goleadas sobre Yugoslavia (4-1) y Emiratos Árabes Unidos (5-1) y empate el último día con Colombia (1-1). En octavos batió a Holanda (2-1) el día en que expulsaron a Rijkaard por escupitajo a Völler, también expulsado. En cuartos ganan a Checoslovaquia, 1-0. En semifinales, 1-1 y victoria alemana en la tanda de penaltis, con fallos de Pearce y Waddle en los dos últimos de Inglaterra. Por Alemania marcan consecutivamente Brehme, Matthäus, Riedle y Thon. No hay necesidad de lanzar el último.

Para la Alemania cuya reunificación está en marcha y es inminente, la clasificación para esta final es una baza nacionalista más. Igual que superó en 1954, con el mundial ganado en Suiza, el sofoco de la posguerra y la unificación, igual que en plena Guerra Fría había sido capaz de esgrimir su excelencia futbolística, ahora se aprestaba a ganar la Copa del Mundo en días en los que corría el viento de la reunificación.

Argentina había llegado a Italia como campeona del mundial anterior. En esa condición abrió el mundial, con una sorprendente derrota ante Camerún, por cabezazo de Omam Biyik. Después de eso, victorias sobre la URSS (2-0) y empate (1-1) con Rumanía. Argentina pasó por la gatera, como tercera de grupo. (Se clasificaban los seis campeones de grupo y los terceros mejor clasificados). En octavos, Argentina gana a Brasil, 1-0, gol de Caniggia, en una jugada célebre en la que tres defensas brasileños van a por Maradona, como moscas a la miel, y este mete un balón perfecto a Caniggia, que marca el solitario gol. En cuartos, Argentina pasa ante Yugoslavia, con dos penaltis parados por Goycochea en la tanda de desempate, tras empate a cero en el partido más prórroga. En semifinales, Argentina pasa también a los penaltis, ante Italia tras un revuelo organizado por Maradona en las vísperas. El partido se iba a jugar en Nápoles, donde Maradona había sido idolatrado. Tuvo el atrevimiento de solicitar a la afición napolitana que animara a

Argentina, en lugar de a Italia, y echó sal en una herida nacional. Recordó el desprecio del Norte hacia el Sur, recordó que en las grandes capitales del Norte llamaban *terroni* (paletos) a los napolitanos. Aquello creó un debate furioso. Dividió opiniones en Nápoles y despertó una oleada de indignación contra Maradona en el resto de Italia, que estallaría en la final.

Sobre la peripecia de Argentina hasta llegar a la final, hay algo interesante a reseñar, por la trascendencia que tuvo. En el 11' del partido contra la URSS, Pumpido se partió la tibia y el peroné, en choque con su compañero Olarticoechea. En su lugar entró Goycochea, que luego sería decisivo para llegar a la final. La baja definitiva de Pumpido dio lugar a que la FIFA permitiera excepcionalmente la incorporación sobre la marcha de un cuarto portero, Comizzo (River Plate), que sería el suplente de Goycochea en los sucesivos partidos. Una irregularidad, relacionada con el mando que ya entonces tenía Julio Grondona en la FIFA. Hasta entonces, el número límite en las listas era veintidós. La mayor parte de las selecciones metía en esa lista tres porteros, a cambio de dejar sin desdoblar alguna posición. Bilardo mismo llevó a Italia a tres, Pumpido, Goycochea y Cancelarich. Ante la lesión de Pumpido, Argentina pudo llamar a un cuarto portero, jugador número 23 de la lista. En el jersey le pusieron el número 01.

Pero vuelvo a Roma, donde los dos finalistas hacen el paseíllo y forman así:

RFA: Illgner; Berthold, Augenthaler, Kohler, Brehme; Buchwald, Hässler, Matthäus: Littbarski, Klinsmann y Völler.

Argentina: Goycochea; Simón, Serrizuela, Ruggeri, Troglio; Sensini; Burruchaga, Basualdo, Lorenzo, Dezotti; Maradona. (A Argentina le falta Caniggia, baja por tarjetas. Su ausencia será muy determinante).

Arbitra Codesal, de México.

Cuando suenan los himnos, hay clamor para el alemán (hay mayoría de seguidores germánicos entre el público neutral, que tira más bien para Alemania) y pitos sonoros para el argentino. Maradona no se retiene y mientras suena el himno argentino y se escucha una pitada, la cámara de televisión le capta mascullando un indisimulado «hijos de puta, hijos de puta» en todas las direcciones.

El partido fue espeso y malo. Mucha cautela, poco juego, Maradona vigiladísimo y además mal curado de una lesión. No se ve nada. En el 46' Monzón entra por Ruggeri, en el 54' Calderón entra por Burruchaga. En el 66', Codesal expulsa a Monzón, por un exceso. Ha durado 21' sobre el campo. En el 75' entra Reuter en la RFA por Berthold. El partido no se mueve, apenas hay llegadas. Hasta que en 84' Klinsmann sufre un desmayo ante Sensini (o quizá sufre un penaltito, a mí no me pareció ni eso). Los argentinos rodean al árbitro, pero no hay caso, Brehme convierte el penalti con ese aire inflexible tan alemán. Dezotti se desahoga con una patada infame sobre Klinsmann y se va a la calle. Argentina termina nueve contra once. Da igual: el partido está resuelto desde el penalti transformado por Brehme. Codesal pita. Las banderas rojas, amarillas y negras se agitan en las gradas. Alemania va a ganar 1-0, será su tercer mundial, con la unificación inminente. Alemania vuelve, o quizá Alemania nunca se fue. Maradona llora, de impotencia, de rabia, de todo.

Mundial regular tirando a malo, final mala tirando a peor. Ni Maradona fue Maradona ni Brasil fue Brasil ni Italia fue del todo Italia, sino solo Schillaci. Solo Alemania fue Alemania. Por eso ganó.

ESTADOS UNIDOS 1994

El fútbol fue *soccer* en honor de Kissinger

¡*E*l Mundial en Estados Unidos! Parecía una profanación. La elección se produjo en el congreso de la FIFA de 1988 y aprobada el 4 de julio. Cayó mal en todo el mundo, entre otros a mí, tengo que confesarlo, pero estábamos equivocados. Resultó un gran mundial. Aquella designación premiaba los desvelos de Henry Kissinger, tantos años Secretario de Estado de los Estados Unidos, y gran aficionado al fútbol. Aún recuerdo un artículo suyo, sobre fútbol, publicado en *El País*, en el que desarrollaba la idea de que las naciones juegan al fútbol como son, que se comportan en el campo como se comportan en la historia. Kissinger ya había intentado llevar a los Estados Unidos el Mundial de 1986, cuando renunció Colombia, pero perdió frente a México. Esta vez compitió con Brasil y Marruecos. Fue tentadora la idea de hacer un mundial por primera vez en África, y en un país en el que el fútbol tenía buen desarrollo desde hacía años. Pero Havelange empujó a favor de Estados Unidos, en su interés por extender el fútbol a los territorios en los que aún no dominaba.

El fútbol nuestro, *soccer* para ellos, que reservan la palabra fútbol para ese sucedáneo del rugby que tanto les gusta, con sus cascos y armaduras, había sufrido ya un revés allí. A mediados de los setenta se produjo el lanzamiento de la NASL (North American Soccer League) por todo lo alto, encabezado por el Cosmos, que reunió a Pelé, Beckenbauer y Chinaglia, entre otros. En unos años, pasaron por allí, ya en las postrimerías de sus carreras, muchos de los grandes jugadores del mundo, entre ellos Cruyff. Pero aquello solo produjo una llamarada pasajera. Fue una moda, solo eso. No llegó a arraigar el fútbol como espectáculo, aunque sí dejó una semilla para la práctica. Los colegios caros y las universidades le descubrieron virtudes que aquí quizá le negamos y pasó a jugarse mucho. También entre las chicas. Pero como espectáculo no arraigó.

Los aficionados del resto del planeta temimos un mundial de estadios vacíos. En Estados Unidos contribuyeron a que lo imagináramos así con reflexiones como esta que publicó un editorial de *The Washington Post*: «El fútbol es un juego que los estadounidenses enseñamos a nuestros niños hasta que alcanzan la edad suficiente para hacer algo interesante.» También se escribió que «aquí el fútbol es el deporte del futuro, y siempre lo será.» Eso hizo temer un mundial sin gente, desambientadísimo, cosa que al final no se produjo, sino más bien lo contrario. Hubo enorme animación. Hubo, sí, que cubrir enormes distancias, porque se jugó en las dos costas, en el norte (región de los Grandes Lagos) y en el sur, en Texas. Se jugó en nueve ciudades: Los Ángeles, Nueva York, Washington, Chicago, Detroit, San Francisco, Boston, Dallas y Orlando. Buenos estadios, de gran capacidad todos, como correspondía a la fuerza del fútbol americano allá.

La mascota fue un perrito llamado *Striker*, vestido de futbolista con los colores de la selección local. Adidas presentó el *Questra*, siguiendo la línea del viejo *Tango*, aunque con mejores materiales. Se hizo una tirada oficial de 312 balones, seis para cada partido. Participaron trece selecciones europeas (con Alemania, clasificada de oficio), cuatro de Sudamérica (Argentina se lo tuvo que ganar en repesca con Australia), tres de África, dos de la Concacaf (incluyendo EE.UU., organizadora, clasificada de oficio) y dos de Asia. El campeón oceánico, Australia, fue sometido a dos repescas: la primera con Canadá, segunda del grupo Concacaf, que pasó, y la segunda con Argentina, que se quedó con la plaza que no había podido ganar directamente en su zona.

Se jugó primero una fase de seis grupos, de la que los dos primeros de cada uno y los cuatro terceros con mejor puntuación pasaban a octavos. De ahí en adelante se seguía por eliminatorias directas, mismo sistema que en Italia 90. Por primera vez se estableció que la victoria en la fase de grupo diera 3 puntos, en lugar de 2. El empate seguía dando uno. Se pensaba que así se estimularían las victorias y los goles. Para facilitar el seguimiento de los espectadores por televisión, a los jugadores se les colocó en la espalda, sobre el número, el nombre, como ya se venía haciendo en la Premier, y desde mucho antes en otros deportes, particularmente en EE.UU. Se abrió la posibilidad de una tercera sustitución, pero que solo podría ser utilizada para el portero. Solo Marruecos hizo uso de esta disposición. Lo hizo ante Bélgica y en el último minuto. Se estableció además que dos tarjetas amarillas costarían la suspensión para el siguiente partido, a fin de reprimir la dureza.

Hubo veinticuatro árbitros: doce europeos, cinco sudamericanos, tres de la Concacaf, dos asiáticos y dos africanos. El español fue Díaz Vega. Y hubo veintidós liniers, o jueces auxiliares, como se les empezó a llamar.

Comenzó el 17 de junio, finalizó el 17 de julio. Se disputaron cincuenta y dos partidos, con 141 goles, un promedio de 2,71 por partido. El puesto de máximo goleador lo compartieron Hristo Stoitchkov, de Bulgaria, y Oleg Salenko, de Rusia. Fue el primer mundial en que Rusia intervino como tal, no como Unión Soviética, tras la atomización de esta.

Pero la gran noticia fue la asistencia. En el país en el que más desambientado se temió que estuviera un mundial, tuvo el récord de asistencia que aún perdura. Esos cincuenta y dos partidos fueron seguidos en los estadios por 3.587.538 espectadores, una media de 68.991 por partido. Ambos números son récord absoluto en la historia de la Copa del Mundo. Toda una sorpresa. La más grata de las sorpresas.

Escobar: un autogol que costó una vida

*P*ara el Mundial de Estados Unidos, Colombia estaba muy esperanzada. Ya siete años antes, en la Copa América de 1987, había dado magníficas señales, con un equipo, creación personal de Maturana, que fue un precedente del tiqui-taca español de años después. Nucleado en torno a Valderrama y Redín ese era un equipo magnífico, que ya había dado una seria campanada en Italia'90, al empatar con Alemania el día aquel que un locutor entusiasmado cantó aquello de «¡Dios es colombiano!» y para el 94 se le veía en plenitud. En la fase de clasificación de su grupo sudamericano, en el que luchó con Argentina, Paraguay y Perú, había tenido una actuación estruendosa. Cuatro victorias, dos empates, 13-2 en goles. Aquella clasificación incluyó un 0-5 en Buenos Aires que fue noticia mundial, el peor estropicio sufrido jamás en su campo por Argentina, que tendría que acudir a una humillante repesca con Australia para meterse en el mundial.

Colombia entró en el Grupo A con Rumanía, Suiza y Estados Unidos. Y las cosas no salieron como se esperaba. Empezó perdiendo con Rumanía, volvió a perder el segundo día, con Estados Unidos, por 2-1, y cuando finalmente ganó el último día, a Suiza, 2-0, no sirvió. De esa fase de grupo pasaban los dos primeros en todos los grupos, y los dos terceros mejor clasificados. Colombia quedó cuarta, frente a unos rivales que no eran tenidos en mucho. La decepción en el país fue grande. Muchos se irritaron. El fútbol tiene también esas cosas.

En el partido contra Estados Unidos, el segundo de la fase, se había producido una incidencia menor, que hubiera pasado al olvido de no ser por las trágicas consecuencias que tuvo: el primer gol norteamericano lo marcó en propia meta el defensa central Andrés Escobar. Fue en el 33'. Un centro horizontal de Caligiuri al que Escobar mete la pierna y lo manda dentro. Fue el 1-0. Colombia acabaría perdiendo por 2-1.

El 2 de julio, diez días después de aquel partido, seis después de la victoria inútil frente a Suiza, Andrés Escobar estaba en Medellín, tratando de olvidar aquello. Era jugador del Atlético Nacional de aquella ciudad, donde consumió casi toda su carrera. Había empezado en ese club, en 1986, había jugado luego dos temporadas en el Young Boys de Suiza y había regresado en 1989. Vivía allí, aquella era su ciudad. Ese 2 de julio salió con un amigo y una amiga, a un local de diversión en las afueras de la ciudad llamado El Indio. Se encontró unos patosos que le acosaron culpándole del autogol. Aguantó lo que pudo, hasta que decidió marcharse. Se fue a su coche, en el que montó con la amiga. Uno de los patosos le siguió hasta allí, continuó ofendiéndole, ofendió a la muchacha, discutieron, hubo una discusión y finalmente el insoportable le disparó. Le metió seis balas en el cuerpo. Escobar falleció mientras era trasladado al hospital. El mundial aún estaba en marcha. Aquella noticia conmocionó a toda la familia del fútbol.

En un país que sufre mucha violencia gratuita, aquello no hubiera pasado de ser un desdichado episodio más de no ser por las circunstancias que convergieron en el caso. Las autoridades decidieron colocar protección especial a los restantes miembros de la selección, temiendo que el crimen fuera respuesta al fracaso de una mafia de apuestas, que se habría visto defraudada por la eliminación. El asesino, que fue capturado, y resultó ser un tal Humberto Muñoz Castro, era chófer y guardaespaldas al servicio de dos hermanos, Pedro David y Juan Santiago Gallón Henao, a los que las autoridades tenían relacionados con el narcotráfico y otras actividades ilegales. Eso contribuyó a crear sobre el crimen la leyenda de que se trataría de algo distinto de lo que fue. La versión de que se habría tratado de una venganza mafiosa por una cuestión de apuestas se instaló en el imaginario colectivo, más fuera de Colombia que dentro. La investigación correspondiente no corroboró nada de eso: se trató de un crimen absurdo, que segó la vida de un buen jugador y dio con los huesos del homicida en la cárcel durante bastantes años. Cuando salió, en 2005, con beneficios penitenciarios, hubo reacción de indignación en el país, donde se recuerda a Escobar con cariño. Un campeonato nacional de fútbol callejero lleva hoy su nombre.

El milagro de Baresi

*I*talia llegó al Mundial de Estados Unidos con Franco Baresi de capitán. Tenía ya treinta y cuatro años, y dos antes había anunciado que dejaba la *azzurra*, pero no se le encontró sustituto y decidió volver. Italia, como siempre, llevaba cartel. Se la tenía entre los equipos fuertes. Como casi siempre, empezó mal: perdió 1-0 con Eire. El segundo partido, 23 de junio, era contra Noruega. Este se ganó, 1-0, pero con una baja muy sensible: en el minuto 49' Baresi tuvo que dejar su puesto a Apolloni, por un dolor en la rodilla. Al término del partido fue examinado: tenía rotura de menisco.

Adiós mundial, pensamos todos. Adiós, posiblemente, a su carrera. A esa edad... El médico del Giants Stadium que le examinó habló por teléfono con el del Milan. Le propuso una artroscopia con las últimas técnicas, intervención que él dominaba. El Milan aceptó. La intervención, nada invasiva, tuvo lugar el día 25 y solo duró veinte minutos. El médico dijo que si Italia duraba en el mundial, Baresi podría incluso estar en condiciones de reaparecer en él.

Baresi no lo creía. Acompañado de su mujer, Maura, y de sus hijos, Eduardo y Valerio, se sentía peor que un convaleciente: se sentía un exfutbolista. Sus declaraciones a la prensa así lo atestiguaban: «Se acabó el mundial para mí. Y no puedo descartar que este haya sido mi último año como futbolista». Baresi, que se había iniciado en el fútbol de otra época, aún tenía en su mente la grave resonancia de la palabra menisco. Meniscos rotos retiraron durante el siglo pasado a muchísimos futbolistas. Las técnicas habían cambiado, una artroscopia como la suya había permitido no mucho antes a Dino Baggio regresar al campo en diecinueve días. El médico le dijo que en una semana podría regresar a los ejercicios. Y que si todo iba bien...

El mundial siguió. Italia empató el tercer partido, contra México, y pasó como tercera de grupo. Muy a la italiana: en ese grupo, los cuatro ganaron un partido, empataron otro y perdieron otro más. Italia pasó tercera, raspando, por diferencia de goles.

El caso es que seguía en carrera. En octavos, ante Nigeria, Italia perdía 1-0 en el 89'. En ese momento marcó Roberto Baggio, dando paso a una prórroga en la que el propio Baggio repetiría, de penalti. A cuartos. Era el 5 de julio y Baresi ya comenzaba a hacer ejercicios, como vaticinó el médico. En cuartos, el día 9, Italia pasa otra vez raspando, 2-1 ante España, goles de Dino y Roberto Baggio, este segundo en el 88'. Fue ese día en que Tassotti le rompió la nariz a Luis Enrique. Baresi seguía mejorando. Semifinal, día 13, 2-1 a Bulgaria, dos goles más de Roberto Baggio. Baresi ya le pega al balón, comparte la euforia del grupo, se le han ido los fantasmas de la cabeza.

Y llega la final, el día 17. Hace veintidós días de la operación, Baresi está bien. El central Costacurta tiene tarjetas, no podrá jugar. Sacchi duda entre el reserva Apolloni o Baresi, y se decide por este. La enjundia del partido requiere grandeza y eso le sobra a Baresi. Enfrente van a estar Romário y Bebeto, la tarea es difícil, pero Sacchi arma el centro de la defensa con él y con Maldini.

Y resulta. Baresi juega un partido imponente, Italia no encaja ningún gol, se llega a la prórroga, también sin goles. El partido desemboca en los penaltis.

Y, fatalidad, Baresi, que lanza el primero, falla. Roberto Baggio, el hombre que había llevado a Italia a la final con sus goles, falla el quinto. Italia perdió la final.

Baresi se quedó sin levantar la Copa.

Pero dio testimonio al mundo de que ya había nacido la medicina del siglo XXI.

El EE.UU.-Brasil bate a la Super Bowl

*E*stados Unidos se tomó en serio su mundial. A pesar de las reticencias previas, dentro y fuera (ya sabe, «el fútbol es el deporte del futuro en Estados Unidos y siempre lo será») la cosa resultó mejor de lo esperado, y buena parte de la población se encariñó progresivamente con su selección, en un movimiento de masas inesperado. En principio, el mundial había sido visto por interés solo por las zonas de población de más reciente inmigración de otras zonas, particularmente de América Latina, pero también griegos, italianos o de otros países europeos.

La verdad es que se lo trabajaron. Para llevar el equipo, la federación de EE.UU. contrató al yugoslavo Bora Milutinovic, un trotamundos del fútbol. Fue recomendación directa de Beckenbauer a Henry Kissinger. Milutinovic había sido jugador del Partizan y el OFK Belgrado hasta que, ya con cierta edad, pudo salir al fútbol francés (Mónaco, Niza y Rouen), pasó al suizo (Winterthur) y remató en México, en la UNAM, los populares Pumas. Allí, en México, inició su carrera de entrenador, que le llevaría a ser seleccionador mexicano en el 86, campeonato jugado en aquel país. De ahí pasó a Costa Rica, a la que clasificó para Italia'90, donde consiguió meterla en cuartos. Era el hombre ideal.

Creó un plan ambicioso. Para hacernos idea, hasta que llegó Milutinovic, en 1991, EE.UU. había jugado 80 partidos en toda su historia, lo que incluía solo tres presencias en la Copa del Mundo, las de 1930 y 1950, ya lejanas, y la más reciente entonces de 1990, en Italia, donde perdió los tres partidos. Desde 1991 hasta el mundial, EE.UU. había jugado 89 partidos más, la mayoría amistosos (se intercaló una Copa de la Concacaf, la asistencia a una Copa América, como invitados, y un Torneo Internacional en Ryad, con Arabia Saudí y Costa de Marfil). Milutinovic concentró el grupo en Mission Viejo, California, y programó un trabajo impecable. Trabajó con algunos jugadores de la Liga profesional, unos pocos exportados y un grupo amplio de los colegios y las universidades, para los que el campeonato era una oportunidad para profesionalizarse. Ya en 1991 EE.UU. ganó la Copa de Oro de la Concacaf, batiendo en la final a Honduras en los penaltis. Era la primera vez en la historia que se hacía con el campeonato.

El sorteo completó el Grupo A, que encabezaba, con Rumanía, Suiza y Colombia. La favorita era Colombia, que tenía una selección madura, pero aún en buena edad, que llevaba años gustando, pero que al final terminó cuarta, con el corolario trágico de la muerte de Escobar. EE.UU. empezó con Suiza, en Detroit, con un empate (1-1), siguió con una victoria sorpresa ante Colombia, el día del autogol de Escobar (2-1) y la derrota el tercer día ante Rumanía (1-0), ambos en el Rose Bowl de Los Ángeles. Con eso, Estados Unidos pasaba de ronda como uno de los terceros mejor clasificados. La gente estaba satisfecha, el equipo había gustado. Jugaba en casa, sí, pero el público apreciaba que se batiera bien en un juego que en el fondo era «de otros».

El cruce de octavos es con Brasil. La víspera, Clinton telefonea a Milutinovic para desearle suerte. El Stanford de San Francisco registra una extraordinaria asistencia, 86.016 espectadores, dos mil más que la Super Bowl de 1985, que mantenía el récord. Se acreditaron 1.500 periodistas. Fue el gran día para el fútbol de aquel país. Ganó Brasil por un escaso 1-0, pero nadie tuvo nada que reprochar. La ABC batió su récord de audiencia hasta la fecha. Los Meola, Lalas, Jones o Wynalda se hicieron populares en Estados Unidos y en el mundo entero. Aquel era un equipo joven, eficaz y combativo, con ese aire desenfadado de todo lo norteamericano, en el que la imagen más popular fue la del defensa Alexis Lalas. Hijo de griegos, su pelo pelirrojo y su barba afilada le hicieron evocar a Buffalo Bill. Buen jugador, además. Reapareció recientemente ante el gran público como presidente de Los Ángeles Galaxy, cuando fichó a Beckham para el equipo.

Pasado aquel mundial, el fútbol ha seguido caminando por detrás del béisbol, el fútbol americano, el baloncesto y el hockey sobre hielo, como grandes deportes locales. Pero algo creció. Desde aquello ha ganado cuatro veces más la Copa de Oro de la Concacaf y no ha faltado a ningún otro mundial. De la Confecup de 2009, en Sudáfrica, nos eliminó a los españoles.

Y Milutinovic, por su parte, siguió su ruta de selecciones: Nigeria (clasificada para Italia 98 y llegando hasta cuartos), China (clasificada para Corea-Japón 2002), Honduras, Catar, Jamaica, Irak... Sí, Estados Unidos cambió. Pero él, no.

La nariz sangrante de Luis Enrique

*T*ras el Mundial de Italia, Luis Suárez siguió poco tiempo en la selección. Le remató una derrota con Rumanía en Cáceres. Villar le relevó por Vicente Miera, exjugador del Madrid y entrenador de trayectoria buena en equipos medios. Fracasó al no clasificar a España para la Eurocopa del 92, por culpa de una inesperada derrota en Islandia. Pasó a dirigir la selección olímpica, una degradación que se convirtió en el mayor éxito de su carrera, pues consiguió el oro en Barcelona'1992. Inmediatamente de eso, entró Javier Clemente como seleccionador.

Personaje extremadamente polémico y desagradable, gustaba de crear y fomentar enemigos exteriores para fortalecer el grupo. Todo su ciclo se caracterizó por eso. Sus enemigos fueron en aumento hasta hacer la atmósfera irrespirable hasta el punto de forzar a Villar a echarle, contra su propio deseo. Clemente había sido jugador del Athletic, de prometedores inicios, hasta que una lesión le apartó del fútbol. Luego entrenó al propio Athletic, al que volvió a hacer campeón de Liga, y por dos años consecutivos, cuando ya la memoria de la afición no alcanzaba casi al título anterior. Uno de esos años hizo doblete. Su estilo de juego era todo lo contrario de lírico: hombres fuertes, solidez, pocas ocasiones en las dos porterías. La doctrina era pillar todos los rebotes.

España se clasificó para el Mundial de Estados Unidos en un grupo largo, e *in extremis*. Un grupo de siete equipos, que compartimos con Eire, Dinamarca, Irlanda del Norte, Lituania, Letonia y Albania. El primer partido, 3-0 sobre Albania, se jugó aún con Miera como seleccionador, antes del verano. Fue clave una victoria en Dublín en el penúltimo partido, un 1-3 con dos goles de Julio Salinas, emblema del juego feo y práctico de Clemente, que había eliminado durante el proceso a la Quinta del Buitre y recibía grandes críticas por eso. Aun así, llegó al último partido con el agua al cuello. Dinamarca nos visitaba en Sevilla y había que ganar o ganar. En el minuto 9', Zubizarreta, otro de los jugadores-emblema de Clemente, cometió un error garrafal. Sacó y le entregó la pelota a Laudrup, al que tuvo que derribar al borde del área para evitar el gol. Fue expulsado. Entró Cañizares y estuvo cumbre toda la noche. España, claro, jugó con diez desde la expulsión. En el 63', Hierro marcó de cabeza el gol de la noche, aprovechando una falta de Bakero a Schmeichel, al que obstruyó en la salida.

Y a Estados Unidos. El 18 de mayo, el Barça perdía la final de la Copa de Europa ante el Milan por 4-0. Al día siguiente, Clemente dio su lista de mundialistas con nueve jugadores del

Barça y sin Michel, que seguía teniendo muchos defensores y estaba jugando francamente bien en su club. Un día más tarde, Cruyff anuncia una lista de bajas en el Barça, que incluye a cuatro de los seleccionados por Clemente para el mundial: Zubizarreta, Julio Salinas, Goicoechea y Begiristain, aunque finalmente este último se salvaría de la quema y seguiría un año más. Se forma la consiguiente polémica entre Clemente y Cruyff. «Con España jugarán Zubizarreta, Salinas y nueve más», anuncia enfáticamente el seleccionador, siempre listo para defender a los suyos.

La lista definitiva fue esta:

Porteros: Zubizarreta (Barça, en tránsito al Valencia), Cañizares (Celta, en tránsito al Madrid) y Lopetegui (Logroñés).

Defensas: Ferrer (Barça), Otero (Celta), Camarasa (Valencia), Abelardo (Sporting), Hierro (Madrid), Voro (Depor), Alkorta (Madrid), Nadal (Barça) y Sergi (Barça).

Centrocampistas: Guardiola (Barça), Caminero (Atlético), Bakero (Barça), Guerrero (Athletic) y Begiristain (Barça).

Delanteros: Goicoechea (Barça), Juanele (Sporting), Felipe (Tenerife), Julio Salinas (Barça) y Luis Enrique (Madrid).

Se observará en la lista gran abundancia de defensas. Seis de ellos son centrales. Clemente gustaba de utilizar para el medio campo jugadores que habitualmente jugaban de centrales en sus clubes. Valoraba mucho la estatura, la dureza, la atención y el sacrificio. No tenía mayor interés por la elaboración de juego en la media.

Hay una concentración en Puente Viesgo, con unos llamativos tratamientos de recuperación en barro y un par de amistosos, en Finlandia y Canadá, ganados ambos (1-2 y 0-2) hasta llegar a Estados Unidos. Allí nos esperan Corea del Sur, Alemania y Bolivia.

España, 2 - Corea del Sur, 2

El estreno es el 17 de junio, en Dallas, ante Corea del Sur. No puede jugar Zubizarreta, que arrastra el partido de sanción desde su expulsión en el último partido clasificatorio. Clemente saca este coriáceo equipo: Cañizares; Ferrer, Alkorta, Abelardo, Sergi; Luis Enrique, Hierro, Nadal (capitán), Guerrero; Goicoechea y Julio Salinas. Como se ve, dos centrales, Hierro y Nadal, en la media, aunque ambos con alguna experiencia en esa zona.

Fútbol soso, muy luchado. Velocidad contra estatura. En el 40' Caminero sustituye a Julen Guerrero. Más estatura para España. Al descanso llegamos 0-0. En el 51', Julio Salinas, el hombre-talismán de Clemente, marca el 1-0 tras jugada de Caminero. En el 55', Goicoechea cabecea un centro del propio Caminero y pone el 2-0. Parece que todo está hecho, pero en el 85' descuentan los coreanos por medio de Hong Myung-bo y en el 90' empatan con Seo Jung-woon. Se nos queda cara de tontos. Tantos centrales para que Corea nos clave dos a partido resuelto.

España, 1 - Alemania, 1

El 21 de junio toca jugar contra los alemanes en Chicago. Ellos han ganado a Bolivia, tienen un buen equipo, como siempre. Hay miedo antes del partido, aunque se piensa que con el empate ante Corea y una victoria final sobre Bolivia, que se ve fácil, se podrá pasar. Vuelve Zubizarreta. Clemente saca este once: Zubizarreta (capitán); Ferrer, Alkorta, Abelardo, Sergi; Luis Enrique, Hierro, Guardiola, Caminero; Goicoechea y Julio Salinas. Clemente, arrugado por el empate, cede algo ante el clamor general y al menos alivia un central de la media para colocar a Guardiola. Con él y Caminero, España tenía algo de juego en la media.

Y funcionó. Buena primera parte, con el golpe de suerte además de que en el 14' un centro de Goicoechea desde la derecha se envenenó, salió muy cerrado y se le coló a Illgner por la segunda escuadra. Así llegamos al descanso. Pero a la vuelta, en el 48', Klinsmann hace el 1-1 de cabeza, en una indecisión de Zubizarreta. Clemente sustituye a Goicoechea por Bakero, para refrescar, y en el 77' no puede más porque la cabra tira al monte y saca a Camarasa, central, por Guardiola. Así navegamos hasta el final, aguantando. El mejor juego quedó en la primera parte. Pero hemos empatado con los alemanes, llevamos dos puntos y nos espera Bolivia, la cenicienta del grupo.

España, 3 - Bolivia, 1

27 de junio, otra vez en Chicago. Clemente afloja la cuerda y saca más jugones que nunca. Solo dos centrales. Quizá piensa que ante Bolivia se pueden hacer concesiones. Salen estos: Zubizarreta (capitán); Ferrer, Voro, Abelardo, Sergi; Felipe, Guardiola, Caminero, Guerrero; Goicoechea y Julio Salinas. A Bolivia la entrena un español, Xabier Azkargorta, el popular bigotón, que se ha convertido en un personaje en el país andino tras devolver a Bolivia al mundial. Antes solo había participado dos veces, en las ediciones de 1930 y de 1950. Se nos hace raro verle como enemigo, porque es un personaje muy querido aquí.

Todo va bien. La suerte nos sonríe. En el 19' hay un penalti dudoso a Felipe que el costarricense Badilla nos concede y Guardiola transforma en el 1-0. Así vamos al descanso. En la reanudación sale Hierro por Felipe: estatura y fuerza para la media. (Felipe es liviano y rápido, entre extremo y centrocampista de banda). Pero el dueño del partido es Caminero, que juega muy bien. En el 65', marca el 2-0. En el 67', Sánchez hace el 2-1 para Bolivia. Clemente retira a Guardiola en el 69' para dar entrada a Bakero. En el 71', otro gol de Caminero, el hombre del partido.

España pasa segunda, con una victoria y dos empates. El debate crece. Algunos defienden el modelo Clemente, que encuentran sólido: concede pocas ocasiones y demuestra eficiencia en el remate. Ha manejado bastantes jugadores y varias fórmulas. Para otros, es insufrible. Fuera del partidismo madridista (Clemente había degollado a la Quinta del Buitre y eso no se perdonaba), su modelo de fútbol carecía absolutamente de gracia. Las mismas críticas se le habían hecho antes, cuando entrenaba al Athletic.

España, 3 - Suiza, 0

Hay suerte en el cruce de octavos, que nos enfrenta a Suiza, equipo que no dice nada. Hay una preocupación: Caminero no podrá estar, por tarjetas. Es el jugador más en forma del equipo, lo reúne todo: estatura, fuerza y calidad. Clemente riza el rizo con la alineación, esta vez con ¡cinco! centrales (dos de ellos para la media) y solo Luis Enrique en punta. Viene a jugar un 5-2-2-1. Son estos once: Zubizarreta (capitán); Ferrer, Abelardo, Nadal, Alkorta, Sergi; Goicoechea, Hierro, Camarasa, Bakero; Luis Enrique. Cuando se conoce la alineación salta la indignación entre los detractores de Clemente.

Pero le va a salir bien. El partido empieza con un paradón de Zubizarreta. Pero pronto, en el 15', Hierro se desprende de la maraña de hormigón, avanza con regate y cruza el 1-0. Suiza ataca, pero España es un bloque impenetrable del que de cuando en cuando salen en contraataque los laterales, Ferrer y Sergi, ambos del Barça del *Dream Team*. Pequeños y rápidos les llamaban cariñosamente «los poneys». Llevan peligro. En el 62' entra Begiristain por Goicoechea, para refrescar. En el 73', una de las escapadas de Sergi acaba en pase a Luis Enrique, que hace el 2-0. En el 76' entra Otero por Hierro. En el 86', escapada ahora de Ferrer que acaba en penalti. Lo transforma Begiristain en el 3-0. Listo. Estamos en cuartos.

Clemente se crece. Todas las críticas le alimentan. El equipo marca goles (lleva 2,25 por partido, récord para España en una fase final de la Copa del Mundo, es sólido, ha empatado dos partidos (uno con Alemania) ha ganado dos, está en cuartos, ha barajado varias fórmulas, ha rotado jugadores. Cuanto más fuerte es el ruido exterior que él mismo provoca, más cohesión crea en el grupo, que se le entrega. Hay algo de fanatismo feroz que puede llevar al equipo a cualquier éxito, piensan ya muchos.

España, 1 - Italia, 2

Cuartos de final, 9 de julio, Boston. Enfrente está Italia, que viene de pasar las de Caín en octavos con Nigeria, excelente equipo. Roberto Baggio, la *vedette* del equipo, alcanzó el empate en el 89', luego marcará de penalti en el 103'. Ya había sufrido antes para pasar en su grupo, con una victoria, un empate y una derrota, ante Noruega, México y Eire, respectivamente. Pero Italia nunca es de fiar, se recuerda bien cómo salió campeona en España, tras empatar sus tres partidos de la primera fase. Siempre se va entonando sobre la marcha. A Baggio le acompañan varios jugadores del gran Milan de aquel tiempo, entre ellos Maldini y Donadoni.

Clemente saca su quinta alineación diferente en el quinto partido: Zubizarreta (capitán); Ferrer, Abelardo, Nadal, Alkorta, Otero; Goicoechea, Bakero, Caminero, Sergi; Luis Enrique. Quedan fuera Hierro y Julio Salinas, que entrarán sobre la marcha. Se incorpora Otero al lateral, pasando Sergi a jugar como medio izquierdo.

El partido es cauteloso por las dos partes. Un plomo, al que solo salva la emoción propia de un trance tan importante. En el 25', Dino Baggio agarra un gran disparo desde 25 metros ante el que Zubizarreta quizá pudo hacer más. 1-0. España no juega bien, solo Caminero parece suelto y convencido de lo que hace en ataque. La defensa, eso sí, es sólida. Pero también la italiana. No hay más goles hasta el descanso. En el 59', Caminero, que ya había rozado el gol en la primera parte, alcanza un centro de Sergi al que no ha llegado Otero y su remate se cuela tras pegar en Benarrivo. 1-1. Clemente mete ahora a Julio Salinas por Sergi. Y en el 64', a Hierro por Bakero. El equipo parece mejor configurado y Julio Salinas dispone de una ocasión espléndida que falla estrepitosamente. Casi de inmediao, hay un balón largo a Roberto Baggio ante el que Zubizarreta duda: da un paso adelante, uno atrás y cuando se decide a salir es tarde; Baggio llega antes que él al balón, se le va por un lado y, sin apenas ángulo, marca. Es el 2-1 en el 88'. Parece definitivo. A Clemente le han fallado sus dos hombres bandera, Julio Salinas y Zubizarreta.

Todavía hay una ocasión: en el 94', con España mandando ollazos, Tassotti le pega un codazo a Luis Enrique y le parte la nariz. Hubiera correspondido penalti y expulsión, el probable paso a una prórroga con once contra diez. Pero el húngaro Puhl no lo vio o se hizo el despistado. Tampoco le avisó el linier de ese lado. El balón iba por el aire, es posible que no lo vieran. O que sí. El caso es que el partido acaba entre protestas e indignación. La imagen final es la de Luis Enrique con la nariz rota, sangrando abundantemente, mientras los italianos se abrazan. Sentimos impotencia e indignación. Estamos fuera.

Y el equipo vuelve dejando sensaciones equívocas y el debate abierto. No ha complacido su juego, pero los resultados han sido buenos y la caída, digna. El ruido en torno a Clemente seguirá unos años más…

Cinco goles de Salenko a Camerún

Salenko tenía veinticuatro años el 28 de junio de 1994. Ese día, Rusia cerraba el grupo de clasificación, con Camerún. Ambas selecciones habían perdido los dos partidos, de forma que Brasil y Suecia, que jugaban por su lado, ya estaban clasificadas. Pero había una posibilidad más o menos remota: ganar el partido por un buen número de goles y entrar como uno de los mejores terceros.

Oleg Salenko, nacido en San Petersburgo el 25 de octubre de 1969, tenía eso en la cabeza cuando saltó al campo: que no bastaba con ganar, sino que convenía marcar muchos goles. Para entonces no era un jugador muy conocido en el mundo, aunque sí en España. De hecho, estaba en el campeonato un poco por casualidad, por la renuncia de algunos jugadores rusos a consecuencia de una revuelta por las primas. Salenko, que había sido máximo goleador del mundial juvenil de 1989, en Arabia, empezó su carrera en el Zenit y de ahí pasó al Dinamo de Kiev. Le intentó fichar el Tottenham, pero las estrictas normas inglesas entonces respecto a la incorporación de extranjeros (exigían un mínimo de internacionalidades en el último año) no eran cumplidas por él. Mediada la temporada 92-93 fichó por el Logroñés, entonces un agitador de la Primera División española. Aquí se destapó, con veintitrés goles en cuarenta y siete partidos. Eso le valió el traspaso al Valencia, por trescientos millones. El Logroñés lo había comprado por quince. Negocio redondo.

Así que para el mundial, estaba en tránsito del Logroñés al Valencia.

Pero el 28 de junio de 1994 estábamos en el Stanford de

San Francisco. Había que ganar, por muchos goles, y después enterarse de lo que había pasado en otros grupos. Y por Salenko no quedó: hizo el 1-0 en el 15', en jugada en cooperación con Korneiev; el 2-0 en el 41', alcanzando un buen pase de Tsimbalar; el 3-0 en el 44', de penalti, por derribo a Korneiev; el 4-1 en el 72', al cazar un rechace; el 5-1 en el 75', en gran galopada. Su víctima esa tarde fue Songo'o, buen conocido del fútbol español.

Cinco goles en una hora. Cinco goles en un mismo partido. Nunca nadie lo había conseguido antes. El récord anterior estaba compartido por Schiaffino (uruguayo), Eusebio (portugués), Wilimovski (polaco), Ademir (brasileño), Kocsis (húngaro) y nuestro Emilio Butragueño, cuando aquella tarde célebre de Querétaro. Durante años se escribió que Schiaffino le había marcado seis a Bolivia en el 50, pero no fue así. El propio Schiaffino aclaró (justo cuando los cuatro de Butragueño en Querétaro) que no habían sido más que cuatro.

El partido acabó 6-1. El último gol ruso lo marcó Radchenko, en el 81'. El de Camerún, que hacía el 3-1 y llegó en el 46', también trajo su récord: lo hizo Roger Milla, con cuarenta y dos años y 39 días de edad. El gran Roger Milla se despedía así de la Copa del Mundo, en la que tuvo actuaciones gloriosas.

No valió el 6-1, Rusia se quedó fuera, pero Salenko se convirtió en celebridad. La prensa le esperó mucho tiempo después del partido, porque tuvo que pasar control antidóping y le costó. Cinco cervezas y dos litros de agua fueron necesarios para que por fin abriera las compuertas. Luego compareció ante la prensa y dijo eso: que no buscaba un récord, sino goles para seguir en la competición, cosa que al final no pudo ser. También dijo que le costó más orinar que marcar goles.

Luego la vida no le trató bien. No cuajó en el Valencia como se esperaba (siete goles en veinticinco partidos) ni en el Glasgow Rangers, a donde fue a continuación. De ahí pasó al Istanbulspor turco, donde arrancó bien, pero una lesión de rodilla le amargó. Al cabo de tres temporadas probó en el Córdoba, de la Segunda División española, y luego en el Ekstraklasa polaco. Con treinta y dos años se retiró. En sus últimas cuatro temporadas no consiguió ningún gol.

Con los cinco goles de Camerún más el que le había marcado a Suecia, fue Bota de Oro del campeonato, empatado con Stoitchkov, aunque conseguidos en menos partidos. Poco antes del Mundial de 2010 se supo que había vendido su Bota de Oro a un jeque caprichoso. Ahora, mata el gusanillo jugando en la selección de fútbol playa de Rusia.

Pero su récord permanece.

Primera final sin goles

Lástima: el Mundial de EE.UU., que resultó un éxito de ambiente y de asistencia que asombró a todos, desembocó en una final sin goles, la primera de la historia y hasta ahora la única, que tuvo que ser resuelta en los lanzamientos desde el punto de penalti. Aquello hizo que se planteara la conveniencia de, en caso de empate tras el partido y la prórroga, acudir a un desempate, pero aún no se ha decidido tal cosa.

Fue una final entre dos clásicos, Italia y Brasil. Ambas se presentaban con tres títulos. Europa contra América... Lo tenía todo. Italia había ido, como suele, de menos a más. Había llegado a Estados Unidos como ganadora de la zona europea que compartió con Suiza, Portugal, Escocia, Malta y Estonia. Ya en el campeonato, su fase inicial distó mucho de ser buena. Empezó perdiendo con Irlanda (0-1), ganó a Noruega (1-0) y empató con México (1-1). Eso le dio para pasar como una de las cuatro terceras por haber marcado un gol más que Noruega, entre enormes críticas en su país. Además, en el segundo partido, ante Noruega, se le había lesionado, con rotura de menisco, su capitán, Baresi, faro de la defensa y hombre de la máxima confianza del seleccionador, el célebre Arrigo Sacchi. Pero, como suele, Italia fue a más, entonándose según avanzaba el campeonato. En octavos ganó a Nigeria (2-1), en cuartos a España (2-1 otra vez) y en semifinales a la gran Bulgaria de aquel mundial (siempre 2-1). Roberto Baggio, un media punta creativo y goleador, había entrado en periodo de plena inspiración y de su mano Italia cambió completamente de cara.

Por su parte, Brasil se clasificó como ganadora del grupo sudamericano que compartió con Bolivia, Uruguay, Ecuador y Venezuela. Y en EE.UU. hizo un buen campeonato. En la primera fase ganó a Rusia (2-0) y a Camerún (3-0), y empató el tercer día con Suecia (1-1), pasando como campeona de grupo. En octavos ganó 1-0 a EE.UU., en cuartos, 3-2 a Holanda, y en semifinales, 1-0 a Suecia, con la que se volvió a encontrar.

Era un Brasil nuevo, con otro estilo, forjado por Carlos Parreira. A los aficionados del mundo no nos gustaba. Brasil dio un giro en su filosofía tras la eliminación ante Italia en España, decidió blindarse. El equipo se blindaba con dos o hasta tres medios de contención, el principal de los cuales fue, durante aquel tiempo, Dunga, emblema de este modelo. A cambio, Brasil utilizaba laterales muy buenos, con libertad para atacar, y arriba tenía delanteros de tremendo talento: Bebeto y Romário, bien conocidos en España. Y asomaba un tal Ronaldinho (que luego hará fama como Ronaldo, dejando el «inho» para otro más joven) del que se hablaba prodigios, y que se encumbraría definitivamente en la final de Corea-Japón, en 2002. Pero entonces solo era un joven prodigio y no jugó ni un minuto.

El Rose Bowl de Los Ángeles tiene el día de la final, 17 de julio, un aspecto extraordinario. Es un estadio mítico, frecuente escenario de la Super Bowl. Arbitra el húngaro Puhl. Los equipos forman así:

Brasil: Taffarel; Jorginho, Aldair, Marcio Santos, Branco; Mazinho, Dunga (capitán), Mauro Silva; Zinho; Bebeto y Romário.

Italia: Pagliuca; Mussi, Baresi (capitán), Maldini, Benarrivo; Berti, Dino Baggio, Albertini, Donadoni; Roberto Baggio; Massaro.

Se juega con un sol espléndido y tremenda expectación, pero con demasiadas precauciones. Brasil se blinda con el trío Mazinho-Dunga-Mauro Silva en la media (más adelante conoceremos esta fórmula como «trivote») y suelta los laterales menos de lo que promete. (En el 22', Cafú sustituirá a Jorginho). Por delante del trivote, Zinho juega entre líneas, muy vigilado, y apenas puede conectar con Romário y Bebeto, los artistas del ataque. Italia se planta con dos líneas de cuatro, delante Roberto Baggio y arriba, solo, el combativo Massaro. Los medios italianos son jugadores buenos, pero sobre todo disciplinados. El equipo juega junto, se protege. También hay un cambio de lateral derecho en el primer tiempo: Apolloni entra por Mussi en el 34'. Desgraciadamente, el partido solo lo sostiene la emoción de lo que hay en juego. Romário y Roberto Baggio, los dos hombres que acaparan la atención, entran poco en juego. Se aclaman sus contadas intervenciones, que levantan la esperanza de que pase algo que nunca pasa. Se aplauden las escasas llegadas, las oportunidades de gol, que caen cada mucho, como con cuentagotas. Pero pasan pocas cosas. Se llega a la prórroga, en medio de gran fatiga. Se ha jugado con tensión, presionando mucho, poniendo muchas dificultades uno y otro al rival. Los dos entrenadores han puesto mucha más atención en evitar el gol que en conseguirlo. Sacchi hace un esfuerzo por ganar al meter en el 95' al extremo Evani por Dino Baggio. Parreira, a su vez, meterá en el 106' al joven Viola, que va a sorprender, por el agotado Zinho. En ambos casos se trataba de meter un delantero ágil, de refresco, para explotar el cansancio de la defensa rival. Pero no funcionó.

Y se llega a la tanda de penaltis. Es la primera vez que una final se va a resolver así. A todos los aficionados del planeta nos duele, pero son las normas.

Empieza Baresi, capitán de Italia, el hombre que ha tenido tiempo para recuperarse de una lesión de menisco sufrida en el segundo partido y ha reaparecido en la final. Lanza fuera. Pagliuca lo arregla, parando el lanzamiento de Marcio Santos. Un penalti por bando y 0-0. Ahora tiran Albertini y Romário, gol y gol. Dos lanzamientos por bando y 1-1. Va Evani, gol, va Branco, gol. Tres tiros por bando y 2-2. Va Massaro y para Taffarel; va el capitán Dunga y marca. En el cuarto lanzamiento Brasil se pone por delante, 2-3. Para el quinto tiro se adelanta Roberto Baggio, estrella del equipo. Ha llevado a Italia a la final con sus goles. Es el Balón de Oro de 1993. Italia le discute por su discontinuidad, pero le adora por su talento. Se adelanta, con su característica coleta, y el aire serio y concentrado propio de la ocasión. ¿Aguantará la presión? Todos los locutores de televisión del mundo que están narrando el partido recuerdan que es budista, que es un hombre en paz con su espíritu, dado a la meditación y a la serenidad. Pero lanza y... ¡fuera! 2-3, ya no hace falta ni lanzar el quinto penalti. ¡Brasil es campeón del mundo! Italia se aflige, da puñetazos contra la pared, Roberto Baggio baja la cabeza; Brasil salta, se abraza, corre.

Dunga recoge la copa. Carlos Parreira sonríe feliz. Ha triunfado el «dunguismo», ha triunfado el «trivotazo». Brasil tiene su cuarta copa, conseguida con un estilo nuevo, distinto al de las tres anteriores conquistas.

Pero en el resto del mundo, los aficionados apagamos el televisor un poco decepcionados. No, no ha sido la mejor final. Ni ha sido el mejor Brasil.

FRANCIA 1998

Subimos a treinta y dos equipos

El último mundial del siglo pegó un estirón: se pasó de veinticuatro a treinta y dos equipos. Fue en Francia, tercer país que repetía, tras México (70 y 86) e Italia (34 y 90). Francia había organizado el del 38, último de la preguerra. Repetía a los sesenta años, pues, tras ganar a otras dos candidatas, Suiza y Marruecos. También hubo un salto de inscripciones en la fase de clasificación: fueron en principio 174, aunque finalmente renunciaron seis y se quedó en 168, lo que dio 643 partidos y más de quince millones de espectadores en los estadios. En parte se debió a la incorporación de más países del tercer mundo futbolístico, y en parte por la atomización de estados de la Europa comunista, que dieron lugar a nuevos países (o renacimiento de antiguos) con sus propias selecciones.

Se jugó en nueve ciudades, distribuidas por todo el hexágono: París (dos campos), Burdeos, Lens, Lyon, Marsella, Montpellier, Saint-Étienne, Toulouse y Nantes.

El cartel elegido fue diseñado por una estudiante de Bellas Artes, Natalie le Gall, de solo veintiséis años. La mascota se llamó *Footix* (de *foot* y Astérix), nombre que ganó a otras cuatro propuestas finalistas: *Zimbo, Houpy, Raffy* y *Gallik*. Se trataba de un gallo azul de cresta roja, línea disney, con el balón en el brazo derecho. El balón fue Adidas, siempre en la línea estética *Tango*. Se llamó *Tricolore*, porque era de fondo blanco y las triadas en azul, con unos pequeños detalles en rojo.

Participaron quince europeos (Francia estaba clasificada de oficio), cinco sudamericanos (Brasil, de oficio por ser la campeona vigente), cinco de África, tres de la Concacaf y cuatro de Asia. Oceanía se quedó sin representante en la repesca, que Australia perdió frente a Irán.

Antes de comenzar el mundial, Havelange dejó la presidencia en manos de Blatter, que aún continúa en el cargo. Havelange apoyó a Blatter en la elección, en la que tuvo como oponente al sueco Johansson.

Para este campeonato se decidió resolver los desempates por el denominado «gol de oro». Si un partido terminaba en empate, se daría por ganador al primer equipo que marcase en la prórroga. Si la prórroga acababa sin goles, se iría a la tanda de penaltis. Solo se dio un caso, en el Francia-Paraguay de octavos, en Lens. Lo marcó Blanc, en el 113'. Este fue el único mundial con gol de oro. En el siguiente se volvería a las prórrogas completas, con o sin goles.

Hubo quince árbitros europeos (García Aranda por España), seis sudamericanos, cinco africanos, cuatro asiáticos, tres de la Concacaf y un oceánico. Mostraron veintiuna tarjetas rojas, récord hasta la fecha, si bien hubo también más partidos para mostrarlas. También hubo récord de penaltis (diecisiete) y de empates (diecinueve).

Se jugó la primera fase por el sistema de liguillas de grupo, ocho grupos de cuatro, de los que los dos primeros pasaban a jugar eliminatorias directas. Se cruzaba el primero de cada grupo con el segundo de otro, según un orden preestablecido en el sorteo.

Se jugaron sesenta y cuatro partidos, con 171 goles, un promedio de 2,67. El máximo goleador fue Davor Suker, de Croacia, país escindido de la vieja Yugoslavia, debutante en el campeonato y que alcanzó las semifinales. La asistencia fue de 2.785.100 espectadores, 43.517 por partido. A pesar del aumento de partidos respecto al mundial anterior, el de Estados Unidos, no se llegó al excepcional número de espectadores de aquella edición, sino que hubo 800.000 menos en total, 25.000 menos en la media por partido. Eso hizo más admirables aún los logros en este sentido del Mundial de Estados Unidos.

La cabezonería con Zubizarreta

$\mathcal{D}$espués del Mundial de EE.UU., Clemente clasificó bien a España para la Eurocopa'96, en Inglaterra. Siempre en medio de las consiguientes broncas. Allí las cosas salieron regular. Empatamos con Bulgaria y Francia y ganamos a tres minutos del final a Rumanía con un gol de Amor sin el cual nos hubiéramos ido a casa. En cuartos caímos ante Inglaterra, en la tanda de penaltis, con fallos de Hierro, cuyo castañazo rebotó en el larguero y casi llega de vuelta hasta el medio campo, y de Nadal. De nuevo polémica. Clemente cada vez tenía más gente en contra y más radical, pero sus defensores también se radicalizaban a su vez.

La fase de clasificación fue buena, en grupo con Yugoslavia, Chequia, Eslovaquia (el sorteo emparejó a las recién separadas, cosas…), Islas Feroe y Malta. Quedamos campeones, con ocho victorias y dos empates. Yugoslavia tenía una gran generación, la mejor en muchos años, con Mijatovic entre otros: Djukic, Mihajlovic, Stojkovic… Clemente endulzó la fórmula, aunque no sus modos. Guardiola entró como eje en el medio campo, apareció Raúl, con su poder goleador, eran frecuentes Guerrero, Kiko, Alfonso… Ya no era todo puro hormigón, aunque seguía siendo un equipo combativo. Parecía anunciarse un ciclo brillante. Solo despertaba dudas Zubizarreta, que cumplía años (iba hacia los treinta y siete) y se le empezaba a ver tardo de reacción. Pero para Clemente eso era innegociable.

La lista, por supuesto, empezaba por él:

Porteros: Zubizarreta (Valencia), Cañizares (Madrid) y Molina (Atlético).

Defensas: Ferrer (Barça), Aguilera (Atlético), Alkorta (Athletic), Abelardo (Barça), Hierro (Madrid), Nadal (Barça), Iván Campo (Mallorca), Aranzábal (Real) y Sergi (Barça)

Centrocampistas: Guerrero (Athletic), Celades (Barça), Amor (Barça) y Luis Enrique (Barça).

Delanteros: Etxeberria (Athletic), Raúl (Madrid), Pizzi (Barcelona), Kiko (Atlético), Morientes (Madrid) y Alfonso (Betis).

Pocos centrocampistas, como se ve. Clemente seguía usando centrales (especialmente a Hierro) para el medio campo. Y hubo un contratiempo serio: una lesión de isquiotibiales de Guardiola, que le dio la lata durante demasiado tiempo. Se quedó sin ir.

Hay de nuevo concentración en Puente Viesgo, con el tratamiento de barros, y luego el grupo se instaló por todo lo alto en Chantilly, en el lujoso hotel Blue Green, donde Clemente podía jugar al golf cuanto le placiera. Allí empezó a incubarse lo que se llamó pronto «el espíritu de Chantilly», un estilo aislado, lujoso y arrogante de vivir, muy en contraste con la doctrina castrense que se desprendía de las palabras de Clemente. La Selección se empezó a convertir en un grupo de divinos que no habían ganado nada, pero que sentían encomiable autoestima por ellos mismos, en la misma medida que se alejaban de la sociedad. Fue un proceso muy perceptible. Villar se comportaba como un reyezuelo y Clemente como su visir, con derecho a todo. Y ese todo incluía mantener a Zubizarreta hasta que se derrumbara. Como pasó.

Compartimos grupo con Nigeria, Paraguay y Bulgaria. Nigeria tiene una buena generación, que dio el susto a Italia en el mundial anterior y, dos años antes, la campanada al ganar el campeonato olímpico, frente a Argentina. Bulgaria tenía a Stoitchkov y otros buenos jugadores en un ambiente un poco golfo y desorganizado. Se les veía beber y fumar sin disimulo. Paraguay era firme atrás, con un portero de tremenda personalidad, Chilavert, y la velocidad de Benítez arriba.

España, 2 - Nigeria, 3

Empezamos en Nantes, el 13 de junio. La víspera ha habido un 0-0 en el Bulgaria-Paraguay. Viene bien. Que los otros empaten viene bien casi siempre. Hay optimismo, parece que esta vez el equipo puede llegar lejos. Clemente dispone este once: Zubizarreta (capitán); Ferrer, Iván Campo, Nadal, Alkorta, Sergi; Luis Enrique, Hierro, Kiko; Raúl y Alfonso. La idea, claro, es que suban los laterales. Empieza bien. Raúl tiene dos ocasiones hasta que en el 21' Hierro, de golpe franco, marca el 1-0. Pero de inmediato, en el 22', Adepoju, que jugaba en el Racing, cabecea a la red un centro de Lawal. 1-1. La cosa ya no parece tan fácil. Tras el descanso comparece Amor por Ferrer, en busca de más juego en la media, e Iván Campo se queda de lateral derecho. Enseguida, en el 47', hay un centro muy largo de Hierro, por alto, que Raúl persigue y percute con el empeine a la red. 2-1. Todo en orden. Sigue el trámite cuando se produce la jugada decisiva: Lawal se va de Iván Campo por la izquierda y centra raso; Zubizarreta, que se ha abierto demasiado hacia su lado esperando el pase atrás, ve que el balón le pasa por la derecha, paralelo a la línea de fondo, se vuelca y lo manotea dentro de la portería. Es el 73', es el 2-2, es, en realidad, autogol de Zubizarreta, porque el balón ni siquiera iba a portería. Clemente renueva el equipo retirando a Alfonso por Etxeberria (75') y a Nadal por Celades (76'). Pero España está desconcertada, ha perdido el hilo. En el 79' hay un buen tiro de Oliseh desde fuera del área al que tampoco llega Zubizarreta. 2-3. España no tiene reacción. Pierde. Clemente defiende a Zubizarreta en la sala de prensa, pero nadie deja de pensar que ha estirado demasiado el chicle.

España, 0 - Paraguay, 0

Ahora vamos a Saint-Étienne, el 19 de junio. Ha habido barullo los días previos. De repente, el optimismo se ha esfumado. Clemente hace algunos cambios: Zubizarreta (capitán); Aguilera, Abelardo, Alkorta, Sergi; Amor, Hierro, Luis Enrique; Etxeberria, Pizzi y Raúl. España carga con el peso del partido, exponiéndose a la velocidad de Benítez. Hay necesidad de ganar. La solidez de Paraguay, y en última instancia las paradas de Chilavert, nos lo impiden. El partido se desliza hacia un desesperante 0-0, que nos coloca en la tercera jornada con un punto.

España, 6 - Bulgaria, 1

Aún hay un resquicio, pero no depende solo de nosotros. Hay que ganar a Bulgaria y al tiempo esperar que Nigeria, ya clasificada por sus dos victorias, gane a Paraguay. Difícil, porque

Nigeria aprovechará, como se suele, para dar descanso a sus titulares y actividad a sus suplentes. Esta vez salen: Zubizarreta (capitán); Aguilera, Alkorta, Hierro, Sergi; Luis Enrique, Amor, Nadal; Alfonso, Morientes y Etxeberria. Bulgaria es una banda, abandonados como están de todo rigor, según se ha visto en la concentración. España gana con facilidad: en el 6', Hierro de penalti, 1-0; en el 19', Luis Enrique, 2-0; en el 53', Morientes, 3-0; en el 58', Kostadinov, 3-1; en el 81', Morientes, 4-1; en el 88' Kiko, 5-1; y en el 90+4', Kiko otra vez, 6-1. Set. En la segunda mitad han ido entrando Raúl por Etxeberria (52'), Kiko por Alfonso (65') y Guerrero por Luis Enrique (70'). El seleccionador búlgaro, Hristo Bonev, dimite ese mismo día, en la sala de prensa, abochornado por el cante que han dado los suyos, cuya disciplina no ha podido mantener.

Goleamos, pero no sirve. Paraguay ha ganado a los suplentes de Nigeria 3-1, así que pasan esas dos selecciones. Zubizarreta se despide ese mismo día del fútbol, lo anuncia en la sala de prensa, con unas palabras bonitas. «Sonó el timbre, se acabó el recreo.»

La despedida fue bonita, sí, pero muchos pensamos que mejor si Zubizarreta no hubiera alargado tanto el recreo. Menos bonita fue la despedida de Clemente. De aquel mundial salió enfrentado a todo el mundo. Polemizó incluso con la ministra de Cultura, Esperanza Aguirre a la sazón. Villar le mantuvo como pudo unas semanas. Estaba tan encabezonado él con Clemente como lo había estado Clemente con Zubizarreta. El 5 de septiembre empieza la fase de clasificación para la Eurocopa'2000 y empieza con una inesperada derrota en Chipre, la cenicienta del grupo, por 3-2. Poca gente lo sintió. Aquello sirvió para que por fin se marchara Clemente, después de seis años casi exactos y sesenta y dos partidos. Clasificando siempre a España para las fases finales y llegando siempre hasta los cuartos, para caer a esa altura. Ni muy bien ni muy mal. Pero fue demasiada bronca para ese fruto.

Salimos de aquello con los pies fríos y la cabeza caliente.

Beckham cae en la trampa de Simeone

Argentina e Inglaterra se cruzaron en octavos de final, en un partido que se cargó de morbo. Seguían en la mente de todos la guerra de las Malvinas y los dos goles de Maradona en México'86, uno de ellos con la mano y el otro «volcando un camión de ingleses», como se dijo en su día. La expectativa del enfrentamiento fue comidilla desde el sorteo, porque Inglaterra cayó en el grupo G y Argentina en el grupo H. Tras la primera fase, esos grupos iban a cruzarse, en aspa. Si uno era primero de su grupo y el otro segundo, se cruzarían en octavos. Y pasó. Argentina fue primera de su grupo, tras ganar a Japón, Jamaica y Croacia. Inglaterra se quedó segunda en el suyo, porque ganó a Túnez y Colombia, pero perdió con Rumanía. Así que entraron en colisión. Y eso que Túnez estuvo a punto de evitarlo, porque el último día faltó poco para que ganara a Rumanía. Los rumanos, felices por la victoria sobre Inglaterra, se tiñeron todos de rubio, como habían anunciado la víspera, festejaron más de la cuenta y salieron con el equipo reserva. Con el partido en marcha, y con el marcador en contra, sacaron a Popescu, Ilie y Moldovan y consiguieron empatar, con lo que salvaron el primer puesto y evitaron el cruce con Argentina. Así que todo desembocó en el intrigante cruce en cuartos entre Inglaterra y Argentina, que parecía predestinado.

El partido tenía que disputarse en Saint-Étienne y las vísperas estuvieron cargadas de morbo. La policía francesa extremó sus precauciones, ante el miedo de que se produjeran enfrentamientos entre *hooligans* y aficionados argentinos. De estos había muchos menos, en lógica, por la distancia, pero se sabía que había algunos miembros de «barras bravas». La situación se puede decir que estuvo bajo control salvo por un incidente la víspera entre hinchas ingleses y miembros de la comunidad magrebí de Saint-Étienne. La policía practicó diez detenciones.

Beckham era entonces un joven prometedor, o quizá ya algo más. Titular en el Manchester United, había ido a la selección, pero no jugó en el primer partido, y en el segundo solo salió con el partido en marcha, por Paul Ince. Para el tercer partido, el seleccionador, Hoddle, rectificó y le alineó como titular ante Colombia. Y también a Owen, igualmente un joven prometedor. Beckham era una celebridad precoz, su estilo ya había llamado la atención, era novio ya entonces de Victoria Adams, una de las cinco componentes del célebre grupo Spice Girls. Dotada de un gran instinto publicitario, estaba haciendo ya del jugador un icono de modernidad.

Por su parte, Argentina tenía un equipo «europeo», ya sin Maradona. Un equipo de fuerza, en el que destacaba el feroz goleador Batistuta. El entrenador era Passarella. El capitán era Simeone, duro luchador del medio campo y también jugador de calidad.

El partido empezó como un trueno: hubo dos penaltis transformados en nueve minutos, uno para cada equipo. En el 16', Owen marcó un gol precioso: recogió el balón de espuela en el medio campo, dejó atrás a Chamot, luego encaró a Ayala, del que también se fue, y marcó por la escuadra. Un golazo. Sin llegar al de Maradona doce años antes, pero una maniobra artística para recordar. Y justo antes del descanso, Argentina empató en un tiro libre, jugada de pizarra. Zanetti se colocó junto a la barrera inglesa, como para tapar al portero. Pero el saque le fue a él, que a media vuelta marcó. Ese gol lo trajo Simeone al Atlético en su exitosa etapa de entrenador.

Pero la jugada más comentada del partido se produjo al inicio de la segunda parte. Simeone, que le había estado haciendo un marcaje muy duro a Beckham, le derribó una vez más. Beckham, desde el suelo, lanzó una patada a Simeone de la que este se dolió. El árbitro, el danés Nielsen, expulsó directamente a Beckham. Era la primera expulsión de un jugador inglés en la historia de la Copa del Mundo.

El partido acabó como estaba en ese momento, 2-2, prórroga incluida. Argentina no supo hacer pesar su superioridad numérica. Se llegó a la tanda de penaltis, que ganaron los argentinos, que solo fallaron un penalti mientras que su meta, Roa, detuvo dos y acabó convertido en el héroe del partido. (Carlos Roa jugó en el Mallorca. Más adelante fue notoria su negativa a jugar los sábados en atención a su firme militancia en la Iglesia Adventista del Séptimo Día, lo que fue causa de una retirada temporal).

El villano, claro, fue Beckham. Las críticas contra él fueron feroces. Por su reacción de chiquillo, que dejó al equipo con diez y una sensación de poca entereza y hombría que contrastaba mucho con lo que se espera en Inglaterra de un futbolista. Beckham ya era visto con recelo, por sus juegos de peinado, su novia, a la que ya llamaban la *posh*, «la pija», por su actividad publicitaria, que ya asomaba. Durante la temporada siguiente y algún tiempo más, Beckham fue abucheado frecuentemente en todos los campos de la Premier.

Ocho meses después de la jugada, Simeone alardeó de que teatralizó mucho, de que exageró el daño, que en realidad no existió: «Demostré picaresca e inteligencia. Me dejé caer y conseguí que el árbitro le sacara la roja inmediatamente. Beckham no me dio un golpe violento, fue un gesto instintivo. Pero el árbitro tal vez castigó su intención».

No sería la única expulsión de Beckham con Inglaterra. Así como en Francia'98 se había convertido en el primer jugador inglés expulsado en la Copa del Mundo, también sería, siete años después, el primer capitán de Inglaterra expulsado en un campo de juego, al tiempo que se convertía en el primer jugador de la selección inglesa en ser expulsado dos veces. Fue en un partido de clasificación para el Mundial 2006, contra Austria. El español Medina Cantalejo le sacó dos tarjetas amarillas en un minuto y le mandó a la caseta. Llevaba entonces 85 partidos con la selección.

El mundial que perdió Le Pen

En los años noventa, la selección francesa era francamente multirracial. El amplio imperio colonial que Francia había llegado a alcanzar años atrás, más su propia tradición de tierra de acogida, había hecho que ya desde la mitad de siglo se vieran muchas razas por sus calles. En los barrios humildes, de las afueras de las ciudades, era por supuesto más abundante la presencia de razas distintas de la blanca. Esos barrios con solares sin construir y niños jugando al fútbol todo el día, mal calzados, con balones remendados... Justo el vivero de buenos futbolistas.

A eso habría que añadir la facilidad natural de la raza negra para el fútbol. Aquello irritaba mucho a Jean Marie Le Pen, líder del Frente Nacional, la extrema derecha francesa. Le Pen era un racista que fustigaba mucho a los inmigrantes y no admitía ese equipo como representación de Francia. Un día, en junio de 1996, sacó los pies por alto en una convención de su partido, en Saint-Gilles. «Es artificial que se haga venir a extranjeros y luego se les bautice como el equipo de Francia», dijo. Calificó a esa selección como «representantes del papeleo, y no de Francia», aseguró que revisaría la situación cuando llegara a la presidencia (que nunca alcanzó) y se quejó de que no cantaban La Marsellesa: «No sé si porque no quieren o porque visiblemente la desconocen».

Aquel ataque indignó a los jugadores, que pidieron que no se le votara. Además, había alterado la realidad en su discurso. Era cierto que era un grupo multirracial, pero todos habían nacido en la metrópli o en las colonias. Solo Desailly entraba en la caricatura de Le Pen, y muy a duras penas. Cierto que había nacido en Ghana y fue nacionalizado, pero había llegado a

Francia a muy temprana edad, adoptado por un diplomático francés. Se había criado y hecho futbolista en el país.

Cuando llegó el Mundial de 1998, a disputarse en suelo francés, el grupo de la Eurocopa seguía vigente, pero podríamos decir que la pesadilla de Le Pen había ido a más. Para su horror, cuando se dio la lista de convocados solo había en el grupo de veintidós cinco que él pudiera considerar franceses puros, hijos de padre y madre francesa y de raza blanca. El resto eran descendientes de árabes, caribeños, sudamericanos, subsaharianos, caucásicos y hasta uno procedente del sur del Pacífico, el canaco Christian Karembeu. ¡Y encima este mundial se iba a celebrar en suelo francés! Le Pen redobló sus ataques y desató una desagradable polémica. Hasta el siempre contenido Zidane, nacido en Marsella, en el barrio de La Castellane, un polo de inmigración, tomó la palabra: «Nací en Francia y estoy orgulloso de ser francés. Mi padre nació en Argelia, y estoy orgulloso de ser argelino».

Pero, en fin, aquella selección multicolor ganó el mundial, con un estilo de juego y de conducta apreciado por todos. Y la noche del día de la final, el 12 de julio de 1998, se produjo una explosión de júbilo que llevó a los Campos Elíseos a millones de personas en la mayor congregación de multitud en la historia de Francia. El presidente Chirac habló de «esta Francia multicolor y ganadora...»

Matthaüs gana a Carbajal en la *foto finish*

*E*l meta mexicano Carbajal había alcanzado celebridad mundial al disputar en 1962 su cuarta Copa del Mundo. Había acudido ya en 1950 a Brasil, con 21 años, cuando era una joven figura, asentado ya como titular en el León, el que sería el club de toda su vida como jugador. Al mundial había ido de suplente, pero la lesión del titular, Córdoba, le permitió jugar los tres partidos de su equipo. El primero fue el de la inauguración de Maracaná, nada menos. México cayó 4-0. En los partidos siguientes, perdería también contra Yugoslavia (4-1) y Suiza (2-1). Volvió con tres derrotas y diez goles encajados, pero acreditado como un gran portero. Nadie le culpó. En Suiza'54 no jugó el primer partido, y México perdió 5-0 con Brasil. Sí jugó el segundo y último, ante Francia, con otra derrota (2-3). A Suecia'58 ya fue como titular indiscutido y jugó los tres partidos. Perdió (0-3) con Suecia, empató (1-1) con Gales en el primer partido que México no perdía en un mundial, y perdió con Hungría (0-4).

En Chile'62 se presentó otra vez como titular. México iba en el grupo de España y se hizo célebre aquí y en todas partes porque era el primer jugador en alcanzar cuatro fases finales. México perdió con Brasil (2-1) y con España (1-0). Su imagen, lamentándose por el gol de Peiró a muy poco del final tras escapada de Gento, fue muy popular aquí. En el tercer partido ganó México (3-1) a Checoslovaquia. Todos vimos con alegría que un portero así, un grande, abandonara su cuarto, que suponíamos último, mundial con una victoria.

Pero al de 1966 volvió, aunque ya como suplente del joven Calderón. Este jugó los dos primeros partidos, empate con Francia (1-1) y derrota con Inglaterra (2-0). Para el tercer partido, con México prácticamente eliminada, el técnico Ignacio Tréllez tuvo la elegancia de alinearle. Fue ante Uruguay y en Wembley y acabó empate a cero. Era su undécimo partido en la Copa del Mundo y se dio la satisfacción de dejar el marco imbatido. El viaje que empezó el 24 de junio de 1950 en Maracaná se completó el 19 de junio de 1966 en Wembley. De los veintiún años a los treinta y siete. Había jugado en cinco mundiales. El récord parecía definitivo.

Pero la constancia de un centrocampista alemán le obligaría, muchos años después, a compartir el récord. Ese centrocampista fue Lothar Matthäus, que en Estados Unidos jugaría su quinta Copa del Mundo. Matthäus era un jugador completo, bueno en todo, excelente en nada salvo en rendimiento. Jugaba por el centro del campo, era muy activo, con llegada al gol, capacidad para la construcción y quite. Técnica suficiente, muy abnegado, infatigable. No era muy alto, 1,73, en realidad un bajito casi siempre entre alemanes. Llegó con apenas dieciséis años al Borussia Mönchengladbach, a finales de los setenta, cuando aquel equipo había sido vaciado por el mercado español de su gran generación de no mucho antes: Netzer, Bonhof, Stielike, Simonsen, Jensen… Aún estaba en el Borussia Mönchengladbach cuando Jupp Derwall le llevó al Mundial de España. Allí entró por primera vez en un mundial en el minuto 61' del partido contra Chile, segundo de la fase de grupo, como reemplazante del veterano Breitner, cuyo puesto estaba llamado a heredar. Repitió contra Austria, ahora como reemplazante de Rummenigge en el 66'. Vivió desde el banquillo la derrota de la final, ante Italia. Solo jugó esos dos ratos. Pero era un comienzo…

Ya en 1986, jugador entonces del poderosísimo Bayern de Múnich, fue como titular sagrado al Mundial de México. Jugó los siete partidos, incluida la final, y marcó un gol. Pero sufrió la segunda derrota consecutiva de Alemania en una final, esta sobre el terreno de juego. Fue la final ganada por la Argentina de Maradona.

A Italia'90 ya fue como capitán de Alemania. Además, era muy querido por el público italiano, porque el Bayern lo había traspasado al Inter. En Italia gustó, por su juego honrado cargado de detalles de calidad. Ese año alcanzó su cénit. De nuevo jugó todos los partidos, ahora como capitán, y también la final, por fin ganada. La misma final que cuatro años antes, Alemania-Argentina, solo que esta vez les correspondió ganar a los de Matthäus. Él levantó la copa. Ese año obtendría el Balón de Oro de *France Football*. Un año más tarde fue nombrado mejor jugador del mundo de la FIFA. (Ahora ambos premios están unidos, pero en esa época iban por separado). A la alegría siguió un serio trastorno: la rotura del ligamento cruzado. Regresó al Bayern, se recuperó y, consciente quizá de que ya no podría jugar con tanto despliegue, pasó a la posición de líbero, donde reemprendió su carrera.

Así disputó el Mundial de EE.UU.'94, en el que Alemania cayó sorprendentemente en cuartos, ante la Bulgaria de Stoitchkov, el equipo revelación del campeonato. Ese día, él marcó un gol, de penalti, pero no sirvió de nada. Tuvo discrepancias con Klinsmann, que había asumido la capitanía, y con el seleccionador, Berti Vogts, y decidió abandonar la selección. Pero cuando no lo esperaba fue convocado una vez más, para

Francia'98. Tenía entonces treinta y siete años. No jugó el primer partido, entró en el siguiente, a partir del descanso, ante Yugoslavia, y en ese momento coronaba su aparición en una quinta copa del Mundo. Ya jugaría los tres siguientes como titular. Ante Irán, aún en la fase de grupo, México en octavos y Croacia en cuartos. Ante esta perdió 3-0. Fue su último partido, un mal recuerdo, pero que se pierde en una mirada atrás más larga. Cinco participaciones, veinticinco partidos, cinco goles. Un título, como capitán. El récord de participaciones de «la Tota» Carbajal, como cariñosamente le llaman allí, no fue batido sino igualado. Pero Matthäus puede presumir de haber jugado más partidos.

Claro, que Alemania siempre dura más en la Copa del Mundo…

La final del patatús de Ronaldo

*E*l 12 de julio de 1998 saltan al campo de Saint-Denis (estadio de nueva construcción, creado para el mundial), en París, las selecciones de Francia y Brasil. En el equipo brasileño la estrella es el delantero Ronaldo, que sorprendentemente no aparecía en la alineación entregada por Zagalo al árbitro una hora antes del partido. Fue cambiado después, al poco del comienzo. Como Zagalo hizo el cambio una vez que se hubo conocido la alineación francesa, se especuló con que habría tomado la decisión final una vez que hubo conocido esta.

Pero no era así. Más adelante se fue sabiendo la verdad. Por la mañana, Ronaldo había sufrido unas tremendas convulsiones, con pérdida pasajera de conciencia. Su compañero de habitación, el ya entonces madridista Roberto Carlos, asustado, avisó al entrenador, Zagalo, y al doctor Lidio Toledo. Éste decidió su traslado inmediato a un hospital, donde se recuperó. Le hicieron algunas pruebas. Lidio Toledo no era partidario de que jugara, de ahí que en la primera alineación no estuviera él, sino Edmundo. Pero él insistió e impuso su criterio, y jugó. Según algunas fuentes posteriores, Nike, que patrocinaba a la selección de Brasil, habría presionado para que jugase Ronaldo, cosa que nunca se pudo confirmar. Para explicar el traslado brusco al hospital se improvisó una explicación: una revisión de una dolencia en el tobillo.

El caso es que Ronaldo estaba ahí, con Brasil, que aspiraba a su quinto título. Para Francia, rodeada del fervor de los suyos, sería el primero. Francia tenía a Zidane en el eje de todo. Había hecho un gran mundial, con todos los partidos ganados. En el grupo, tres victorias: Sudáfrica (3-0), Arabia (4-0) y Dinamarca (2-1). Luego, Paraguay (1-0) en octavos (con gol de oro), Italia (0-0 y 4-3 en penaltis) en cuartos y Croacia (2-1) en semifinales. El entrenador Jacquet, un tipo que distaba de ser simpático pero que era altamente eficaz, anunció que esa final sería su último partido. Cuando le dijeron en la víspera que el propio presidente Chirac había pedido que siguiera, contestó: «Eso es un asunto que solo nos concierne a la Federación y a mí».

Brasil tenía como seleccionador a Zagalo, cuatro veces campeón del mundo antes: dos como jugador (58 y 62), una como seleccionador (70) y otra como adjunto al seleccionador (94). Brasil se había clasificado de oficio, como campeona del 94. En el grupo ganó a Escocia (2-1) y a Marruecos (3-0), y perdió el tercer partido, que ya no le valía para nada, ante Noruega (2-1). Esa victoria de Noruega dejaría fuera a Marruecos, donde la pasividad de Brasil en ese partido irritó mucho. Asunto que pudo tener su importancia, como luego se verá. Luego, Brasil ganó en octavos a Chile (4-1), en cuartos a Dinamarca (3-2), y a Holanda en semifinales (1-1 y 4-2 en los penaltis). Brasil mostraba gran potencia de ataque, Francia destacaba por su seguridad defensiva.

El árbitro fue por primera vez africano. La designación recayó sobre el marroquí Said Belqola, un excelente árbitro. Pero la designación de un árbitro de un país en el que se había desatado dos semanas antes una corriente de antipatía contra Brasil por su pasividad ante Noruega, fue tachada de imprudente por algunos. Para mayor complicación, la propia esposa del árbitro declaró que prefería que ganara Francia, por la actitud de Brasil ante Noruega, tan perjudicial para Marruecos. Luego, afortunadamente, Belqola estuvo muy bien y no dio lugar a quejas. Incluso expulsó al francés Desailly, por doble tarjeta, en el 47' y el 68'. De hecho, todas las tarjetas salvo una fueron para franceses. Roberto Carlos le reclamó un penalti sobre Denilson, pero sin razón.

La expectación es tremenda. ¡Francia en la final contra Brasil! Las entradas de 350 francos se pagan a 15.000 en la reventa. Las más caras, de 2.950, a 30.000. Los equipos formaron así:

Brasil: Taffarel; Cafú, Junior Baiano, Aldair, Roberto Carlos; Leonardo, Dunga (capitán), Sampaio, Rivaldo; Bebeto y Ronaldo.

Francia: Barthez; Thuram, Desailly, Leboeuf, Lizarazu; Karembeu, Deschamps (capitán), Petit, Djorkaeff; Zidane y Guivarc'h.

El partido empieza cauteloso. Brasil hace tiempo que no es la que fue, hace años que ha sacrificado alegría en pos del orden táctico, arrastrando el trauma de su eliminación en España ante Italia. Zagalo pregona «seriedad atrás y libertad arriba». Todavía estamos en el tanteo cuando en el 28' Petit lanza un córner desde la izquierda y Zidane, adelantándose a todos, marca en el primer palo. 1-0 y júbilo en las gradas. Brasil intenta desplegarse, pero no encuentra a Ronaldo, visiblemente mermado. Solo hará tres jugadas de cierto nivel en todo el partido. Sus compañeros, que saben lo que ha pasado, juegan también alterados por el sobresalto. Francia se siente cómoda y en el 45', al borde del descanso, otro córner, este desde la derecha. Lo saca Djorkaeff y cabecea otra vez Zidane. 2-0. El fino mediapunta ha decidido el partido con dos cabezazos, algo de lo que nunca fue especialista.

En el descanso, Zagalo cambia a Leonardo por Denilson, en busca de fantasía para el ataque. Jacquet mete en el 56' a Boghossian por Karembeu, y en el 65' a Dugarry por Guivarc'h, que está calamitoso. El partido es espeso. Zagalo busca más ataque, con Edmundo por Sampaio en el 74', y Jacquet responde al minuto con el fuerte Vieira por el estilista Djorkaeff. No hay buen fútbol. Brasil se vuelca, pero sus delanteros se estorban. Francia mete pierna dura, espera, deja pasar el tiempo. En el 90'+3, Petit se escapa en un largo contraataque y marca el 3-0. Francia despeja su primer título, conseguido por una selección multicolor que espantó a Le Pen, el líder de la ultraderecha francesa. A Zagalo, la supuesta firmeza del equipo se le ha derrumbado y Ronaldo no estaba, claramente, para jugar. Zagalo recibirá fuertes críticas cuando poco a poco se vaya conociendo la verdad.

Lo de Ronaldo se justificó, cuando se fue sabiendo, como un colapso nervioso, fruto de la ansiedad. Pero cuatro años más tarde, una investigación del diario deportivo brasileño *Lance* desveló que la causa habría sido una inyección de xilocaína mal puesta. La xilocaína o lidocaína es un analgésico que se utiliza para tratamientos odontológicos y cardíacos, que disminuye el latido del corazón y combate la fatiga. Según la investigación, la infiltración habría alcanzado accidentalmente una vena, lo que habría producido esos efectos. La xilocaína, en sobredosis o invadiendo bruscamente el torrente sanguíneo, puede provocar paralización de la lengua, delirios, mareos, visión desenfocada y temblores, seguidos por sueño y convulsiones. Existe incluso posibilidad de parada respiratoria.

Por supuesto, el doctor Lidio Toledo negó la veracidad de la información.

COREA DEL SUR Y JAPÓN 2002

El mundial viaja a Oriente

*P*or primera vez, la Copa del Mundo no se iba a disputar ni en Europa ni en América. Entraba un tercer continente en juego: Asia. Havelange siempre había hecho bandera de la extensión del fútbol fuera de sus límites clásicos. De hecho ya se había celebrado uno en Estados Unidos. Se trataba también de ampliar el negocio y de satisfacer a los patrocinadores, cuyos territorios comerciales podía ampliar el fútbol. Havelange había prometido a Japón el mundial; el comité ejecutivo de la FIFA, en el que figuraba el presidente de Hyundai, la gran fabricante coreana de automóviles, vicepresidente· a su vez de la FIFA, presionó a favor de Corea del Sur. Al final, el 21 de mayo de 1996, se llegó al acuerdo de que ambos países compartieran la organización. Era la primera vez que se hacía en un mundial, si bien ya se había hecho en la Eurocopa'2000, aunque en este caso, a la fuerza. Cuando concluyó el plazo para presentación de candidaturas, en septiembre de 1994, no había sobre la mesa de la UEFA más que la de Holanda y Bélgica, compartida. En ocasiones anteriores había habido propuestas compartidas de los países bálticos, que se rechazaron. Esta vez se aceptó a la fuerza. Y resultó bien, aunque se trataba de dos países con frontera terrestre y que juntas ocupaban un territorio abarcable.

Eso funcionó, pero en 1996, cuando se tomó la decisión, faltaban cuatro años para saber qué resultaría de aquello. Había solo el precedente de la designación compartida por parte de la UEFA, y a eso se agarró la FIFA. Claro, que era distinta. Se trataba de dos países separados por el mar. El campeonato se habría de jugar en cuatro islas (una coreana) y la península coreana. Existía además cierta incomodidad por el conflicto, siempre larvado, entre Corea del Sur y del Norte. Pero resultó. El fútbol puede con todo. Y eso que se jugó en veinte ciudades distintas, más que nunca. Por Japón fueron: Yokohama, Sapporo, Miyagi, Niigata, Ibaraki, Saitama, Shizuoka, Osaka, Kobe y Oita. Y por Corea: Seúl, Incheon, Suwon, Daejeon, Jeonju, Gwangju, Seogwipo, Busan, Ulsan y Daegu. El acuerdo fue que el partido inaugural se jugara en Seúl (con Francia, campeona vigente, abriendo ante Senegal) y la final en Yokohama, Japón.

La inscripción constituyó un récord: diez sudamericanos, treinta y cuatro de la Concacaf, cincuenta africanos, treinta y nueve asiáticos y diez oceánicos. Un total de 193 para 36 plazas. El llamamiento de Blatter, en la línea de su antecesor Havelange, a la apertura del fútbol a todo el planeta ya cuajaba. En el curso de las eliminatorias de clasificación se produjo la mayor goleada jamás registrada en un partido de fútbol relacionado con la Copa del Mundo: Australia ganó a Islas Samoa por 31-0. Archie Thompson marcó trece goles ese día.

Pero Australia no fue al mundial. El grupo oceánico solo obtenía media plaza. Ganarlo solo daba derecho a una difícil repesca contra el quinto clasificado del grupo sudamericano, que resultó ser Uruguay. Pasó Uruguay.

Participaron así quince selecciones europeas (entre ellas Francia, como campeona), cinco sudamericanas, cinco africanas, cuatro asiáticas (lo que incluía a Japón y Corea del Sur, organizadoras) y tres de la Concacaf. Este sería el último mundial en el que se admitiría de oficio a la campeona. El mal papel de Francia se achacó a que llevaba tiempo sin jugar partidos oficiales y se decidió que resultaba perjudicial. Y, ya que el mundial tenía un número tan alto de participantes, resultaba difícil que el campeón cayera en la fase de clasificación del siguiente, dado que los filtros ya eran más generosos que cuando se instaló el hábito.

Tres alienígenas venidos de un planeta imaginario bautizado «Atmozone», llamados *Kaz*, *Ato* y *Nik*, fueron las mascotas. Tenían colores amarillo, violeta y azul, fosforescentes. El balón, siempre de Adidas, se llamó *Fernova* y también tenía un aire como de asteroide, con unas aspas dinámicas de tres puntas como dibujo, en color cuarzo y fuego.

Hubo abundancia de árbitros del tercer mundo futbolístico. La proporción de europeos fue menor que nunca y no se compensó con sudamericanos, sino con una mayor presencia de jueces procedentes de países de menor rango futbolístico. Hubo quince europeos, siete sudamericanos, seis asiáticos, cuatro de la Concacaf y tres africanos. Y una nubecilla de asistentes de distintos países, que contribuyeron a las varias fechorías que se produjeron, siempre con resultados favorables a la organización. La forma en que Corea del Sur fue remolcada hasta las semifinales, a costa de Italia y España, produjo sonrojo. El árbitro español fue López Nieto, que establecería un récord de tarjetas en un mismo partido.

Empezó el 31 de mayo, concluyó el 30 de junio. Se jugó un primer sistema de liguillas, ocho grupos de cuatro, y de ahí se pasó a eliminatorias directas, desde octavos de final. En total fueron 64 partidos, distribuidos a partes iguales entre los dos países, y 161 goles, a 2,52 por partido. La asistencia fue de 2.705.134 personas, 42.286 de media. El gobierno japonés impulsó a la población a asistir a los partidos de menor interés.

Ronaldo fue el máximo goleador, con ocho, dos de ellos en la final. El mundo del fútbol celebró su recuperación, después de dos graves lesiones que le habían amargado y amenazaron con acabar con su carrera. Después del mundial ficharía por el Madrid, contribuyendo a la fugaz leyenda de «los galácticos».

«There is only one David Beckham!»

El 7 de junio saltan al estadio de Sapporo Inglaterra y Argentina, dos clásicos. Las circunstancias del fútbol y de la política han hecho de sus duelos algo especial. Esta era la quinta vez que se enfrentaban en la Copa del Mundo, las anteriores fueron en los del 62, el 66, el 86 y el 98. Solo el primero de todos, el de 1962, en Rancagua, careció del plus de morbo y conflictos que tuvieron los demás. Ese día ganó Inglaterra 3-1 un partido sin mucha historia. Pero los tres siguientes tuvieron mucha miga. Cada uno de ellos lleva su apartado en este libro…

En 1966, el árbitro expulsó al capitán argentino, Rattin, por reiteradas protestas. El jugador se negó a salir, el partido se interrumpió, tuvo que entrar la policía… Luego se sentó en la alfombra roja que conduce al palco, finalmente dio la vuelta al campo, despacio, y retorció la bandera inglesa que coronaba el banderín de córner. Inglaterra ganó 1-0, con un gol de Hurst que los argentinos reclamaron como fuera de juego. El conflicto se coronó con un «*animals!*» de Alf Ramsey, que se sintió como un insulto a toda Sudamérica. El mismo día que un árbitro alemán le hacía esto a Argentina, un árbitro inglés abrasaba a Uruguay ante la RFA. Eso se sintió como un agravio al otro lado del Atlántico.

En 1982 vinieron a España en plena guerra de las Malvinas. Por fortuna, no se cruzaron. En 1986 sí se cruzaron, en México, en cuartos de final. Fue el día en que Maradona compensó a su país de la humillante derrota en las Malvinas. Ganó Argentina, con dos goles del genio, uno con la mano, el otro «volcando un camión de ingleses», como dijo alguien. Quizá los dos goles más singulares y recordados de la historia de la Copa del Mundo. El de la mano tuvo un valor extra para la hinchada argentina, por lo que tiene de burla y de astucia. El otro fue una obra de arte. Ganó Argentina 2-1, y de ahí en adelante seguiría hasta conseguir el título.

En 1998, en Francia, se cruzaron en octavos. Simeone forzó la expulsión de Beckham. El partido acabó 2-2 y pasó Argentina a los penaltis. Inglaterra había acudido a ese mundial con mucha ilusión, porque tenía un gran grupo de jugadores (Owen hizo un prodigio de gol ese día) y al regreso, Beckham lo pasó mal. Durante más de un curso fue abucheado en todos los campos por su reacción, que se juzgó propia de un niño mimado.

Ahora estaban otra vez ahí Beckham y Simeone, frente a frente. Las declaraciones de Beckham en la víspera son buenas, dice que aquello le hizo más fuerte. Reconoce que los argentinos son más pícaros, dice que los ingleses no hacen esas cosas, no se les ocurre. Owen no está de acuerdo, y dice que si puede fingir un penalti, lo hará. Simeone deja pasar el asunto. Es otro partido.

Maradona entra en escena. Glenn Hoddle, que comenta en una televisión, le pide una entrevista. Él anuncia que se la dará si «me devuelve la camiseta del 86; se la di a él». No hay devolución de camiseta, no hay entrevista.

Arbitra Collina, el mejor del mundo. Inglaterra está más

necesitada, porque en la primera jornada ha empatado (1-1) con Suecia. Argentina ha ganado (1-0) a Nigeria. Hay muchísimos más ingleses, 8.000, por un par de centenares de argentinos. Los ingleses suenan a más, con sus cánticos, que aplastan los intentos de los argentinos de levantar la voz. Se juega bajo techo, lo que resulta como artificial o extraño para un partido con tanta tradición. Hay un récord de apuestas hasta la fecha: dieciséis millones de euros.

A Beckham ya se le ha perdonado. Él marcó el gol decisivo para la clasificación de Inglaterra para este mundial. Inglaterra compartió grupo con Alemania, que tuvo que ir a la repesca. Los ocho mil ingleses en Sapporo le aclaman, desean o intuyen su revancha. Cuando hace una buena jugada, o un gran lanzamiento de los suyos, cantan: «*There is only a David Beckham!*», solo hay un David Beckham.

Inglaterra juega mejor. En el 24' hay un tiro de Owen al palo. Verón, agitador del medio campo argentino y compañero de Beckham en el Manchester, no tiene su día. La Argentina de Bielsa hace un fútbol feo y espeso. Y en el 44', «minuto sicológico», Owen cae a entrada de Pochettino. ¿Penalti o desmayo? La imagen en directo sugiere desmayo, una repetición posterior deja dudas. Pero Collina ha pitado fulminantemente. Beckham se sitúa ante el punto de penalti, para el lanzamiento más vigilado y tenso de su vida. Le pega fuerte, raso, por el centro, mientras Cavallero escoge la derecha. ¡Gol! «*There is only a David Beckham!*», canta la multitud de ingleses. Los japoneses han tomado también partido por Inglaterra, y sobre todo por el bello y rubio atacante. El gol de Beckham de penalti se pagaba diez a uno en las apuestas.

En la segunda mitad, Argentina no puede. Para más júbilo de los ingleses, Kily González sale con la nariz partida y sangrando tras un choque... ¡con Beckham!

El partido acaba entre la alegría inglesa. Ahora el maldito será Verón, a quien en Argentina acusarán de «vendepatrias», de no haberse empleado para no contrariar a la hinchada del Manchester y a su amigo Beckham. Le acusan de «anglófilo», lo peor que se le puede decir. En Argentina duele tanto que sus vecinos brasileños, eternos rivales, lo perciben en su plenitud y una emisora, Red Nacional de Río, hace un singular programa.

Pide a su audiencia que le envíen números de amigos argentinos, para llamarles en directo y decirles lo feliz que es la gente en Brasil con la derrota de Argentina.

En la tercera jornada, un empate (1-1) ante Suecia dejará fuera a Argentina. Ese mal mundial le costó el puesto a Bielsa y también fue el final del fenomenal goleador Batistuta en el equipo nacional.

A Francia le faltó Zidane...

*E*n el cambio de siglo, Francia era un poder. Había ganado la Copa del Mundo de 1998 y la Eurocopa de 2000. Había nucleado en torno a Zidane una gran generación de jugadores, que estaba consiguiendo éxitos más allá de los que logró el fabuloso grupo de Platini, Tigana, Giresse y demás. Francia llegó al Mundial de Corea-Japón con vitola de semifinalista, al menos. Mantenía el esqueleto del grupo que fue campeón del mundo y podía presumir de tener a los máximos goleadores de las ligas italiana (Trezeguet), francesa (Cissé) e inglesa (Henry). Henry era uno de los fenómenos de la época, un jugador superior. Pero ahí estaban también Thuram, Desailly, Vieira... y Zidane, estrella del Madrid galáctico, autor del gol mágico ese mismo año en la final de Glasgow con el Real Madrid.

Pero hubo un contratiempo: Zidane sufrió una lesión muscular poco antes del primer partido. Nada grave, pero un serio contratiempo. Desde luego, no podría jugar ninguno de los dos primeros partidos, y ya veríamos si el tercero. Con seguridad, estaría listo para los octavos de final, pero para eso había que clasificarse antes.

El sorteo había dispuesto un grupo bastante duro para Francia: Senegal, Dinamarca y Uruguay. Ninguna de las tres selecciones podría contar entre las aspirantes al título, pero tampoco ninguna era fácil de ganar. El primer partido fue contra Senegal, el 31 de mayo, para abrir la competición, en Seúl. Y se produjo una situación curiosa: los once jugadores de Senegal jugaban en el campeonato francés. Senegal, país francófono, era desde tiempo atrás vivero de la liga francesa. Sus jugadores, físicamente privilegiados, eran traídos en general muy jóvenes, a las escuelas de fútbol de los clubes franceses, donde desarrollaban técnicamente su poderío natural. Así que aquel era un gran equipo, que de hecho alcanzaría las semifinales. Aunque no todos habían asimilado bien las enseñanzas. Diouf incurrió diez veces en fuera de juego.

Y de hecho, empezó por ganar a Francia, a la Francia sin Zidane, que no se desenvolvió bien entre los fortísimos y capacitados jugadores senegaleses. Para el espectador francés fue una sensación extraña, porque no conseguía terminar de ver como enemigos a esos jugadores que pertenecían a sus propios clubes. Pero lo eran. Y ganaron 1-0, con gol de Bouba Diop, del Lens. El día siguiente, Dinamarca ganaba a Uruguay (2-1). El grupo empezaba mal para Francia: Senegal y Dinamarca, 3 puntos; Uruguay y Francia, 0.

El siguiente partido es contra Uruguay. Roger Lemerre, el seleccionador, insiste con los mismos, salvo Micoud por Djorkaeff, y tampoco resulta. El partido, espeso, termina con empate a cero. Por el otro lado, Dinamarca y Senegal también empatan, 1-1. La cosa sigue igual de fea o peor: Dinamarca y Senegal, 4 puntos. Francia y Uruguay, 1 punto. Francia echa cuentas y ve que tiene que ganar o ganar, y por goles. Cabe un múltiple empate a cuatro si además Uruguay gana a Senegal, y Francia ve que no ha marcado aún ningún gol. Lemerre retoca esta vez el equipo, mete a Makelele, Candela y Dugarry, y al tiempo se fuerza la reaparición de Zidane, a cambio de correr el riesgo de que se resienta para el resto del campeonato. Pero, ¿habrá resto de campeonato? La discusión es estéril, hay que ganar o ganar y Zidane juega.

Pero tampoco sirve. Dinamarca, equipo sólido, con los fuertes Töfting y Gravesen en la media, una pareja de estibadores con muy malas pulgas, el encanto de Rommedahl y la estatura de Tomasson (fueron los autores de los goles) gana 2-0. Francia se va a casa con un empate en tres partidos y sin haber marcado un solo gol. La decepción en Francia es terrible, y puede decirse que en el resto del mundo también, porque el campeonato ha perdido uno de sus referentes.

El regreso a Francia es doloroso. El Frente Nacional de Le Pen insistirá en culpar a la condición multirracial del equipo, donde los franceses «de origen» escasean. ¡Pero lo mismo ocurría cuando cuatro años antes ganaron la copa! Roger Lemerre, que completaba un ciclo de cuatro años en el curso del cual había ganado la Eurocopa'2000, fue cesado.

Se le dio vueltas entonces a una cuestión: como había empalmado mundial y Eurocopa, Francia estuvo cuatro años sin jugar partidos de clasificación, solo amistosos. Los únicos partidos oficiales fueron los de la fase final de la Eurocopa, que, por cierto, ganó. Pero se pensó que aquella ausencia de partidos oficiales, aquel exceso de amistosos, había relajado el ánimo del equipo. Fue a partir de esa idea cuando se decidió que para el futuro los campeones de la copa deberían pasar, como todos, la fase de clasificación. Desde que en 1938 Italia fue clasificada de oficio para el Mundial de Francia, como ganadora del de 1934, el campeón siempre había tenido el derecho adquirido de acudir a la edición siguiente. Ahora dejaba de ser así. Brasil ya tuvo que luchar por su clasificación para el Mundial de 2006.

López Nieto estableció el récord de tarjetas

El 11 de junio Senegal y Uruguay se enfrentaron en el tercer partido del grupo A, en Suwon, Corea del Sur. Fue un partido tremendo. Al descanso llegaron los senegaleses 3-0, en la segunda mitad los uruguayos alcanzaron el empate a tres. Un gol más y hubieran pasado ellos, en lugar de los africanos. Y lo tuvo cerca, pero en los últimos instantes Morales cabeceó fuera a puerta vacía. Pero el partido quedó sobre todo por la dureza extrema, que llevó al árbitro holandés Jan Wegereef a mostrar doce tarjetas, siete a senegaleses y cinco a uruguayos. No repitió ninguno, de modo que sorprendentemente acabaron con once los dos equipos.

Aquellas doce tarjetas eran un nuevo récord en la historia de la Copa del Mundo. Pero iba a durar muy poco, solo unas horas. En el mismo día, pero en horario de noche, lo iba a batir el español López Nieto, en el Camerún-Alemania, que cerraba el grupo E (junto al Arabia Saudí-Eire) y que ganó Alemania por 2-0. Ese resultado dejaba fuera a Camerún.

López Nieto puso de salida el listón muy alto, con tarjetas rápidas a Foe y Jancker, una por bando, en los minutos 8 y 9. Al descanso llegaron también amonestados Hamann, Kahn, Ballack, Song y Tchato, y expulsado Ramelow, con doble tarjeta, la segunda en el 40'. En el segundo tiempo, siguió con Geremi, Olembe, Ziege, Frings y Lauren, más la expulsión por dos tarjetas en el 77' de Suffo. En total fueron dieciséis tarjetas amarillas y ninguna roja directa, aunque sí dos rojas por sendos casos de acumulación. Perfectamente equitativas, eso sí.

Aquello provocó estupefacción. Las doce del Uruguay-Senegal de unas horas antes pasaron inmediatamente al olvido. En Alemania, que estaba en un posible cruce con España (que al final no se produjo) porque esas tarjetas le provocaron tres suspensiones, se insinuó que López Nieto habría actuado así para limpiar el camino de España. Por su parte, en Camerún le acusaron de «provocar una lluvia indiscriminada de tarjetas». Al terminar el partido declaró: «En el momento en que se puso el balón en juego, vi que la actitud de los futbolistas no era normal, porque en el minuto uno ya había pique entre los jugadores. Pierluigi Collina me dijo en el descanso: "Antonio, esto es terrible". No es agradable terminar un partido con dieciséis amarillas y dos rojas, pero es menos agradable que digan que amonesté por unas cosas y no por otras, que no fui equitativo.» La FIFA elogió su labor en un comunicado, pero le prohibió hablar del asunto y no le incluyó en el paquete de árbitros que seguían adelante.

Antonio López Nieto fue un buen árbitro, pero con cierta tendencia a descoserse. En España también tiene el récord de tarjetas, con dieciséis amarillas y dos rojas en un Athletic-Atlético. Su promedio de tarjetas, cercano al 6, era el mayor. La media nacional era 4,5. Cuando llegó el Mundial 2002 le quedaba un año para el retiro, y la Federación decidió premiar su carrera con su designación para el mundial, pese al riesgo de que se disparase en algún encuentro, como ocurrió. Su problema era que con demasiada frecuencia se sentía irritado con los jugadores, volcaba contra ellos una mirada de fuego, parecía sentirse rodeado de enemigos que le querían engañar. Cosa que en muchos casos sería cierta, muchos jugadores no colaboran, sino lo contrario, pero en su caso era patente que eso derivaba a veces en zozobra y desvaríos.

Un mes después le tocó dar una charla a sus compañeros sobre el mundial, en la reunión anual que estos tienen. Fue en Santander. Habló con mucho desprecio de la forma en que la FIFA llevaba las cuestiones arbitrales: «La FIFA no sabe lo que quiere con el arbitraje —dijo—. La verdad es que no veo un criterio claro. Ahora resulta que la próxima solución es el juez de gol, lo cual es volver a los años treinta. Yo recuerdo una foto de Zamora con un juez con una gorrilla detrás. Además, el nivel de las reuniones técnicas que hemos tenido ha sido muy bajo. Fueron casi una reunión de amigos.»

Algún tiempo después hablé con él de eso. Insistía en que todas y cada una de las tarjetas fueron justas y necesarias. Pero la observación del fútbol nos explica que en las tarjetas hay un margen de discrecionalidad del árbitro que debe saber manejar. En una entrevista en *El País*, cuatro años más tarde, insistió en que pudo haber mostrado más tarjetas. A su juicio, el partido se crispó cuando, al poco de empezar, un camerunés cayó al suelo, dañado y Alemania no echó el balón fuera, sino que desarrolló un ataque que por poco termina en gol. Incluso afirma que sus liniers, uno brasileño y el otro de las Maldivas, le incitaron varias veces a sacar tarjetas. Contra su insistencia en tantas ocasiones de que se quedó corto, confiesa que con los asistentes españoles con los que solía actuar seguramente hubiera tenido menos necesidad de tarjetas. Deslizaba una leve queja sobre la insistencia del linier brasileño para que amonestara a Kahn y a Song después de un roce entre ambos. «Quizás hubiera podido resolverlo con una bronca», confiesa.

También cuenta que esa noche cenó con Pierluigi Collina, que hizo de cuarto árbitro en el partido, y tuvo que redactar el acta. Como era tan amplia, bromearon sobre la larga tarea que le había dejado y López Nieto, en compensación, le invitó a cenar. En la cena, Collina le dijo: «Oye, Antonio, has pitado muy bien, pero quizás has estado muy rígido en la aplicación del reglamento. Dada tu habilidad, me ha sorprendido un poco.»

Pero es que López Nieto era así: un buen árbitro que de cuando en cuando se descosía, porque entre los jugadores se sentía como en territorio comanche. Y ese día se descosió.

Aquel arbitraje de Al-Ghandour

*L*a sustitución de Clemente se resolvió con Camacho, exjugador del Madrid, declarado patriota, y con alguna experiencia ya como entrenador. El equipo hizo una preciosa clasificación para la Eurocopa de 2000, en Bélgica-Holanda, para allí caer otra vez en la fatalidad de cuartos de final, por un penalti fallado en los últimos instantes por Raúl ante Francia. Camino de esa Eurocopa debutará Casillas en un amistoso, aunque tardará en consolidarse. Ahora está en perspectiva el Mundial de Corea-Japón. Toca un grupo tranquilo, con Austria, Israel, Bosnia-Herzegovina y Liechtenstein. Lo pasamos de calle, con seis victorias y dos empates.

Hay concentración en Jerez de la Frontera. Tres días antes, Camacho anuncia la lista, en la que faltará Guardiola, por lesión. En principio fue esta:

Porteros: Cañizares (Valencia, que finalmente no pudo ir), Casillas (Madrid) y Ricardo (Valladolid). (Luego llamará a Contreras, del Málaga, de urgencia).

Defensas: Curro Torres (Valencia), Iván Helguera (Madrid), Puyol (Barça), Hierro (Madrid), Nadal (Mallorca), Juanfran (Celta) y Romero (Deportivo).

Centrocampistas: Baraja y Albelda (Valencia), Sergio González y Valerón (Depor), Mendieta (Lazio), Xavi (Barcelona).

Delanteros: Joaquín (Betis), Morientes (Madrid), Raúl, (Madrid), Diego Tristán (Deportivo), Luque (Mallorca), De Pedro (Real) y Luis Enrique (Barcelona).

Muchos delanteros, como se ve, aunque algunos podían jugar en apoyo de la media, casos de De Pedro, Luis Enrique o Raúl. Ya son veintitrés en la lista, porque se admite uno más siempre que sea portero.

Con Cañizares se dio un caso insólito. Su conocida afición a los afeites le jugó una mala pasada. En la concentración de Jerez se le cayó un frasco, se rompió y el canto del cristal le cortó el tendón en el dedo gordo del pie derecho. Imposible recuperarse. Viajó con el equipo, pero solo para acompañar. Le sustituyó Contreras, del Málaga. Eso elevó a Casillas a una inesperada titularidad. Poco antes del mundial se había visto favorecido por otro golpe de fortuna. En la final de Champions del Madrid en Glasgow, contra el Bayer Leverkusen, había salido como titular César, que lo era desde algún tiempo antes; se lesionó, salió Casillas y con tres paradas providenciales salvó el título. En menos de un mes pasó de suplente en el Madrid a titular de la selección en la Copa del Mundo.

España llega a Corea del Sur con buen ánimo y con Raúl como líder indiscutido: «Raúl es el que tiene que tirar del carro», dijo Camacho, y la frase hizo fortuna. El sorteo ha sido bueno: nos tocaron Eslovenia, Paraguay y Sudáfrica. Suena bien. Y sonará mejor.

España, 3 - Eslovenia, 1

Nos estrenamos con Eslovenia, la primera de las naciones que se escindió de la vieja Yugoslavia. Es el 2 de junio, en Gwangju. Salen estos: Casillas; Puyol, Hierro (capitán), Nadal, Juanfran; Luis Enrique, Baraja, Valerón, De Pedro; Raúl y Diego Tristán. Raúl, en efecto, tira del carro. Agita el ataque, va, viene, anima y hace el 1-0 en el 44'. Entra Morientes en el 67' por Tristán, que no encaja. En el 74', Valerón, que ha hecho un partidazo, marca a pase de De Pedro, que también ha brillado. 2-0. Con el gol llega otro cambio, Helguera por Luis Enrique. En el 82' Cimirotic hace el 2-1 para Eslovenia. Y en el 87' Hierro hace el 3-1 de penalti. Hay optimismo.

España, 3 - Paraguay, 1

El 7 de junio, en Jeonju, segundo partido, este ante Paraguay. Su meta, Chilavert, de poderosa y extravagante personalidad, ha calentado el partido. Tiene una poderosa pegada izquierda, que le lleva a lanzar y marcar no solo penaltis, sino tiros libres, lo que hace con frecuencia. Anuncia que le marcará dos a Casillas de este modo. Dice que España no ha ganado a nadie importante desde 1998. Camacho convierte sus declaraciones en motivación para sus jugadores. Repite alineación: Casillas; Puyol, Hierro (capitán), Nadal, Juanfran; Luis Enrique, Baraja, Valerón, De Pedro; Raúl y Tristán.

Hay inquietud porque en el 10' llega el gol paraguayo, marcado en propia puerta por Puyol. Luego se cierran y se protegen bien. Tras el descanso entran Helguera por Luis Enrique y Morientes por Tristán, que tampoco ese día está bien. Morientes hará pronto dos goles, el 1-1 en el 53' y el 2-1 en el 69'. En el 83', Hierro marca de penalti. En el 85' sale Xavi por Valerón. Chilavert se ha adelantado en una ocasión a lanzar una falta, pero ha ido fuera. España acumula fe.

España, 3 - Sudáfrica, 2

Tercer partido, 12 de junio, en Daejeon. Con todo hecho, Camacho aprovecha para refrescar el equipo, aunque no da descanso a Raúl, siempre ansioso por jugar, lo que luego habrá que lamentar. Salen estos: Casillas; Curro Torres, Nadal (capitán), Helguera, Romero; Joaquín, Xavi, Albelda, Mendieta; Raúl y Morientes. Raúl sigue tirando del carro y marca el 1-0 muy pronto, en el 4'. McCarthy, la única celebridad de Sudáfrica, hace el 1-1 en el 31'. Al filo del descanso, en el 45+2', Mendieta logra el 2-1 de tiro libre. En el 53' hace el 2-2 Radebe e inmediatamente entra Sergio por Albelda. En el 56' otra vez Raúl y 3-2. En el 77' Morientes deja su puesto a Luque y en el 82', Raúl a Luis Enrique. El partido acaba 3-2. Tres partidos, tres victorias, nueve goles a favor y cuatro en contra. El último día ha servido para calmar las ansias de jugar de todos menos los porteros suplentes.

España, 1 - Eire, 1 (3-2 en penaltis)

Octavos de final en Suwon, siempre en Corea del Sur. Eire llega invicta de su grupo, tras empatar con Alemania y Camerún y ganar a Arabia. No es mal equipo, con Keane y Duff como amenazas. Camacho vuelve al primer equipo: Casillas; Puyol, Hierro (capitán), Helguera, Juanfran; Luis Enrique, Baraja, Valerón, De Pedro; Raúl y Morientes. El partido es difícil, a pesar de que Morientes marca el 1-0 en el 8', y lo salvará en varias ocasiones Casillas, que se encumbrará este día. Eire ocupa el campo, presiona, lanza pelotazos largos, hace nuestro medio campo inútil para obstruir. Es cansado jugar contra ellos, en esa continua lucha aérea. En el 66' Mendieta reemplaza a De Pedro, achicharrado por el ritmo. Hierro hace un penalti, por agarrón a Quinn y Casillas detiene el lanzamiento. Siguen los recambios: Albelda por Morientes, en el 72', para contener, Luque por Raúl, que no puede más, en el 80'. En el último minuto, hay un nuevo penalti contra España que transforma Keane en el 1-1. Prórroga. Lo pasamos verdaderamente mal, Casillas hace de las suyas y ganamos como podemos la orilla de los penaltis. Es un consuelo. Nos hemos visto fuera. Para los irlandeses, al revés. Lamentan el primer penalti, fallado, y las ocasiones perdidas. Y tienen enfrente, a la hora de tirar los penaltis, a ese mocoso paralotodo. Problema sobre problema.

Y el mocoso paralotodo sigue en lo suyo. Para dos penaltis y otro va fuera. Solo encaja dos de los cinco. Suerte, porque por España marcan primero Hierro y Baraja, luego fallan Juanfran y Valerón y finalmente Mendieta marca el tercero. Pasamos a cuartos, pero pasamos por la gatera. Lo hemos pasado de verdad mal.

España, 0 - Corea del Sur, 0 (3-5 en penalties)

Los cuartos son con Corea, mala cosa. Los coreanos han eliminado a Italia en octavos, con un arbitraje infame del ecuatoriano Moreno. Un penalti que paró Buffon, injusta expulsión de Totti, gol mal anulado a Tommasi... Después de todo eso, gol de oro del coreano Ahn en la prórroga. Una verdadera vergüenza. La casa coreana Hyundai era uno de los patrocinadores del evento y su presidente, Chung Mong-joon, lo era también del comité organizador y vicepresidente de la FIFA. Era para temer. Pero confiábamos antes del partido en que Villar era el presidente del comité de árbitros de la FIFA, y en que dos veces no se iba a hacer la misma burrada. Pero...

Hay un debate mayor, un problema que tapa todas esas

suspicacias. Raúl está lesionado. Tiene tensionados los abductores, parece que no está para jugar. No se entrena. Se recluye con su masajista del Madrid, Chueca, que ha ido con él, en sesiones interminables para aliviar el dolor. La comidilla es Raúl sí, Raúl no. Si habrá quien tire del carro o si no lo habrá. Los programas no hablan de otra cosa.

Finalmente se conoce la alineación: Casillas; Puyol, Hierro (capitán), Nadal, Romero; Joaquín, Helguera, Baraja, Valerón, De Pedro; Morientes. Raúl no ha llegado a tiempo, aunque luego de su entorno saldrá que sí, que podría haber jugado y que ha sido Camacho quien no se ha decidido a ponerle, prefiriendo reservarle para la semifinal. Pero en realidad cuando debió reservarle fue en el tercer partido, como a todos los demás. Fue el ansia de Raúl por jugar y la falta de firmeza de Camacho lo que provocó que no descansara ese día.

No jugamos bien. Los coreanos, a los que entrena Hiddink, nuestro viejo conocido (pasó por el Valencia y luego ganó con el Madrid la Intercontinental) corren mucho y con mucha fe. España a ratos parece descabezada sin Raúl. En algunos ratos parece que no hay ni carro del que tirar. Con todo, debería haber ganado, por ráfagas de juego en las que impuso su mayor categoría técnica. En el 49' hay un córner desde la derecha. Helguera salta limpiamente y cabecea a gol. Los españoles se abrazan, pero ven con sorpresa que el gol ha sido anulado. El árbitro, el egipcio Al-Ghandour, dice que ha habido falta. No ha habido ninguna falta, no aparece tal cosa en repetición alguna, no cabe más que una explicación: como en tantos córners hay agarrones recíprocos, él da por sentado que los habrá habido aquí también y manda el gol al limbo de los justos. Sigue el partido, con España encorajinada. Van llegando los cambios. En el 70', Mendieta por De Pedro, en el 80', Luis Enrique por Valerón. Se huele la prórroga y hay que refrescar. En el 93', ya en prórroga, Xavi por Helguera, que sigue indignado. Y ya en ella, una colada de Joaquín por la línea de fondo y centro al segundo palo que Morientes cabecea a gol. Otro abrazo y otro chasco. El linier de ese lado, Ali Tomusange, ha levantado la bandera, señalando que a Joaquín se le ha ido el balón por la línea de fondo antes de centrar. La repetición muestra que ni mucho menos. Pero ese gol también se va al limbo.

Pasamos a los penaltis. Nos queda Casillas. Pero no es lo mismo. Ahora estamos todos ofuscados y Casillas no para ninguno de los cuatro primeros. Por España marcan Hierro, Baraja y Xavi. Joaquín falla el cuarto. Cuando ellos tiran el quinto y marcan, estamos fuera. Otra vez en cuartos. Y expoliados, severamente expoliados. Corea ha llegado a las semifinales, remolcada por árbitros sacados del tercer mundo futbolístico. En semifinales, contra Alemania, ya no se atreverán. Era suficiente. Semifinalista era una posición excelente para el capo de la Hyundai y sus paisanos.

La irritación en España es mayúscula. Encima regresamos con el conventillo de si Raúl podría o no haber jugado, si debería o no haberse arriesgado Camacho. Al cabo de unas semanas, el seleccionador se harta y anuncia que se marcha. Ha estado cuatro años, un ciclo justo, una Eurocopa y un Mundial. Las dos veces nos clasificamos, las dos veces caímos en cuartos de final. Aquello se convirtió en obsesión. Nunca pasaremos de ahí, pensábamos.

Ronaldo, en la cima del mundo

*B*rasil-Alemania, una gran final para la primera Copa del Mundo celebrada en Asia. Los equipos más representativos del fútbol de los continentes americano y europeo, los que se habían repartido el poder hasta ese momento, y se lo siguen repartiendo. Brasil venía de perder la final anterior, en Francia, pero acumulaba cuatro títulos. Su modelo había variado algo, ya no era el *«jogo bonito»* de los tiempos románticos. Hacía tiempo, desde la caída inesperada en España ante Italia, que se había vuelto más prudente y blindaba su medio campo con dos jugadores de contención. Pero seguía teniendo artistas en la parte de arriba, y siempre utilizaba laterales atacantes.

A este mundial llegó tras clasificarse en su grupo sudamericano con menos claridad que otras veces: solo fue tercera, con nueve victorias, tres empates y seis derrotas. Pero para cuando llegó a Extremo Oriente ya había recuperado en plenitud a su mejor jugador, Ronaldo, el delantero centro que tras pasar por el Barça procedente del PSV Eindhoven se fue al Inter de Milán, donde sufrió una lesión grave, reproducida al poco de su reaparición. Rotura del tendón rotuliano. Jugador simpático y querido, toda la afición mundial lamentó aquello. Se temía que se hubiese perdido para siempre. Pero para el mundial ya estaba en plenitud. Brasil ganó sus tres partidos del grupo: a Turquía (2-1), China (4-0) y Costa Rica (5-2). En octavos ganó a Bélgica (2-0). En cuartos, a Inglaterra (2-1). En semifinales, a Turquía (1-0). En todos los partidos excepto Inglaterra marcó Ronaldo, al menos un gol. Estaba en forma, y con él Rivaldo, Ronaldinho y Roberto Carlos, entre otros.

Alemania, curiosamente, había tenido que entrar en el mundial por la repesca, raro en ella. Quedó segunda tras Inglaterra (aunque con los mismos puntos) de su grupo, en el que quedaron por detrás Finlandia, Grecia y Albania. En la repesca se deshizo de Ucrania (1-1 y 4-1). Cayó en el Grupo E, donde comenzó por acribillar a Arabia (8-0). Empató con Eire (1-1) y ganó a Camerún (2-0) el día de las dieciséis tarjetas de López Nieto. En octavos, apurada victoria (1-0) sobre Paraguay, con gol de Neuville (nacido suizo) en el 88'. En cuartos, nuevos apuros ante Estados Unidos, con victoria por 1-0 y una jugada discutida, un gol fantasma en la puerta de Kahn con mano de Frings. El balón no entró y la mano posiblemente fuera involuntaria, pero aquello dio que hablar. En semifinales, otra vez 1-0, ahora frente a Corea del Sur. Llegaba a la final, pues, con un aire menos convincente que Brasil. Pero tenía el poder natural de Alemania, su resistencia natural a la derrota, un gran portero en Kahn, el poder goleador de Klose y un Ballack en gran estado de forma, cubriendo todo el campo y llegando a gol.

La fecha es el 30 de junio, y el escenario, el estadio Yokohama. Los equipos salen así:

Brasil: Marcos; Cafú (capitán), Roque Júnior, Lucio, Edmilson, Roberto Carlos; Gilberto Silva, Kléberson; Ronaldinho, Ronaldo y Rivaldo.

Alemania: Kahn (capitán); Frings, Ramelow, Linke, Metzelder; Schneider, Hamann, Jeremies, Bode; Neuville y Klose.

Arbitra Collina, italiano, el mejor del mundo.

Brasil juega a la suya: bloqueando el medio centro con dos trabajadores, prudente, pero soltando los laterales de cuando en cuando, muy rápidos y peligrosos ambos, Cafú y Roberto Carlos, indiscutibles en sus puestos en cualquier selección mundial que se hiciera en la época. Arriba tiene dos maravillas técnicas, Rivaldo y Ronaldinho, acompañando a Ronaldo. Alemania muestra su estilo constante de siempre, hecho de aceptable técnica en todos, equipo junto, fuerte, insistente, sin distracciones. Pero llega poco. Llega más Brasil, que pese a eso al descanso todavía no ha marcado.

El primer gol llegará en el 67', en un raro fallo de Kahn, aunque no solo de él. Hamann se enreda cerca de su área, Ronaldo le quita el balón y se lo cede a Rivaldo, que dispara cruzado a la izquierda del meta; este rechaza mal, y hacia delante, y Ronaldo aparece y le fulmina. 1-0. Rudi Völler, seleccionador alemán, mete dos cambios rápidos, Bierhoff por Klose en el 74' y Gerald Asamoah por Jeremies en el 77'. Pero no le sirve. En el 79', gran jugada de Brasil: Kléberson se va por la derecha, centra, Rivaldo deja pasar el balón y Ronaldo, desde el borde del área, lo ajusta por bajo al palo izquierdo de Kahn, que da la impresión de haber podido hacer más. 2-0. Los dos goles han entrado por el mismo sitio, la base del palo izquierdo de Kahn, ambos marcados por Ronaldo, uno de cerca, otro de lejos. Ronaldo ha ganado a Kahn. La final se presentía (y se presentó en parte) como un duelo entre ambos y ganó Ronaldo. Ganó Brasil.

Ya no hay tiempo. Scolari hace ahora dos cambios, para entretener y para hacerles a dos suplentes el guiño de permitirles jugar en la final. Entra Juninho Paulista por Ronaldinho en el 85' y Denilson por Ronaldo en el 90'. Cuando se va este, todo el estadio rompe en una gran ovación.

El fútbol había recuperado a un grande. Brasil había recuperado la copa.

Pero, cosas de la FIFA y de Adidas, se elige a Oliver Kahn mejor jugador del torneo. Al hombre que, tras un buen torneo, había sido causante de que su equipo perdiera la final. El mejor fue Ronaldo, que se marchó con ocho goles marcados en siete partidos.

ALEMANIA 2006

Llegan las *fan zone*

*L*a FIFA concedió a la Alemania reunificada este mundial en julio de 2000, en dura pugna con Sudáfrica, que contaba con el apoyo de Blatter y de una corriente que se condensaba en el *slogan*: «Hagamos historia, llevemos el mundial a África». Brasil, que era candidata también, se retiró y anunció que prestaba su apoyo a la candidatura africana. También se presentaban Marruecos e Inglaterra, a las que se concedían menos posibilidades. Pero Alemania, con Beckenbauer de embajador, hizo una fuerte campaña y al final ganó, en una votación discutidísima. Tras caer en las primeras rondas Marruecos e Inglaterra, quedaban Alemania y Sudáfrica, entre las que se calculaba un empate a doce votos, lo que hubiera dejado la decisión en manos de Blatter, partidario de Sudáfrica. Pero el resultado final fue 12-11 y una abstención, del representante neozelandés, Charles Dempsey, que sufrió acusaciones, posiblemente infundadas, de haberse dejado sobornar.

El campeonato fue la eclosión de la publicidad. Ya había patrocinadores desde antes, pero en esta ocasión la relación de los mismos amenazó con superar a la de equipos participantes. Adidas, Budweiser, Avaya, Coca-Cola, Continental, Deutsche Telekom, Fly Emirates, Fujifilm, Gillette, Hyundai, MasterCard, McDonald's, Philips, Toshiba y Yahoo!. Ante la avalancha de críticas, Blatter decidiría reducir el número para el futuro.

Se jugaría bajo el lema «El mundo entre amigos», y la FIFA lanzaría un logo que ya ha permanecido como logo del mundial. Diseño de la casa inglesa Whitehouse, consta de un dibujo estilizado de la copa del que salen tres caras sonrientes, y utiliza los colores olímpicos. La mascota fue *Goleo V!*, marioneta de león antropomórfico al que acompaña *Pille*, un balón par-

lante. La empresa creadora quebró. El león, animal tradicionalmente asociado a Inglaterra, no gustó nada en Alemania. Las
ventas calculadas de treinta millones de euros se quedaron en
menos de la mitad.

Se inscribieron 197 de las ya entonces 204 federaciones
inscritas en la FIFA. Tras la consiguiente criba, participaron
14 equipos europeos, cinco de África, cuatro de Sudamérica,
cuatro de la Concacaf, cuatro de Asia y uno de Oceanía. Se
jugó en doce ciudades, distribuidas por todo el territorio alemán, incluyendo dos enclavadas en lo que había sido durante
muchos años territorio de la RDA: Berlín y Leipzig. Las de la
zona occidental fueron Colonia, Dortmund, Fráncfort, Gelsenkirchen, Hamburgo, Hanover, Múnich, Kaiserslautern,
Núremberg y Stuttgart. Un detalle: solo dos selecciones, Alemania y Ucrania, escogieron para zona de alojamiento instalaciones de la antigua Alemania Oriental. Las otras treinta
prefirieron la zona occidental.

Empezó el 9 de junio, con el Alemania-Costa Rica y terminó el 9 de julio, con la final Italia-Francia, resuelta a penaltis, como había pasado en Estados Unidos. Este fue el mundial
en el que se inauguran las *fan zone*, espacios públicos am-
plios, con grandes pantallas, para que los seguidores que se
quedaran sin entrada pudieran ver el partido. Grandes masas
de aficiones rivales convivían felizmente en esos espacios,
consumiendo cerveza, cantando y disfrutando del fútbol y la
amistad. Tuvieron gran éxito y quedaron como una institución para siguientes campeonatos.

Hubo nueve árbitros europeos, seis sudamericanos, tres de
la Concacaf, cuatro africanos, cuatro asiáticos y un oceánico. El
número de árbitros se redujo porque a ellos se incorporaron
cincuenta y dos árbitros asistentes, categoría a la que se elevó
al antiguo linier, en busca de una especialización. Por España
estuvo designado Mejuto González, pero no pudo ir y le reem-
plazó Medina Cantalejo. España también aportó dos asistentes,
Giráldez y Medina Hernández. La UEFA exigía firmeza contra
el juego duro, que cada vez preocupaba más, y se vieron 326
amarillas y veintiocho rojas.

Se jugó en una fase de grupos, ocho liguillas de cuatro, y los
dos primeros de cada grupo pasaban a octavos, cruzándose en

aspa: el primero de cada grupo contra el segundo de otro. El cruce de grupos quedaba preestablecido en el sorteo.

Se jugaron 64 partidos, que dejaron 147 goles, 2,30 por partido. El máximo goleador fue el alemán Klose, con cinco. Fue elegido mejor jugador del torneo Zidane, pese a su expulsión en la final, que puso un feo broche a su luminosa carrera. Por primera vez, y con patrocinio de Gillette, se instauró el premio al mejor jugador joven, que se le otorgó al alemán Podolski.

Luis, a vueltas con Raúl

Tras Camacho, que ya queda dicho antes que dejó la selección tras el Mundial de Corea-Japón, entró Iñaki Sáez, exjugador del Athletic, extremo primero y luego lateral, de los años de Iríbar y compañero también de Villar en el Athletic. Tenía cierta carrera como entrenador y había andado bien en las categorías inferiores, así que fue elegido seleccionador. Le tocó la Eurocopa'2004, en la que no quedamos muy bien. Entramos por repesca y caímos en la primera fase. Ganamos a Rusia (1-0), empatamos frente a Grecia (1-1) y perdimos con Portugal (1-0). Volvimos tristes y defraudados otra vez. Y con Sáez muy cuestionado.

Tanto que aunque estaba renovado de antemano hasta 2006, cayó. Entró por él Luis Aragonés, el hombre, de largo, con más veteranía de nuestro fútbol. Jugador criado en la cantera del Madrid, tras varias cesiones acabó formando parte esencial de la historia del Atlético. Interior con llegada, le gustaba estar al principio y al final de la jugada. Fue el máximo goleador en la historia del Atlético, con 173 goles y luego tuvo una larguísima carrera como entrenador, que incluyó varias estancias en el Atlético y una en el Barcelona, entre otros muchos destinos. Hombre de pocos y muy fieles amigos, era muy respetado por sus jugadores.

Cuando llegó, cambió el aire, un poco como lo hiciera tantos años atrás Kubala. Propuso un debate nacional sobre la selección («una gran sentada») lanzó la expresión «la Roja», al modo de «la Celeste» o «*l'Azzurra*», a fin de darle más carácter al equipo nacional. Emergía un grupo de grandes jugadores, aunque muchos no suponíamos que llegaran a tanto. Recuerdo que Casillas me dijo un día: «Esta generación hará algo grande, ya lo verás. Hay jugadores formidables». Confieso que me pareció que confundía deseos con realidades.

Luis empezó la tarea de clasificarnos para el mundial. La liguilla de clasificación nos trajo como enemigos a Serbia, Bosnia, Bélgica, Lituania y San Marino. Ganó Serbia, que se clasificó directamente. Quedamos segundos, con cinco victorias y cinco empates. Hubo que jugarse el mundial en repesca, con Eslovaquia, y salió muy bien: ganamos 5-1 en casa, en tarde gloriosa de Luis García, y empatamos 1-1 la vuelta. Había satisfacción moderada. El sorteo es muy bueno, porque nos tocan Ucrania, Túnez y Arabia Saudí. Solo Ucrania tiene cierto nivel.

Luis da la lista definitiva a mediados de mayo, a un mes del primer partido. Es ésta.

Porteros: Casillas (Madrid), Cañizares (Valencia) y Reina (Liverpool).

Defensas: Míchel Salgado y Sergio Ramos (Madrid), Juanito (Betis), Marchena (Valencia), Puyol (Barça), Pablo y Antonio López (Atlético) y Del Horno (Chelsea). Luego, Del Horno caerá por lesión y su puesto lo ocupará Pernía (Getafe), argentino nacionalizado.

Centrocampistas: Cesc Fábregas (Arsenal), Xabi Alonso (Liverpool), Senna (Villarreal), Xavi e Iniesta (Barça), y Albelda (Valencia).

Delanteros: Joaquín (Betis), Villa (Valencia), Torres (Atlético), Raúl (Madrid), Luis García (Liverpool) y Reyes (Arsenal).

Como se ve, ya empezaba a haber mucha Premier en la Selección. Luis lo consideraba una buena cosa, porque al jugador que sale de su país se le abre la mente. La lista incluía también dos nacionalizados, Senna, brasileño, y el citado Pernía.

Raúl empezaba a estar en el centro del debate. A él y a Xavi les esperó Luis, porque habían sufrido largas lesiones. Pero así como Xavi era jugador angular en su proyecto y estaba en sus mejores años, Raúl empezaba a acusar cierta curva descendente en su rendimiento. Venerado por el madridismo, seguía siendo un jugador competitivo, inteligente y tenaz, pero había perdido un puntito de velocidad y eso preocupaba a Luis, que en esos días me comentó que según pasaban los años Raúl estaba trabajando más la resistencia y menos la velocidad. Posiblemente tuvo dudas serias sobre si llevarlo o no, pero finalmente decidió hacerlo. Dejar a Raúl sin mundial hubiera sido visto como algo sacrílego por gran parte de la afición.

Una vez allí, el ambiente no mezcló del todo. Un grupo más veterano, que incluía a Cañizares, Salgado, Albelda y Raúl, vivía un poco por su lado. Algunos jugadores, singularmente Joaquín y Reyes, no daban la medida de trabajo que se esperaba.

España, 4 - Ucrania, 0

El estreno es el 14 de junio en Leipzig, bajo un fuerte calor. Salen: Casillas; Sergio Ramos, Puyol, Pablo, Pernía; Xabi Alonso, Xavi, Senna; Luis García, Torres y Villa. Como se ve, Raúl no estaba en el once inicial, lo que tendría consecuencias posteriores. La cosa salió bordada. Ucrania, aunque tenía jugadores de alto mérito, singularmente Shevchenko, fue un juguete en manos españolas. Todo lo que podía salir bien salió bien. A los 12' llega el 1-0, de Xabi Alonso; en el 17', Villa hace el 2-0. En el 47', Villa hace el 3-0, de penalti, y el árbitro Busacca expulsa a Vashchuk, así que a partir de ese momento jugamos contra diez. En el 54' Luis pone a Albelda y a Raúl, por Xabi Alonso y Villa, en un guiño para que se sientan mejor. En el 76' entra un tercer hombre de refresco, Cesc, por Luis García. En el 81' llega el cuarto, un golazo, en arranque de Puyol por su banda y remate colosal de Torres. Es el 4-0.

El resultado, holgado, daba para estar felices, pero la mala cara de Raúl durante la concentración era evidente, y fuera del ámbito de los jugadores había un fuerte debate sobre si debía jugar o no.

España, 3 - Túnez, 1

El siguiente partido es contra Túnez, el 19 de junio, en Stuttgart, y Luis repite alineación: Casillas; Sergio Ramos, Puyol, Pablo, Pernía; Xabi Alonso, Xavi, Senna; Luis García, Torres y

Villa. Esta vez la cosa no es tan sencilla, Túnez se adelanta en el 8' por medio de Minari. 0-1. España juega ya cuesta arriba, forzada, contra un equipo incómodo y pegajoso, que se cierra. Tras el descanso, Luis hace dos cambios: Cesc por Senna y Raúl por Luis García. Luego, en el 55', entrará Joaquín por Villa, a fin de abrir el campo. El gol se retrasa pero al fin llega en el 71' y lo marca precisamente Raúl, que en un gesto que no resulta agradable corre al banquillo a abrazarse con los otros veteranos relegados a la suplencia, Salgado, Cañizares y Albelda. Eso deja una sensación visible de camarilla disgustada. Pero al menos estamos 1-1. En el 75', Torres hará el 2-1. Y en el 90', de penalti, el propio Torres hará el 3-1. El resultado es bonito, se ha ganado sufriendo, lo que da mayor mérito, llevamos dos victorias... Todo va, menos el ambiente. El run-rún es cada vez más poderoso. Y en el grupo del cruce se empieza a dibujar el inquietante panorama de Francia como posible segunda, lo que nos hará enfrentarnos a ella. Pero ya habrá tiempo de pensar en eso...

España, 1 - Arabia Saudí, 0

Tercer y último partido del grupo. Es el 23 de junio, en Kaiserslautern. Con la clasificación en el bolsillo, Luis decide dar descanso a los once titulares de los dos primeros días y saca al resto del grupo, lo que da lugar a que todos jueguen, en la idea de que eso aliviará tensiones. Solo se va a quedar sin jugar el tercer portero, Reina. Raúl es titular, pero lo es en un equipo de suplentes, eso es visible. El equipo fue este: Cañizares; Salgado, Juanito, Marchena, Antonio López; Cesc, Albelda, Iniesta; Joaquín, Raúl y Reyes. España juega con toque y pausa, bien pero sin pasión, salvo algunas incursiones de los extremos Joaquín y Reyes. En el 36', 1-0, de Juanito, y basta. En el descanso Luis sustituye a Raúl por Villa, más alimento para las discusiones. En el 66', Xavi por Cesc. En el 69', Torres por Reyes. El partido termina plácidamente. Campeones, con todos los puntos, han jugado veintidós, pero algo no va y se puede ver en la cara de Raúl y en las dudas que Luis está mostrando al respecto. Parece no decidirse del todo por el sí ni por el no. Parece estar buscando algo en lo que no entraría Raúl, pero al tiempo da la impresión de que no se decide, o no se atreve, a prescindir definitivamente de él. Se discute agotadoramente sobre Raúl. Y por el horizonte, efectivamente, aparece Francia, la Francia de Vieira, Zidane y Henry, rival inquietante. Y también aparece ahí un chico joven feísimo, un tal Ribéry, que está siendo la gran aparición joven del campeonato.

Francia, 3 - España, 1

Octavos de final. Es el 27 de junio, jugamos en Hanover. Luis vuelve a la alineación de los dos primeros días... pero con Raúl. El sacrificado es Luis García. Raúl va a jugar entre los tres medios y los dos delanteros, como enganche. Hay otro cambio: Cesc por Senna. Este es el equipo: Casillas; Sergio Ramos, Puyol, Pablo, Pernía; Cesc, Xavi, Xabi Alonso; Raúl; Torres y Villa.

España juega bien, toca, controla, pero llega poco. A pesar de eso, en el 27' Villa transforma en el 1-0 un penalti de Thuram a Pablo. España se maneja, pero Francia va a mostrarse más contundente: en el 41', Ribéry se planta ante Casillas, le regatea y hace el 1-1. Así nos vamos al descanso. A la vuelta, la cosa sigue igual. En el 53', doble cambio arriba: ingresa Luis García por Raúl, que ha jugado francamente mal, y Joaquín por Villa, para abrir el ataque. Más adelante, en el 71', tercer cambio, Senna por Xavi. Pero el partido se nos va. En el 83', una falta que le hacen a Puyol la pita el árbitro al revés. El saque sobre nuestra área se traduce en un cabezazo del poderoso Vieira que derrota a Casillas. Y al final, ya en descuento, con España volcada, Zidane hará el 3-1. España no ha jugado del todo bien ni del todo mal. Ha tenido cierto control, pero le ha faltado llegada. Francia ha sido contundente. Nos vamos fuera.

Luis Aragonés, que previamente había dicho que dejaría la selección si España no pasaba al menos de cuartos, si no quedaba realmente bien, se desdice y se mantiene en medio de una fuerte polémica, por eso y por sus dudas con Raúl. Seguirá adelante, a veces encerrado en sí mismo, hasta la Eurocopa de Austria-Suiza, en 2008, que ganaría España con un estilo feliz, abriendo una nueva época.

Pienso que Luis lamentó no haberse decidido antes, ya en Alemania, a hacer lo que hizo después. Seguramente tenía en la cabeza la posibilidad de ese equipo que luego hizo, pero no se decidió, en parte por respeto a la figura de Raúl y a lo que suponía, y en parte por no prescindir de los extremos que tenía, que eran buenísimos (Joaquín y Reyes) aunque no todo lo comprometidos que hubiera sido de desear. Por eso, porque tenía una idea que no se había decidido a poner en práctica, se empeñó en seguir. E hizo bien. Fue un poco como el que suspende un examen sobre una materia que conoce porque ha puesto la respuesta equivocada, pero está seguro de que si pudiera repetir el examen sacaría matrícula.

Y así fue. Dos años después, España ganaba la Eurocopa, con Luis al frente, con la idea que no se decidió a llevar a cabo dos años antes y lo dejó todo encarrilado para el siguiente mundial. Claro, que para eso tuvo que sufrir aún tensiones en la fase de clasificación, que no empezó del todo bien, y decidirse por fin a prescindir de Raúl.

Maradona, comentarista en Alemania

Los principales partidos del Mundial de Alemania 2006 fueron ofrecidos en España por un canal joven, Cuatro, que buscaba en el campeonato su gran puesta de largo. Era de la misma raíz que Canal+, que se había distinguido por la calidad de sus transmisiones deportivas, contaba con la mejor gente posible para obtener el impacto que buscaba. Pero hizo algo más: contratar a Maradona como comentarista. Tras unas largas negociaciones, Maradona firmó su presencia como comentarista para el partido inaugural, todos los que jugara España, uno de cuartos, las dos semifinales, el tercer y cuarto puesto y la final. Resultaron nueve en total, porque España jugó cuatro.

Para Carlos Martínez y Julio Maldonado, los encargados de compartir las transmisiones con él (Carlos Martínez como narrador, Julio Maldonado *Maldini* como experto internacional) era un regalo: ¡compartir durante un mes vida y trabajo con Diego Armando Maradona! Grandes amantes del fútbol como son, aquello les pareció un sueño.

Pero trabajar con Maradona no era tan fácil. El primer problema llegó cuando supieron que de camino a Alemania había pasado por Italia, y que no le dejaban salir de allí. Maradona no tenía resueltos sus problemas con el fisco italiano y no le dejaban salir. Un acompañante de Maradona les llamó para pedirles apoyo. Los comentaristas avisaron a la dirección de la cadena, que se interesó por el asunto. Al fin pudo salir y llegar a tiempo.

Antes del partido inaugural, el primero que debían transmitir, Alemania-Costa Rica en el Allianz Arena, de Múnich, la FIFA organizó un acto emotivo, un desfile con los grandes jugadores de todos los equipos campeones. Ahí estaban Pelé, Beckenbauer, Charlton... Pero Maradona se negó a participar. No quería saber nada con la FIFA. El canal hubiera querido que participara, porque en un operativo así hay muchas ocasiones en las que hay que pedir favores a la FIFA ante emergencias que puedan surgir, con la línea, con los viajes, con los hoteles, con la llegada de una personalidad a un palco a la que se quiere tener acceso. No era bueno empezar el campeonato haciendo un desaire a la FIFA, pero no hubo manera de evitarlo.

El siguiente partido fue el España-Ucrania. Después se iba a jugar el Alemania-Polonia. Martínez y Maldini esperaron, como suelen, media hora en el campo tras la transmisión, para que se despejara el tráfico. Maradona se marchaba antes, para reunirse con dos amigos que le acompañaban siempre, a los que colaba en el campo. Cuando juzgaron pasado el tiempo suficiente salieron y, en efecto, estaba bastante despejado. Fueron a su hotel a disfrutar el Alemania-Polonia. Al pasar junto a la *fan zone* vieron un tumulto. Se acercaron a curiosear y vieron a Maradona en medio del tumulto. Quería ver el partido ahí. La gente le agobiaba y sus guardaespaldas le protegían con exceso de contundencia. Aquello era tremendo. Martínez y Maldini trataron de convencerle de que no era una buena idea tratar de ver el partido ahí, pero no tuvieron forma de convencerle:

—¡El fútbol es de la gente! ¡Yo quiero ver el fútbol con la gente, sentirlo como lo siente la gente!

Y le dieron por imposible. Allí quedó la gresca, en la que se mezclaba la adoración por el ídolo con la irritación contra sus guardaespaldas.

La contradicción estaba en que Maradona tenía que ser llevado cada día, con toda lógica, en coche con cristales tintados hasta la misma puerta de la zona VIP, porque se entendía que no podía transitar por los alrededores de un estadio. ¡Y se iba a ver un partido a la *fan zone*!

Mientras, transcurría el mundial. La cabina de Cuatro era la atracción en cada campo, por Maradona, al que se acercaban a rendir pleitesía multitud de personajes del fútbol, muchos de ellos comentaristas como él: Wenger, Bilardo, Boniek, Gullit… El día de España-Francia subió como pudo Djibrill Cissé, con muletas, lesionado de importancia. Martínez y Maldini iban siempre de aquí para allá cargados de camisetas que les hacían llegar conocidos que querían una firma de Maradona sobre ellas. Entre que llegaba sobre la hora, se pasaba el descanso saludando, se marchaba corriendo al acabar, pasaron las de Caín para cumplir con tantas peticiones.

Le enamoraron Fábregas y Makelele. Llegó a temer a España como posible rival de Argentina, hasta el punto de que cuando al poco de empezar el España-Francia hubo un penalti a favor de España que lanzó Villa, se metió debajo de la mesa para no verlo. Era el partido de octavos de final. Villa marcó ese penalti, pero España acabaría perdiendo 3-1 y quedando fuera.

Un día, en Fráncfort, Martínez y Maldonado llegaron al hotel y notaron que no era todo lo lujoso como para que Maradona lo aceptara. Para ellos estaba bien, pero como a Maradona se le había garantizado alojamiento de primera categoría en todas las ciudades, decidieron por si acaso, y con la mejor intención, llamar a la cadena para que le buscaran otro. Así lo hicieron y le mandaron al mejor hotel de la ciudad. ¡Pero resulta que en ese hotel estaba Holanda, y que era la víspera de un Holanda-Argentina! Los muchos aficionados argentinos que pululaban por la calle se enteraron de que Maradona estaba en el hotel, y aquello fue un pandemónium. Holanda protestó.

Hubo que hacer nuevas gestiones y con mucho tacto localizarle un tercer hotel, también de gran categoría.

Mientras él vivía así los partidos, sus amigos, de nombres Alejo y Alfredo, alborotaban de lo lindo en los palcos, a los que tenían entrada por exigencia del *crack*. Ningún respeto por el protocolo. Hasta que un día uno de ellos agitó tanto la bandera argentina que le dañó un ojo a la esposa de Blatter. Este dio orden de que no entraran más. Así que cuando llegó el día del Alemania-Argentina, de cuartos, llegaron y no les dejaron entrar. Maradona dijo que en ese caso tampoco entraría él. Y no entró. Se quedó sin ver el partido. Se fue al hotel a verlo con sus amigos.

Todo acabó felizmente. Tras la final perdida, los franceses se encontraron al equipo de Cuatro cenando en el mismo hotel. Los jugadores se revolucionaron al ver a Maradona, le regalaron sus camisetas, le pidieron fotos y autógrafos. Maradona se despidió feliz de los dos periodistas españoles, que también guardan el mejor recuerdo de él. Le gustaba el fútbol como nada, era muy reivindicativo, muy amigo de sus amigos y lo único que le ponía de verdad de mal humor era ver jugar mal un partido.

Para ellos fue una experiencia feliz, de la que guardan un grato recuerdo. Pero no sé si repetirían…

Togo, la casa de los líos

*T*ogo compareció en 2006 por primera vez en la Copa del Mundo. En realidad, los cuatro representantes africanos eran nuevos en el campeonato: Togo, Angola, Costa de Marfil y Ghana. Como siempre, se esperaba el estallido definitivo del fútbol de aquel continente, que ya venía dando avisos. Togo se había clasificado brillantemente, dejando atrás entre otras a la potente Senegal, cuartofinalista en 2002. Togo contaba con un delantero centro excepcional, Emmanuel Adebayor, que marcó once goles durante la liguilla de clasificación. Adebayor jugaba entonces para el Arsenal, era figura en la Premier, estaba en plenitud.

Pero con él empezaron los líos. Su relación con el seleccionador, el nigeriano Stephen Keshi, no era buena. Como suele ocurrir entre las grandes estrellas y los entrenadores, Adebayor no admitía de buen grado las consignas. El asunto hizo crisis en la Copa de África, en Egipto, donde Togo quedó muy mal y saltó Keshi, que se fue echando pestes. Le sustituyó el alemán Otto Pfister, un aventurero del fútbol, jugador medio o modesto que hizo carrera como seleccionador en muchos países del África negra.

Togo quedó encuadrada en un grupo con Corea del Sur, Suiza y Francia. Tenía otros buenos jugadores, además de la estrella Adebayor. Nueve jugaban en Francia, dos en Alemania, algunos otros repartidos por varias ligas europeas. Su apodo como equipo era «los Gavilanes». Pero llegó a Alemania entre grandes malestares, porque su federación no había pagado las primas ofrecidas por lograr la clasificación ni quería negociar las primas por la participación, y los jugadores se mostraban dispuestos a hacer una huelga. Tres días antes del partido, Otto Pfister, enfrentado al secretario de la federación, Assogavi Komlan, anuncia que dimite del cargo, en solidaridad con los jugadores. Komlan le llama borracho, a lo que él responde poniendo una querella. El equipo se entrena los dos días antes del partido con Kodjovi Mawuena, técnico de la federación. Al fin, tras mediaciones y promesas, Otto Pfister accede a rectificar su postura de abandonar el equipo y se sienta en el banquillo, el primer día, ante Corea del Sur. La comunicación la hace enfáticamente su hijo, Mike, que es a la vez su agente: «Los jugadores insistieron en que regresara y eso ha sido decisivo», afirma.

El partido empieza bien para Togo, con gol de Kader. Pero en el 53' resulta expulsado el capitán, Abalo, y el equipo lo acusará. Corea del Sur se va imponiendo y acaba por ganar 2-1. La derrota es esgrimida por Komlan como un argumento para echarse atrás de las promesas de la víspera y vuelve el lío. Los jugadores y Pfister se muestran ahora decididos a marcharse, a abandonar el campeonato, renunciando a sus partidos contra Suiza y Francia. A la FIFA se le ponen los pelos de punta, amenaza por voz de su director de comunicación, Markus Siegler, con graves consecuencias para el país si lo hacen. (Se entiende implícita la expulsión de la FIFA por un largo tiempo, o para los restos). El gobierno de Lomé manda un enviado, Messan Atolou, un hombre con más mano izquierda que Assogavi Komlan, cuya actitud le había quemado con Pfister y los jugadores.

Pero los jugadores quieren ya el dinero por delante. A última hora, la FIFA adelanta 4,5 millones de euros para salvar la situación, en la confianza de que los recuperará después. Los jugadores vuelan por fin, dos horas tarde, a Dortmund. Allí perderán, 2-0, con Suiza. A ello contribuyó no poco el árbitro paraguayo, Carlos Amarilla, que dejó pasar dos penaltis sobre Adebayor, uno con 0-0, otro con 1-0. Togo ya era un huésped molesto, está claro. También perderá el tercer partido, con Francia, este por 2-0. Regresan con tres derrotas, dejando tras de sí una polvareda sin precedentes.

Zuberbühler, el portero imbatido

Cuatro partidos en el mundial como titular, cuatro partidos completos más una prórroga sin encajar un solo gol. Y, sin embargo, eliminado del mundial. Ese fue el singular récord de Zuberbühler, el meta de Suiza en 2006. El único portero imbatido en el mundial habiendo jugado más de un partido. Cuatro y una prórroga. Pero...

Suiza se clasificó para este segundo mundial en Alemania después de doce años sin clasificarse. Ahora por fin lo conseguía, con un equipo en el que aparecían algunos jugadores estimables. Senderos (de origen español), Barnetta, Frei... Y con un portero, Pascal Zuberbühler, que no decía gran cosa a los aficionados del mundo antes del campeonato, pero que iba a dejar un sello. Enclavada en el grupo de Francia, Suiza tuvo a esta selección como primer rival. El partido acabó sin goles, a pesar de los esfuerzos de los Zidane, Henry y compañía. Buen portero tienen los suizos, pensamos ese día. Luego les tocó Togo, la selección en la que militaba Adebayor y ganaron 2-0. Otra vez Zuberbühler imbatido.

Tercer partido de grupo, contra Corea del Sur. Suiza necesitaba ganar para salir campeona de grupo y evitar así el cruce con España; siendo campeona enfrente estaría Ucrania, que había perdido contra España en el primer partido de su grupo, 4-0. Así que no había duda: convenía ganar y salir campeones. Suiza jugó cautelosamente, ante una Corea del Sur desatada en la que Advocaat mandaba cada vez más y más hombres al ataque. Corea se tenía fe, había sido semifinalista en el anterior mundial (bien es verdad que con mucho apoyo arbitral, demasiado) y se volcó. Pero Zuberbühler estuvo sensacional. Suiza ganó 2-0, aprovechando que Corea se volcaba.

Ya estaba, pues Suiza en cuartos. Enfrente, Ucrania, la Ucrania de Shevchenko. Partido intenso, duro, con nuevas intervenciones de mérito de Zuberbühler. Se da paso a la prórroga y tampoco aquí el meta suizo cede ningún gol. Hay que acudir a los penaltis. El meta suizo llevaba en ese momento cuatro partidos y una prórroga sin encajar un tanto. Los cuartos de final estaban en la tanda de penaltis. ¡Y Zuberbühler le paró el primero a Shevchenko! Pero ahí se acabó la aventura. Sus compañeros fallaron los tres primeros lanzamientos de Suiza, él no pudo detener los de Milevsky, Rebrov y Gusev. No hubo necesidad de lanzar el quinto de los ucranios, ni el cuarto de los suizos. Ucrania seguía, con 3-0 en la tanda. Nuestro hombre se marchaba de este mundial convertido en el único portero de la Copa del Mundo que, habiendo jugado más de un partido, no encajó nunca un gol. Habían existido otros casos, de suplentes ocasionales, que jugaron un rato o incluso un partido completo. Pero nunca antes ni después se produjo algo así.

Porque Zuberbühler tampoco volvió a jugar en la Copa del Mundo, así que conservó su calidad de invicto. Zuberbühler, de nombre Pascal, jugaba entonces para el Basilea. Nació en Fraunfeld, en 1971, así que para este mundial ya tenía treinta y cinco años. Era muy alto, 1,97 metros, pero con mayor agilidad de la que se podía suponer con esa estatura. Fue un trotamundos del fútbol. Antes de llegar al Basilea había jugador en el Grasshopper, el Aarau y el Bayer Leverkusen. Tras el mundial, con ese sello que le dio su actuación en el campeonato, dejó el Basilea para irse a la Premier, al West Bromwich Albion. De ahí volvió a Suiza, al Neuchâtel, y aún tuvo un retorno a Inglaterra, al Fulham, donde jugó sus tres últimas temporadas. Se retiró con los cuarenta ya cumplidos. Jugó cuarenta y ocho partidos con la selección suiza.

Hoy es el entrenador de porteros de la selección de Filipinas. La historia de la Copa del Mundo tiene un renglón para él. No es que sea mucho, pero sí es más de lo que han podido conseguir bastantes otros.

Zidane, entre el arte y la rabia

Antes de la final de la Copa del Mundo de 2006, una cosa estaba clara: iba a ganar Europa, con lo que igualaría a nueve títulos a Sudamérica. A esta final llegaban Italia y Francia, con Italia levemente favorita. Ya eran tiempos de acumulación de apuestas, y mientras la victoria de Italia se pagaba a 1,72, la de Francia se pagaba a 2,1.

Italia llegaba ahí después de salir campeona de grupo, tras vencer a Ghana (2-0), empatar con EE.UU. (1-1) y batir a Chequia (2-0). En octavos dejó fuera a Austria (1-0), en cuartos a Ucrania (3-0) y en semifinales a Alemania (2-0). Como se ve, un solo gol encajado en los seis partidos de la fase final. En ese sentido impresionaba.

Francia había empezado la fase de grupos con sendos empates ante Suiza (0-0) y Corea del Sur (1-1), para clasificarse gracias a una victoria (2-0) sobre Togo. Pasó segunda de grupo, tras Suiza. Nada brillante. En octavos eliminó a España (3-1), en cuartos a Brasil (1-0) y en semifinales a Portugal (1-0). Zidane estaba jugando sus últimos partidos. Había anunciado ya que se retiraba, a pesar de quedarle un año más de contrato en el Madrid. La condición de último partido de un jugador tan singular le daba un valor extra al partido. Zidane había jugado bien todo el campeonato. Se esperaba que fuera proclamado el mejor jugador del mismo, y que eso arrastrara a que a fin de año se le diera el Balón de Oro, como reconocimiento póstumo a una carrera gloriosa.

«Ganará quien tenga más hambre», proclama Lippi, el seleccionador italiano, la víspera. Y recuerda que esa generación francesa había ganado el Mundial 98 y la Eurocopa 2000, mientras su grupo de italianos no había podido acercarse a eso. Confía, por tanto, en que el hambre esté de su lado. Y excita con sus palabras el apetito de los suyos: «¿Cuántas veces en la vida puedes ganar una Copa del Mundo? Tenemos que estar hundidos y furiosos si no ganamos». Doménech, el seleccionador francés, parece menos ardoroso. «El objetivo al venir aquí era jugar siete partidos. Ahora hay que ganar para irnos de vacaciones tranquilos». No permite una conferencia de prensa aparte de Zidane, aunque sea su último partido: «La final no la juega Zidane, la juegan todos».

A las 20.00 horas salen los dos equipos al Estadio Olímpico de Berlín, con el árbitro argentino Horacio Elizondo al frente. Forman así:

Italia: Buffon; Zambrotta, Materazzi, Cannavaro, Grosso; Camoranesi, Gattuso, Pirlo, Perrotta; Totti; y Toni.

Francia: Barthez; Sagnol, Thuram, Gallas, Abidal; Makelele, Vieira; Ribéry, Zidane, Malouda; y Henry.

El partido empezó frenético, prometiendo mucho, y con Italia pegando en exceso. Pronto tuvieron que ser atendidos Henry y Vieira. Y todavía en el 6′, Elizondo pita un penalti excesivo por entrada de Materazzi a Malouda que Zidane transforma a lo Panenka. 1-0. Italia resultó espoleada y se apoderó del campo. Y en los balones aéreos en el área francesa dio una sensación extraordinaria de dominio, como si los franceses se encogieran. Por esa vía llegaron un cabezazo de Toni al larguero y el gol de Materazzi, en el 19′, cabeceando poderosamente un córner. 1-1. Italia siguió bien hasta el descanso, aunque echando en falta algo más de acierto de Totti. Pero en la segunda mitad, Francia fue mejor. Zidane se hizo con el control, el balón fue de Francia, Ribéry creó mucho peligro… En el 56′ Vieira, con un tirón, deja su sitio a Diarra. En el 60′, Lippi hace dos cambios: entra De Rossi (hubiera sido titular de no ser porque procedía de una lesión) por Perrotta y Iaquinta por Totti, que estuvo mal. Francia sigue mejor, con más solvencia. Buffon se acredita como el mejor portero del momento. Elizondo se traga el pito en un penalti que, este sí, le hacen a Malouda. Poco a poco, el cansancio hace que los defensas se impongan en los dos bandos.

Se va a la prórroga. En el 86' entra Del Piero, por Camoranesi, en busca de inspiración y piernas ciertas para el alargue. Francia refrescará el ataque en la primera mitad de la prórroga: Trezeguet por Ribéry, que se va exhausto (99'), y Wiltord por Henry en el (107').

Pero la jugada del partido llega en el 110'. No mucho antes, Zidane ha estado a punto de marcar de cabeza, se lo ha impedido Buffon con una parada marca de la casa. Pero en ese fatídico minuto 110 llega lo que nunca hubiésemos querido ver: Matterazzi y Zidane se quedan discutiendo en el centro del campo. De repente, Zidane se arranca bruscamente y topa con la cabeza en el pecho a Matterazzi. El gigantón defensa italiano cae de espaldas, cuan largo es; no parece que haya fingido, el cabezazo ha sido tremendo y le ha cogido por sorpresa. Elizondo, atento al balón, que estaba en otra zona, no ha visto la acción, pero sí el cuarto árbitro, el español Medina Cantalejo, que le avisa. Zidane resulta expulsado. Un final horrible para un jugador tan grande.

Y el partido se desliza hacia los penaltis, en los que gana Italia, gracias a un error del *juventino* Trezeguet. Todos los que habíamos soñado con ver a Zidane, como capitán de Francia, levantar la Copa del Mundo en su último acto como jugador en activo, vemos que quien la levanta es el simpático Cannavaro, imponente central que a su vez se quedará con el Balón de Oro de ese año. Hizo un gran mundial, desde luego, pero aquella elección resultó desconcertante para muchos. Luego jugó en el Madrid, y sus problemas iniciales de adaptación hicieron aún más increíble que estuviera en posesión de un Balón de Oro. Cannavaro había llorado, como recogepelotas del estadio del Nápoles en el 90, cuando Argentina había eliminado a Italia por penaltis en la semifinal.

Para Italia era la cuarta Copa del Mundo: 1934, 1938, 1982 y 2006. Y dos finales perdidas: 1970 y 1994. Todo un palmarés.

A Zidane, en todo caso, le proclamaron el mejor jugador de la Copa del Mundo, un acuerdo que estaba tomado desde antes del partido y no se quiso desmontar. Pero en la afición de todo el mundo quedó la estupefacción por lo que había hecho. Aun habiendo sido relativamente frecuentes episodios coléricos de Zidane (al Madrid llegó arrastrando una expulsión desde la Juve para cuatro partidos de Champions y en el Mundial de Francia ya se perdió dos por pisar a un jugador rival) aquello pareció excesivo, por la brusca violencia de la acción.

Poco a poco fue saliendo la explicación. Zidane se estaba quejando de los agarrones de Materazzi. En una de esas le dijo:

—¿Qué pasa? ¿Quieres que te dé mi camiseta?

Y la respuesta le sonó a Zidane como una grave ofensa:

—No. Prefiero que me la dé tu hermana.

SUDÁFRICA 2010

Sudáfrica ganó a Marruecos

Si en 2002 el mundial viajó a Asia, en 2010 viajó a África. La FIFA, como se ha visto en el apartado consiguiente, ya hubiera visto con buenos ojos que la del 2006, que se llevó Alemania, se hubiera disputado en África. En esta ocasión se dispuso así, y según la doctrina de la rotación de continentes se decidió que solo se admitirían candidaturas africanas. Marruecos, que ya había optado en las tres candidaturas anteriores, se postuló de nuevo. Junto a ella, Egipto, Túnez, Libia, Nigeria... y Sudáfrica. Nigeria abandonó sin llegar a presentar candidatura oficialmente. La Libia de Gadafi anunció que no permitiría que Israel jugara en su suelo, lo que en la práctica la descartaba; se habló de la posibilidad de una candidatura conjunta Libia-Túnez, y también de que Túnez sí admitiera a Israel en su suelo, caso de clasificarse, pero no resultó convincente. La carrera quedó entre Egipto y Marruecos, países de lejana tradición futbolística, y Sudáfrica, subida a la ola de la reconciliación con el mundo tras la superación del *apartheid* y del buen desarrollo en su país del Mundial de Rugby de 1995.

La votación tuvo lugar el 15 de mayo de 2004 en Zúrich, y en última ronda ganó Sudáfrica por 14-10. Por cuarta vez consecutiva, Marruecos se quedaba a las puertas.

El mundial se disputó entre el 11 de junio y el 11 de julio, en nueve ciudades: Johannesburgo (dos estadios), Ciudad del Cabo, Puerto Elizabeth, Rustenburg, Bloemfontein, Durban, Nelspruit, Polokwane y Pretoria. De los diez estadios, la mitad eran de nueva construcción, los demás, remodelados. El presupuesto se multiplicó por 3,5, las obras se retrasaron, hubo un serio movimiento internacional de desconfianza. Se habló de Australia, España y Estados Unidos como posibilidades de recambio, o incluso de adelantar la concesión de Brasil, designada para 2014, a 2012. Pero para entonces, y a partir del Mundial de Francia'98, la FIFA ya tenía una especie de red: un año antes de cada mundial se celebraba en el mismo país la Copa de las Confederaciones, que servía de ensayo. Aunque había cosas por terminar, la Copa de las Confederaciones se celebró en las fechas previstas, en el invierno austral de 2009, y se dio por bueno el ensayo y se decidió que no habría cambio de sede. Allí tuvimos la primera noticia de las vuvuzelas, unas largas y ruidosas trompetas que forman parte en aquel país del ambiente futbolero, y que habrían de martirizar a los aficionados de otras latitudes, no acostumbrados a eso.

La mascota se llamó *Zakumi*, un leopardo antropomórfico de pelo verde, vestido con los colores de la selección sudafricana. El balón se llamó *Jabulani* ('cebra', en el idioma zulú) y llevaba once colores, que representaban tanto los once jugadores de todo equipo de fútbol como las 11 lenguas de Sudáfrica, y sus respectivas comunidades. El de la final, el mismo pero en una versión dorada, se llamó *Jo Bulani*. El mundial estuvo acompañado por una canción oficial, *Waka-waka*, que se hizo extraordinariamente popular, en especial en la interpretación de la colombiana Shakira, que entró en relaciones con Piqué poco antes de este campeonato.

Se disputó por el mismo modelo que los anteriores: ocho grupos de cuatro equipos y los dos primeros, cruzándose en aspa, primero con segundo, pasaban a octavos y ya se seguía por eliminatorias directas, a un partido, con prórroga y penaltis si hubiere necesidad.

Para las zonas clasificatorias se inscribieron 204 de las 208 asociaciones inscritas en la FIFA, siete más que al campeonato anterior. Sudáfrica fue el único país clasificado de oficio, como organizador. El campeón ya no tenía plaza fija, desde el campeonato anterior. Participaron trece equipos europeos, cinco de África, cinco de Sudamérica, cuatro de Asia, tres de la Concacaf y dos de Oceanía.

Se jugaron en total sesenta y cuatro partidos, como en las ediciones anteriores, con 145 goles, un promedio de 2,27 por partido. Máximos goleadores fueron el alemán Thomas Müller, el español David Villa, el holandés Wesley Sneijder y el uruguayo Diego Forlán. Se concedió la Bota de Oro al primero de ellos, porque jugó menos minutos y también había dado más asistencias que los otros. Müller también fue declarado mejor jugador joven. Mejor jugador fue declarado el uruguayo Forlán. España, además del título, se llevó el premio al juego limpio, por sus solo ocho tarjetas en la competición, y su capitán, Casillas, fue proclamado mejor portero del torneo, con solo dos goles encajados. Se eligió un mejor once de la competición en el que hubo cinco españoles. Fue este: Casillas; Maicon (Brasil), Puyol, Sergio Ramos, Lahm (Alemania); Schweinsteiger (Alemania), Xavi, Sneijder (Holanda), Iniesta; Villa y Forlán (Uruguay).

España, de las dudas a las certezas

Después de ganar para España la Eurocopa de 2008, algo que se acogió con un júbilo inédito en el país, Luis Aragonés dejó la dirección del equipo. Lo había anunciado previamente, había dicho que tenía «fecha de caducidad», e incluso había sucesor ya firmado, Del Bosque. Su antiguo pupilo en el Madrid, Hierro, elevado a director técnico de la federación, había instado esta contratación. Pero, aun estando todo previsto, y a pesar de la perfecta discreción de Del Bosque, que no apareció por la Eurocopa para no enturbiar, algo de malestar hubo en el relevo. La perfección del juego hizo que, para muchos, fuera deseable la continuidad de Luis Aragonés y este mismo se dejó querer enviando mensajes a través de su círculo más personal. Pero la federación no quiso cambiar de idea.

Y entró Del Bosque, hombre del Real Madrid de toda la vida, hasta que en una mala digestión Florentino Pérez decidió prescindir de él, lo que le llevó a ir dando tumbos durante mucho tiempo. Jugador del Madrid desde juvenil, concluyó su carrera en el mismo club, como puro *one club man* a la británica. Luego entrenó en la cantera, de la que llegó a ser máximo responsable, hasta llegar al primer equipo, en el que entró en circunstancias difíciles. En tres años y medio ganó dos veces la Champions y dos la Liga. Tuvo después una mala experiencia en Turquía y eso era todo.

Llegó con dudas palpables. Luis había hecho un equipo muy *sui generis*. Artístico pero poco convencional. Sin extremos, con un solo medio centro, abundancia de mediocampistas de poca estatura, excelentes en el toque, inteligentísimos. Un equipo de autor, un modelo heterodoxo, pero que no solo había ganado, sino que había enamorado. Para el heredero era un problema, porque romper la continuidad era arriesgado, y tomar los riesgos de este modelo tan personal lo parecía más todavía. Del Bosque empezó probando con algún extremo (Capel el primer día) pero finalmente optó por el modelo de Luis, pero modificado: en lugar de un medio centro, dos. Donde jugó el brasileño Senna (que para el mundial no llegó en condiciones) jugaron ahora el madridista Xabi Alonso (su suplente en la Eurocopa) y Sergio Busquets, excelente aparición en el Barça en ese tiempo. Se sacrificaba, sí, uno de los dos delanteros o alguno de los de la nubecilla de «tocones» en la que residía el encanto de la selección.

España hizo una gran fase de clasificación: diez victorias en diez partidos, ante Bosnia-Herzegovina, Turquía, Bélgica, Estonia y Armenia. 28-5 en goles. En el sorteo fuimos cabeza de serie y nos tocaron Suiza, Honduras y Chile. Hubo satisfacción, parecía un grupo fácil, sin desgaste. La preparación incluyó seis amistosos, contra Argentina, Austria, Francia, Arabia Saudí, Corea del Sur y Polonia, ganados también todos.

Hubo una paz nunca vista cuando dio la lista definitiva de veintitrés jugadores, tras manejar una lista de treinta. Los designados finalmente fueron estos:

Porteros: Casillas (Madrid), Víctor Valdés (Barça) y Reina (Liverpool).

Defensas: Sergio Ramos (Madrid), Arbeloa (Madrid), Puyol (Barça), Piqué (Barça) Marchena (Valencia), Albiol (Madrid) y Capdevila (Villarreal).

Centrocampistas: Xabi Alonso (Madrid), Sergio Busquets (Barcelona), Javi Martínez (Athletic), Silva (Valencia), Xavi Hernández (Barça), Cesc (Arsenal) e Iniesta (Barça).

Delanteros: Navas (Sevilla), Villa (Barcelona), Torres (Liverpool), Mata (Valencia), Pedro (Barça) y Llorente (Athletic).

La concentración fue, en un ambiente tranquilo, en Potchesftroom, un buen lugar en el nordeste del país, a distancia cómoda de Durban, Johannesburgo y Pretoria (sobre todo las dos últimas), donde habrían de jugarse los partidos del grupo. Todo sonreía a España cuando llegó el primer partido, aunque por dentro Del Bosque tenía una preocupación. Torres había sido convocado por su categoría, pero venía recuperándose de una lesión y no estaba todo lo fino que hubiera sido de desear. Tampoco Villa llegaba en su condición óptima. Pero el panorama de un grupo fácil, en el que pudieran coger la forma, suavizaba la cuestión. Iniesta estaba con molestias y era duda para el primer día, pero eso resultó menos grave.

España, 0 - Suiza, 1

El miércoles 16 de junio nos estrenamos en Durban ante Suiza, número 24 en el ránking mundial que encabeza España. Del Bosque tira de un equipo de tiqui-taca, aunque con el dos por uno en la media. La alineación es esta:

Casillas (capitán); Sergio Ramos, Puyol, Piqué, Capdevila; Busquets, Xabi Alonso; Silva, Xavi, Iniesta; Villa.

Y la cosa se tuerce. España domina, tiene la posesión, pero no llega. No ve a Villa, Villa no tiene la electricidad que le caracteriza, entramos poco en el área. Algún penalti nos hacen, que no se pita. Suiza (inventora del *verrou* al fin y al cabo, tantos años ha) se empotra atrás. Encima, en el 52′, cuando estábamos empezando a impacientarnos, un saque largo del portero, dos rebotes, el balón que pega en un par de culos (hay un fuera de juego entre los rebotes, difícil de ver) y gol afortunado de Gelson. Perdemos 1-0. En el 61′, Del Bosque retoca el once: salen Navas y Torres por Busquets y Silva. El equipo cambia de pauta, ahora se trata de balones a Navas para que escape y centre. No resulta. En el 77′ entra Pedro por Iniesta, más pólvora, menos juego. Falta suerte en el apretón final. Hemos perdido.

Nadie ha ganado la Copa del Mundo después de perder el primer partido, se nos recuerda.

En realidad, ese día acusamos el corto estado de forma de

Villa y Torres pero, sobre todo, agotamos la mala suerte. Pero las reacciones fueron muy negativas en algunos ámbitos. Maradona proclamó a España «campeona del mundo de fútbol sin porterías», y Luis Aragonés, que llevaba sin hacer declaraciones a la prensa desde la Eurocopa (aunque había acudido como comentarista de Telecinco a la Confecup el verano anterior) tiene un desahogo ventajista. Estaba allí, contratado por Al Jazeera, y esta vez sí se dejó interpelar por los periodistas, ante los que hizo una declaración muy negativa. «Esto se veía venir», fue el resumen, y habló de vaguedades como «gestión de juego» y cosas así. Pero no, no se veía venir, o al menos nadie lo había anunciado.

España, 2 - Honduras, 0

Los días siguientes se pasa mal. Se sufre por la decepción, por el equipo, por las dudas, por la polémica. Culpa del doble pivote, que lima el tiqui-taca, para algunos. Culpa del tiqui-taca, modelo siempre bajo sospecha, para otros. El tiqui-taca, al fin y al cabo un modelo afinado por Luis, carne del Atlético, y explotado por el Barça, siempre fue mirado con desconfianza por los madridistas. Y por los que gustan de un fútbol más rápido. Del Bosque templa gaitas: «No hay una España de Luis Aragonés y una España de Del Bosque, solo hay una España». Y dice: «No daremos bandazos». Pero lo da. En la alineación que sale el lunes 21, en Johannesburgo, no hay más rastro de la nubecilla de «tocones» que Xavi Hernández. Salta Iniesta, al que las molestias le fueron a más en el partido de Suiza. Salta Silva, víctima de la derrota. No entra Cesc, que es del grupo. Juegan estos: Casillas (capitán); Sergio Ramos, Puyol, Piqué, Capdevila; Xabi Alonso, Xavi Hernández, Busquets; Navas, Torres y Villa.

Un equipo en un modelo convencional, con hechuras de 4-3-3, servido por buenos jugadores. Hace un partido sin estilo, nada bueno, pero esta vez gana. En el 17', Villa recibe un balón largo, hace dos buenos recortes y coloca el balón en la escuadra. 1-0. Es una medicina. En el 52', cuando Honduras ataca, hay una salida rápida de Navas, que acaba entregando a Villa, situado en la medialuna; el delantero dispara, el balón toca en Guevara, se eleva sobre el portero y cae a su espalda. 2-0. España tiene incluso la oportunidad de ponerse 3-0, con un penalti, pero a Villa se le escapa el *hat-trick*. A partido resuelto, Del Bosque va metiendo a Cesc por Xavi (66'), Mata por Torres (70') y Arbeloa por Sergio Ramos (76'). España acaba en confusión, jugando mal. Queda una sensación agridulce: se ha ganado, pero jugando de una forma poco convincente y ante un rival tenido por menos.

El mismo Del Bosque aparece preocupado en la sala de prensa. «Si seguimos así lo pasaremos mal ante Chile», dice, y se queja de las ocasiones falladas. Luis asoma otra vez: «No me deja nada tranquilo el juego de España». A esas alturas, nadie estaba tranquilo. No nos gustó ni perder jugando bien ni ganar jugando mal. Sobre todo queda la impresión de que Del Bosque ha abjurado formalmente del tiqui-taca, lo que duele a los partidarios de ese estilo, entre los que me contaba yo.

España, 2 - Chile, 1

Viernes 25, Pretoria. Tercer partido, a todo o nada. Chile llega con dos victorias, nosotros con una, lo mismo que Suiza, que juega con Honduras, a su vez con dos derrotas. El empate nos puede dejar fuera. Hay que ganar o ganar. Las vísperas no han sido tan atormentadas, después de todo. Se anuncia el regreso de Iniesta, que es la portada de la víspera. Con él y Xavi juntos hay garantía de mejor juego. Llega la hora y Del Bosque elige a: Casillas (capitán); Sergio Ramos, Piqué, Puyol, Capdevila; Xabi Alonso, Busquets; Iniesta, Xavi Hernández, Villa; y Torres.

Es más parecido al equipo de Luis, salvo por el doble pivote, que Del Bosque defiende. Por un lado, dice que no es doble pivote, que Xabi Alonso sube. Por otro, que Sergio Busquets es un jugador impecable. «Cuando yo era jugador, me hubiera gustado ser como él». En lo segundo tenía razón: Busquets no merecía críticas, sino halagos. En lo primero, no. Aquello era doble pivote. Bien o mal traído, necesario o no, pero lo era. En ese sentido vulneraba la ortodoxia del tiqui-taca.

Esta vez la primera moneda al aire, que tantos partidos define, cayó de cara. En el 24', cuando empezaban a definirse definitivamente las líneas del partido, el meta Bravo, que juega muy bien con el pie, se confía, envía un balón donde no debe y este le llega de vuelta a Villa, que desde lejos y muy escorado a la izquierda aprovecha que Bravo no está y marca con un disparo difícil y preciso. 1-0. Gran maniobra de Villa, pero favorecida por el error de Bravo. España se serena e intenta imponer su juego. Chile, de la mano de Bielsa, es un rival difícil. Pero ahí está Iniesta, que en el 37' saca de ningún sitio el 2-0, con un impecable pase a la red. Gol de superclase. Todo parece resuelto en el descanso, y realmente lo está. Aun cuando en el 47', nada más volver del descanso, Millar hace el 2-1 un poco de rebote. Pero España está segura y ahora, sí, juega un rato largo realmente bien, con posesión, control y seguridad. En su estilo. Más cuando en el 55' entra Cesc por Torres, que sigue sin estar a punto. Luego, en el 72', entrará Javi Martínez por Xabi Alonso, en busca de un poquito más de seguridad. Pero no hace falta. Corre que hay empate en el Suiza-Honduras y eso clasifica a Chile. Incluso si hay gol de Suiza a última hora se clasificará Chile. El final del partido discurre en una especie de pacto de no agresión que deja cierta sensación ominosa. Pero España ha ganado, ha pasado; la derrota ante Suiza está lavada. España pasa como campeona de grupo y en el último partido ha recuperado las mejores sensaciones. Luis Aragonés arrastra un poquito los pies todavía: «España ha mejorado un poquito, nada más».

Ahora espera Portugal. Con Cristiano Ronaldo a la cabeza.

España, 1 - Portugal, 0

El 29 de junio, el día que se cumplen dos años justos de la victoria en la Eurocopa, España se enfrenta a Portugal en Ciudad del Cabo. El mundial entra en su fase decisiva, el día anterior Brasil ha impresionado al barrer cómodamente, con un severo 3-0 a Chile. Pero no es hora de pensar en eso, sino en lo que hay enfrente: Portugal. Del Bosque repite de salida los once que ganaron a Chile: Casillas (capitán); Sergio Ramos, Puyol, Piqué, Capdevila; Xabi Alonso, Busquets; Iniesta, Xavi, Villa; y Torres.

Y ahora, sí. España hace un partido limpio, pleno, convincente si no fuera porque no supo rentabilizar de forma suficiente tanta superioridad en goles. Pero mandó en el partido de cabo a rabo, no tuvo dificultades, se las creó al rival. Cristiano, muy temido en la víspera, no estuvo bien. Por aquel tiempo Cristiano acusaba excesiva presión cuando se enfrentaba a partidos decisivos, y eso le pasó una vez más. Por su parte, en España lo más débil volvió a ser Torres, que seguía sin encontrarse. Del Bosque le sustituyó por Llorente en el 58' y llegó el gol, otra vez Villa, al que Iniesta, en la media luna, mete un pase preciso con el exterior del pie; el delantero remata, rechaza el meta portugués pero el balón le vuelve y remacha. 1-0. Bastará. España va a seguir dominando, mejora con Llorente, que fija a los centrales y da una variante más para los balones por alto. Muy al final hay dos cambios, para que el grupo sienta que participa. Entra Pedro en el 88', por Villa, y Marchena, en el 93'+, por Xabi Alonso.

De repente, todo se ve claro. El grupo ha resistido, la derrota y las dudas quedan lejos, estamos a tres partidos del título, Villa es máximo goleador empatado con Higuaín y Vittek (este ya no está en carrera), se nos respeta, nos respetamos. Aún falta afinar a Torres, pero Llorente ha pasado la prueba. Atrás el equipo es imponente. Echando cuentas, salen 117 acciones ofensivas, dieciocho remates a puerta. Un solo gol parece poco premio a eso, pero vale. Hasta Luis se va entregando. «España es la del segundo tiempo», dice. En el cruce aparece Paraguay, que suena a fácil. Aunque no lo será, como veremos luego…

España, 1 - Paraguay, 0

El partido de cuartos es esperado con felicidad en el cuartel español. La única discusión ante el partido es si Torres o Llorente, y Del Bosque la zanja pronto: jugará Torres. Es su delantero y está trabajando en su puesta a punto. En Paraguay el partido levanta una ola de entusiasmo. Larissa Riquelme, una conocida modelo del país de formas imponentes (cuyas fotos con ajustada camiseta de colores de la bandera paraguaya han creado furor), anuncia que se desnudará para todos si Paraguay gana. Chilavert, siempre polémico, que ya no está en el equipo pero se hace oír, carga contra la designación del árbitro, el guatemalteco Carlos Batres. En Paraguay se le achacan fechorías en el mundial anterior, con ocasión del Alemania-Paraguay.

La cita es el 3 de julio en Johannesburgo. El estadio, Ellis Park, fue el escenario de la película *Invictus*. A Paraguay la entrena Gerardo *Tata* Martino, que más adelante llegará a España, a hacerse cargo del Barça. Nos hace un elogio: «España te obliga a jugar como ella quiere», dice. Del Bosque a su vez ha afirmado: «Queremos pasar con buen juego, no de cualquier forma». Por tercer partido consecutivo salen los mismos: Casillas (capitán); Sergio Ramos, Piqué, Puyol, Capdevila; Xabi Alonso, Busquets; Iniesta, Xavi, Villa; y Torres.

Fue un partido difícil y emocionantísimo. Tremendo. Paraguay planteó muchas más dificultades de las previstas, aisló a Villa, compactó su sistema, se desplegó con peligro. El primer tiempo fue más bien de ellos y Batres confirmó los temores de Chilavert al ver fuera de juego en un gol de Valdez al que le faltaban centímetros para serlo. Al descanso, empate a cero e inquietud. Pronto Del Bosque comprende que Torres no está y en el 56' le sustituye, pero esta vez no por Llorente, sino por Cesc, en busca de más juego. Acierta. Pero al poco de entrar él hay un minuto loco. Primero, penalti de Piqué a Cardozo que lanza este y Casillas detiene, confirmando su condición de hombre prodigio. A la vuelta de esta jugada, penalti sobre Villa. Este lo lanza Xabi Alonso, que marca. Pero Batres lo hace repetir (ahora Chilavert estará contento), porque han entrado españoles en el área. Toma Xabi Alonso, tira otra vez y rechaza Villar, que inmediatamente vuelve a hacer penalti cuando Xabi Alonso recoge el balón; pero este lo deja ir Batres, que pierde la ocasión de establecer un récord de tres penaltis pitados en minuto y medio.

Pero España sale de la tormenta fortalecida. Cesc por Torres ha mejorado el equipo. El partido se va inclinando a favor nuestro y en el 83' llega el feliz gol de Villa, en una acción que habla de que la suerte está con nosotros: su tiro pega en un palo, recorre la raya, va hasta el otro y entra. 1-0. Aún habrá algunas cargas de Paraguay, equipo bravo donde los haya, y una doble intervención feliz de Casillas en el descuento. Pero hemos pasado. Estamos en semifinales. Desde 1950 no se colaba España entre los cuatro últimos supervivientes del mundial.

En semifinales nos espera Alemania, que en cuartos ha desmantelado a Argentina con un resonante 4-0. Impresiona, pero casi se agradece que le hayan tapado la boca de una vez a Maradona, que la tenía tomada con nosotros.

España, 1 - Alemania, 0

La cita es en Durban, el 7 de julio, San Fermín, en cierto modo fiesta nacional. (La Reina acudirá al partido con un pañuelo rojo al cuello). Nadal nos ameniza la espera ganando Wimbledon. El ambiente en la concentración es de serenidad relajada. En España, la gente está esperanzada y agradecida. El equipo ha hecho un largo viaje hasta aquí: ha perdido, ha dudado, ha ganado jugando mal, ha ganado jugando regular, ha ganado jugando bien, ha ganado sufriendo... Las apuestas nos dan como levemente favoritos ante los alemanes. Se habla, ¿Torres sí o Torres no? Pero ya no se discute, se piensa que lo que decida Del Bosque estará bien. Y llegado el día del partido, lo que decide es que Torres, no, pero la sorpresa es que su puesto no lo ocupa Llorente, sino el extremo Pedro. El equipo sale, pues, así: Casillas (capitán); Sergio Ramos, Puyol, Piqué, Capdevila; Xabi Alonso, Busquets; Pedro, Xavi, Iniesta; y Villa.

Y esta vez no quedan dudas: España está ahí, en la plenitud de juego de un modelo diferente y una generación en su edad perfecta. El partido es un derroche de buen juego, un espectáculo grato que nos hace sentirnos orgullosos. Los altivos alemanes de tantas y tantas otras veces bajan la cabeza, como la bajaron dos años antes, en la final. Aquella vez el gol lo marcó Torres, esta lo hace Puyol, en un córner que él y Xavi trajeron del Barça y que salió perfecto: saque preciso de Xavi, pantalla de Piqué y cabezazo con la frente y el alma de Puyol. Curioso: el fútbol más exquisito nunca visto materializó la victoria a través de un gol de raza, de rabia, de esos que sacuden viejos recuerdos del macizo de la afición. Fue en el 73'. 1-0 y bastó, como las estocadas en su sitio. España mereció más, desde luego, merodeó el gol continuamente.

Del Bosque acertó con Pedro. Entró en el toque, frenó las eventuales subidas de Lahm, lo hizo todo bien. Pero Del Bosque no quiso dejar de tener el detalle con Torres de hacerle salir a disfrutar los últimos minutos, desde el 82′, por Villa. El mismo detalle tendría con Silva (en el 85′, por Pedro) y con Marchena (en el 93′+, por Xabi Alonso).

¡España a la final! El país se vuelve loco de alegría, con la sensación de que ya solo queda cobrar un billete de lotería premiado. La Reina baja al vestuario, con su pañuelo rojo al cuello, a felicitar a los jugadores a los que pilla en *deshabillé*. Los chicos agradecen el gesto, la ven sencilla, próxima, cariñosa. Se sienten felices, saben que nos están haciendo felices a todos.

Francia estropea lo del 98

Si el Mundial de 1998 fue un abrazo de Francia consigo misma, un reconocimiento de su realidad multicultural, el de 2010 resultó todo lo contrario. En pocos años, Francia pudo comprobar cómo si los éxitos en fútbol pueden unir, los fracasos pueden igualmente desunir. Francia regresó de Sudáfrica no solo derrotada, que en deporte puede ocurrir, sino también desunida y fracasada.

Uruguay, México y Sudáfrica eran sus rivales. No parecía demasiado para una Francia que tenía a Henry, a Ribéry, a Anelka, a Malouda, a Gourcuff... Pero lo que no tenía era un ambiente feliz, sino todo lo contrario. Capillitas, caprichos, malas caras y un entrenador falto absolutamente de tacto, Doménech, antiguo defensa lateral en la Francia, hombre áspero y poco hábil.

Los jugadores ya reaccionaron mal cuando la ministra francesa de Deportes, Roselyne Bachelot, criticó el excesivo lujo del lugar de concentración. «Yo no hubiera elegido este hotel. Les pido decencia a las autoridades del fútbol. Estamos en tiempos de crisis.» Los jugadores se sintieron ofendidos y lo hicieron saber. Después de eso, jugaron su primer partido, un 0-0 con Uruguay en el que no se vio nada en el equipo, que cargó con serias críticas. Y al día siguiente se negaron a verse con la ministra, que pretendió tener un encuentro con ellos. En lugar de eso, de la concentración surgieron comentarios sobre el planteamiento, que reflejaban que unos se habían sentido bien y otros mal. Malouda y Henry, por ejemplo, se sentían perjudicados por el estilo de juego. Abidal les respaldaba. Evra se declaraba encantado. Por otra parte, se hacía fuerte hincapié en la desconexión entre Gourcuff y Anelka, mediapunta y delantero centro respectivamente. De parte del entorno de Doménech, acusan a Zidane de incitar el motín.

Francia pierde el segundo partido, 2-0, con México, y entonces es peor. Jean-Pierre Escalettes, presidente de la Federación, expulsa a Anelka, porque ha insultado gravemente al seleccionador, Doménech, en respuesta a una reconvención que le había hecho. Los jugadores se niegan a entrenar un día, en protesta por la expulsión. *L'Équipe*, el prestigiosísimo deportivo francés, saca en portada a toda página lo que Anelka le dijo a Doménech: «*Va te faire enculer, sal fils de pute!*» ('vete a tomar por culo, sucio hijo de puta'). Hay un editorial terrible: «Estos jugadores no merecen las lágrimas ni el enfado de la gente. Sería dar demasiado a unos hombres que no saben regalar nada. (…) Tenemos que reírnos de nuestros pilares (Ribéry, Gallas, Anelka) que se creen más que el resto. Es necesario analizar el papel de Doménech, ahogado en su ego pero superado por el ego de sus jugadores. Hay que aprovechar la ocasión para educar a nuestros hijos y relativizar ante ellos la importancia de las cosas del deporte… Empieza a salir la verdad sobre el comportamiento de esos raperos de los suburbios, que han apartado a Gourcuff, un francés de clase media-alta de un pueblo de Bretaña».

Esto último es una bomba: los raperos de los suburbios que han apartado a un muchacho de clase alta, francés de origen. Francia se hallaba entonces en pleno debate del «comunitarismo», el derecho a las distintas comunidades de origen a mantener sus diferencias, esas diferencias parecían estallar ahora en la selección de fútbol, al fin y al cabo uno de los símbolos más destacados del país.

En el grupo muchos se dan por aludidos en lo de «raperos de los suburbios» y acusan frontalmente a Gourcuff de ser el topo de *L'Équipe*. Los patrocinadores huyen de la situación. Crédit Agricole suspende su campaña, basada en *les bleus* y lo mismo hace la cadena de comida rápida Quick, aunque no puede retirar a tiempo los cientos de vallas que invaden el país con la imagen de Anelka alzando una hamburguesa sobre la cabeza, como si fuera la Copa del Mundo. El director general de la empresa energética GDF Suez, también patrocinadora del equipo nacional, hace declaraciones poniendo el grito en el cielo: «Estamos indignados, esto es increíble».

Así se llega al tercer partido, otra derrota, esta por 2-1, ante Sudáfrica. En Francia nadie lo lamenta: «El mundial perdió a sus bufones», es uno de los titulares del día siguiente, y quizá no el más duro. La gente estaba deseando que acabara la pesadilla. Mientras, se agitaba en el país un complicado debate sobre el «comunitarismo».

Aún hubo un epílogo negativo. Al regreso del grupo, Sarkozy recibió el día 24 de junio a Thierry Henry en el Palacio del Elíseo. El mismo día había una manifestación en la ciudad por el retraso de la edad de jubilación y los sindicatos se quejaron de no ser recibidos, y sí uno de los malcriados futbolistas que habían avergonzado a la nación. También ese día suspendió Sarkozy un encuentro con una ONG para tratar temas sobre la inminente reunión del G-20. La reunión de Sarkozy y Henry duró hora y media, y el Elíseo no hizo ningún comunicado. Por su parte, Roselyne Bachelot, la ministra de Deportes, exigió la dimisión de Jean-Pierre Escalettes al frente de la federación, cosa que ocurriría. Eso creó fricciones con Blatter, dado lo celosa que es la FIFA de la independencia del poder futbolístico respecto del político.

Francia, por cierto, había ido a ese mundial por un gol marcado con la mano por Henry a Irlanda. Mejor si el árbitro lo hubiera anulado. El gran efecto de 1998 se esfumó por completo en 2010.

El doloroso fallo de Gyan

Como en cada campeonato desde los ochenta, este mundial se esperaba como la consagración del fútbol del África Negra. Esta vez con más razón, puesto que se jugaba en aquel continente. Entre los treinta y dos equipos participantes había cinco de la región: Sudáfrica, como local, más Nigeria, Camerún, Costa de Marfil y Ghana. Estas tres, con cierta tradición ya de éxitos internacionales. Con jugadores lujosos, con experiencia en los grandes clubes europeos.

Pero tampoco pudo ser esta vez. Para sorpresa general, solo una de las cuatro selecciones, Ghana, superó el grupo. Sudáfrica fracasó en el grupo del gran pinchazo de Francia, del que siguieron México y Uruguay. Al menos fue tercera, pero eso no es mucho para el país organizador. Costa de Marfil vio cómo en su grupo, muy fuerte, pasaban Portugal y Brasil y quedaban fuera ella y Corea del Sur. Nigeria, se vio apeada del suyo, junto con Grecia, por Argentina y Corea de Norte. Camerún fue cuarta del grupo en el que pasaron Holanda y Japón, mientras también caía Dinamarca. Solo sobrevivió Ghana, que se clasificó en su zona junto a Alemania, dejando atrás a Serbia y Australia.

Solo uno en octavos. Era muy poco, pero era algo. Toda el África Negra respaldó a Ghana en el partido de octavos, frente a EE.UU., y el equipo africano gana con un gol de Gyan en el tercer minuto de la prórroga. Aquello de que el rival fuera Estados Unidos tuvo una significación especial, por lo que representa como país, más allá de sus valores futbolísticos. Asamoah Gyan es de golpe el hombre más popular del continente. Se recuerda que ya metió a Ghana con sus goles en el Mundial de Alemania, cuatro años antes, con solo 20 de edad. Se recuerda su carrera en Italia, Udinese, Módena y vuelta al Udinese. Se recuerda su grave lesión de rodilla, de la que ya se ha repuesto. Se recuerda su última gran temporada en el Rennes francés. Es el héroe del día. Ghana sigue, el África Negra sigue con él. Ahora se cruzará en cuartos con Uruguay. Gran tradición, pero un país de solo tres millones de habitantes. Y hace cuarenta años que no alcanza las semifinales...

El partido es movido, bonito. Ghana tiene el músculo, la carrera, la brillantez colorista de su juego. Uruguay, es vieja ciencia que le permite salir de decisiones difíciles. Al final se llega con 1-1. Hay prórroga, emocionante, y en ella se nota que Ghana tiene más resto físico. Uruguay llega con el agua al cuello, se sacude balones en el área como puede. Hasta que en el 120', el enésimo remate ya ha superado a Muslera, se va a colar cuando Luis Suárez, el feroz goleador que estaba ahí metido, en la raya, saca las manos para detener lo inevitable. Penalti y expulsión. Se marcha abatido, todo Uruguay está abatido. Ahora el balón está en el punto de penalti, para el lanzamiento de Asamoah Gyan, el héroe del continente.

Y ocurre lo inesperado: el violento disparo de Gyan pega en el larguero con una fuerza como para hacer caer todos los cuadros de todas las paredes del mundo. Pega en el larguero y vuelve al campo. No, no ha sido gol. Luis Suárez salta de alegría, su mano sobre la raya ha salvado a Uruguay. Ahora están las dos, Uruguay y Ghana, mano a mano ante la tanda de penaltis.

Tira primero Forlán y marca. Entonces, para el primero de Ghana, se adelanta ¡Gyan!, que con una presencia de ánimo envidiable la cuela por la escuadra. Tres minutos antes, ese penalti hubiera metido a Ghana en semifinales. Ahora vale mucho menos.

La tanda sigue. Al llegar al quinto tiro de Uruguay, está 3-2 para los uruguayos, que han fallado uno, los ghaneses, dos. Va *el Loco* Abreu, amaga un trallazo y le pega por debajo, suave, a lo Panenka. Gol. Uruguay festeja, Ghana está fuera. Gyan y toda el África Negra se acuestan con una dolorosa obsesión: ese balón que escogió el larguero en lugar de la red.

Al menos, el día siguiente, antes de dejar Sudáfrica, Mandela le recibe. A él y a todo el equipo. Y les felicita por llegar hasta donde han llegado.

Un día para la vergüenza arbitral

*E*l Mundial de 2010 estaba transcurriendo con algunos errores arbitrales, como es normal. También es normal que de ellos salgan en general beneficiados los que «conviene», dicho así en un término vago. Los que conviene a la organización que duren lo más posible, los que pertenecen a federaciones poderosas, con alta mano en la FIFA o con apoyo de los principales patrocinadores. Pero en esta línea, el domingo 27 de junio se produjo una coincidencia excesiva en sendos partidos de octavos de final. Y se desató el escándalo.

El más llamativo, al menos entre nosotros, quizá fuera el del Alemania-Inglaterra, cuando con el 2-1 en el marcador a favor de Alemania, Lampard soltó un trallazo que pegó en la cara inferior del larguero y botó visiblemente dentro de la portería, un metro más allá de la raya, y luego volvió al campo, fruto del efecto de rueda invertida que tomó al pegar a tal velocidad con el larguero. O de alguna irregularidad en el terreno. El caso es que dejaba pocas dudas, pero así como en el 66 le habían dado a Inglaterra, en la final, en su casa, y ante Alemania (aunque entonces solo media Alemania, la Occidental) un gol parecido que no entró, este no se lo dieron. En el televisadísimo y repetidísimo fútbol de estos días, la omisión del árbitro uruguayo Jorge Larrionda resultó escandalosa. Tampoco su linier de ese lado, Mauricio Espinosa, hizo el menor ademán de banderazo. Ambos actuaron según más convenía a Alemania, dejando seguir el juego. Al descanso se llegó con el 2-1, y en la segunda mitad Alemania aprovechó dos contraataques, con Inglaterra volcada, para completar el 4-1.

Al día siguiente, la foto testimonio del meta Neuer en el aire, contemplando antes de iniciar la caída cómo el balón bota claramente dentro de la portería, completó el panorama. Fue publicada en la prensa de todo el mundo. Aún hoy, el testimonio de una foto resulta más concluyente para casos así que la propia imagen móvil. Capello, a la sazón seleccionador inglés, puso el grito en el cielo. Se recordó mucho, claro, aquel gol de Hurst en la final de 1966, en Londres, pero se recordó también que Alemania es Adidas, que Adidas es 'socio FIFA' (rango superior a patrocinador) y que pone 270 millones de euros en el asunto. Y de paso, una alfombra en el camino de Alemania en cada campeonato.

Pero lo del Inglaterra-Alemania no fue lo único de ese día. En el Argentina-México, aún con el 0-0 y en el minuto 26, Tévez marcó en clamoroso fuera de juego. Cuando le envía el balón Messi, no tiene entre él y la raya ni un solo contrario, ni siquiera el meta mexicano, el 'Conejo Pérez'. El italiano Roberto Rosetti lo concedió, no obstante, para sorpresa de todos. El videomarcador repitió la jugada y se vio claramente que era fuera de juego y los mexicanos consiguieron que al menos Rosetti consultara con su asistente de ese lado, Stefano Ayoldi, que después confesaría a los mexicanos que sí había fuera de juego. Pero para Rosetti, rectificar hubiera sido acogerse al rearbitraje electrónico, que la FIFA tiene en cuestión. Ese fue el argumento oficial. Hay otro: rectificar hubiera sido desairar a Argentina, que aparte de ser también Adidas tiene en la cabeza de la pirámide a Julio Grondona, presidente vitalicio, se puede decir, de la federación de allá, y poderoso vicepresidente de la FIFA, hombre que le recauda los votos a Blatter de la región. Y lo dejó ir. Siete minutos después, el mexicano Osorio tuvo un error de concentración y facilitó al certero Higuaín el 2-0. El gol bailó visiblemente en las cabezas de los mexicanos hasta el descanso. Antes habían sido mejores, al final del partido volverían a serlo, pero perdieron 3-1. Aguirre, seleccionador mexicano (de tanta trayectoria en España) también puso el grito en el cielo. Pero tampoco le sirvió de nada.

Aquello sirvió para que se relanzase el debate sobre el apoyo tecnológico a las decisiones arbitrales y dio lugar a la puesta en marcha de experimentos con el caso del gol fantasma, colocando chips en el balón y detectores en el marco interior del cuadro. Un 'ojo de halcón' para esos casos. Nunca creí que fuera gran solución, goles fantasma hay cada mucho y hasta en ocasiones las repeticiones dejan dudas. Eso resolvería algún caso, de ciento en viento, pero el problema de fondo seguiría ahí.

Los árbitros no reciben consignas, posiblemente ni siquiera insinuaciones, pero están en el mundo. Y no tienen que ser muy agudos para saber que los que llegan muy arriba no son los que no se equivocan nunca, que no los hay porque es imposible, sino los que cuando se equivocan lo hacen como conviene. A favor de los poderosos, que deciden, de los que mandan en la organización. Es tan viejo como el fútbol. En la historia de los mundiales no se registran errores contra el de casa, y sí muchos a favor. Y no se registran errores contra Brasil, Alemania o Italia, que siempre tuvieron mano poderosa, si no era porque estuvieran en conflicto con el equipo de casa.

Solo que lo de ese día fue más allá de la duda razonable. Tiene que parecer un accidente, no puede ser tan visible.

Maradona: «majo, pero un poco pesado»

Argentina llegó al Mundial 2010 con Maradona de seleccionador y Messi convertido ya en una figura universal. Más otros buenos jugadores por arriba. Con todo ello, y a pesar de que en la zona de clasificación de la zona sudamericana Argentina solo había podido ser cuarta, llegó con cierta vitola de favorita. Y la personalidad de Maradona, que seguía siendo arrolladora, fue uno de los motivos de interés del campeonato. Con la clasificación para Sudáfrica había resuelto bien las primeras dudas sobre su mito. Argentina, que siempre le adoró, empezó a tener dudas cuando la marcha en el grupo clasificatorio no fue tan arrolladora como se esperaba, ni mucho menos. Había entrado con el proceso ya en marcha, por el paso vacilante que llevaba Argentina, lo que le costó el puesto al Coco Basile. Empezó con una goleada sobre Venezuela, pero el segundo partido fue un estrepitoso fracaso: derrota de 6-1 en Bolivia. Aquello dejó aturdido a todo el mundo, incluido a Maradona. Luego llegaron otros tropiezos, pero al final se clasificó con una victoria *in extremis* sobre Uruguay, en un último partido en el que a ninguno de los dos le valía empatar. No fue una clasificación brillante, pero la fase final era cuenta nueva. Argentina estaba con él. La gente quería creer.

Visto desde fuera, existía un morbo, algo así como un imaginario combate interior entre Maradona y Messi. Maradona le dio a Argentina el Mundial de México'86. ¿Le daría también este? ¿O sería Messi el que se lo diera? Habían empezado las comparaciones entre uno y otro. La prodigiosa ejecutoria de Maradona estaba ahí, pero a la edad que tenía en ese momento Messi, Maradona no había hecho aún ni la mitad que el barcelonista. Había hasta quien sugería que Maradona, por celos, organizaba el equipo de forma que Messi no pudiera lucir en todo su esplendor, cosa que no tenía nada de cierto.

En los partidos era llamativa la actitud de Maradona: vestido de negro, con barba ya entrecana, su fuerte pelo y muchos anillos, miraba desde la banda con una seriedad desconcertante, con la desconfianza de los que entienden de verdad de qué va la cosa. Absorbía la atención. Parecía que el fútbol había nacido para él, que primero le habían puesto a él y luego toda la Copa del Mundo alrededor. Tenía todo el aire de un patriarca gitano, rodeado del respeto de todas sus gentes. Luego, en las conferencias de prensa, solía ser otra vez el tipo expansivo y extravagante. Y provocador. Listo como el aire, fijó su objetivo en España, que venía de ganar la Eurocopa y se presentaba como favorita, con la patente del tiqui-taca, una variante más refinada del fútbol. Aprovechó la derrota de España el primer día para tirar por tierra el modelo:

—España es la campeona del mundo de fútbol sin porterías.

Y siguió a lo suyo. Se rodeó de supersticiones. Al bajar del hotel al autocar iba cantando una canción de cancha, acompañada de insultos. Insultos a nadie, al aire. Tenía que encabezar el cortejo, encabezando la final de los futbolistas y ayudantes. Nadie podía alterar ese orden, a nadie se le hubiera ocurrido. Salía al campo una hora y media antes del partido, a recoger aplausos y bocinazos de vuvuzelas. En ese rato, alguno de sus colaboradores tenía que hacerle siempre una foto. Luego daba un paseo ritual, dos vueltas al centro del campo y un paseo hasta la línea de fondo, para pasar por detrás de una de las porterías. A continuación, una charla también ritual con dos colaboradores, Fernando Niembro y Sebastián Vignolo. Luego, un beso a sus familiares, que siempre tenían que estar en la primera fila. Finalmente, un paseo hasta que se encuentra con dos aficionados que siempre le hacían un regalo alusivo al Mundial'86, una foto o un periódico de aquellos días. Cosas que fue incorporando una a una, tras partidos ganados, y que llegaron a ser obsesivas para él y para su entorno.

Argentina fue pasando partidos y él resultaba más estrella que Messi. Este no jugó mal, jugó bien, pero tuvo la desgracia de estrellar tres balones en los palos. Los goles de Argentina los metían otros, y se insistía en que Maradona interiormente se alegraba. Pero lo importante es que de su mano Argentina iba pasando partidos y creciendo en prestigio. Ganó los tres partidos del grupo B, ante Nigeria, Corea del Sur y Grecia y fue el equipo con mejores números de la fase de grupo. Se alababa hasta la suerte de Maradona, que escogió para concentrar al equipo la sede de Pretoria, y el grupo del sorteo le había colocado los partidos cerca.

En octavos se cruzó con México, al que ganó 3-1. Pero ese día ya no jugó bien y se favoreció visiblemente de un grosero error arbitral. Volvieron las dudas, y en vísperas del partido de cuartos, contra Alemania, él aprovechó otra vez para desviar los tiros hacia España. Dijo que la Roja había salido favorecida del arbitraje en el partido contra Portugal. El árbitro había sido precisamente un argentino, Baldassi. «Lo pitó todo a favor de los españoles, no dejó que los portugueses llegaran a la portería española, todos los balones divididos los pitó a favor de España. Baldassi es amigo mío, pero estuvo horrible. La expulsión de Ricardo Costa fue inmerecida. El gol de Villa fue un orsay más grande que este mundial. El juez de línea ha debido ser Andrea Bocelli». Aclaremos que Andrea Bocelli es un tenor ciego.

Cuando le preguntaron después a Del Bosque por Maradona tuvo una buena salida:

—Es un chico majo, pero es un poco pesado.

Pero en cuartos le esperaba la gran prueba a Maradona:

Alemania. Los alemanes venían jugando bien, con un fútbol más imaginativo que el que solían (Özil al frente), y la fuerza y la disciplina de siempre. Y arrasaron. Fue 4-0, cuatro goles repartidos entre el minuto tres y el 88, fruto de una superioridad aplastante, minuto a minuto. Messi se marchó del campo llorando, se iba del campeonato sin haber marcado un solo gol, y la locuacidad de Maradona se esfumó. Intentó no ir a la sala de prensa, donde le esperaba una multitud, pero Julio Grondona, presidente de la AFA y vicepresidente de la FIFA, le obligó. Compareció con los ojos llorosos:

—Me siento como si me hubiera noqueado Alí.

Luego, excusas de mal perdedor, enfados ante las preguntas. Tenía contrato hasta la Copa América'2011, pero empezó el baile de si sí o si no. Aplazó una reunión en la AFA por un viaje para visitar al presidente Chávez en Venezuela y se especuló con que podría ser seleccionador venezolano. Finalmente fue despedido y se marchó acusando de traición a Bilardo, secretario técnico, con el que se suponía que había compartido el mando.

Y España ganó la Copa.

El prodigioso pulpo *Paul*

*D*urante el campeonato de Sudáfrica se hizo extraordinariamente popular un pulpo de acuario, de nombre *Paul*, que se especializó en pronósticos de los partidos de Alemania desde la Eurocopa de 2008, con un índice final de aciertos de doce sobre catorce. Eliminada Alemania por España en la semifinal (como él pronosticó) también auguró la victoria de España sobre Holanda en la final. Puede decirse sin exageración que en ambos casos se tomó en España el pronóstico favorable como un anticipo de la victoria.

Paul era un pulpo común, especie de nombre científico *octopus vulgaris*, y pasó toda su vida en cautividad. Había nacido en el sur de Inglaterra, en el Sea Life Centre de Weymouth, pero pasó su vida en el Sea Life Centre de Oberhausen, en Alemania, donde sus cuidadores concibieron un curioso juego durante la Eurocopa. Los días de partido de Alemania le ponían en el fondo del acuario dos cajas, con sus respectivas tapas. Una tapa tenía los colores de la bandera alemana; la otra, los del país rival de Alemania en el partido inminente. En cada caja había un bivalvo, su comida. Se entendía que ganaría el equipo cuya caja escogiera el pulpo para extraer el correspondiente bivalvo.

Durante la Eurocopa apenas trascendió eso fuera de Alemania. Pero cuando llegó el mundial y se insistió en el juego (y en el nivel de aciertos) el caso tomó un carácter extraordinario y llegó el momento que ocupó gran espacio en los telediarios, las radios, los periódicos y las conversaciones de los aficionados. Entre la predicción de la semifinal y la de la final, el presidente de España, José Luis Rodríguez Zapatero, llegó a decir que le enviaría protección oficial, para que los alemanes no tomaran con él ninguna represalia por haber apostado por nosotros. Pero no solo en Alemania (donde era conocido como «*Krakenokarel*», que significa 'pulpo oráculo') y en España fue popular. En la cadena norteamericana CNN sus pronósticos para la semifinal y la final fueron incluidos entre las informaciones principales, y el de la BBC inglesa creó un debate para reivindicar la nacionalidad británica del prodigioso cefalópodo. En inglés fue conocido como «*the psychic octopus*» ('el pulpo mentalista'). En China su popularidad fue tal que se emitió un sello con su figura y se rodó una película titulada *Matar al pulpo Paul*, un *thriller* dirigido por Xiao Jiang. En la India, *Paul* hizo que se pusiera de moda tener un pulpo como mascota. Fue utilizado como reclamo publicitario por importantes marcas comerciales, como la Pepsi Cola y la Citröen.

Por su parte, el entonces presidente de Irán, Mahmud Ahmadineyad, aprovechó a *Paul* para lanzar duros ataques a Occidente, presentándolo como agente de la propaganda occidental, de la superchería y la superstición y símbolo de la decadencia y la podredumbre. «Quienes creen en cosas así no pueden ser líderes de las naciones mundiales», se despachó.

La ciencia conoce que los pulpos no distinguen colores, aunque sí formas y contrastes. Su nivel de acierto se debatió a posteriori en muchas universidades. Acertar doce veces de catorce en una elección de carácter binomial tiene una probabilidad del 0,6 %, lo que dio lugar a muchas conjeturas. Para algunos, se trataba de un adiestramiento de sus cuidadores, que en ese caso habrían demostrado ser muy certeros en su capacidad para pronosticar. En la Eurocopa dio siempre como ganador a Alemania y falló en dos de las seis predicciones, las derrotas alemanas ante Croacia en la fase de grupos y hasta la final. Pero aquello no había trascendido. Hubiera podido tratarse solo de un adiestramiento para escoger la bandera alemana. Pero en Sudáfrica los acertó todos, dos de las veces apostando contra Alemania (a favor de Serbia en la fase de grupo y de España en la semifinal) y además apostó también por España en la final. Para algunos, se trató de un adiestramiento para escoger siempre la bandera alemana. Las dos veces que apostó contra Alemania fue por escoger banderas parecidas a la alemana en su diseño (recordemos que los pulpos no distinguen colores, pero sí contrastes), la serbia y la española. Pero la española tiene las barras de distinta anchura que la alemana. En esta, la negra, la amarilla y la roja son igual de anchas. En España, las dos rojas que acompañan a la amarilla son la mitad de anchas que esta.

Después del acierto en su predicción de la semifinal, su predicción para la final fue televisada en directo por varios canales españoles, y su apuesta por España acogida con verdadero júbilo. Después de la victoriosa final, hubo intentos de traerlo al Zoo Aquarium de Madrid, que hizo una oferta formal, pero el Sea Life Center de Oberhausen se negó a escucharla. Su popularidad aumentó mucho las visitas. Hubo también un movimiento ecologista, PETA (People for Ethical Treatment of Animals), que lanzó una campaña solicitando su liberación, su envío al medio natural. Pero el director del acuario alemán rehusó, alegando que moriría con seguridad, porque nunca había vivido fuera de un acuario. La ciudad orensana de Carballino, que cada verano celebra una muy concurrida fiesta del pulpo, le nombró «amigo predilecto». El propio alcalde de la ciudad viajó a Oberhausen para oficializar el acto.

El acuario anunció que retiraba a *Paul* de los pronósticos después del mundial, ante la avalancha de peticiones de todo tipo que recibió. *Paul* duró poco después del mundial: murió el 26 de octubre de 2010. Los pulpos vienen a vivir unos tres años, así que le sobrevino la muerte en su tiempo natural. En España se lamentó, como la muerte de un amigo lejano.

Y en la localidad italiana de Marina di Campo, en el sur de la isla de Elba, la misma de la que se escapó Napoleón para volver a organizarla, el ayuntamiento decidió en pleno dedicarle una calle.

La más grande ocasión que vieron los siglos

Es domingo 11 de julio y el Soccer City de Johannesburgo se prepara para la final. Han llegado España y Holanda. España es campeona de Europa. España se ha clasificado para este campeonato con un impecable desempeño de diez victorias en diez partidos en la fase de grupo, ante Bosnia-Herzegovina, Turquía, Bélgica, Estonia y Armenia. Una vez aquí, en Sudáfrica, empezamos con tropiezo, derrota de 0-1 frente a Suiza. Luego, mejor: 2-0 a Honduras y 2-1 a Chile para ser campeones de grupo. Después, 1-0 en octavos sobre Portugal, 1-0 en cuartos de final sobre Paraguay, 1-0 otra vez sobre Alemania en semifinales. De gol en gol, pero jugando cada vez mejor. Un equipo creciente y ganador.

Holanda se clasificó para el mundial con un pleno de ocho victorias en ocho partidos, frente a Noruega, Escocia, Macedonia e Islandia. En Sudáfrica ha ganado también todos sus partidos: a Dinamarca (2-0), Japón (1-0) y Camerún (2-1) en el grupo. En octavos a Eslovaquia (2-1), en cuartos a Brasil (2-1) y en semifinales a Uruguay (3-2). Ha demostrado una gran capacidad de gol, mayor que España, y un juego compacto. Tiene un jugador especial, el extremo Robben, un zurdo que actúa por la derecha. Su velocidad es incontrolable y tiene un gran tiro de izquierda. Individualista, su aportación es siempre personal. Muy perseguido por lesiones musculares, cuando está bien es temible. El delantero en punta es un fenómeno, Van

Persie. Y Sneijder mueve muy bien los hilos del juego entre líneas. Por detrás de él, Van Bommel y De Jong son dos fortalezas. Un buen equipo, en suma. No se llega a la final de la Copa del Mundo así como así.

En España hay demanda de viajes, y eso que el paquete cuesta 2.600 euros, las dos noches en el avión. Hay confianza. Alguien echa cuentas y nuestros jugadores suman 157 títulos importantes, nacionales, europeos o mundiales. A la cabeza, Xavi e Iniesta, con quince. Casillas tiene catorce. El seleccionador Del Bosque, siete. Es un grupo ganador, de ahí tanta confianza. Pero una imprevisión de la Federación nos ha dejado con pocas entradas. Algunos vuelos han de suspenderse. A la hora del partido se verán en el Soccer City muchas más camisetas naranjas que rojas.

Llega la hora. El árbitro va a ser el inglés Webb, un tipo calvo con cara de malas pulgas muy de la confianza de la FIFA, y eso que en la Premier no tiene gran predicamento. Los jugadores de aquel campeonato le han llegado a calificar como el peor de su liga. Webb ya nos ha arbitrado el primer partido, contra los suizos, y no nos gustó. Dejó ir dos penaltis en el área suiza, uno muy claro, y en el gol hubo fuera de juego, bien es verdad que difícil de ver. Además, toleró mucha dureza.

A las 20:30 horas saltan los dos equipos al campo con estas formaciones:

España: Casillas (capitán); Sergio Ramos, Piqué, Puyol, Capdevila; Xabi Alonso, Busquets; Pedro, Xavi, Iniesta; y Villa.

Holanda: Stekelenburg; Van der Wiel, Heitinga, Mathijsen, Van Bronckhorst; Van Bommel, De Jong; Robben, Sneijder, Kuyt; y Van Persie.

No hay sorpresas en las alineaciones. Del Bosque repite con Pedro. Nueve jugadores, todos menos Pedro e Iniesta, juegan su séptimo partido como titulares. Nueve mismos titulares en siete partidos. Eso demuestra, al final, estabilidad, a pesar de las dudas del segundo día.

En el palco están la reina, los príncipes, Nadal, Gasol... El rey no ha podido asistir porque una dolencia del pulmón desaconsejaba el vuelo. Y a jugar...

Y lo primero que se ve es que Holanda sale pegando y Webb lo consiente. Holanda, tan distante del elegante equipo que llegó años antes a dos finales consecutivas (1974 y 1978) para perder ambas ante el equipo de casa, se muestra como un equipo feroz, agresivo en el peor sentido de la palabra, decidido a embarrar la situación. Para escándalo de todos, Webb deja pasar sin tarjeta roja una patada de De Jong a Xabi Alonso en el plexo, con la planta del pie, los tacos por delante. Golpea con saña mientras Xabi Alonso está tocando el balón con la frente, dos palmos más arriba del pie del holandés. Webb está delante. Pita falta, pero lo deja en tarjeta amarilla. Era roja clara, roja o roja.

El listón está ahí, aunque luego tendrá que bajarlo. Holanda, se nota, quiere descentrar a España, cuyo gran mérito en el partido será evitarlo. Si no se juega al fútbol, si se va a la pelea, España saldrá perjudicada, porque es un equipo para el fútbol, no para la pelea. España ni se amilana ni renuncia a jugar. Lo hará poco a poco, según pueda, pero lo hará. El mejor fútbol fue suyo, aunque de nuevo con el defecto de poca llegada, poco remate.

El partido transcurre así. Poco a poco, va flotando el mejor juego de España, pero siempre ante la fuerte pared que opone Holanda ante su portería, con Van Bommel y De Jong, durísimos, protegiendo una defensa igualmente dura. La falta de deportividad es notable. Con ocasión de una detención de juego para atender a un español, Van Bommel devuelve la pelota... con un cañonazo desde lejos que Casillas saca apuradamente a córner, con las yemas de los dedos. Siempre me pregunté qué hubiera hecho Holanda caso de haber conseguido gol. ¿Lo hubieran devuelto? Un día se lo pregunté a Casillas:

—No creo. Lo hubieran considerado un accidente.

Pero no entró. Ni entró ese ni ninguno de los dos contraataques rápidos de Robben, que pusieron el corazón de España en un puño. La primera vez se fue solo, corrió treinta metros con ventaja, hubo tiempo para hacerse cruces. Se plantó ante Casillas con toda la ventaja, pero este desvió con el pie derecho mientras se vencía a la izquierda. Fue una ocasión clarísima. La jugada se repetiría más tarde, aunque esta vez con Puyol muy cerca, persiguiendo a Robben. Puyol hizo una de viejo sabio: medio me caigo, medio no me caigo, medio me agarro a ti, medio me suelto... Con eso perdió algo de su relación con el balón Robben y Casillas se echó valiente a sus pies y se lo quitó. De las dos jugadas, sobre todo de la primera, salió Casillas ratificadísimo como el rey del mano a mano. Y como ángel de la guarda de España.

El partido, intenso y bravo, discurrió sin goles hasta el final. Del Bosque metió en el 59' a Navas, por Pedro, en busca de más desborde, porque Holanda no se abría. Van Marwijk refresca a Holanda con Elia por Kuyt, en el 70'. Holanda se mete cada diez minutos diez metros más atrás. Al borde de la prórroga, en el 86', Del Bosque refuerza la apuesta ofensiva, con Cesc por Xabi Alonso. Se llega a la prórroga. La dureza del partido ha dejado una larga cosecha de tarjetas: Van Persie, Puyol, Van Bommel, Sergio Ramos, De Jong, Van Bronckhorst, Heitinga, Capdevila y Robben. España no se ha acobardado, también ha enseñado las uñas.

La prórroga ya es francamente de España y Van Marwijk trata de meter una baza de orden e inspiración atacante al sacar en el 98' a Van der Vaart por el feroz De Jong. Y en el 104' retira a Gio, con treinta y cuatro años y tarjeta, y que lo está pasando muy mal con Navas, para que entre Braafheid. En el 109', Webb expulsa a Heitinga por una segunda tarjeta, que debería haber llegado mucho antes. Las cosas se ponen mejor para España.

Así se llega a la segunda mitad de la prórroga. En el 105' entra Torres por Villa, que no puede más, para jugar el último cuarto de hora. Once contra diez, España ya es dueña definitiva del campo y del balón. Holanda se empotra, pensando en los penaltis. Siguen los palos. Van der Wiel se lleva otra tarjeta...

Y en el 116' llega el gol de todos los tiempos. El que se elevará por encima del de Zarra en 1950, el de Marcelino en 1964, el de Torres en 2008. La jugada se inicia precisamente en Torres, se prolonga por Cesc y el balón acaba en el área, a pies de Iniesta, que controla y, con el balón a dos palmos del suelo, le pega de pleno empeine, cruzando frente a Stekelenburg. «No me salió tan colocado como pretendí, pero sí fuerte», confesaría luego el goleador con sencillez.

Iniesta se quita la camiseta, muestra debajo otra, blanca, con el nombre de Jarque, el jugador del Espanyol muerto un año antes de forma súbita e inexplicable. Es un gesto hermoso para el gol más hermoso e importante de nuestra historia. En un córner se forma una piña jubilosa de jugadores azules. Del Bosque va hacia allá, se preocupa, lo confesará luego. Le viene a la cabeza la idea de que cuando vuelvan a su campo no estén todo lo atentos que deben y en los cuatro minutos que restan por jugarse todo se venga abajo. Pero no, no pasará. Los jugadores vuelven ordenadamente, Iniesta se lleva su tarjeta por quitarse la camiseta y hasta el final, todos exhaustos, no habrá sino dos nuevas tarjetas, para Mathijsen y para Xavi. Por fin llega el final.

En la noche de Sudáfrica, España es campeona del mundo. Casillas eleva la Copa del Mundo ante más de mil millones de telespectadores de todo el mundo rodeado de la tropilla jubilosa de campeones, ante la que marca un curioso contraste la gran bufanda blanca de Sepp Blatter, el presidente de la FIFA.

Luego Casillas coronará la noche con un beso de película a su novia, Sara Carbonero, reportera de televisión en el campeonato, hecho que había provocado no pocas habladurías. Un beso en directo, espontáneo, antes las cámaras, imagen que estará presente en todos los telediarios del mundo, expresión final de la felicidad de un país que esa noche se sintió en la cima del mundo.

Y cerró el capítulo la bonita dedicatoria de Del Bosque:

—Este triunfo va dedicado a la gran familia del fútbol español.

Este libro utiliza el tipo Aldus, que toma su nombre
del vanguardista impresor del Renacimiento
italiano Aldus Manutius. Hermann Zapf
diseñó el tipo Aldus para la imprenta
Stempel en 1954, como una réplica
más ligera y elegante del
popular tipo
Palatino

***
**
*

Tantos mundiales, tantas historias
se acabó de imprimir
en un día de invierno de 2014,
en los talleres gráficos de Liberdúplex, s.l.u.
Crta. BV-2249, km 7,4, Pol. Ind. Torrentfondo
Sant Llorenç d'Hortons (Barcelona)

***
**
*

8/16 Ø